SCHLEIERMACHERS DENKEN

DIE BEWUSSTSEINSLEHRE
IN SCHLEIERMACHERS PHILOSOPHISCHER ETHIK
ALS SCHLÜSSEL ZU SEINEM DENKEN

VON
CHRISTEL KELLER-WENTORF

WALTER DE GRUYTER · BERLIN · NEW YORK
1984

THEOLOGISCHE BIBLIOTHEK TÖPELMANN

HERAUSGEGEBEN VON
K. ALAND, C. H. RATSCHOW UND E. SCHLINK

42. BAND

CIP-Kurztitelaufnahme der Deutschen Bibliothek

Keller-Wentorf, Christel:
Schleiermachers Denken : d. Bewusstseinslehre in Schleiermachers philos. Ethik als Schlüssel zu seinem Denken / von Christel Keller-Wentorf. — Berlin ; New York : de Gruyter, 1984.
    (Theologische Bibliothek Töpelmann ; Bd. 42)
    ISBN 3-11-009528-9
NE: GT

© 1984 by Walter de Gruyter & Co., Berlin (Printed in Germany)
Alle Rechte, insbesondere das der Übersetzung in fremde Sprachen, vorbehalten. Ohne ausdrückliche Genehmigung des Verlages ist es auch nicht gestattet, dieses Buch oder Teile daraus auf photomechanischem Wege (Photokopie, Mikrokopie) zu vervielfältigen.
Druck: W. Hildebrand, Berlin · Einband: Lüderitz & Bauer, Berlin.

VORWORT

Die vorliegende Arbeit wurde unter dem Titel „Die Darlegung des sittlichen Bewußtseins aus philosophischer Sicht als grundlegender Strukturzusammenhang des christlich bestimmten frommen Selbstbewußtseins in dem Denken Friedrich Schleiermachers" im Wintersemester 1981/82 vom Fachbereich Evangelische Theologie der Philipps-Universität zu Marburg als Dissertation angenommen. Für den Druck wurde die Einleitung um eine Anmerkung und der Abschnitt 2.4 um einen kleinen Absatz erweitert. Eine ausführlichere Darstellung erfuhr der Abschnitt 3.1.2.

Mein besonderer Dank gilt Herrn Professor D. Dr. C. H. Ratschow, der meine Auseinandersetzung mit Schleiermachers Denken anregte und meine Arbeit, gerade auch über schwierige Strecken hinweg, geduldig begleitete. Danken möchte ich auch der Hessischen Lutherstiftung für die Gewährung eines Repetentenstipendiums, das mir überhaupt erst den Anfang dieser Arbeit ermöglichte. Ebenso gilt mein Dank der Ev. Kirche in Hessen und Nassau, die mit einem Druckkostenzuschuß die Veröffentlichung dieser Arbeit unterstützte. Zuletzt aber möchte ich an dieser Stelle meinem Mann, Herrn Pfarrer Peter Keller, herzlich danksagen. Er hat nicht nur die zeitraubenden Korrekturarbeiten durchgeführt, sondern sowohl die Höhen und besonders die Tiefen meines Arbeitsprozesses mitgetragen als auch die Schwierigkeiten zu lösen geholfen, die sich aus meiner doppelten Tätigkeit — pfarramtlicher Dienst und wissenschaftliche Arbeit — ergaben.

Frankfurt, im April 1983   Christel Keller-Wentorf

INHALTSVERZEICHNIS

Vorwort V

1	Einleitung	1
2	Das Zentrum des Sittlichen: das Bewußtsein	21
2.1	Das Sittliche als Charakterisierung des geistigen Lebens	21
2.2	Die Basis des geistigen Lebens: der physische Lebenszusammenhang	31
2.3	Das menschliche Leben als geistig-sittliches Leben	41
2.3.1	Der Zusammenhang zwischen dem physischen Leben und dem geistigen Leben	41
2.3.1.1	Das Hinstreben alles Physischen zum geistigen Leben	41
2.3.1.2	Der Wendepunkt im allgemeinen Lebensprozeß: das menschliche Leben	43
2.3.2	Der innere Zusammenhang der einzelnen Lebenszentren des geistig-sittlichen Lebens	46
2.3.2.1	Der Ausgangspunkt der Reflexion des geistig-sittlichen Lebens: die menschliche Gattung	46
2.3.2.2	Die einzelnen Lebenszentren als individuelle Modifikationen des geistig-sittlichen Lebens	51
2.3.2.3	Die Bestimmung des inneren Zusammenhanges der Lebenszentren als organisch strukturiertes Ganzes	57
2.3.2.3.1	Die Beschreibung des inneren Zusammenhanges in der Abstraktion	58
2.3.2.3.2	Die Beschreibung des inneren Zusammenhanges in der Konkretion	61
2.3.2.4	Die mit dem organisch strukturierten inneren Zusammenhang der Lebenszentren gegebenen Wesensbestimmungen dieser Zentren als Zugleich von Kraft und Erscheinung gibt jeder sittlichen Tätigkeit das Gepräge: die beiden Charaktere der Identität und der Individualität	65
2.3.3	Charakterisierung und Struktur des geistig-sittlichen Lebens in der raum-zeitlichen Entwicklung	66
2.3.3.1	Die Charakterisierung der Lebenstätigkeiten als geistig-sittliche ..	68
2.3.3.1.1	Das Sich-Überschreiten des geistig-sittlich Handelnden auf die Totalität der geistig-sittlich Handelnden	72
2.3.3.1.2	Das Überschrittenwerden des einzelnen Gegenstandes der geistig-sittlichen Tätigkeit auf die Totalität der Natur	79
2.3.3.2	Die Struktur des geistig-sittlichen Lebens	83

2.3.3.2.2.1	Die Grundbewegung des geistig-sittlichen Lebens	83
2.3.3.2.2.2	Die Strukturierung des geistig-sittlichen Lebens durch die Grundbewegung dieses Lebens	88
2.3.3.2.2.2.1	Die Struktur des Zusammenhanges der geistig-sittlichen Lebenszentren	90
2.3.3.2.2.2.2	Die Struktur der geistig-sittlichen Tätigkeit	92
2.3.3.2.2.2.2.1	Die spontane Form der sittlichen Tätigkeit	94
2.3.3.2.2.2.2.2	Die rezeptive Form der sittlichen Tätigkeit	100
2.4	Der Mittelpunkt des geistig-sittlichen Lebens: das Bewußtsein	107

3 Die Struktur des Bewußtseins 111

3.1	Die dialektische Struktur des Seins	113
3.1.1	Die beiden Modi des Seins und ihre innere Beziehung	113
3.1.2	Die Voraussetzung der dialektischen Seinsstruktur: das höchste Sein	117
3.1.3	Die Struktur des endlichen Seins als Ineinander von geistigem und dinglichem Sein	120
3.1.4	Die Struktur des sittlichen Seins	127
3.1.4.1	Das sittliche Sein: ein durch das Handeln der Vernunft auf die Natur hervorgebrachter Organismus der Vernunft	128
3.1.4.2	Das sittliche Sein: ein durch das Handeln der Vernunft mit Natur auf Natur in einem werdenden Vernunftorganismus fortschreitendes Ineinander von Vernunft und Natur	137
3.2	Die Struktur des Bewußtseins	142
3.2.1	Das Bewußtsein als unmittelbares Symbol der Vernunft	142
3.2.2	Das Ineinander der intellektuellen und organischen Seite des Bewußtseins	155
3.2.2.1	Die Charakterisierung der intellektuellen und organischen Seite des Bewußtseins	156
3.2.2.1.1	Die intellektuelle Seite des Bewußtseins	156
3.2.2.1.2	Die organische Seite des Bewußtseins	163
3.2.2.2	Die Struktur des Ineinander der intellektuellen und organischen Seite des Bewußtseins	168
3.2.2.2.1	Der in der grundlegenden Entgegensetzung von Subjekt und Objekt entstehende Gehalt des Bewußtseins: das Auseinandertreten von „Gefühl" und „Anschauung"	170
3.2.2.2.2	Die im Ineinander von Einheit und Vielheit entstehende Form des Bewußtseins: die allgemeinen und einzelnen Positionen	175
3.2.2.3	Das Zusammensein von Wahrheit und Irrtum im Bewußtsein	186
3.2.3	Das Transzendente und das Mathematische im Bewußtsein	191
3.3	Die dem Bewußtsein entsprechende Größe in der dialektischen Seinsstruktur: die Gestaltung	197

4 Der Bewußtseinsprozeß 211

4.1	Das Werden von Person und Gemeinschaft in der Entwicklung des Bewußtseins	212

4.1.1	Die Entwicklung des Bewußtseins in der Bewegung des Lebens	212
4.1.1.1	Die Bestimmung des sittlichen Seins als sittliches Leben	212
4.1.1.2	Die Bestimmung des Bewußtseins als Prozeß	228
4.1.1.3	Die Lebensbewegung des Bewußtseins: die Wechselbeziehung zwischen „Reiz" und „Willkür"	249
4.1.1.4	Der Verlauf des Bewußtseinsprozesses: die extensive und die intensive Richtung des Bewußtseins	266
4.1.2	Die Verwirklichung des Bewußtseinsprozesses in der Korrelation von Person und Gemeinschaft	281
4.1.2.1	Das Setzen der Person im Bewußtseinsprozeß als der abgeschlossenen Bewußtseinseinheit	282
4.1.2.2	Das in dem Bewußtseinsprozeß implizierte Korrelat der Person: die Gemeinschaft	321
4.2	Das objektive Bewußtsein	372
4.2.1	Das Wesen des objektiven Bewußtseins	372
4.2.1.1	Das objektive Bewußtsein ist der Ausdruck des bestimmten Seins der Gegenstände	372
4.2.1.2	Gleichheit und Gemeinschaftlichkeit des objektiven Bewußtseins	376
4.2.2	Das objektive Bewußtsein in der Bewegung des Lebens	396
4.2.2.1	Die innere Seite der Tätigkeit des objektiven Bewußtseins: das Denken	398
4.2.2.2	Die äußere Seite der Tätigkeit des objektiven Bewußtseins: das Sprechen	412
4.2.2.3	Das Werden des objektiven Bewußtseins in der sich als Wechselbeziehung von Lehren und Lernen bestimmenden Bewegung des Lebens	430
4.2.3	Die geistig-sittliche Gemeinschaft in dem Gebiet des objektiven Bewußtseins	442
4.3	Das subjektive Bewußtsein	452
4.3.1	Das Wesen des subjektiven Bewußtseins	452
4.3.1.1	Das subjektive Bewußtsein ist der Ausdruck der individuellen geistig-sittlichen Lebenseinheit	452
4.3.1.2	Das subjektive Bewußtsein ist unmittelbares Selbstbewußtsein	454
4.3.1.3	Verschiedenheit und Unübertragbarkeit des subjektiven Bewußtseins	457
4.3.1.4	Das subjektive Bewußtsein konstituiert die einzelne Person	460
4.3.2	Das subjektive Bewußtsein in dem Wechsel von Rezeptivität und Spontaneität	462
4.3.2.1	Die rezeptive Seite: das subjektive Bewußtsein oder das Gefühl	463
4.3.2.1.1	Die Bestimmtheit des subjektiven Bewußtseins	463
4.3.2.1.2	Die Unterscheidung der Gefühle	466
4.3.2.1.2.1	Die Elemente und Momente des Gefühls	467
4.3.2.1.2.2	Die Arten der Gefühle	471
4.3.2.1.3	Die beiden sich aufgrund der Lebensbewegung unterscheidenden Seiten im Gefühl: das Gefühl und die Kombination	477

4.3.2.2	Die spontane Seite: die Darstellung des subjektiven Bewußtseins .	483
4.3.3	Die geistig-sittliche Gemeinschaft im Gebiet des subjektiven Bewußtseins	489
4.4	Die Grenze des Bewußtseins	494
5	Schlußbetrachtung: die Offenheit der philosophischen Bewußtseinsstruktur für das christlich bestimmte fromme Selbstbewußtsein	503

Literaturverzeichnis 531

Register 537

1   EINLEITUNG

Mit dem Vermögen des Menschen, denken und bewußt handeln, d.h. das eigene raum- und zeitverhaftete Dasein in dem Erkennen der Lebensvorgänge und des Weltzusammenhanges auf seinen Sinn hin zu transzendieren und diesem entsprechend seinen Lebensvollzug und das damit unlösbar verbundene In-Beziehung-Treten zu der Welt einrichten zu können, ist ihm das Problem der seinem Menschsein zukommenden Lebens- und Weltgestaltung aufgegeben. Diese Frage nach dem dem Menschen in seinem Menschsein gemäßen Verhalten in bezug auf das Leben und in bezug auf die Welt ist als die ethische Frage Gegenstand theologischer und philosophischer Reflexion geworden. Indem nun die Theologie und die Philosophie die Lebens- und Weltgestaltung des Menschen gleichermaßen thematisieren, ist das Problem des Verhältnisses der beiden Bearbeitungsweisen dieser Frage nach dem menschlichen Verhalten gegeben. Gibt es in bezug auf die Gestaltung von Leben und Welt ausschließlich ein allgemein menschliches Verhalten, wie es in der Philosophie reflektiert wird, so daß die Theologie in der Behandlung der christlichen Lebens- und Weltgestaltung nur das in der Philosophie gedachte allgemein menschliche Verhalten zu wiederholen hat? Oder zeigt die Theologie einen spezifisch christlichen Bezug des Menschen zu dem Leben und zu der Welt mit dem Anspruch auf, das zu seiner eigentlichen Bestimmung gekommene Menschsein darzustellen, so daß die Philosophie diese Lebens- und Weltbestimmung nur zu wiederholen oder sich zu dieser hin zu entwickeln hat? Oder haben allgemein menschliche und christliche Lebens- und Weltgestalt gar nichts miteinander zu tun, da sie sich auf völlig verschiedene, von einander getrennte Bereiche beziehen? Indem die in diesen Fragen markierten unterschiedlichen Positionen der Verhältnisbestimmung theologischer und philosophischer Reflexion des menschlichen Lebens und seines Zusammenhanges mit der Welt theologisches und philosophisches Denken entweder in Abhängigkeit voneinander oder als beziehungsloses Nebeneinander bestimmen, gelingt es ihnen nicht, ein gleichberechtigtes Verhältnis theologischer und philosophischer Reflexion zu konstituieren, das den einheitlichen Zusammenhang des ethischen Themas ebenso wie die Selbständigkeit beider Wissenschaften zu bewahren vermag.

Vor diesem Hintergrund kommt dem Denken Friedrich Schleiermachers besonderes Interesse zu. Denn Schleiermacher hat den ethischen Problembereich der dem Menschsein des Menschen zukommenden Lebens- und Weltgestaltung nicht nur theologisch und philosophisch reflektiert, ohne beide Reflexionsweisen in Widerspruch miteinander treten zu lassen, sondern er will beide Überlegungszusammenhänge, die er als voneinander unabhängig und jeweils in sich selbständig bestimmt, dennoch zum Verstehen menschlicher Lebens- und Weltgestaltung aufeinander bezogen wissen. Dieses Nebeneinander der theologischen und der philosophischen Konzeption in Eigenständigkeit und doch nicht in Unverbundenheit erreicht Schleiermacher zum einen, indem er den gleichen Gegenstand, den menschlichen Lebens- und Weltzusammenhang, in beiden Konzeptionen denkt und damit weder der theologischen noch der philosophischen Reflexion ein Mehr des Inhaltes oder der Einsicht in diesen Zusammenhang gegenüber der anderen zugesteht, zum anderen aber, indem er die Perspektive, in der jeweils die Theologie und die Philosophie ihre Erkenntnisse gewinnen, als voneinander ganz und gar unterschieden bestimmt. Während die Philosophie sich auf die in allen Menschen gleiche Vernunft bezieht und, diese Vernunft als Prinzip menschlichen Lebens anschauend, aus der Idee des Wissens den Inhalt konstruiert, bestimmt das theologische Denken nicht dieses spekulative Prinzip der Philosophie, d.h. dieser Rückgang "auf das Wesen des Geistes"[1], sondern es wird durch das christliche Prinzip bestimmt, nämlich das Sich-seiner-selbst-in-Gemeinschaft-mit-Gott-Bewußtsein "als bedingt durch den Act der Erlösung durch Christum"[2], - ein Prinzip also, das sich in dem unableitbaren, geschichtlichen Faktum der Person Jesu, des Erlösers, als des Anfangspunktes und, dieses ist identisch, als Urtatsache gründet, aus der die christliche Kirche "als eine zusammenhängende geschichtliche Erscheinung hervorgegangen ist"[3] und sich weiter entwickeln wird. So wird in beiden Perspektiven, in der philo-

---

1 Praktische Theologie, WW I 13, S. 22.
2 Christliche Sitte, WW I 12, S. 32.
3 Der christliche Glaube (Redeker), Band I, S. 71, § 10 Zusatz.

sophischen und in der theologischen, von ihren
unterschiedlichen Standpunkten aus der gleiche
Gegenstand, der menschliche Lebenszusammenhang
verbunden mit der menschlichen Weltgestaltung,
in verschiedener Weise sichtbar. Indem die
Philosophie den menschlichen Lebens- und Weltzusammenhang aus der Idee der Vernunft dedu-
ziert, entwickelt sie in dem Hervorbringen
der allgemeinen Begriffe des menschlichen Lebens die gesamte Organisation dieses Lebens-
und Weltzusammenhanges und bringt, in dieser
Perspektive des Allgemeinen Einsicht in das
Wesentliche dieses Zusammenhanges gewinnend,
den Gegenstand als ein organisches Strukturgefüge zur Ansicht. Eine solche Darstellung
des wesentlichen Zusammenhanges menschlichen
Lebens muß, da sie in strenger Ableitung aus
dem Begriff der allen Menschen gemeinsamen
und in allen Menschen gleichen Vernunft ent-
worfen ist, Anspruch auf Allgemeingültigkeit
erheben. Der Theologie dagegen ist es gerade
nicht um diese Allgemeingültigkeit, sondern,
indem sie stets Geschichte voraussetzt, um
das Konkret-Geschichtliche, das Besondere zu
tun, so daß sie unseren Gegenstand ausschließlich in einem besonderen geschichtlichen Zusammenhang reflektiert. Folglich tritt in der
Theologie das Leben nicht als das allgemein

menschliche, sondern als das durch das geschichtliche Faktum des Auftretens Jesu, der der Erlöser ist, bestimmte und mit dieser Tatsache in einem geschichtlichen Wirkungszusammenhang stehende, besondere, christliche Leben in den Blick. Allen Begriffen, die das christliche Leben beschreiben, kommt nur in diesem speziellen geschichtlichen Zusammenhang Wirklichkeit zu, wie diese Reflexion auch nur für den Menschen Gültigkeit haben kann, der sich in diesem besonderen Kontext erfährt und begreift. Indem die Philosophie, von dem Allgemeinen ausgehend, das menschliche Leben in seinem Strukturgefüge aufweist, die Theologie aber, sich in dem Bereich des Geschichtlichen bewegend, aus der besonderen Perspektive den in der Urtatsache der Person Jesu, des Erlösers, gesetzten Entwicklungspunkt eines neuen, eigentümlichen geschichtlichen Lebens wahrnimmt, erübrigt sich keine der beiden Reflexionsweisen des menschlichen Lebens- und Weltzusammenhanges. Allerdings, obwohl beide Perspektiven als einander ergänzend zu verstehen sind, gibt es dennoch "keinen stetigen Übergang"[4] zwischen philosophischer und theologi-

---

4 Ethik 1816, S. 549, § 108.

scher Betrachtungsweise. Wieweit auch die Philosophie die aus der Vernunft deduzierten Begriffe zu dem Einzelnen hinunterführt, sie erreicht doch niemals ein geschichtliches Faktum und, umgekehrt, wie sehr auch die Theologie das christliche Leben in seinem Zusammenhang ausdrückt, geht aus ihrem Denken, wenn sie ihren theologischen Standpunkt nicht aufgeben will, nicht die wesentliche Struktur des gesamten menschlichen Lebens hervor.

Schleiermacher, der keine der beiden Perspektiven aufgeben will, sondern sich gerade aufgrund der jeder Erkenntnisweise eigenen Einsicht in den Lebenszusammenhang auf beide Perspektiven angewiesen sieht, findet das Nebeneinander theologischer und philosophischer Erkenntnis in dem Bild der beiden Brennpunkte der einen Ellipse dargestellt, die sein eigenes Dasein charakterisiert. Allein indem er, der "allgemeinen Form alles endlichen Daseins"[5] entsprechend, zwischen beiden Punkten oszilliert, wird ihm "die ganze Fül-

---

5 Schleiermacher, Brief an F.H. Jacobi vom 30. März 1818, in: Schleiermacher als Mensch, ed. H. Meisner, S. 274.

le"[6] seines irdischen Daseins zuteil. Obwohl Schleiermacher in diesem Bild zunächst nur seine persönliche Existenzform ausdrücken will, kommt ihm aber nicht ausschließlich persönliche Bedeutung zu. Vielmehr ist Schleiermacher das Schweben zwischen diesen beiden Punkten nur möglich, weil jeder Punkt in dem anderen mitgesetzt ist. Wenn auch von keinem der beiden Punkte ein "stetiger Übergang"[7] zu dem anderen geschaffen werden kann, wenn auch die Philosophie die theologische Erkenntnis des menschlichen Lebenszusammenhanges nicht hervorbringen und ebenso umgekehrt die Theologie die philosophische Einsichtnahme in das menschliche Leben nicht produzieren kann, so muß dennoch jede Erkenntnisart "die Realität und Wesentlichkeit alles dessen, was der anderen wesentlich ist"[8] mitdenken. Denn der philosophische Aufweis der allgemein menschlichen Lebensorganisation enthält notwendig auch das religiöse Element, das in ihm zwar nicht explizit als eigentümlich christliche Gestaltung,

---

6 Ebd.
7 Ethik 1816, S. 549, § 108.
8 Christliche Sitte WW I 12, S. 77, Vorlesg. 1824/25.

wohl aber "als verschiedener Formen fähig"[9] - und dieses impliziert auch die christliche Erscheinungsform - zur Darstellung kommt. Ebenso nimmt die Theologie das christliche Leben nicht als ein von dem allgemein menschlichen, vernünftigen Leben losgelöstes Leben wahr, sondern setzt in der Beschreibung des christlichen Lebens als eines besonderen menschlichen Lebens das vernünftige Leben als Strukturzusammenhang alles menschlichen Lebens voraus. Diese Art und Weise des In-dem-anderen-Mitgesetztseins führt beide Betrachtungsweisen des menschlichen Lebenszusammenhanges, die theologische und die philosophische, über ihre jeweilige Eigenständigkeit hinaus zu der beiden wesentlichen gegenseitigen Anerkenntnis.

Mit diesen allgemeinen Überlegungen ist allerdings das Verhältnis von Theologie und Philosophie in dem Denken Schleiermachers noch nicht hinreichend begriffen. Um eine genaue Vorstellung davon zu bekommen, welche Bedeutung philosophisches und theologisches Denken füreinander haben, wenden wir uns den Gedanken Schleiermachers zu , die sich mit dem syste-

---

9 Christliche Sitte, WW I 12, S. 75.

matischen Zusammenhang der Wissenschaften und in diesem besonders mit der Zuordnung von Theologie und Philosophie befassen.

Will man den wissenschaftssystematischen Zusammenhang zwischen Theologie und Philosophie erhellen, so ist nach Schleiermachers Auffassung eine Beschreibung dieses Zusammenhanges von der Philosophie aus nicht möglich, da von ihr ausgehend eine Verhältnisbestimmung nur zu den Wissenschaften durchführbar ist, die in die "natürliche Organisation der Wissenschaft"[10] gehören, d.h. die aus der Idee des Wissens zu deduzieren sind. In diesem reinen Wissenschaftsorganismus taucht die Theologie als solche nicht auf, da sie sich aus der Idee des Wissens nicht ableiten läßt[11]. Von daher müssen wir mit den wissenschaftstheoretischen Überlegungen zu der Theologie einsetzen und von diesen aus versuchen, die Verbindung zur Philosophie aufzuzeigen.

Die Theologie ist, ebenso wie Medizin und Jura, eine positive Wissenschaft. Als solche

---

10 "Gelegentliche Gedanken über Universitäten in deutschem Sinn", WW III 1, S. 582.
11 Cf. Praktische Theologie, WW I 13, S. 7.

entsteht sie aus einem praktischen Bedürfnis, das sich Schleiermacher für die Theologie aus der Aufgabe der Leitung der christlichen Kirche ergibt[12]. Die positiven Wissenschaften treten mit den Wissenschaften, die sich in der Idee des Wissen gründen, so in Beziehung, daß sie aus den verschiedenen Disziplinen dieser Wissenschaften die Elemente entnehmen, die sie zu der Lösung ihrer praktischen Aufgabe benötigen. Nur dadurch, daß diese Elemente auf den praktischen Zweck der jeweiligen positiven Wissenschaft bezogen werden, gewinnt diese Wissenschaft ihre Einheit. Für die Theologie bedeutet dieses, daß sie sich aus dem reinen Wissenschaftsorganismus die "wissenschaftlichen Kenntnisse und Kunstregeln"[13] aneignet, die "zu der zweckmäßigen Tätigkeit"[14] führen, "durch welche die Kirche

---

12 Cf. Kurze Darstellung des theologischen Studiums, ed. H. Scholz, S. 2, § 5; cf. auch Praktische Theologie, WW I 13, S. 12.
13 Kurze Darstellung, S. 2, § 5; cf. auch Praktische Theologie, WW I 13, S. 17.
14 Kurze Darstellung, S. 3, Anm. 3 (§ 8 der 1. Auflage).

wirklich erhalten und weiter gebildet wird"[15]. Allein in bezug auf die Aufgabe der Leitung der christlichen Kirche bilden die theologischen Disziplinen, die Elemente aus den verschiedenen reinen Wissenschaften enthalten, einen Organismus.

Von den drei theologischen Hauptdisziplinen, die Schleiermacher unterscheidet, sind in unserem Zusammenhang die historische und die philosophische Theologie von Bedeutung, nicht aber die praktische Theologie, die die Kunstregeln der leitenden Tätigkeit als "Theorie der Praxis"[16] erörtert.

Da die leitende Tätigkeit der christlichen Kirche, indem sie auf den Zustand dieser Kirche wirkt und aus diesem etwas bestimmtes hervorbringen will, immer auf die Entwicklung der Kirche ausgerichtet ist, wird eine genaue, "vollkommene und wohlgeordnete"[17] Kenntnis des gegebenen gegenwärtigen Zustandes der Kirche gefordert, der, da die Kirche eine geschichtliche Größe ist, nur "als Produkt der Vergangenheit und als Keim

---

15 Ebd.
16 Praktische Theologie, WW I 13, S. 12.
17 Ebd., S. 18.

der Zukunft"[18] verstanden werden kann. Weil die hier benötigten Kenntnisse in das Gebiet des Historischen gehören, nennt Schleiermacher diese theologische Disziplin die historische Theologie, die - ihrer Definition gemäß - neben den Exegetica und der Kirchengeschichte auch die Dogmatik und die theologische Ethik enthält.
Doch eine geschichtliche Anschauung von einem gegebenen Zustand, die im Gegensatz zu einem Aggregat empirischer Elemente steht, und eine Vorstellung des Woraufhin der Entwicklung dieses gegebenen Zustandes ist nur möglich, wenn der reine Begriff, die reine Idee der christlichen Kirche, in aller Vorläufigkeit, d.h. "in verschiedenen Graden der Bestimmtheit"[19], aufgestellt worden ist. Diese Aufgabe fällt der philosophischen Theologie zu. Den "reinen Ausdruck der Idee"[20] der Kirche gewinnt diese theologische Disziplin durch das kritische Verfahren, welches das geschichtlich Gegebene im Christentum auf

---

18 Kurze Darstellung, S. 11, Anm. 1 (S. 8, § 33 der 1. Auflage).
19 Praktische Theologie, WW I 13, S. 18.
20 Kurze Darstellung, S. 15, Anm. 1 (S. 12, § 6 der 1. Auflage).

die Prinzipien der Geschichte, die für Schleiermacher in der philosophischen Ethik aufgezeigt werden, und auf die Verschiedenheit der religiösen Gemeinschaften, die die von der philosophischen Ethik ausgehende Religionsphilosophie darlegt, bezieht. In dem Gegeneinanderhalten des geschichtlich Gegebenen des Christentums mit den in der Religionsphilosophie aufgestellten "Gegensätzen, vermöge deren fromme Gemeinschaften können voneinander verschieden sein"[21], bestimmt sich der philosophischen Theologie das eigentümliche Wesen des Christentums in dem Gegenüber zu anderen Glaubensweisen und religiösen Gemeinschaften. Um aber in dem Werden der christlichen Kirche gewahr zu werden, welche Erscheinungen dem Wesen dieser Kirche entsprechen oder von diesem abweichen, ist die philosophische Theologie genötigt, das geschichtlich Gegebene der christlichen Kirche mit den in der philosophischen Ethik dargelegten Formen zu vergleichen, die auf allgemeine Weise darstellen, "wie dasjenige wird, was in einem geschichtlichen Ganzen reiner Ausdruck der Idee"[22] ist. In diesem

---

21 Ebd., S. 13, § 32.
22 Ebd., S. 15, Anm. 1 (S. 12, § 6 der 1. Auflage).

Aneinanderhalten des geschichtlich Gegebenen in der christlichen Kirche und der in der philosophischen Ethik reflektierten Prinzipien der Geschichte wird zugleich die Frömmigkeit in dem Zusammenhang mit den übrigen Tätigkeiten des menschlichen Geistes sichtbar[23].

Weil die historische Theologie ihren Gegenstand, die Darstellung der jeweiligen Zustände der christlichen Kirche in der Zeit, nur mit Einschluß der philosophischen Theologie, d.h. der reinen Idee des Christentums, denken kann, ist ihre Ausbildung nur möglich, wenn die in der philosophischen Theologie erarbeiteten Inhalte aufgenommen sind. Die philosophische Theologie aber erhält ihren Gegenstand ausschließlich in dem kritischen Verfahren, das eine fortwährende Beziehung auf die philosophisch-ethischen Sätze fördert. Damit zeigt sich für Schleiermacher, daß das Studium der philosophischen Ethik unerläßliche methodische Voraussetzung jedes theologischen Denkens ist. In diesem Sinn formuliert Schleiermacher in der ersten Auflage seiner Enzyklopädie: "Die Ethik ist die Wissenschaft der Prinzipien der Geschichte; diese also wird bei jedem theologischen Studium voraus-

---

23 Cf. ebd., S. 8f., § 21.

gesetzt, und es gründet sich auf sie"[24]; und noch deutlicher heißt es in der zweiten Auflage: "Ohne die fortwährende Beziehung auf ethische Sätze kann auch das Studium der historischen Theologie nur unzusammenhängende Vorübung sein, und muß in geistlose Überlieferung ausarten"[25].

Während, wie wir sahen, auf der einen Seite die Theologie als Wissenschaft aus der Idee des Wissens nicht abgeleitet werden kann und das philosophische Denken niemals unmittelbar auf das theologische Denken verweist, ist auf der anderen Seite festzustellen, daß die wissenschaftliche Theologie methodisch nicht aufgebaut werden kann, ohne ständige Beziehung auf den Gesamtzusammenhang der philosophischen Ethik. Wenn wir also im Sinne Schleiermachers Einsicht in den menschlichen Lebens- und Weltzusammenhang gewinnen wollen, so sehen wir uns vor dem Hintergrund dieser wissenschaftstheoretischen Überlegungen zunächst an das Studium der philosophischen Ethik gewiesen.

Dieser Aufgabe, die Prinzipien der Ge-

---

[24] Kurze Darstellung, S. 12, Anm. 2 (S. 9, § 37 der 1. Auflage).

[25] Ebd., S. 12, § 29.

schichte, wie Schleiermacher sie in der philosophischen Ethik entwickelt, genauestens zu studieren und im Zusammenhang darzustellen, will die vorliegende Arbeit nachgehen. Wir sehen in der Bearbeitung dieser Aufgabe nicht nur einen Beitrag zur Bestimmung des Verhältnisses von Theologie und Philosophie in dem Kontext ethischen Denkens, sondern, entsprechend dem wissenschaftstheoretischen Programm seiner Enzyklopädie, auch eine Hilfe zum Verständnis von Schleiermachers theologischem Denken überhaupt.

Von dieser Absicht her legt es sich nahe, den Gedankengang der philosophischen Ethik nicht aus sich selbst heraus zu explizieren, sondern ihn vor dem besonderen Hintergrund des christlichen Lebens zu begreifen und von diesem eigentümlichen geschichtlichen Ort aus nach dem allgemeinen ethischen Zusammenhang zu fragen, der sowohl dem christlichen Leben die Struktur gibt als auch dieses besondere Leben in seiner Beziehung zu allen menschlichen Lebensvorrichtungen sichtbar werden läßt. Für das Verfahren unserer Darstellung ergibt sich aus diesem Ansatz die Aufgabe, den philosophisch gedachten Lebenszusammenhang von dem Begriff her zu entwickeln, der sich als Bezeichnung des Zentrums des besonderen christlichen Lebens zeigt, nämlich der Begriff des religiösen Bewußtseins der "Gemeinschaft mit Gott bedingt durch die Erlösung mit Christum"[26]. Eine solche Darstellung des philosophischen Lebenszusammenhanges darf aber nicht bedeuten, daß nur ein Ausschnitt dieses Zusammenhanges, also nur der Bereich des für die Beschreibung des christlichen Lebens konstitutiven Begriffs, d.h. der Bereich dieses christlich bestimmten religiösen Bewußtseins, aufgezeigt werden soll. Um die Struktur des christlichen Lebens und die Einordnung dieses Lebens in den Gesamtzusammenhang menschlichen Lebens einsichtig zu machen, ist es geboten, diesen Begriff in seinem Gesamtzusammenhang, d.h. das christlich bestimmte religiöse Bewußtsein in dem Zusammenhang des umfassenden Begriffs des Bewußtseins zu denken und von diesem Bewußtseinsbegriff aus den gesamten Lebenszusammenhang zu erhellen. Wir setzen darum das christliche Leben und den allgemein menschlichen Lebenszusammenhang so miteinander in Beziehung, daß wir den Bereich, der den Mittelpunkt des christlichen Lebens bildet, in dem allgemeinen Strukturzusammenhang der

---

26 Christliche Sitte, WW I 12, S. 35.

Einleitung

Philosophie nicht in Abzweckung auf das besondere christliche Leben, sondern allein in der Weise darstellen, wie es der philosophische Denkzusammenhang fordert, nämlich als das Zentrum des Sittlichen selbst. Dieses aber bedeutet, daß wir, da wir diesen Zusammenhang von einem Begriff entwickeln, der Schleiermachers philosophische Darstellung nicht leitet, darauf angewiesen sind, Schleiermachers System in der von unserem Begriff bestimmten Folge zu denken und in dieser auch die für uns wichtigen Gedanken zu explizieren, die Schleiermachers Darstellung nur implizit enthält. In unserer Arbeit handelt es sich also um den Versuch einer umfassenden systematischen Rekonstruktion des philosophisch-ethischen Denkens Schleiermachers unter dem zentralen Gesichtspunkt des Begriffs des Bewußtseins, der gerade auch für das theologische Denken Schleiermachers grundlegend ist[27].

27 Diese Aufgabenstellung erfordert ein intensives Einarbeiten in Schleiermachers Denkweise und ein verstehendes Nach-Spüren seiner ethischen Gedankenzusammenhänge, das beides nur in der ausschließlichen Konzentration auf das Studium der Texte Schleiermachers gelingen kann. Von daher

bezieht sich diese Arbeit allein auf philosophische und theologische Schriften wie Vorlesungen Schleiermachers. Von diesen Texten rezipiert sie vornehmlich Schleiermachers Ausführungen zur philosophischen Ethik. Wir räumen freilich ein, daß die Aufarbeitung der vielen Untersuchungen zur Sache unerläßlich wird, wenn wir die Schleiermacher-Rezeption wirkungsgeschichtlich untersuchen wollten. Aber auch die Tatsache, daß uns Schleiermachers philosophisch-ethische Entwürfe fast nur als knappe, meistens fragmentarische Vorlesungsskizzen vorliegen, würde für die Bearbeitung der philosophischen Ethik über die philosophischen-ethischen Schriften im engeren Sinn hinaus das umfassende Studium weiterer philosophischer und theologischer Texte Schleiermachers und die Hinzunahme der sog. Sekundär-Literatur notwendig machen. Doch da uns hier die Bewußtseinslehre selbst beschäfigten soll, meinen wir, um der Klarheit des Ganzen willen, zum einen die Untersuchungen zu Schleiermacher unberücksichtigt lassen zu sollen, zum anderen die über die philosophisch-ethischen Texte hinausgehenden philosophischen und theologischen Schriften Schleiermachers nur soweit bedenken zu müssen, als sie eine unverzichtbare Interpretationshilfe unseres Gegenstandes oder eine unsere Sache wesentlich erhellende Explikation darstellen.

2 DAS ZENTRUM DES SITTLICHEN: DAS BEWUßTSEIN

2.1 Das Sittliche als Charakterisierung des geistigen Lebens

Aufgrund der dem Menschen mit seinem Menschsein gegebenen Vernunft vermag dieser - im Unterschied zu jedem anderen Leben auf unserer Erde - sein Leben bewußt zu führen[1]. Diese nur ihm eigene Vernunfthaftigkeit läßt ihn

---

[1] In der Abhandlung "Über den Begriff des höchsten Gutes I", Braun I, S. 450 sagt Schleiermacher, daß es dem Menschen aufgegeben ist, "das Meer eines wahrhaft selbsttätigen Lebens zu durchschiffen". Cf. auch "Über den Unterschied zwischen Naturgesetz und Sittengesetz", Braun I, S. 415. Die verschiedenen Konzeptionen der Ethik, die das menschliche Handeln reflektieren, wie es aus der freien Willensbestimmung des Menschen hervorgeht (Höchstes Gut I, Braun I, S. 452), sind nach ihrer Anwendbarkeit in einem selbsttätigen Leben zu beurteilen.

22 Das Zentrum des Sittlichen: das Bewußtsein

den physischen Lebenszusammenhang überschreiten, indem er ihm erkennend und gestaltend gegenübertritt[2]. Durch dieses In-den-Stand-Gesetztsein des Menschen zu der im Erkennen sich vollziehenden Aneignung der Natur wie die im Gestalten sich ereignende Einbildung der Vernunft in die Natur[3] erhebt sich das

---

[2] Dieser Gedanke findet sich in der Darlegung der Ethik im Gegenüber zur Physik: "... das durch die Ethik ausgedrückte Sein" ist "ein Handeln der Vernunft auf die Natur". Allg. Einltg. 1816, S. 500, § 62; cf. ebd., S. 497, § 48. Ethik 1816, S. 540, § 75. S. 541 f., § 80 f., wie in der Beschreibung der menschlich-vernünftigen Tätigkeiten, die sich erkennend und bildend auf die Natur richten, cf. Ethik 1816, S. 562 f., §§ 3 f. u.a.

[3] "Aneignung" und "Einbildung" wollen hier die mehr aufnehmende, rezeptive Tätigkeit im Erkenntnisvorgang bzw. die mehr bildende, spontane Tätigkeit im Gestalten zum Ausdruck bringen. Schleiermacher ordnet "Aneignung" meistens der organisierenden, gestaltenden Tätigkeit zu (u.a. Höchstes Gut II, Braun I, S. 477). Doch wird es dann als Anbilden bzw. Ausbilden statt als Aufnehmen verstanden. Cf. hier auch ebd., S. 478 die Formeln" das Sein ins Bewußtsein aufnehmen" und "das Bewußtsein dem Sein einbilden".

menschliche Leben zum geistigen Leben[4]. Das geistige Leben kennzeichnet sich in dieser fortschreitenden Durchdringung von Natur und Vernunft. Dabei erschließt es sich dem Menschen nicht von selbst, sondern will aus der dem Menschen als ein Minimum mit seinem Menschsein gegebenen Vereinigung von Natur und Vernunft entwickelt und entfaltet sein. Hierin liegt die sittliche Aufgabe menschlichen Lebens beschlossen. Nur in der Inangriffnahme ihrer Lösung hat der Mensch sein wahres Menschsein[5].

Ist der Mensch in der geistigen Durchformung seines natürlichen Lebens in allen seinen Tätigkeiten begriffen, schreitet das geistige Leben voran, so kann dieses nicht von dem allgemeinen Naturzusammenhang isoliert

---

4 Der Terminus "geistiges Leben" findet sich - soweit ich sehe - nur in der Abhandlung "Über den Begriff des höchsten Gutes I", Braun I, S. 461. 464. 465 f. Doch sind in allen ethischen Entwürfen die Beschreibungen des Handelns der Vernunft auf die Natur Aussagen über das geistige Leben, so daß sie unter diesem Begriff gefaßt werden können.

5 Ethik 1816, S. 542, § 81. 544, § 90; Allg. Einltg. 1816, S. 500, § 66; Ethik 1812/13, S. 259, § 3; Höchstes Gut I, Braun I, S. 461.

24 Das Zentrum des Sittlichen: das Bewußtsein

geschehen, in dem das natürlich - menschliche Leben ein integrierender Teil ist. Der Vernunfttrieb richtet sich vielmehr auf die gesamte Natur, alles soll mit der Vernunft geeint werden[6]. Indem der Mensch so auf das Durchbilden der gesamten Natur verwiesen ist, ordnet sich ihm die Natur mehr und mehr zur "Welt"[7]. Die Entwicklung des geistigen Lebens ist gleichzeitig der Prozeß des Weltwerdens.

In diesem Vorgang des geistigen Lebens, in dem der Mensch zu seinem Menschsein und untrennbar damit verbunden zur Weltgestaltung gelangt, ist für Schleiermacher das Sittliche

---

6 Die Zusammengehörigkeit des geistigen und natürlichen Lebens beschreibt sehr prägnant die Ethik von 1816, S. 561, § 1. Diese Stelle sei für alle anderen genannt.

7 "Welt" ist das geordnete Ganze, wie es sich durch die Vernunft aus der chaotischen Mannigfaltigkeit der noch nicht mit der Vernunft geeinten Natur entwickelt; Brouillon 1805/06, S. 104. 176. Cf. auch Allg. Einltg. 1816, S. 500, § 66 und die im Entwurf der Ethik 1816, S. 534, § 54 gegebene Definition von Welt.

gegeben[8]. Wird das Sittliche in dieser Weise bestimmt, dann bezieht es sich nicht nur auf einen Bereich innerhalb des menschlichen Lebens, sondern umgreift den gesamten geistigen Lebenszusammenhang[9]. "Nicht nur einiges", sondern "alles wahrhaft Menschliche"[10] gehört so in das sittliche Gebiet. Das Sittliche ist aber nicht so an das einzelne menschliche Leben gebunden, daß es jeweils mit diesem beginnt und - auf einer dem einzelnen geistigen Leben entsprechenden Entwicklungsstufe - endet, daß es sich also in vereinzelten und voneinander unabhängigen Vorgängen darstellt, sondern das einzelne menschliche Leben hat gerade darin seine Sittlichkeit, daß es seine Vereinzelung vermöge seiner Vernunfthaftigkeit überschreiten und sich im Zusammenhang mit der Entwicklung des gesamten geistigen Lebens auf unserer Erde begreifen kann. Der menschlichen Aufgabe, die nur eine ist, nämlich: die ge-

---

[8] Dieses formuliert die Ethik 1816, S. 561, § 1 zusammenfassend: "So ist die Gesamtheit alles sittlichen für sich zu Setzenden die Gesamtheit der Begriffe von den Wirkungen der menschlichen Vernunft in aller irdischen Natur". Cf. auch ebd., S.561 f.,§2.

[9] U.a. Höchstes Gut I, Braun I, S. 466.

[10] Ebd., S. 460.

Das Zentrum des Sittlichen: das Bewußtsein

samte Natur mit der Vernunft zu einen, steht die Menschheit als Ganzes gegenüber, d.h. der einzelne Mensch trägt als ein Glied der Gesamtheit des menschlichen Geschlechts seinen bestimmten Teil zur Lösung der allen gemeinsamen Aufgabe bei. Das Sittliche gelangt zwar ausschließlich im einzelnen menschlichen Leben zur Entwicklung, doch nur so, daß sich diese in der Beziehung auf und für den gesamten sittlichen Prozeß vollzieht, der für die Menschheit nur einer ist[11]. So stellt sich das Sittliche in e i n e m Prozeß dar, in dem die Menschheit mit der Durchgeistigung ihres Menschseins und der Gestaltung von Welt befaßt ist.

Wenn aber der sittliche Prozeß die gesamten "Wirkungen der menschlichen Vernunft in aller irdischen Natur"[12] umfaßt, dann gehören Geschichte und Kultur in das sittliche Gebiet und sind nicht von diesem zu trennen. Denn jedes Formen der menschlichen und außermensch-

---

11 Ethik 1816, S. 568 f., §§ 16-18. 577, § 35; Ethik 1812/13, S. 255, § 78. "Versuch über die wissenschaftliche Behandlung des Pflichtbegriffes", Braun I, S. 388. 390.

12 Ethik 1816, S. 561, § 1.

Das Sittliche und das geistige Leben

lichen Natur ist kulturelles Schaffen [13], das aber nur in dem Bezogensein auf das Ganze der Vernunft, d.h. nicht nur auf den einzelnen Menschen, sondern auf die Menschheit, dem Sittlichen entspricht, das in dieser Beziehung

---

[13] Dieses ordnet Schleiermacher besonders der bildenden Tätigkeit des Menschen zu, d.h. der organisierenden Vernunfttätigkeit, deren Beschreibung einen wesentlichen Teil der Ethik einnimmt; cf. Ethik 1816, S. 606, § 3 ff. Die vier Bildungsgebiete, die sich von der Ausbildung der Persönlichkeit bis zur Anbildung der Natur erstrecken, bezeichnen den Umfang der Kultur (Gymnastik, Mechanik, Agrikultur, Sammlung), cf. Brouillon 1805/06, S. 105, Anm. 1; Ethik 1816, S. 607 f., §§ 7-1o u.a.
Der Ausdruck "Kultur" tritt in den ethischen Entwürfen Schleiermachers immer mehr zurück, ohne daß dieses aber für den darunter gefaßten Sachverhalt von Bedeutung ist. Während das Brouillon 1805/06 im Zusammenhang mit der organisierenden Vernunfttätigkeit die Idee der Kultur noch besonders hervorhebt, gebraucht die Ethik 1812/13 den Terminus nur zum Hinweis auf die ungerechtfertigte zeitgenössische Polemik gegen die Kultur. In der Ethik 1816 fehlt das Wort "Kultur" völlig.

28 Das Zentrum des Sittlichen: das Bewußtsein

für Schleiermacher das Wesen der Kultur[14] bestimmt. Das Hervorbringen kultureller Werke wie die Werke selbst sind sittlich zu bestimmen und so als ein wesentlicher Teil in den gesamten sittlichen Prozeß einzuordnen, dessen Ziel die Durchbildung aller Natur mit der Vernunft ist. In diesem sittlichen Verlauf, in dem sich in der Entwicklung des geistigen Lebens auf unserer Erde die fortschreitende Einigung von Vernunft und Natur ausdrückt, hat die Menschheit ihre Geschichte[15]. Die Verbindung des Sittlichen mit Kultur und Geschichte veranschaulicht besonders das Umfassende des sittlichen Phänomens, seine Charakterisierung des gesamten geistigen Lebens. Das Sittliche bildet einen Zusammenhang, der alle vernünftigen Handlungen und Resultate in sich begreift und auf Kontinuität

---

14 Brouillon 1805/06, S. 106-110. Schleiermacher verweist auf die als unsittlich zu beurteilenden Lebenshaltungen, die aus der Negation des universalen Zusammenhanges entstehen, so die kynische und 'nützliche' Denkungsart wie die athletische und dissolute Einseitigkeit, cf. Ethik 1816, S. 609-611, §§ 11-14 u.a.

15 Ethik 1814/16, S. 423, § 1; Allg. Einltg. 1816, S. 505, § 90.

Das Sittliche und das geistige Leben

hin angelegt ist. Der gesamte Weltwerdungsprozeß muß sich so auf seine Sittlichkeit befragen lassen, wie jede einzelne sittliche Verwirklichung nur eine solche ist, wenn sie an diesem Prozeß partizipiert.

Kommt in dieser weiten Fassung des sittlichen Phänomens das Leben in dem Verwirklichen von Menschsein und Weltgestaltung in den Blick, dann faßt sich im Begriff des Sittlichen das menschliche Leben nicht im Seinsollen, sondern im Werden zusammen[16]. Denn das Sittliche bezieht sich weder auf die Vernunft an sich noch auf den vollendeten Zustand menschlichen Lebens, in dem die gesamte Natur mit der gesamten Ver-

---

16 Schleiermacher weist die Bestimmung des Sittlichen als ein Sollen oder einen Guten Rat zurück. "Die Säze der Sittenlehre dürfen also nicht Gebote sein, weder bedingte noch unbedingte, sondern sofern sie Geseze sind, müssen sie das wirkliche Handeln der Vernunft auf die Natur ausdrücken". Ethik 1816, S. 545, § 95; cf. ebd., § 93 f., ebd., S. 537, § 63. Die Form der Ethik kann dementsprechend weder imperativisch noch konsultativ, sondern nur deskriptiv sein. Cf. Brouillon 1805/06, S. 80; Ethik 1812/13, S. 250, § 45.

nunft zur Einigung gelangt ist[17], sondern charakterisiert den Prozeß des geistigen Lebens und bringt so ausschließlich die Wirklichkeit zum Ausdruck, die nur von der mit der Natur geeinten und in ihr wirkenden Vernunft her zu begreifen ist.

Vergegenwärtigen wir uns in den bisherigen Überlegungen den Umfang des Sittlichen, wie er sich in Schleiermachers philosophisch-ethischen Entwürfen darstellt, so führt uns die Absicht unserer Arbeit, den philosophischen Zusammenhang des Sittlichen unter dem Begriff des Bewußtseins zu rekonstruieren, zu der Aufgabe, den Ort des Bewußtseins innerhalb des sittlichen Geschehens näher zu bestimmen. Zur Bezeichnung dieses Ortes aber bedarf es zunächst, da der sittliche Prozeß immer geistiges Leben ist, einer Beschreibung der Struktur dieses Lebens.

---

17 Diesen Zustand nennt Schleiermacher "seliges Leben". Cf. Ethik 1816, S. 543, § 89; Allg. Einltg. 1816, S. 501, § 71 u.a.

2.2 Die Basis des geistigen Lebens: der physische Lebenszusammenhang

Alles Leben auf unserer Erde kulminiert im geistigen Leben, das den allgemeinen Lebenszusammenhang aufnimmt und mit dem ihm eigentümlichen Prinzip durchdringt. Das geistige Leben ist so nicht als ein isolierter, von allem übrigen Leben unabhängiger Bereich zu verstehen, sondern bildet einen untrennbaren Zusammenhang mit allem irdischen Leben, da es vom allgemeinen Leben ausgeht und seine Bestimmung in der Erhebung des physischen Lebens, wie es sich in seinen Erscheinungen und Tätigkeiten vollzieht, zur höheren - der durchgeisteten - Lebensstufe hat. Ist das physische Leben in dieser Weise die Grundlage des geistigen Lebens, so verdeutlicht sich uns das Spezifische des geistigen Lebens am besten, indem wir zunächst seine physischen Voraussetzungen skizzieren[1].

Gehen wir in der Beschreibung des Lebensbegriffes, wie er im physischen Bereich bestimmt wird, von den Erscheinungsformen des

---

1 Cf. Ethik 1816, S. 538, § 67.

32 Das Zentrum des Sittlichen: das Bewußtsein

Lebens aus, so stellen diese sich in einer Mannigfaltigkeit einzelner lebendiger Punkte dar. Jeder dieser Punkte bildet einen für sich abgeschlossenen Lebenskreis, in dem sich die Kräfte der Natur in einer die jeweilige Eigentümlichkeit eines Punktes bestimmenden Weise zentrieren und in den aus ihnen hervorgehenden Funktionen des Lebens zur Erscheinung kommen[2]. Diese Einheit, in der sich die Naturkräfte in einem Zentrum zusammenziehen und in einem Zyklus von Funktionen darstellen, nennt Schleiermacher ein für sich bestehendes oder abgeschlossenes "Naturganzes"[3].

Die Relation dieser Ganzheiten untereinander wird nach dem Ordnungsschema von Gattung und Art bestimmt, d.h. sie sind einander subordiniert und koordiniert[4]. So bringt jedes Naturganze mit denen ihm koordinierten Einheiten die ihm übergeordnete Ganzheit als

---

[2] Cf. Über den Unterschied zwischen Naturgesetz und Sittengesetz, Braun I, S. 411.

[3] Cf. Höchstes Gut II, Braun I, S. 480; Ethik 1816, S. 604 f., § 71; Brouillon 1805/06, S. 88 nennt diese Einheit ein "abgeschlossenes Dasein", das sich in allen Lebensstufen findet. Cf. auch Ethik 1814/16, S. 432, § 10.

[4] Cf. Ethik 1816, S. 531, § 42.

seinen produktiven Grund zur Erscheinung, wie es wiederum selbst der Erscheinungsgrund für eine Vielheit ihm subordinierter Einheiten ist[5]. Indem sich jede Ganzheit zugleich als Art und Gattung definiert, erweist sie sich als lebendige Einheit, in der als "Abgestaltung ihrer Gattung"[6] die nach dem Schema von Art und Gattung voranschreitende Entwicklung nicht zum Stillstand kommt, sondern in dem Hervorbringen niederer Erscheinungsformen, in denen sich das gleichzeitige Kraftsein dieser Einheit ausdrückt, weiter verläuft[7]. So kennzeichnet das Lebendige des abgeschlossenen Naturganzen in diesem Zusammenhang das Zugleich

---

5 Dieses beschreibt die Ethik 1816 mit dem Begriffspaar "Kraft" und "Erscheinung", cf. S. 533, § 51. 535, § 58. 552, § 114, Erläuterung Absatz 2 und S. 541, § 76.

6 Cf. Ethik 1816, S. 530, § 42.

7 Dieser Gedanke ergibt sich aus Ethik 1816, S. 529, § 36, wo dasjenige ein Totes genannt wird, von dem die Entwicklung nicht mehr weitergehen kann. Cf. auch ebd., S. 547, §§ 102 f. Cf. auch ebd., S. 551, § 110, wo von den nur in der Wechselwirkung von Kraft und Erscheinung sich erhaltenden Arten die Rede ist. Entfällt eine der Seiten, so hören die Arten auf zu bestehen.

34 Das Zentrum des Sittlichen: Das Bewußtsein

des Zur-An-schauung-Bringens der höheren Einheit und des Produktivgrund-Seins für eine Mehrheit von niederen Natureinheiten. Löst sich dieses Zugleich nach einer Seite hin auf, dann verliert diese Einheit ihre Lebendigkeit, indem ihr keine Funktion mehr im Entwicklungszusammenhang des Lebens zukommt. Da durch sie der Prozeß nicht weiter entfaltet wird, gleicht sie dem Erstarrten, dem Toten.

In dem Gegründetsein des einzelnen in sich bestehenden Naturganzen in dem Nächst-Höheren und dem Selbst-wieder-Erscheinungsgrund-Sein für das Niedere, wie es die Beziehungsstruktur verdeutlichte, erweist sich die Abgeschlossenheit der lebendigen Einheiten als relativ, denn keine Einheit hat ja ihre Lebensform[8] und ihren Bestand aus sich selbst, sondern nur in ihrem und durch ihren Zusammenhang mit den anderen Einheiten[9]. Die Mannigfaltigkeit der lebendigen Punkte ordnet sich so zu einem organischen Ganzen, in dem jeder Punkt ein

---

8 Für die zur Erscheinung kommende Kraft wählt Schleiermacher auch den Ausdruck "Lebensform", cf. Über den Unterschied von Naturgesetz und Sittengesetz, Braun I, S. 411.
9 Dieses ergibt sich konsequenterweise aus dem Verhältnis von Kraft und Erscheinung.

Der physische Lebenszusammenhang 35

wesentlicher und notwendiger Teil ist. Jede Erscheinungsform des Lebens ist als ein Glied dieses großen Organismus zu verstehen, der alles Leben auf unserer Erde umfaßt[10].

Die Entwicklung des irdischen Lebens, die sich in dem nach Art und Gattung gegliederten Organismus vollzieht, läßt sich als Hinaufsteigen von der niedrigsten bis zur immer höheren Lebensstufe beschreiben[11].

Mit jeder neuen Lebensstufe tritt ein neues Prinzip in den Lebensprozeß ein[12]. Diese Entwicklung vollzieht sich nun nicht in der Elimination der niederen durch die nächst höhere Stufe, sondern in der Aufnahme der niederen in die folgende Stufe, wobei diese dann all-

---

10 Organismus definiert Schleiermacher als gegenseitiges Bedingtsein von Kraft und Erscheinung, cf. Ethik 1816, S. 534, § 53. 546, § 97.

11 Cf. Über den Unterschied zwischen Naturgesetz und Sittengesetz, Braun I, S. 412 f.; Höchstes Gut I, Braun I, S. 461.

12 In welcher Weise dieses geschieht, "ob plötzlich oder allmählich" ist in unserem Zusammenhang nicht zu erörtern, da dieses außerhalb "jeder ethischen Untersuchung" liegt, Höchstes Gut I, Braun I, S. 461.

36 Das Zentrum des Sittlichen: das Bewußtsein

mählich von dem neuen Prinzip durchdrungen wird. So läßt sich eine Entwicklungskette des Lebens auf unserer Erde aufstellen, die mit der niedrigsten Stufe, der Gravitation, beginnt, sich durch das Hinzutreten des Belebungsprinzips zur Vegetation entwickelt, woraus durch das Prinzip der Beseelung die Animalisation entsteht, und dann - mit dem Eintreten des Prinzips der Begeisterung - in der Humanisation, der jetzigen höchsten Stufe, ihren vorläufigen Abschluß findet. Daß der Evolutionsprozeß hier nicht endgültig aufhört, sondern eine über die Humanisation hinauslaufende Entwicklung für möglich gehalten wird[13], zeigt, wie konsequent Schleiermacher den Gedanken der Lebensentwicklung verstanden wissen will.

Charakterisierten wir den dargestellten Organismus als Lebensorganismus, so bedeutet dieses, daß er nicht unabhängig von Zeit und Raum begriffen werden kann, sondern nur hierin sein Dasein hat, d.h. daß er sich nur im Nebeneinander und Nacheinander entwickeln kann. Er ruht nicht in dem ständigen Reproduzieren der niederen Glieder aus den höheren unveränderlich in sich, sondern wird durch die dem Leben

---

[13] Cf. Über den Unterschied zwischen Naturgesetz und Sittengesetz, Braun I, S. 413.

Der physische Lebenszusammenhang   37

wesentliche Bewegung bestimmt, die nur in der Zeit ist[14]. Denn das Leben ist Tätigkeit; es ist nur in der Oszillation zwischen seinen beiden Grundfunktionen, dem In-sich-Aufnehmen und Aus-sich-Hervorbringen[15]. Dabei sind beide Funktionen nicht absolut geschieden, sondern greifen so ineinander, daß einmal die eine Funktion hervortritt, während die andere zurückgenommen wird, zum anderen das umgekehrte Verhältnis entsteht. In jedem Moment des Lebens sind so beide Funktionen in unterschiedlicher Dominanz gegenwärtig, so daß es keinen reinen aktiven oder passiven Lebenszustand geben kann. Jede Aktion des Lebens läßt sich auf diese beiden Grundfunktionen zurückführen, die die allgemeine Form aller Lebenstätigkeit darstellen[16]. So partizipiert alles Lebendige auf unserer Erde, die einzelne Ganzheit wie der alles umfassende Organismus von der niedrigsten bis zur höchsten Stufe an dieser großen Bewegung

14 Cf. Ethik 1812/13, S. 261, § 16.
15 Cf. zusammenfassend für alle Belege: Ethik 1812/13, S. 259, § 5. Es sei hier auch an die bekannte Stelle in der ersten Rede erinnert. Cf. Über die Religion. Reden an die Gebildeten ..., S. 6 f. Erste Rede.
16 Cf. Über die wissenschaftliche Behandlung des Tugendbegriffes, WW III 2, S. 362.

38 Das Zentrum des Sittlichen: das Bewußtsein

des Lebens; alles lebt nur, indem es in dieser Wechselbeziehung von Aktion und Reaktion steht. Folglich verwirklicht sich das Leben des einzelnen Ganzen, das abgeschlossene Dasein, nur in der Aufnahme der Einwirkungen von außen und in dem Hervorbringen der Tätigkeit, die wieder nach außen wirkt. Der individuelle Lebensprozeß verläuft in diesen beiden Bewegungsrichtungen, der Wirkung des Äußeren auf das Innere und der Wirkung des Inneren auf das Äußere. Dabei prägt jede Entwicklungsstufe des Lebens die beiden Grundfunktionen, die Form der Lebenstätigkeit in der ihr eigentümlichen Weise, so daß die Qualität der Lebensfunktionen dem Entwicklungsstand der jeweiligen Stufe entsprechen. Im physischen Bereich stellt sich so das Aufnehmen der Wirkung von außen auf den niedrigsten Stufen als organische Vereinigung, auf den höheren als Wahrnehmung dar, während sich die Wirkung von innen nach außen in den niederen Stufen als organisches Absetzen, in den höheren als Erzeugung kundtut[17].

    Konstituiert sich das einzelne Leben so im Wechsel von Tun und Leiden, dann ist es als ein isoliertes einzelnes nicht lebensfähig, sondern fordert die Gemeinschaft mit der Ge-

---

17 Cf. Brouillon 1805/06, S. 88.

samtheit alles Lebendigen[18]. Denn indem das Einzelne aus sich heraus auf ein Äußeres, auf das Außer-Ihm, wirkt, überschreitet es sich auf ein anderes hin, wie es umgekehrt durch die Tätigkeit des Äußeren in seinen Lebenszuständen bestimmt wird. Durch dieses In-Beziehung-Stehen jedes einzelnen Lebens mit allem, was außer diesem ist, ist alles Leben miteinander verbunden und voneinander abhängig, so daß Werden und Veränderung des einzelnen und universellen Lebens nur in gegenseitiger Dependenz zu denken sind. Jedes individuelle Leben ist Teil des großen Wirkungszusammenhanges des gesamten irdischen Lebens, in dem sich abgeschlossenes Dasein und Gemeinschaft mit allem Leben bedingen und bestimmen[19].

So sind alle Erscheinungen und Tätigkeiten auf unserer Erde nur innerhalb der Totalität des Lebens zu verstehen, die sich in zweifacher Hinsicht als eine solche charakterisiert, einmal als innere Zusammengehörigkeit, wie es der Organismusbegriff zum Ausdruck bringt, zum anderen als räumlich-zeitlicher

---

[18] Cf. Über die wissenschaftl. Behandlung des Tugendbegriffes, WW III 2, S. 361 f., u.a.
[19] Cf. Brouillon 1805/06, S. 88 f. 105.

Das Zentrum des Sittlichen: das Bewußtsein

Zusammenhang, wie er in der Oszillation, der Bewegung des Lebens gegeben ist[20]. Beide Totalitätsbestimmungen sind dabei nicht voneinander zu trennen, sondern fassen sich als ineinander greifende Aspekte in der Einheit des Lebens zusammen. So wird der Lebensorganismus nur in der Tätigkeit des Lebens[21], während die Lebenstätigkeiten wiederum nur als Funktionen der lebendigen Einheiten zu begreifen sind. Alles Handeln geht von diesen Einheiten aus.

Blieb in unseren bisherigen Beschreibungen des Lebensbegriffes das geistige Leben außer acht, um die Struktur des Lebens zu skizzieren, wie sie sich im physischen Bereich,

---

[20] Diese 2-fache Bestimmung der Totalität, und damit auch der Einheiten, beschreibt die Dialektik am deutlichsten, cf. u.a. Dialektik, WW III 4.2. S. 126, § 193 Absatz 3 f. In der Ethik wird dieses an keiner Stelle, sieht man von Ethik 1816, S. 527, § 31 ab, ausdrücklich erwähnt. Doch läßt sich dieses aus einer Reihe von Äußerungen erschließen.

[21] Cf. u.a. Über den Unterschied zwischen Naturgesetz und Sittengesetz, Braun I, S. 411: "Denn die lebendigen Wesen, die Vegetation mit eingerechnet, entstehen aus Tätigkeiten und bestehen in Tätigkeiten ...".

der Basis des geistigen, abzeichnet, so haben unsere folgenden Überlegungen zu zeigen, wie sich diese Lebensstruktur in der höchsten Entwicklungsstufe, dem geistigen Leben darstellt, und uns damit das Eigentümliche dieser Stufe zu vergegenwärtigen.

2.3 Das menschliche Leben als geistig-sittliches Leben

2.3.1 Der Zusammenhang zwischen dem physischen und dem geistigen Leben

2.3.1.1 Das Hinstreben alles Physischen zum geistigen Leben

Alles Sein, das am Leben partizipiert – und das gilt von jedem wirklichen Sein – bestimmt sich als Ineinander von stofflichem und geistigem Sein[1]. Im Lebensprozeß – und dieses bedeutet: in der Wirklichkeit – findet sich kein absolut roher, d.h. ungeformter Stoff, sondern jedem, auch dem niedrigsten Sein gibt das wesenhaft zu ihm gehörende geistige Element seine

---

1 Cf. Ethik 1812/13, S. 248, § 24; Ethik 1816, S. 531, § 46. 561, § 1, Anm. 3.

Gestalt[2]. Dabei wächst die Intensivierung der Durchdringung von Geistigem und Stofflichem mit den aufsteigenden Lebensstufen, so daß dem unteren Sein weniger Gestaltung als dem höheren Sein zukommt. In dieser Steigerung der Einigung des Geistigen und Stofflichen drückt sich die dem gesamten Lebensprozeß von vornherein einwohnende, auf das Zunehmen der geistigen Kraft gerichtete Intentionalität aus[3].

Der physische Prozeß, den die überwiegende Tätigkeit des Stofflichen charakterisiert, erreicht die höchste Entwicklungsstufe, d.h. das Maximum des Geistigen im Stofflichen, in der menschlichen Natur[4]. Doch das im immanenten Streben der physischen Steigerungskette angelegte Ziel, die geistige Durchformung des Stofflichen, läßt den physischen Prozeß nicht in sich zur Vollendung kommen, sondern hält ihn für die völlige Durchdringung des Stofflichen mit dem Geistigen offen, die nur durch das dominierende Wirken des Geistes - wie es

---

2   Cf. Ethik 1816, S. 546, § 96. 607, § 5; cf. auch Ethik 1814/16, S. 430, § 1.
3   Cf. Ethik 1816, S. 607, § 5; Ethik WW III 5, S. 87, Vorlesg.
4   Cf. Bem. 1832 ad Ethik 1814/16, S. 638, ad § 7.

Physisches und geistiges Leben

im physischen Leben nicht geschehen kann - realisiert wird[5].

2.3.1.2 Der Wendepunkt im allgemeinen Lebensprozeß: das menschliche Leben

Die Möglichkeit der Verwirklichung des geistigen Prozesses schafft die mit dem menschlichen Leben in den Lebenszusammenhang eintretende Vernunft als das diesem Leben eigentümliche Prinzip, so daß im Menschen der Lebensprozeß eine neue - die geistige - Qualität gewinnt. Damit bildet der Kulminationspunkt des physischen Prozesses, die menschliche Natur, gleichzeitig den Wendepunkt in der gesamten Lebensentwicklung[6]. Denn aufgrund dieses dem

---

5 Cf. zu dem gesamten Gedankenzusammenhang: Ethik 1816, S. 561, § 1.
6 Cf. "Über den Begriff des höchsten Gutes II", Braun I, S. 473; Ethik 1814/16, S. 423 f., § 1 bezeichnet den geistig-sittlichen Verlauf als "umkehrende Fortsetzung" des physischen Prozesses.
Besonders deutlich finden wir unseren Gedanken in der Dialektik ausgedrückt, u.a. WW III 4.2, S. 149, § 213: "Der Mensch ist also der Wendepunkt, von welchem allein aus das Sein unter der Form der Tätig-

Menschen eigenen vernünftigen Prinzips ändert
sich im Vergleich zum physischen Wirklichkeits-
bereich das Verhältnis der das Sein bestimmenden Elemente, indem das Geistige in Form der
Vernunft[7] als das im menschlichen Leben Wirkende dominiert. Das menschliche Leben, dem der
Geist seine wesenhafte Bestimmtheit gibt, charakterisiert sich in dem Vorgang des Durchgei-
stens, wie er sich im Handeln der Vernunft auf
die Natur vollzieht. Dabei intendiert aber diese sukzessive, im Streben des physischen zum
menschlichen Leben vorbereitete Erhebung der
Natur in den geistigen Bereich nicht die Auflösung des Natürlichen in das rein Geistige[8],

   keit des idealen auf das reale kann angeschaut werden".

7 Zu der in Schleiermachers philosophischer Ethik zu
   beachtenden Unterscheidung von geistigem Sein und
   Vernunft cf. 3.1, bes. 3.1.3, Anm. 19 dieser Arbeit.
8 Das geistige Leben zerstört das niedere Leben nicht,
   sondern erhöht und intensiviert es. "Es wäre also
   Widerspruch den Zusammenhang der Natur mit der Vernunft dadurch zu befördern, daß Leben und Gestaltung,
   wo sie schon sind, zerstört würden". (Ethik 1816,
   S. 607, § 5).
   Meint der Mensch aufgrund seiner geistigen Vorrang-
   stellung in der Natur bedenkenlos natürliches Leben

Physisches und geistiges Leben

sondern Vernunft und Natur sind so aufeinander bezogen, daß sie einander bedürfen: die Vernunft durchbildet die Natur und befähigt sie dadurch zum höheren, geistigen Leben, sie selbst aber kann nur in der Natur Wirklichkeit, Leben werden[9].

Ergreift und durchdringt so der Mensch in den ihm eigenen geistigen - dem sittlichen

---

vernichten zu können, so stellt diese Tätigkeit keine Förderung des geistigen Lebensprozesses, sondern einen ungeistigen, unsittlichen Akt dar. Dem widerspricht Schleiermachers Aussage nicht, daß, geht es um die Entwicklung der Agrikultur, die einzelnen Erscheinungen des vegetativen und animalischen Lebens zerstört werden können. Denn, so fügt er erläuternd hinzu, geschieht dieses "allein ... natürlicher Weise, ... dieser Naturprozeß wird in Maaß und Ordnung gebracht, das heißt vernünftig gemacht. Eigentlich gebildet aber wird die Richtung der organischen Kräfte; die Gattungen werden erhalten und veredelt, die Naturkraft in Hervorbringung des Einzelnen erhöht, ja neue Spielarten hervorgebracht; ..." (Ethik 1816, S. 608, § 9). Cf. auch Ethik 1812/13, S. 277, § 13.

[9] Cf. Ethik, WW III 5, S. 176, Vorlesg.; cf. auch Höchstes Gut II, Braun I, S. 489.

46 Das Zentrum des Sittlichen: Das Bewußtsein

Prozeß identischen[10] - Leben den auf diese Geistigkeit zustrebenden physischen Lebenszusammenhang und liegen hierin alleinige Aufgabe, Sinn und Ziel des menschlichen Lebens beschlossen, so erwachsen aus der menschlichen Lebensfunktion der gegenseitigen Vermittlung von Vernunft und Natur die spezifischen Züge des geistig-sittlichen Lebens.

2.3.2   Der innere Zusammenhang der einzelnen Lebenszentren des geistig-sittlichen Lebens

2.3.2.1 Der Ausgangspunkt der Reflexion des geistig-sittlichen Lebens: die menschliche Gattung

Eine Beschreibung des geistig-sittlichen Lebens kann als ihren Ausgangspunkt nicht das ursprüngliche Einigwerden von Vernunft und Natur, den absoluten Anfang des geistig-sittlichen Lebens wählen, da der Gegenstand einer solchen Betrachtung nicht nur außerhalb des

---

10 Zur Identität von "geistig" und "sittlich" cf. 2.1 dieser Arbeit.

sittlichen Gebietes, sondern auch außerhalb unserer Wirklichkeit liegt und ein Hinter-das-Leben-Zurückgehen verlangen würde[11]. Dieses aber entzieht sich unserem Vermögen. So müssen wir die ursprüngliche Einigung von Vernunft und Natur voraussetzen und von dem Punkt im Lebensprozeß ausgehen, in dem das geistig-sittliche Leben schon als ein Kleinstes geworden ist[12]. Dieser Punkt, der relative Anfang des

---

11 Zur Abgrenzung des ethischen Gebietes: cf. Höchstes Gut II, Braun I, S. 472 f. Daß jede ethische Reflexion nur beim Leben einsetzen kann, verdeutlichen der in Brouillon 1805/06, S. 88 beschriebene Ausgangspunkt der Sittenlehre: "Um diesen (sc. den Zusammenhang der Lebensfunktionen mit dem Ganzen, Anm. d. Verf.) richtig zu zeichnen, müssen wir von der Anschauung des Lebens ausgehn", wie der Aufbau der Güterlehre, in der, bevor das Einzelne abstrahiert vom Ganzen betrachtet wird, der Gesamtzusammenhang des sittlichen Lebens dargelegt wird: "..., so ist nothwendig zuerst eine allgemeine Übersicht voranzuschicken, welche noch im Zusammenhange bleibt, und nachdem der Grund zur lebendigen Anschauung gelegt ist das Einzelne weiter zu verfolgen". (Ethik 1812/13, S. 262, § 25).

12 Zusammenfassend für alle Entwürfe: Allg. Einltg.

48 Das Zentrum des Sittlichen: das Bewußtsein

geistig-sittlichen Lebens, kann nur - wie unsere bisherigen Überlegungen verdeutlichen - mit dem Menschen gegeben sein, und zwar mit dem Menschen, wie er zunächst vorwiegend als Naturwesen in den Lebenszusammenhang eintritt, d.h. in dem sich die Einigung von Vernunft und Natur zu einem Minimum als schon gewordene im Leben ausdrückt.

Läßt sich nun der gesamte physische Lebensorganismus nach dem Einteilungsprinzip von Gattung[13] und Art untergliedern und gehört die

1816, S. 500 f., §§ 65-68; Ethik 1816, S. 546, §§ 98 f., cf. auch Ethik, WW III 5, S. 63 Vorlesg. ad § 103.

13 Der Gattungsbegriff "gehört zum vorausgegebenen Wissen um die Natur" (Bem. 1832 ad Ethik 1814/16, S. 638, ad § 8). In ihm kommt die sich in den entsprechenden Lebensformen realisierende Lebenskraft "an sich und in ihrer Differenz von andern verwandten" zum Ausdruck (Über den Unterschied zwischen Naturgesetz und Sittengesetz, Braun I, S. 411), so daß Schleiermacher die Gattungsbegriffe "wahre Naturgesetze" (ebd.) nennen kann.
Die Sittenlehre setzt Gattung und Art mit Kraft und Erscheinung gleich. Dieses ergibt sich aus dem Zusammenhang der §§ 41, 42 und 51 der Ethik 1816, S. 530, 533. Klar formuliert es die Dialektik,

menschliche Natur zu diesem Organismus, dann fügt sie sich auch in dieses große Ordnungsschema des Lebens auf unserer Erde ein, d.h. sie ist nur als Gattung gegeben[14]. Im Unterschied aber zu den anderen Lebensstufen, die sich in einer Vielzahl von Gattungen und Arten verwirklichen, manifestiert sich die menschliche Natur in einer Mannigfaltigkeit von Einzelwesen einer einzigen Gattung[15]. Denn werden die Gattungen - der aufsteigenden Lebensreihe entsprechend - immer vollkommener[16],

> WW III 4.2, S. 512, Vorlesg.: "... und da können wir den Gegensaz von Gattung und Art ganz dem von Kraft und Erscheinung gleichsezen. Denn in jeder Gattung lebendiger Wesen ist eine eigenthümliche Lebenskraft und die Gesamtheit ihrer Erscheinungen sind die Arten".
>
> 14 Cf. u.a. Ethik 1814/16, S. 434, § 15.
> 15 Auf unserer Erde gibt es nur eine einzige Menschengattung. Mehrere Gattungen auf der höchsten Lebensstufe sind nur in Verbindung mit anderen Weltkörpern denkbar.
> Cf. Über den Unterschied zwischen Naturgesetz und Sittengesetz, Braun I, S. 413; Ethik 1816, S. 587, § 50.
> 16 Cf. Höchstes Gut I, Braun I, S. 463; Ethik 1816, S. 565, § 8.

50 Das Zentrum des Sittlichen: das Bewußtsein

d.h. grenzen sie sich in ihren Charakteristika immer bestimmter von anderen Gattungen und Arten ab, und bringen sie dieses in ihren Erscheinungen immer deutlicher und in vielfältiger Weise zum Ausdruck, so ist die menschliche Gattung als höchste und vollkommenste zu prädizieren[17], da einerseits das sie konstituierende Prinzip der Begeisterung sie eindeutig definiert und von allen anderen Lebensformen klar differenziert, andererseits jedes einzelne Wesen dieser Gattung, d.h. jeder Mensch den Begriff der menschlichen Gattung - aufgrund des Eingehens der Vernunft in das einzelne Leben - in einer nur ihm spezifischen, unwiederholbaren Weise realisiert[18], so daß die in der menschlichen Gattung liegende Lebenskraft in der größten Mannigfaltigkeit von Erscheinungen zur Anschauung gebracht wird. Im Gegensatz zu den Einzelwesen der Gattungen und Erscheinungen der physischen Lebensstufen, deren Verschiedenheit durch ihr Dasein in Raum und Zeit, also

---

17 Ethik 1816, S. 611, § 16. 619, § 29; Höchstes Gut II, Braun I, 473 f.

18 Höchstes Gut I, Braun I, S. 463 faßt dieses gut zusammen: "das Sein eines Gemeinsamen in vielen, und das Bewußtsein vieler durch ein und dasselbige".

äußerlich bedingt ist[19], unterscheiden sich die Menschen so wesentlich durch die jedem Einzelnen von vornherein zuteil gewordene innere Prägung als das nur ihm eigene Menschsein, d.h. jeder einzelne Mensch modifiziert aufgrund seines inneren Propriums seine Gattung in eigentümlicher Weise.

2.3.2.2 Die einzelnen Lebenszentren als individuelle Modifikation des geistig-sittlichen Lebens

Findet sich so das geistig-sittliche Leben als Kleinstes für uns schon in der menschlichen Gattung vor, markiert diese den relativen Anfangspunkt dieses Lebens - und damit auch den Anknüpfungspunkt ethischer Reflexion[20] -, so erscheint dieses Leben in einer Vielzahl eigentümlicher, von anderen getrennten und damit abgeschlossenen Lebenspunkten. Jeder dieser Punkte des geistig-sittlichen Lebens

---

19 Cf. Brouillon 1805/06, S. 89; Ethik 1816, S. 604, § 71.
20 Allg. Einltg. 1816, S. 503 f., § 83. 501, § 68; Bem. 1832 ad Ethik 1816, S. 634, ad § 99.

Das Zentrum des Sittlichen: das Bewußtsein

stellt eine durch das Verhältnis der Lebensfunktionen bestimmte Einheit dar[21], die in dieser nur ihr eigenen Verhältnisbestimmung ihr Proprium und damit ihre Unterscheidung und Abgrenzung von anderen Lebenseinheiten

---

21 Cf. Ethik 1816, S. 587, § 50.
Schleiermacher beschreibt Ethik 1816, S. 564, § 5 die Verschiedenheit als "besondere Art, wie die Vernunft Kraft ist in der Natur" und als "verschiedenes Ineinandersein von Vernunft und Natur". Es ist wichtig, daß die Eigentümlichkeit des Menschen nicht als Äußeres, sondern als ein in seinem Innersten, in seinem Wesen liegendes verstanden wird. So kann Schleiermacher hier auch von "begriffsmäßiger Verschiedenheit" (ebd., S. 579, § 38), d.h. eben wesensmäßig, nicht der Raumzeitlichkeit unterworfen, sprechen. Cf. dazu: ebd., S. 565, § 8. 578, § 36; auch Ethik 1814/16, S. 426, § 8. 428, § 16.
Der von uns dargestellte Gedankenzusammenhang erfährt eine sehr gute Verdeutlichung durch die bekannte Stelle des zweiten Monologs, in der Schleiermacher seine Entdeckung der Individualität beschreibt: "Mir wollte nicht genügen, daß die Menschheit nur da sein sollte als eine gleichförmige Masse, die zwar äußerlich zerstükkelt erschiene, doch so, daß alles innerlich dasselbe sei. ... So ist mir

hat[22]. In der Einigung der in jedem dieser Punkte differenziert gestalteten Natur mit der Vernunft individualisiert sich das geistig-sittliche Leben, so daß jedes dieser Einheiten zum Subjekt einer besonderen Ausprägung des allgemeinen geistig-sittlichen Lebens wird. Bildet ein solcher Lebenspunkt jeweils das Zentrum des einzelnen geistig-sittlichen

> aufgegangen, was seitdem am meisten mich erhebt; ..., daß jeder Mensch auf eigne Art die Menschheit darstellen soll, in eigener Mischung ihrer Elemente, damit auf jede Weise sie sich offenbare, und alles wirklich werde in der Fülle des Raumes und der Zeit, was irgend verschiedenes aus ihrem Schoße hervor-gehn kann". (Monologen, WW III 1, S. 367).

22 Der Begriff "Lebenseinheit" soll hier die innere Einheit des Menschen, die Beharrlichkeit seines seins im Gegenüber zu den wechselnden Zuständen in jedem Lebensmoment bezeichnen. Cf. Tugendlehre 1804/05, Braun II, S. 39, § 2a; Ethik 1816, S. 588, § 51. 590, § 53; cf. auch Ethik 1814/16, S. 432 f., § 10. Eine eingehende Interpretation dieses Begriffes, wie Schleiermacher ihn in der Ethik 1816 im Zusammenhang mit der individuellen symbolisierenden Vernunfttätigkeit aufnimmt, gehört in den Abschnitt 4 dieser Arbeit.

Das Zentrum des Sittlichen: das Bewußtsein

Lebens[23], dann bedeutet dieses für die individuelle Lebensentwicklung, daß sie in jedem Augenblick in der Einheit des Lebenspunktes wurzelt, die im Gegenüber zum Äußeren, dem den Einflüssen in Raum und Zeit Unterworfenen, das Innere, das von äußeren Einwirkungen Unabhängige, dieses Punktes bildet. Diese Einheit, in der das Spezifikum des Einzelnen gegeben ist, hält sich in dem gesamten individuellen Lebensprozeß durch und verleiht so dem einzelnen geistig-sittlichen Leben Ständigkeit, Unauswechselbarkeit und Unwiederholbarkeit.

Indem jedem einzelnen Lebenspunkt, d.h. dem Menschen, diese Individualität zugesprochen wird, die, da sie nur aus der Einheit von Vernunft und Natur zu begreifen ist, sich schon immer im Leben als geistig-sittliche und nicht

---

[23] Ein solcher Mittelpunkt sittlicher Gesamttätigkeit ist, sofern er ihm koordinierte Punkte neben sich hat, eine Person. Cf. Ethik 1814/16, S. 448, § 48; Ethik 1816, S. 604 f., § 71. Eine Analyse des Personbegriffes gehört aber - der Disposition dieser Arbeit entsprechend - nicht in diesen Zusammenhang, sondern in den Abschnitt 4.

als physische charakterisiert[24], ruht auf jedem

24 Die Frage, ob die Eigentümlichkeit in der Vernunft
oder der Natur gegründet ist, läßt die naheliegende
Antwort, daß zwar durch die Natur die Vereinzelung
(Ethik 1816, S. 568, § 15, Anm. 1), durch das Eingehen der Vernunft in diese raum-zeitlich geschiedenen Natureinheiten aber die Eigentümlichkeit ausschließlich zustande komme, in der Eindeutigkeit zunächst nicht zu. Denn die Aussagen der ethischen
Entwürfe verweisen die Eigentümlichkeit sowohl in
den Bereich der Natur (Brouillon 1805/06, S. 156;
Ethik 1816, S. 565, § 8; Über den Unterschied von
Naturgesetz und Sittengesetz, Braun I, S. 413) als
auch in den Bereich der Vernunft (Ethik 1812/13,
S. 260 f., § 14 f.; Ethik 1814/16, S. 426, § 8;
Höchstes Gut II, Braun I, S. 473 f. 478 f.) oder
unterscheiden zwischen zwei Arten der Eigentümlichkeit, der physischen, d.h. dem Temperament und der
Konstitution, und der sittlichen, d.h. dem Charakter (Brouillon 1805/06, S. 89). Doch widersprechen
sich diese Textstellen nicht. Vielmehr bringen sie
zum Ausdruck, daß wir nicht von einem vorsittlichen
Zustand, sondern von dem in der menschlichen Gattung gegebenen ursprünglichen Ineinander von Vernunft und Natur auszugehen haben. Dieses impliziert
das für uns untrennbare Ineinandergreifen von Geistigem und Physischem in unserem sittlichen Aus-

56 Das Zentrum des Sittlichen: das Bewußtsein

einzelnen Leben eine große Gewichtigkeit im
gesamten geistigen Lebenszusammenhang[25]. Denn
da nur der einzelne Mensch in dieser nur ihm
gegebenen speziellen Weise die in der mensch-

---

gangspunkt. Die Entscheidung, ob die Eigentümlichkeit so auf das Physische oder Geistige zurückzuführen sei, "liegt ganz jenseit des ethischen Gebietes, welches sich gegen beide Resultate indifferent verhält". (Ethik 1814/16, S. 453, Anm. 2 Nr. 70 Abs. 4; cf. auch Ethik, WW III 5, S. 94, § 130 (z)).

[25] Die wichtige Bedeutung des Individuums nimmt auch die Aussage der Ethik 1812/13, S. 255, § 78 nicht zurück: "... das Leben der Einzelwesen ist kein Leben für sie selbst, sondern für die Totalität der Vernunft und die Totalität der Natur". Das Einzelleben wird hier nicht kollektiviert, sondern bekommt eine große Würde zugesprochen. Denn indem es durch das Vermögen der Transzendierung seiner selbst in den Stand gesetzt ist, an der Lösung der universalen Aufgabe der Weltwerdung mitzuwirken und nur darin seinen Sinn hat, ist umgekehrt die Verwirklichung von Welt an dieses Individuum gebunden. Individualität und Totalität bedingen sich einander; es wird aber keine Seite in die andere aufgelöst. Cf. u.a. Ethik 1814/16, S. 427, § 12.

lichen Gattung wohnende Lebenskraft zur Erscheinung bringt, kommt nur in ihm die innere Einheit der Menschheit, die sich in der Vielheit der Menschen expliziert, in dieser besonderen Weise zur Realisierung und Manifestation. Dieses impliziert aber, daß nur durch die Tätigkeiten dieses einen Lebenskreises Vernunft und die nur diesem Menschen gegebenen und zugewandten Seiten der Natur[26] einander vermittelt werden können, d.h. dieser Teil der Natur kann nur durch diesen Menschen erkannt und gebildet, zur Sittlichkeit erhoben werden, wie auch das in der Vernunft wesentlich gesetzte Ideale nur durch diesen Menschen real werden kann[27].

2.3.2.3 Die Bestimmung des inneren Zusammenhanges der Lebenszentren als organisch strukturiertes Ganzes

Das so konzipierte individuelle Leben würde aber unweigerlich zur Isolierung des Einzelnen

---

26 Cf. Ethik 1814/16, S. 437, § 23.
27 Cf. Ethik, WW III 5, S. 176, Vorlesg.; ebd., S. 216, Vorlesg.

58   Das Zentrum des Sittlichen: das Bewußtsein

im sittlichen Prozeß und damit zur Aufhebung der Ganzheit des einen geistig-sittlichen Lebens führen, wenn sich die individuelle Einheit nicht als eine die Beziehung zum anderen, zum Außer-sich, einschließende und so ihre Eigenständigkeit wie Abgeschlossenheit relativierende bestimmen würde.

2.3.2.3.1 Die Beschreibung des inneren Zusammenhanges in der Abstraktion

Die Aufgeschlossenheit des einzelnen Lebenszentrums ist darin begründet, daß seine Lebenskraft nicht als eigene, unabhängige Kraft, sondern als eine Erscheinung der einen geistig-sittlichen Lebenskraft, die sich in der Menschheit verwirklicht, zu begreifen ist. Jedes Individuum läßt sich als spezielle Lebenskraft, wie auch als Erscheinung der allgemeinen geistigen Kraft beschreiben[28]. Es ist beides in

---

28 Die Beschreibung des Individuums durch das Begriffspaar von "Kraft" und "Erscheinung", die sich in den ethischen Wntwürfen nicht direkt belegt findet, ist aber der Interpretation folgender Stellen zu entnehmen: Ethik 1816, S. 533 f., §§ 51 f.

verschiedener Hinsicht: Erscheinung, in bezug auf seinen produktiven Grund, der allgemeinen Kraft, Kraft, in bezug auf die von ihm wieder hervorzubringenden Erscheinungen. Aus dieser Definition der individuellen Lebenseinheit folgt, daß sie sich von den ihr untergeordneten Einheiten durch ihre Eigentümlichkeit unterscheidet, da jede Einheit die allgemeine Kraft als besondere darstellt, sich aber mit der sie hervorbringenden Lebenskraft als identisch seiend erweist, insofern sie an dieser wesensmäßig partizipiert[29]. Diese Zurückführung des Gemeinen in allen Lebenseinheiten auf den allen gemeinsamen identischen Grund verlangt noch eine Präzisierung: diese Identität gründet sich in der Vernunft, dem die sittliche

540 f., § 76. 565 f., § 8; Ethik, WW III 5, S. 99, § 137. 23, § 40 (z); Brouillon 1805/06, S. 122.
[29] Dieses finden wir im Organismusbegriff begründet (Ethik 1816, S. 534, § 53); cf. auch die Ausführungen zu dem Gegensatz des Allgemeinen und Besonderen: Ethik 1816, S. 530, §§ 40 f.; auch S. 583, § 43, 2. Absatz der Erläuterungen; ebd., S. 584, § 44, wo sich diese Struktur in der Beziehung von Eigentums- und Verkehrsgebiet verdeutlicht.

60 Das Zentrum des Sittlichen: das Bewußtsein

Kraft bestimmenden Prinzip[30]. Denn es gehört zum Wesen der Vernunft, trotz des Eingehens in die differenzierte Natur, sich dennoch nicht zu teilen und in Modifikationen aufzugehen[31], sondern darin ihre Einheit und Selbigkeit zu bewahren. Indem nun alle individuellen geistig-sittlichen Lebenszentren als Erscheinungen desselben Grundes, der einen geistigen Lebenskraft, sich auf diesen innerlich beziehen und so in die Individualität die Identität mit eingeschlossen ist, bilden sie einen inneren Zusammenhang, der den Gedanken ihrer absoluten Abgeschlossenheit von vornherein abweisen muß[32]. Diese innere Dependenz der einzelnen Lebenspunkte, die in dem Zusammensein von Kraft und Erscheinung ihr Wesen hat, kennzeichnet sich als organisch strukturierte Ganzheit, d.h. jedes Individuum erzeugt als spezifische Kraft Erscheinungen, denen wieder spezielles

---

[30] So kann Schleiermacher auch von der Vernunftkraft in der Natur sprechen; cf. u.a. Ethik 1816, S. 562 f., § 3. 564, § 5; cf. auch Höchstes Gut I, Braun I, S. 463.

[31] Für alle Belege: Ethik 1816, S. 566, § 9; Höchstes Gut II, Braun I, S. 474. 478.

[32] Cf. Ethik 1816, S. 583, § 43; Ethik WW III 5, S. 167 f., Vorlesg.

Der Zusammenhang der Lebenszentren 61

Kraftsein zukommt, versteht sich selbst aber als Erscheinung einer höheren Kraft[33].

2.3.2.3.2 Die Beschreibung des inneren Zusammenhanges in der Konkretion

Die einzelne Lebenseinheit, der Mensch, wurzelt nun nicht unmittlebar in der einen alles umfassenden geistigen Lebenskraft, sondern es bedarf der in Abstufungen gegebenen Vermittlung dieser allgemeinsten in der Menschheit ansichtig werdenden und der in dem Menschen als kleinstes Lebenszentrum zur Darstellung gelangenden besonderen Kraft[34].

33 Den Gedanken, daß jede Einheit in sich wieder einen Organismus darstellt, führen wir nicht weiter aus, da es uns auf die Bestimmung des inneren Zusammenhanges der Einheiten ankommt.

34 Dieses beschreibt anschaulich Höchstes Gut I, Braun I, S. 464: "Dennoch wäre das begeistete Leben ein sehr untergeordnetes, wenn die Unendlichkeit des Mannigfaltigen unmittelbar und verworren auf das Eine in allen sollte zurückgeführt werden. Darum finden wir schon immer, ..., daß die Menschen durch eine bestimmtere Gemeinsamkeit des Eigentüm-

62 Das Zentrum des Sittlichen: das Bewußtsein

Diese Abstufungen finden sich zwar als durch die Mannigfaltigkeit der Natur bedingte, dennoch aber nicht nur physisch, sondern auch schon geistig-sittlich zu bestimmende Einheiten in der Wirklichkeit vor[35]. So, wie für den einzelnen Menschen, der aus der Verbindung zweier Lebenseinheiten entsteht, die Familie als die ihm übergeordnete Einheit den unmittelbaren produktiven Grund bildet, hat diese ihren

    lichen in größeren Massen, ..., vereint sind, ...". Brouillon 1805/06, S. 168 konkretisiert dieses in bezug auf den Wissensbereich so: "Zwischen der nationalen und persönlichen Individualität steht nun hier als Mittelglied, ..., die Schule als besondere Modification, ...". Cf. ebd., S. 153; Ethik 1812/13, S. 260, § 13; Ethik 1814/16, S. 437, § 23; aber cf. auch die Ausführungen über das Maß der sittlichen Gemeinschaften, besonders Ethik 1816, S. 602 ff., § 70. Dieses Maß gründet ja in der wesensmäßigen Scheidung und Zusammenfassung der Einheiten innerhalb des geistig-sittlichen Lebensorganismus.

35 Das in bezug auf die Eigentümlichkeit Gesagte gilt auch hier, cf. Anm. 24 dieses Abschnittes 2.3. Cf. Ethik 1812/13, S. 271 ff., §§ 56-69; Ethik 1814/16, S. 452 f., Anm. 2 Nr. 70; Ethik 1816, S. 602 ff., § 70.

Der Zusammenhang der Lebenszentren

identischen Bezugspunkt im Volk und dieses wiederum in der menschlichen Gattung[36]. Jede Stufe ist als Zugleich von geistiger Kraft und Erscheinung als ein individuelles Zentrum des gesamten geistigen Lebensorganismus zu verstehen[37], dem - wie dem einzelnen Menschen - eine einzigartige, unwiederholbare Funktion in diesem Lebenszusammenhang zukommt. Auch die höchste Stufe, die Menschheit, wird als Individualität prädiziert, da auch sie in eigentümlicher Weise die geistige Lebenskraft zur Verwirklichung bringt[38].

---

[36] Da es um das Aufzeigen der Grundstruktur des geistig-sittlichen Lebens geht, führen wir die Entwicklung und damit auch die weitere Differenzierung dieses sittlichen Lebensorganismus (Staat, nationale Gemeinschaft des Wissens, Kirche, freie Geselligkeit) nicht aus.

[37] Dieses bedeutet, daß auch diese Lebenszentren Personen sind; cf. Ethik 1814/16, S. 448 f., § 48; Ethik 1816, S. 604 f., § 71.

[38] Da der menschlichen Gattung nichts ihr Gleiches koordiniert werden kann, trifft der Personbegriff auf sie nicht zu. Dieses schließt aber ihr Dasein als ein Eigentümliches nicht aus. Cf. Ethik 1816, S. 604 f., § 71.

Das Zentrum des Sittlichen: das Bewußtsein

Für das individuelle sittliche Leben bedeutet das Verhaftetsein in den Beziehungen der gegenseitigen immanenten Abhängigkeit aller Lebenseinheiten, daß es seinem Wesen gemäß, seiner sinngebenden Bestimmung entsprechend nur in der Anerkenntnis dieses inneren Kontextes leben kann. Denn da die geistige Kraft diesen Organismus nicht aufhebt, sondern sich gerade in ihm vermittelt und so das Sich-zur-Anschauung-Bringen, das Wirklichkeitwerden in der Mannigfaltigkeit von Erscheinungen an die organisch zugeordneten Einheiten gebunden sein läßt, kann das einzelne Leben diesen geistigen Zusammenhang nicht negieren. Vielmehr muß es sich in der Dependenz von den ihm übergeordneten Individualitäten begreifen und entwickeln und darin gleichzeitig diese zur weiteren Entfaltung bringen[39].

39 Da die höhere Einheit jeweils den reproduzierenden Grund der niederen Einheit darstellt, die Einheiten in ihm ihren Fortbestand haben, bildet sie "das Gegengewicht gegen das Verschwinden" (Brouillon 1805/06, S. 148) der einzelnen Einheiten. Brouillon 1805/06 thematisiert dieses besonders gegenüber den anderen ethischen Entwürfen, cf. ebd., S. 137-139, aber auch Ethik 1816, S. 587, § 48.

Der Zusammenhang der Lebenszentren

2.3.2.4 Die mit dem organisch strukturierten inneren Zusammenhang der Lebenszentren gegebenen Wesensbestimmungen dieser Zentren als Zugleich von Kraft und Erscheinung gibt jeder sittlichen Tätigkeit das Gepräge: die beiden Charaktere der Identität und der Individualität

Empfängt aber das einzelne Lebenszentrum als Teil des großen inneren geistig-sittlichen Organismus durch dieses die Bestimmung des Individuellen und Identischen, dann kann es sich in keinem Augenblick seines Daseins von dieser ihm wesensmäßigen Art zu sein dispensieren. In allen Lebensvollzügen muß es als Individuelles wie als Identisches gegenwärtig sein, so daß sich dieses auf die Bestimmung der Tätigkeiten der Lebenspunkte auswirken muß; und zwar so, daß diesen der doppelte "Charakter"[40] eigen ist: Sie sind individuell geprägt, indem in ihnen die Vermittlung von Vernunft und Natur auf die diesem Lebenszentrum eigentümliche Weise, identisch aber geprägt, indem in ihnen

---

40 Zusammenfassend für alle Belege: Ethik 1816, S. 566, § 9.

66 Das Zentrum des Sittlichen: das Bewußtsein

die Vernunftdurchdringung der Natur in der allen Menschen gleichen - und deshalb auch durch und mit anderen Lebenspunkten zu verrichtenden - Weise geschieht[41]. Daß keine Handlung den jeweiligen Charakter absolut, sondern nur in der Bezogenheit auf den anderen Charakter darstellt, also mit dem Übergewicht der einen oder anderen Weise[42], verdeutlicht sich von selbst aus der Beschreibung der Lebenseinheit als identischer Individualität wie individueller Identität.

2.3.3 Charakterisierung und Struktur des geistig-sittlichen Lebens in der raumzeitlichen Entwicklung

Skizzierten wir die Struktur des geistigen Lebens, wie sie sich aus der Zuordnung der in einer Mannigfaltigkeit gegebenen einzelnen

41 Cf. u.a. Ethik 1814/16, S. 426, § 9; Ethik 1816, S. 566, § 9. 578, § 36; Höchstes Gut II, Braun I, S. 478 f.
42 Cf. u.a. Ethik 1814/16, S. 426 f., § 10; Ethik 1816, S. 566, § 10. 578, § 37; Höchstes Gut II, Braun I, S. 479.

Sittliches Leben in der Entwicklung 67

geistigen Lebenszentren in ihrem Sein ergibt, stellte sich uns so das geistige Leben als ein innerer Organismus der Lebenseinheiten dar, so gewinnt dieses Bild der geistig-sittlichen Lebensstruktur erst in der Betrachtung der Entwicklung des sittlichen Lebens in Raum und Zeit Vollständigkeit. Denn die einzelnen sittlichen Lebenspunkte wie der gesamte innere Lebensorganismus haben ihr Sein nur in ihrer Entwicklung in Raum und Zeit. Sie sind nur, indem sie werden. Leben, auch geistig-sittliches Leben, bedeutet - wie wir sahen - tätigsein, im fortwährenden Wechsel von Tun und Leiden stehen, Veränderung der Befindlichkeit - selbst erleidend wie verursachend[43]. Diese das Leben definierende Bewegung, an der alles Sein partizipiert, weist auf der höchsten, der geistig-sittlichen Lebensstufe gemäß der eigentümlichen

---

43 Cf. 3.2 dieser Arbeit; cf. u.a. Tugendlehre 1804/05, Braun II, S. 39, § 2a; Ethik, Pflichtenlehre WW III 5, S. 435, § 328; auch Dialektik (Odebrecht), S. 395; Dialektik WW III 4.2, S. 246, Vorlesg. zu § 290; indirekte Belege: Ethik 1816, S. 529, § 36. 543 f., § 89. Schleiermacher verweist auch auf die älteste Erklärung des Seienden als das zugleich Wirkende und Leidende: Bem. 1832 ad Allg. Einl. 1816, S. 632, ad § 50; cf. auch Dialektik (Odebrecht), S. 21.

Bestimmung dieser Stufe - der Vermittlung von Natur und Vernunft - ein eigenes Gepräge auf, so daß sich der geistig-sittliche Lebensvollzug in dieser ihm spezifischen Weise von allem naturhaften Lebensgeschehen unterscheidet.

Da nun jedes Leben - auch das geistig-sittliche - sich in einer Folge von Handlungsabläufen vollzieht, beginnen wir unsere Betrachtung der Struktur des geistigen Lebens in der raumzeitlichen Entwicklung mit der Darlegung der charakteristischen Züge der sittlichen Lebenstätigkeiten im Unterschied zu den Aktionen des physischen Lebens.

2.3.3.1 Die Charakterisierung der Lebenstätigkeiten als geistig-sittliche

Erhält der Mensch die Eigenart seines Wesens im Zusammenhang alles Seins auf unserer Erde durch die mit seiner Natur geeinten Vernunft, so erwachsen auch die eigentümlichen Züge der menschlichen Lebenstätigkeiten, in denen sich das geistig-sittliche Leben darstellt, aus dieser Vernunftbestimmtheit, die sie aus dem naturbeherrschten Lebensbereich herausheben.

Charakterisierung der sittlichen Tätigkeit 69

Wie zu allem natürlichen Leben gehört auch zum menschlichen Leben wesentlich die Vereinzelung in Raum und Zeit. Jedes einzelne menschliche Leben ist durch Raum und Zeit begrenzt. Die Vernunft, die in und durch diese Leben wirkt, muß, tritt sie in den Lebenszusammenhang ein, auch in diese Raumzeitlichkeit eingehen[44]. Doch da die Vernunft mit sich selbst identisch ist[45] und gerade in dieser Ganzheit ihr Wesen hat, würde sie mit dem Aufgehen in die Raumzeitlichkeit des Lebens ihr Vernunftsein aufgeben. Will die Vernunft in ihrem Natursein Vernunft bleiben, muß sie die raumzeitliche Beschränkung des einzelnen Lebens überschreiten, indem sie sich auf die Vernunft als Ganzes bezieht[46]. Da die Einheit der Vernunft aber nur in der Menschheit wirklich ist, heißt diese Überschreitung der Vernunft auf sich selbst im sittlichen Leben, daß der Mensch seinen Lebenskreis transzendiert, indem er sich als Teil der Menschheit begreift, sich in diese einordnet und nur im Horizont der Totalität

---

44 Cf. u.a. Brouillon 1805/06, S. 89.
45 Cf. u.a. Ethik 1816, S. 566, § 9.
46 Cf. Brouillon 1805/06, S. 89; Ethik 1812/13, S. 255, § 82; Ethik 1816, S. 577, § 35.

Das Zentrum des Sittlichen: das Bewußtsein

aller Menschen handelt[47].

Wie nun die Vernunft sich nicht in die einzelnen Leben zerspaltet, sondern in ihnen ihre Ganzheit bewahrt und nur als solche wirkt, so richtet sie ihre Tätigkeit stets auf die gesamte Natur[48]. Denn da Vernunft und Natur zwei sich entsprechende Größen sind, wird das Ziel des vernünftigen Handelns, Natursein der Vernunft und Vernunftsein der Natur, nur erreicht, wenn die Vernunft mit der gesamten Natur geeint ist. So gibt es, solange es nicht vernunftgewordene Natur gibt, auch in der Vernunft noch etwas, das seine Verwirklichung in der Natur sucht[49]. Für die menschlichen, sittlichen Handlungen bedeutet dies, daß die in ihnen sich jeweils vollziehende Einung von vereinzeltem Na-

---

[47] Cf. Brouillon 1805/06, S. 111; Ethik 1812/13, S. 261, § 18. 265, § 16; Ethik, WW III 5, S. 187, Vorlesg.; Ethik 1814/16, S. 434, § 15.

[48] Cf. Ethik 1812/13, S. 255, § 78; Ethik 1814/16, S. 427, § 12; aber auch Brouillon 1805/06, S. 211; Ethik 1816, S. 609, § 11.

[49] Ethik, WW III 5, S. 176, Vorlesg. verweist Schleiermacher auf die diesem Gedankengang zugrunde liegende "transzendente Voraussetzung der Identität" von Vernunft und Natur. Ebenso, ebd., S. 216, Vorlesg. zu § 236.

türlichen und Vernunft nicht unabhängig von dem übrigen Naturbereich geschehen kann. Gerade in ihrem Erfassen des einzelnen Natürlichen als Teil der gesamten Natur und dem In-Beziehung-Setzen dieses Einzelnen zur Gesamtheit der Natur ist die menschliche Handlung vernünftige Tätigkeit.

So ergeben sich aus dem Wesen der Vernunft zwei die menschlichen Tätigkeiten als vernunftbestimmte charakterisierende Momente: einmal, betrachten wir die Lebenstätigkeiten in bezug auf ihr Subjekt, den Handelnden, so isoliert sich dieses nicht, sondern überschreitet den eigenen Lebenskreis auf die Menschheit hin, indem es sich mit den anderen Menschen in einen Handlungszusammenhang stellt; zum andern, betrachten wir die Lebenstätigkeiten in bezug auf den Handlungsgegenstand, wird das Objekt der einzelnen Tätigkeit nicht als ein vereinzeltes Für-Sich, sondern als Teil der gesamten Natur begriffen, so daß in jeder einzelnen Handlung die Beziehung auf die ganze Natur gegeben ist[50].

50 Cf. zu diesem Zusammenhang: Ethik 1812/13, S. 264, §§ 9.11. Für unsere Systematisierung der Charakteristika des sittlichen Lebensvollzuges, die sich für uns aus der Vernunftbestimmtheit des menschli-

Das Zentrum des Sittlichen: das Bewußtsein

2.3.3.1.1 Das Sich-Überschreiten des geistig-sittlich Handelnden auf die Totalität der geistig-sittlich Handelnden

Muß jede Lebenstätigkeit, will sie sittlich sein, aufgrund der mit sich selbst gleichbleibenden, unteilbaren Vernunft, die Beziehung des Lebenszentrums auf die Gesamtheit aller Lebenseinheiten, d.h. der Menschheit, aufweisen, so kommt der Handlung, die ausschließlich auf den einzelnen handelnden Menschen abzielt, keine Sittlichkeit zu. Denn die in dieser Personenbezogenheit gegebene raumzeitliche Beschränkung zeigt das Verhaftetsein dieser Handlung im Bereich des Natürlichen, in dem nicht die Vernunft, sondern die Natur, d.h. in diesem Zusammenhang: die organischen, natürlichen Bedürfnisse des Menschen, den tätigkeitsbestimmenden Faktor bilden, und setzt sie damit

chen Lebens ergibt, meinen wir auch in Bem. 1832 ad Tugendlehre 1812/13, S. 661, ad § 18 einen Beleg zu finden: "Jedes menschliche Einzelwesen hat also als Agens im sittlichen Verlauf eine Richtung auf das Sein an sich, und eine Richtung auf die Gesamtheit der menschlichen Einzelwesen; eine dritte läßt sich nicht denken".

den animalischen Aktionen gleich[51].

Sittliches Tätigsein, so sahen wir, hat immer eine Ausrichtung auf die Menschheit, und in dieser Beziehung überschreitet das sittliche Leben gerade die eigenen, durch die Raumzeitlichkeit gesetzten, engen Grenzen, indem es sich mit den sittlichen Handlungen der anderen Lebenspunkte in einen großen zeitlichen wie räumlichen Zusammenhang stellt: zeitlich, insofern das einzelne sittliche Leben sich in die Reihe des sittlichen Gesamtprozesses als ein Glied einordnet. So setzt durch die Aufnahme des ihm schon vorgegebenen Sittlichen - das Ergebnis der vorangegangenen sittlichen Leben - die Entwicklung des sittlichen Prozesses in den einzelnen Leben nicht immer wieder erneut auf der untersten Stufe dieses Prozesses

---

51 Cf. Brouillon 1805/06, S. 90; Ethik 1812/13, S. 247, § 17; aber auch ebd., S. 264, § 11.
Ein Aufgehen der Vernunft in die Raumzeitlichkeit, d.h. ein Setzen der Vernunft als "definitiv persönlich" (Ethik 1812/13, S. 254, § 77) würde Unterordnung der Vernunft unter die Natur und Dominanz der Natur bedeuten. Ein solcher Gedanke, der die "Vernunft" als "Dienerin der Natur" (Ethik, WW III 5, S. 73, Anm. 1 ad § 110) versteht, muß zum Materialismus führen. Cf. Ethik 1812/13, S. 255, § 79.

ein, sondern das individuelle Leben wird befähigt, an dem jeweiligen Stand des allgemeinen sittlichen Prozesses anzuknüpfen, Überkommenes wie Neues zu durchgeisten, um schließlich das Produkt des eigenen sittlichen Tuns den Nachfolgenden zur Fortführung des sittlichen Prozesses freizugeben[52]. In den großen räumlichen Zusammenhang tritt das einzelne sittliche Leben, insofern die Handlungen der gleichzeitig tätigen einzelnen Lebenspunkte sich gegenseitig ergänzen, da jede Handlung nur einen Teil der als Ganzheit zu begreifenden Vernunfttätigkeit darstellt, so daß der sittliche Prozeß nur durch das gemeinsame Tätigsein der Menschen gefördert wird[53].

Diese Bezogenheit des einzelnen Lebens auf die Menschheit, wie es das Verwobensein des einzelnen Lebensvollzugs in den gesamtmensch-

---

[52] Dieses verdeutlicht u.a. die Beschreibung der sittlichen Tätigkeiten in den Abschnitten der Sittenlehre, die Schleiermacher überschreibt "In der Oscillation der Persönlichkeit", Ethik 1812/13, S. 283 ff. 290 ff. 308 ff. 318 ff.

[53] Cf. hierzu die Ausführungen zur Arbeitsteilung: Ethik 1812/13, S. 280 ff., §§ 31 ff. 305 ff., § 173 ff.; Ethik 1816, S. 612 ff., §§ 17 ff.

Charakterisierung der sittlichen Tätigkeit 75

lichen Tätigkeitszusammenhang in räumlicher wie in zeitlicher Erstreckung ausdrückt, findet nun in der sittlichen Gemeinschaft der einzelnen Menschen ihre konkrete Gestalt[54]. In ihr, die durch das Miteinandertätigsein der Lebenszentren[55] für die von allen nur gemeinsam zu bewältigende Lebensaufgabe gekennzeichnet ist, hebt sich die Vereinzelung der Lebenspunkte im gegenseitigen Geben und Empfangen auf[56]. Die Basis einer solchen sittlichen Gemeinschaft bildet die Akzeptation der Menschen untereinander als Menschen[57]. Sie allein schließt die

---

54 Cf. u.a. Ethik 1812/13, S. 265, § 16; Ethik 1814/16, S. 434, § 15; Ethik 1816, S. 568 f., § 17. 577, § 35.

55 Schleiermacher beschreibt dieses als "Füreinandersein und Durcheinandersein der Vernunftpunkte", Ethik 1816, S. 577, § 35.

56 Ethik 1816, S. 577, § 35 und der entsprechende § in Ethik 1814/16, S. 434, § 15 fassen Schleiermachers Grundaussagen zur sittlichen Gemeinschaft sehr gut zusammen.

57 Dieses drückt besonders deutlich Brouillon 1805/06, S. 111 f. aus, aber auch Ethik 1812/13, S. 269, § 39. In diesem Zusammenhang tritt auch der Liebesbegriff kurz in den Blick: "die Vernunft in der Persönlichkeit muß sich selbst auch außer ihr suchen und ihrem Wiedererkennen mit Liebe trauen".

Degradierung des einzelnen Menschen zur Sache aus[58], d.h. das ihm Absprechen seines Handelns als sittliches und damit die Preisgabe seiner Handlungsinhalte zu Neubildung oder Zerstörung, und ermöglicht, daß die sittlich Handelnden ihre Tätigkeiten gegenseitig als Teil der gesamten Vernunfttätigkeit erkennen[59]. Diese gegenseitige Anerkennung der Menschen als Menschen[60] - so verdeutlicht es sich aus unseren bisherigen Ausführungen - ist dem Menschen in

 (Ethik 1812/13, S. 279, § 26). So bezeichnet auch Brouillon 1805/06, S. 125 das Überschreiten der eigenen Person auf den anderen hin, und zwar mit der Absicht, ihn anzuschauen und anzuerkennen, im einzelnen vernünftigen Leben als einen Akt der Liebe.

58 So heißt es Brouillon 1805/06, S. 111: "Aber vom Standpunkt der Persönlichkeit erscheint diese Anerkennung als eine unnatürliche Beschränkung, weil es das Bequemste wäre, die Menschen als Sache zu behandeln".

59 Cf. unsere Ausführungen 2.3.2.3.1 und 2.3.2.3.2 .

60 So kennzeichnet sich die sittliche Lebenseinheit "Staat" als unsittlich bzw. ihre Sittlichkeit noch nicht entwickelt habend, wenn sie andere Staaten nicht anerkennt und mit ihnen nicht in Gemeinschaft tritt. Dasselbe gilt auch für die Kirche. Cf. Brouillon 1805/06, S. 102.

Charakterisierung der sittlichen Tätigkeit 77

seiner Vernünftigkeit gegeben. Das In-Gemeinschaft-Treten des Menschen kommt nun aber nicht zu seinem Sittlichsein als ein zweites dazu, sondern ist die Sittlichkeit selbst[61]. Denn jedes Handeln kann nur in der Bezogenheit auf andere vernünftige Lebenspunkte sittlich sein, d.h. es ist nur sittlich, sofern es gemeinschaftlich ist. Ebenso aber gibt es umgekehrt keine Gemeinschaft ohne Sittlichkeit. Denn der "Trieb auf Gemeinschaft"[62] und die darin enthaltene Anerkennung des Menschen als sittlich Handelnden gründet sich gerade im Wesen der Vernunft, mit sich selbst gleich zu sein[63]. Dabei bedeutet das Einssein von sittlichem und

[61] Brouillon 1805/06, S. 111 heißt es, daß das Streben nach der Gemeinschaft "das innere Wesen der Sittlichkeit von einer bestimmten Seite angesehen" bildet. S. aber auch die Belege der Anm. 56 dieses Abschnittes.

[62] Diesen Ausdruck verwendet Schleiermacher nur in Brouillon 1805/06, S. 111. 113. 122. u.a.

[63] Es wird deutlich, daß der Gemeinschaftsbegriff - wie der Personbegriff - ein sittlicher Begriff ist, der seinen Ort in der Ethik hat. Gemeinschaft im eigentlichen Sinn kann z.B. zwischen Tieren nicht stattfinden, sondern nur zwischen sittlichen Lebenseinheiten.

78 Das Zentrum des Sittlichen: das Bewußtsein

gemeinschaftlichem Handeln nicht ein vollkommenes Aufgehen des Einzelnen in den sozialen Tätigkeitszusammenhang, so daß seine Individualität im Lebensvollzug verlorengeht. Der Einzelne handelt zwar immer für die Gemeinschaft, doch eint er Vernunft und Natur in der nur ihm eigentümlichen Weise. Aber gerade aufgrund dieses individuellen sittlichen Handelns erkennt ihn die Gemeinschaft als sittlich Handelnden an und nimmt sein Produkt als Förderung des gemeinen sittlichen Prozesses auf. Wiederum aber empfängt sich der Einzelne in seinem sittlichen Tun aus der Gemeinschaft, indem er ihre Produkte zur Fortführung der eigenen sittlichen Tätigkeit aufnimmt. Der Einzelne und die Gemeinschaft stehen in Wechselbeziehung, da jede Größe die andere bedingt, so daß keine sich ohne die andere denken läßt[64].

64 Schleiermacher bezeichnet die Korrelation zwischen dem Einzelnen und der Gemeinschaft, die eine dem sittlichen Leben wesentliche Bewegung ist (Brouillon 1805/06, S. 89), auch als ein "Sezen und Aufheben der Persönlichkeit". Cf. Brouillon 1805/06, S. 89; bes. Ethik 1812/13, S. 261, § 15. 267 f., §§ 31-33. 271, § 55. Der ethische Entwurf von 1816, S. 577, § 35 faßt diesen Sachverhalt gut zusammen: "Jedes Sittliche ist also auch als Bestandtheil des gesam-

2.3.3.1.2 Das Überschrittenwerden des einzelnen Gegenstandes der geistig-sittlichen Tätigkeit auf die Totalität der Natur

In der einzelnen sittlichen Handlung, der Einung der Vernunft mit einem "einzelnen Ding"[65] der Natur, ist - so sahen wir - die Beziehung auf die ganze Natur gegeben. Damit kommt einer Handlung, die die Befriedigung der organischen Bedürfnisse des Handelnden zu ihrem Gegenstand

> ten sittlichen Seins nur ein für sich Geseztes, in wiefern es durch diese Gemeinschaft der Einzelwesen, und diese Gemeinschaft der Einzelwesen wiederum durch dasselbe bedingt ist". Welche wichtige Bedeutung der Korrelation des Einzelnen und der Gemeinschaft für das menschliche Leben zukommt, verdeutlicht auch folgende Stelle, die die Konsequenz der Isolierung beider Größen aufzeigt: "Im isolirten Aneignen geht der reinmenschliche Charakter verloren unter der Form der Gewaltthätigkeit, d.h. des Nicht-Anerkennens der Persönlichkeit außer sich. Im isolirten Hingeben geht er verloren unter der Form der Schlaffheit, d.h. des Nicht-Sezens der eigenen Persönlichkeit". (Ethik 1812/13, S. 269. §§ 39 f.).

[65] Ebd., S. 264, § 11.

80 Das Zentrum des Sittlichen: das Bewußtsein

macht, keine sittliche Bedeutung zu. Denn in
einem solchen Tun tritt vereinzeltes Natürliches ausschließlich in der Beziehung zum natürlichen Dasein des Menschen - nicht aber in
der Relation zur gesamten Natur und, unlöslich
damit verbunden, zur Vernunft - in den Blick,
so daß in diesem Handlungsgehalt nichts Vernünftiges, Sittliches liegen kann. Die Ausrichtung einer Handlung auf das Ganze der Natur - die Vernünftigkeit der Handlung[66] -
wird in ihrem Einheitsetzen in der sich als
unbestimmte Vielheit darbietenden Natur deut-

---

[66] Dieses Ausgerichtetsein auf das Ganze der Natur findet als das eigentümliche Menschliche auch in Schleiermachers Psychologie seinen Niederschlag. Als Illustration zu unserem Gedanken ein Zitat aus der Psychologie, WW III 6, S. 85: "Die menschlichen Sinne sind auf eine absolute Weise geöffnet und wenden sich dem ganzen Außer-uns ... zu, wogegen das thierische Leben sich ganz auf das Interesse des Fortbestehens des animalischen Processes beschränkt. ... Der Sinn ist bei ihnen beschränkt durch die auf die Fortsetzung der animalischen Processe gerichteten Triebe, während bei dem Menschen die Sinne auf eine uneigennüzige Weise allgemein geöffnet sind, und darin erkennen wir das eigenthümlich menschliche und geistige selbst in den allerersten Anfängen".

lich[67]. Denn da jedes natürliche Einzelne immer Teil der Totalität der Natur ist und von daher sein Wesen, seine Abgrenzung wie Zusammengehörigkeit mit der übrigen Natur nur im Aufzeigen seiner Relation zum Ganzen erfaßt werden können[68], erfordert jeder Akt des Einheitsetzens in der chaotischen Mannigfaltigkeit

[67] Das Ordnen der in eine unbestimmte Vielheit vereinzelten Natur zu bestimmten Einheiten zeichnet die menschliche Tätigkeit als vernünftige aus. Dadurch erst wird die Natur erkennbar, aneignungs- und gestaltungsfähig. Das Tier ist im Unterschied hierzu der Ort, "durch welchen eine Reihe vorübergehender Bilder hindurchgeht, deren Einheit wir aber nur in uns sezen" (Brouillon 1805/06, S. 150); es ist "Durchgangspunkt für ein Fluctuirendes" (ebd., S. 176). Für den Menschen, der vermittels der Vernunft Einheit in die unbestimmten mannigfaltigen Impressionen setzen kann, wird dieses Chaos zur geordneten Anschauung, d.h. zur Welt, so daß ihm das Fließende, Unbestimmte ein Fixiertes, Bestimmtes wird, "zu dem Werden ein Sein, zu dem schlechthin Besonderen ein wahrhaft Allgemeines" kommt (ebd., S. 151). Cf. auch Ethik 1812/13, S. 294 Anm. 1. 297, § 134; Ethik 1816, S. 624 f., §§ 38 f.

[68] Cf. Brouillon 1805/06, S. 103; Ethik 1812/13, S. 264, § 11, 294, § 117. 309, § 201.

82 Das Zentrum des Sittlichen: das Bewußtsein

die Bestimmung des Gegenstandes in seinem Zusammenhang mit dem Ganzen der Natur. Dieses Fixieren aber von Einheiten, das die chaotische Mannigfaltigkeit zu einem geordneten Ganzen werden läßt, gründet sich in dem mit der Vernunft gegebenen Vermögen des Menschen, sich dem Außer-Ihm entgegensetzen zu können. Denn erst indem der Mensch durch diese Trennung die sein Dasein und dessen Zustände wie das Sein der Gegenstände bezeichnenden Prädikationen unterscheiden kann, vermag er sich und die Gegenstände in ihrem Sein zu erkennen und zu bilden und so in seinem Handeln an der Lösung der sittlichen Aufgabe, die ganze Vernunft mit der ganzen Natur zu einen, teilzuhaben[69].

69 Cf. Ethik 1812/13, S. 264, § 9. 293, § 114. 294, Anm. 1 Nr. 3; Ethik 1814/16, S. 432, § 10; Ethik 1816, S. 624, § 38; auch Brouillon 1805/06 S. 211. Daß das Erkennen und damit auch Bilden von Natur an das Auseinandertreten dieses Gegensatzes gebunden ist, verdeutlicht gut ein Satz aus Schleiermachers Psychologie, WW III 6, S. 506, der das animalische Leben, in dem dieser Gegensatz verworren bleibt, so beschreibt: "Nichts kann reine Wahrnehmung werden, weil es durch die Beziehung auf den Trieb bedingt ist, und nichts kann Selbstbewußtsein werden, weil es sich vom einwirkenden Object nicht losreißen kann".

2.3.3.2 Die Struktur des geistig-sittlichen Lebens

2.3.3.2.1 Die Grundbewegung des geistig-sittlichen Lebens

Sittliches Leben ist - wie es sich in der Vernunftbestimmtheit der sittlichen Tätigkeit verdeutlichte - immer auf die ganze Vernunft und die ganze Natur ausgerichtet. Ein Leben, in dem dieser Zusammenhang mit der Gesamtheit des Seins, der Menschheit wie der Totalität der Gegenstände, nicht wahrgenommen wird, bewegt sich in dem animalischen Bereich, denn in ihm kommt das Prinzip der Vernunft, das das menschliche Leben zum menschlichen erhebt, nicht zur Geltung. Geschieht die Vermittlung von Vernunft und Natur, das Ziel alles sittlichen Handelns, nur dort, wo der Mensch sich in der aufgezeigten Relation begreift, so bedeutet dieses nicht, daß in einem solchen Leben diese Beziehung auf die ganze Vernunft wie die Totalität der Natur und damit die Einung von Vernunft und Natur vollkommen abgeschlossen, vollendet ist. Vielmehr befindet sich jedes sittliche Leben, das nur als Teil des gesamtsittlichen Lebens auf unserer Erde, des einen sittlichen Prozesses zu verstehen ist, wie

84 Das Zentrum des Sittlichen: das Bewußtsein

alles irdische Leben im Werden, in der Entwicklung. Dabei kennzeichnet den Anfangspunkt dieser sittlichen Entwicklungskette ein Minimum vernunftgeeinter Natur, den Endpunkt das vollkommene Einssein von Vernunft und Natur[70], so daß in der Fortschreitung des sittlichen Lebens die vernunftgeeinte Natur zu-, die mit der Vernunft noch nicht geeinte Natur abnimmt, niemals aber der Gegensatz zwischen schon geeinter und noch nicht geeinter Natur aufgehoben wird, sondern er in jeder Aktion dieses Lebens gegenwärtig ist[71]. In der vollkommenen Identität von Vernunft und Natur kommt das sittliche Leben, der sittliche Prozeß zum Ende. Dieser Punkt wird aber in der Zeit nie erreicht, sondern immer nur angestrebt[72]. Indem aber so in

---

70 Cf. u.a. Allg. Einltg. 1816, S. 501, §§ 68-70; Ethik 1816, S. 542, § 82.

71 Schleiermacher vergleicht den sittlichen Prozeß mit einer Reihe, in der jedes Glied "aus gewordener und nicht gewordener Einigung der Vernunft und Natur" besteht (Allg. Einltg. 1816, S. 501, § 72).

72 Seliges Leben kommt in der Sittenlehre nicht vor (cf. ebd., S. 501, § 71). "Gesezt ist allerdings die reine Vernunft in jedem ethischen Wissen, aber nicht für sich; gesezt ist auch das selige Leben, aber nicht als in dem ausgedrückten Sein, sondern

jedem sittlichen Akt die vollkommene Identität von Vernunft und Natur mitgesetzt ist, kann die Beziehung des sittlichen Handelns auf die ganze Vernunft wie gesamte Natur, die Einung von Vernunft und Natur im sittlichen Leben fortschreitend verwirklicht werden.

Dabei kann diese Realisierung nur in der allem Leben auf unserer Erde eigenen Form geschehen, in der Oszillation zwischen den beiden Polen des In-sich-Aufnehmens und Aus-sich-Herausstellens[73]. Diese sich in dem Ineinandergreifen der beiden Bewegungen des Von-außen-nach-innen und Von-innen-nach außen darstellende Lebensform, die von vornherein den Gedanken eines einzelnen isolierten irdischen Lebens ausschließt und alles, was auf unserer Erde ist, in einen großen Zusammenhang stellt, bestimmt das Verhältnis jedes einzelnen Lebens zur Gesamtheit alles Lebendigen, so daß sich auch die Beziehung des Menschen zu dem Außer-Ihm nur in dieser Form ausdrücken kann: der Mensch wird von dem Außer-Ihm affiziert und

---

als durch dasselbe". (Ethik 1816, S. 544, § 89).
73 Cf. hierzu die Belege der Anm. 15 und 16 des Abschnittes 2.2 dieser Arbeit, wie die der Anm. 43 des Abschnittes 2.3 .

86   Das Zentrum des Sittlichen: das Bewußtsein

er wirkt auf dieses zurück. Diese Grundform
des Lebens beschreibt sich nun im menschlichen
Leben nicht, gleich dem animalischen Bereich,
als unmittelbares Zusammensein von Reiz und
Reflex, von natürlichen Bedürfnissen bestimmter
Aktion und Reaktion, sondern aufgrund der Vernunftbestimmtheit dieses Lebens als erkennendes
Aufnehmen des Außer-Ihm wie gestaltendes Einwirken auf dasselbe. D.h. das im physischen Bereich unmittelbare Ineinanderübergehen von
Passion und Aktion tritt im sittlichen Leben
zur relativen Geschiedenheit der beiden Bewegungsrichtungen, der Rezeptivität und Spontaneität, auseinander[74], indem die eine Richtung jeweils in der anderen in untergeordneter
Weise gegenwärtig ist: der rezeptive Vorgang
des erkennenden Aufnehmens schließt das selbsttätige Moment des Sonderns der verworrenen Eindrücke ein, wie der spontane Vorgang des naturformenden Wirkens das empfängliche Moment des

---

[74] Besonders die Ethik 1812/13 bezeichnet die Bewegungsrichtungen mit "Receptivität" und "Spontaneität" (S. 253 f., § 70. 259, § 5), während diese Ausdrücke im ethischen Entwurf von 1816 durch "Empfänglichkeit" und "Selbstthätigkeit" ersetzt werden (c.f. u.a. S. 573, § 30. 605, § 1).

Erfassens der zu gestaltenden Natur beinhaltet.

Ist nun das einzelne menschliche Leben nur, insofern es in dieser Wechselwirkung von Rezeptivität und Spontaneität steht, so kann es sich als ein sittliches nur in dem Maße entwickeln, als das Sein außer ihm es affiziert, wie umgekehrt das Sein außer ihm nur soweit zur Sittlichkeit erhoben wird, wie der einzelne vernunfteinend auf dieses handelt; d.h. das sittliche Leben entwickelt sich nur, indem es sich vom Außer-Ihm, vom anderen empfängt und sich wiederum auf das Außer-Ihm, das andere hinbewegt.

Hängen sittliches Voranschreiten des Einzelnen wie des Ganzen in dieser Weise voneinander ab, dann bezeichnet der in der Lebensbewegung gegebene Zusammenhang kein nur äußeres Zusammensein von im inneren beziehungslos nebeneinanderstehenden Lebenszentren, sondern stellt einen Wirkungszusammenhang dar, in dem allein Entfaltung und Wachstum des Sittlichen im menschlichen Leben möglich sind[75].

Indem sich aber die Einung von Vernunft und Natur nur in diesem Wirkungszusammenhang vollzieht, das sittliche Leben ausschließlich in der Wechselwirkung von Rezeptivität und Spon-

---

75 Cf. u.a. Ethik 1812/13, S. 251, § 49.

88 Das Zentrum des Sittlichen: das Bewußtsein

taneität fortschreitet und so das Subjekt des sittlichen Handelns wie das Objekt der Handlungen nicht absolut getrennt werden, sondern nur in ihrem Aufeinanderbezogensein sind, bleibt im sittlichen Prozeß die Einheit alles Seins und Lebens gewahrt.

2.3.3.2.2 Die Strukturierung des geistig-sittlichen Lebens durch die Grundbewegung dieses Lebens

Liegt nun aber in diesem Wechsel von Rezeptivität und Spontaneität der Grundvorgang des sittlichen Lebens, so findet dieser sich in jedem Augenblick des sittlichen Prozesses. Er ist in jedem Sittlich-Wirklichen gegenwärtig. Er gibt allem, was im sittlichen Leben ist und wird, die Prägung, so daß sowohl das Zu- und Miteinander der sittlichen Lebenszentren wie das sittliche Handeln als solches von ihm strukturiert wird[76].

76 Schleiermacher thematisiert den Gedanken der Lebensbewegung als strukturierenden Faktor im sittlichen Leben nicht, wie er auch der Lebensbewegung als solcher keinen eigenen Paragraphen widmet, sondern sie

Struktur des sittlichen Lebens

ohne weitere Explikationen direkt, meistens aber indirekt nennt. Daß sie aber dennoch in der von uns dargelegten Weise in Schleiermachers Überlegungen gegenwärtig ist, mag folgende Tabelle verdeutlichen, die einen kurzen Überblick über die Darstellung der Lebensbewegung in den verschiedenen Lebensbereichen, wie es sich in der Sittenlehre findet, geben soll:

die Form der bensbewegung in bezug auf	der erste Pol: das In-sich-Aufnehmen	der zweite Pol: das Aus-sich-Heraustreten
die niedrigste Lebensstufe	organische Vereinigung	organisches Absetzen
die höhere Lebensstufe	Wahrnehmung	Erzeugung
das geistig-sittliche Leben (allgemein)	Rezeptivität	Spontaneität
die Funktionen des sittl. Lebens	Symbolisieren Erkennen	Organisieren Darstellen
die einzelne sittl. Lebenseinheit	abgeschlossenes Dasein	In-Gemeinschaft-Treten
die sittlichen Gemeinschaften:		
a. das Verhältnis der Geschlechter	Frau	Mann
b. den Staat	Untertan	Obrigkeit
c. die Gemeinschaft des Wissens	Publikum	Gelehrte
d. die Geselligkeit	Gäste	Wirt
e. die Kirche	Laien	Klerus

2.3.3.2.2.1 Die Struktur des Zusammenhanges der geistig-sittlichen Lebenszentren

Das Verhältnis von den einzelnen geistig-sittlichen Lebenszentren und der Gemeinschaft aller sittlichen Zentren, in der sich die Beziehung der Einzelnen auf die Gesamtheit der Menschen konkretisiert, verwirklicht sich in der aufgezeigten Lebensbewegung: Alles, was das einzelne Lebenszentrum für die Vernunft eint, muß nach außen dringen und für die Gemeinschaft der sittlich Handelnden ansichtig werden, um so auf diese einwirkend sie in der sittlichen Entwicklung zu fördern, wie umgekehrt das einzelne Lebenszentrum ohne die Aufnahme der Produkte der sittlichen Gemeinschaft, die ihn zum sittlichen Handeln in Gang setzen und anregen, seine Sittlichkeit nicht entfalten kann. So stehen jedes einzelne Lebenszentrum und die Gemeinschaft der sittlich Handelnden in der zweifachen Relation von Rezeptivität und Spontaneität[77].

---

77 Eine Explikation dieses Gedankens meinen wir in dem Abschnitt über das "Verhältniß der Einzelnen untereinander in diesen verschiedenen Beziehungen" zu finden: Ethik 1816, S. 591 ff., §§ 55-62.

Doch betrachten wir das in der Wechselwirkung von Rezeptivität und Spontaneität sich vollziehende Zusammensein der Lebenszentren, wie es sich in der sittlichen Gemeinschaft darstellt, so erweist sich jede dieser Gemeinschaften in sich wiederum durch die Lebensbewegung strukturiert, indem sie sich in ein überwiegend spontanes und ein überwiegend rezeptives Element gliedert. Erst in der Korrelation dieser beiden Elemente wird die Gemeinschaft zu einer lebensfähigen Einheit, durch die der sittliche Prozeß voranschreiten kann[78]. Diese Struktur trifft für die kleinste Gemeinschaft, die Gemeinschaft der Geschlechter, wie für die großen ethischen Formen zu. So hat z.B. die Ehe in der Frau das rezeptive, im Mann das spontane Element[79], während für den Staat die Obrigkeit den spontanen, die Untertanen den rezeptiven Faktor bilden[80]. Der Schluß aber, daß eine in dieser Art strukturierte Gemeinschaft sich durch ihr spontanes Element von vornherein als tyrannisch kennzeichnet, verbietet sich durch die Bestimmung von Rezeptivität und Spontaneität, wie sie in der Lebens-

---

[78] Cf. u.a. Ethik, WW III 5, S. 277 ff., §§ 271-273.
[79] Cf. Ethik 1812/13, S. 322, § 9.
[80] Cf. Ethik 1812/13, S. 338, § 98.

92 Das Zentrum des Sittlichen: das Bewußtsein

bewegung gegeben ist. Keines kann losgelöst vom anderen agieren, jedes umfaßt das andere in untergeordneter Weise in sich und ist von der Aktion des anderen abhängig, so daß beide in der gegenseitigen Bezogenheit nur sein können.

2.3.3.2.2.2 Die Struktur der geistig-sittlichen Tätigkeit

Auch die Vermittlung von Vernunft und Natur, Inhalt und Ziel jeder menschlichen Tätigkeit, kann sich nur in der sittlichen Lebensform vollziehen, so daß das menschliche Handeln auf die Natur sich in zwei Hauptfunktionen differenzieren muß, der vorwiegend spontanen und der vorwiegend rezeptiven sittlichen Tätigkeit[81]. Da mit dieser von der Grundbewegung

---

81 Höchstes Gut I, Braun I, S. 464: "Und so sind es zwei Richtungen, in welchen die Vernunft an allen ... Orten wirkt, ..., daß alles Sein ins Bewußtsein aufgenommen werde auf das vollkommenste, und daß, indem alles dem Menschen unterworfen wird, auch das innerste Wesen des Geistes jeglichem Sein und Er-

des Lebens her gewonnenen Unterscheidung der
sittlichen Tätigkeit auch eine inhaltliche
Differenzierung gegeben ist, verlangt unsere
Beschreibung der Struktur des sittlichen Lebens sowohl inhaltliche Bestimmungen der beiden sittlichen Vermittlungsfunktionen wie die
Darstellung in Grundzügen des Spezifikums ihres
Werdens im einzelnen menschlichen Leben im Vergleich zu dem analogen animalischen Lebensvorgang.

scheinen... eingebildet werde auf das vollkommenste".
Ethik 1812/13, S. 253 f., § 70 drückt dieses indirekt aus, indem die Organe der menschlichen Natur,
kraft deren der Mensch sittlich tätig wird, in bezug auf die Rezeptivität und Spontaneität als Verstand und Wille unterschieden werden. Cf. auch ebd.,
S. 259, § 5. Die Subsumption der gesamten geistigen
Lebenstätigkeit unter die rezeptive und spontane
Lebensfunktion sieht Schleiermacher auch schon in
der sokratischen Periode. Cf. Geschichte der alten
Philosophie, WW III 4.1, S. 18: "Das höhere Leben
ist nichts anderes, als das Sein der Dinge im Menschen und das Sein des Menschen in den Dingen".

94 Das Zentrum des Sittlichen: das Bewußtsein

2.3.3.2.2.2.1 Die spontane Form der sittlichen Tätigkeit

In der von der Spontaneität geprägten Lebensbewegung richtet sich die menschlich-sittliche Tätigkeit auf die noch nicht mit der Vernunft geeinte Natur, um diese der Vernunft anzueignen und sie damit in den sittlichen Bereich zu heben[82]. Denn sollen Natur und Vernunft einander vermittelt werden, so muß die Natur zunächst der Vernunft zuhanden gemacht werden,

---

[82] Daß der aneignenden Tätigkeit die überwiegend spontane Lebensbewegung entspricht, sehen wir in folgenden Textstellen belegt: Ethik 1816, S. 564, §§ 5 f. u.a. wird "Trieb" als das primäre Organ der bildenden Tätigkeit genannt. Trieb ist aber ebenso das Organ der spontanen Tätigkeit im Gegenüber zum Sinn, der das Organ der rezeptiven Tätigkeit darstellt. Ebenso Ethik WW III 5, S. 179, Vorlesg.; Brouillon 1805/06, S. 91; Höchstes Gut II, Braun I, S. 474. 477 lassen die spontane Form der bildenden Tätigkeit deutlich werden.

Struktur der sittlichen Tätigkeit

indem aus dem "rohen Stoff"[83] vernünftige Gestalt wird[84]. Dieses Gestaltwerden der Natur bildet aber nicht eine letzte vorsittliche Stufe zum geistigen Leben, sondern gehört zum sittlichen Prozeß selbst, da Gestalt nur dort ist, wo Vernunft und Natur geeint sind. Der gestalteten Natur kommt in dieser Einigung die Funktion des Organseins für die Vernunft zu[85]. Denn vernünftiges Handeln ist nicht ein Handeln der isolierten Vernunft auf die Natur, sondern in ihm drückt sich das Tätigsein der bereits

---

83 Ethik 1812/13, S. 276, § 4; Ethik 1814/16, S. 431, § 4; Ethik 1816, S. 562, § 2.
Die noch nicht vernunftgeeinte Natur ist im Verhältnis zur geeinten Natur "roher Stoff", d.h. sie ist nicht an sich "reine" Natur, sondern nur in der Relation zur versittlichten Natur ist sie als "roh" zu prädizieren.

84 Cf. Ethik 1816, S. 579, § 39.

85 Schleiermacher versteht in diesem Zusammenhang den Ausdruck "Organ" in der griechischen Bedeutung von "Werkzeug"; cf. Ethik 1816, S. 562, Anm. 1. Dieser Organbegriff wird in folgenden Textstellen definiert: Brouillon 1805/06, S. 89; Ethik 1812/13, S. 254, §§ 73 f. 258 f., § 2; Ethik 1814/16, S. 425, § 3; Ethik 1816, S. 565, § 7. 570, § 23.

mit der Natur geeinten Vernunft auf die Natur aus[86]. Sittliches Handeln geschieht nie ohne, sondern immer mit der der Vernunft organisierten Natur. Deshalb besteht zunächst die Aufgabe der sittlichen Tätigkeit in dem Bilden der Natur zum Instrument vernünftigen Handelns. In diesem organisierenden Tätigsein[87] des Menschen wird der physische Lebenszusammenhang mehr und mehr überwunden, so daß die Versittlichung des natürlichen Lebens fortschreiten kann[88].

Das Bedürfen der Zubereitung für die Vernunft gilt der menschlichen wie der außermenschlichen, äußeren Natur. Daher muß der Mensch in beide Richtungen, der des Auf-sich-Selbst und der des Nach-Außens, organisierend wirken[89]. Dabei wird die außermenschliche, der Vernunft

---

[86] Cf. Ethik 1814/16, S. 425, § 3; Ethik 1816, S. 561 f., § 2.

[87] Cf. Ethik 1812/13, S. 259, § 3; Ethik 1814/16, S. 425, § 4; Ethik 1816, S. 562, § 2; Höchstes Gut II, Braun I, S. 475.

[88] Cf. Brouillon 1805/06, S. 91.

[89] Cf. u.a. Ethik 1816, S. 606, § 3. Cf. auch die Einteilung der Kulturgebiete, in der der Bildung der menschlichen Natur ein eigenes Gebiet, die "Gymnastik" zukommt: ebd., S. 607, § 7 u.a.

noch nicht geeinten Natur nur durch die schon vernunftgebildete menschliche Natur zum Werkzeug der Vernunft geformt, so daß der organisierende Prozeß in dem einzelnen menschlichen Leben zunächst mit der Ausbildung der eigenen Natur beginnt, vermittels der dann die weitere Natur gestaltet wird[90]. Ein Minimum organisierter Natur wird jedem Menschen in den ihm angeborenen Organen wie organischen Fertigkeiten gegeben, da diese bereits schon das Ergebnis des Bildens vorangegangener Menschen in sich fassen[91]. Doch kann der Mensch auf dieser Stufe des Überkommenen, des "Angeerbten"[92], nicht stehenbleiben, da dieses ein Verharren im natürlichen Bereich bedeuten würde, ein dem animalischen gleichkommendes, unsittliches Verhalten. Der Mensch würde - wie das Tier -

90 Cf. u.a. Brouillon 1805/06, S. 93 (12. Stunde); Höchstes Gut II, Braun I, S. 475.
91 Cf. u.a. Ethik 1814/16; S. 430, § 2; Ethik 1816, S. 571 f., §§ 24 f.; indirekt auch: Ethik 1812/13, S. 263, § 2.
92 Ethik 1816, S. 571 f., § 25; der Terminus "Anerbung" oder "Angeerbtes" findet sich erst seit dem ethischen Entwurf von 1814/16. In der Ethik 1812/13 fehlt er, nicht aber der durch ihn bezeichnete Sachverhalt; so u.a. Ethik 1812/13, S. 263, § 2.

98 Das Zentrum des Sittlichen: das Bewußtsein

das ihm in der Natur Gegebene ständig wiederholen, ohne seine Natur zu durchgeisten und damit den sittlichen Prozeß voranzubringen[93]. Vielmehr gehört es wesentlich zum Menschsein des Menschen und hebt ihn über den physischen Bereich hinaus, überkommene Fähigkeiten im vernünftigen Durchformen weiter zu entwickeln[94]. Er befindet sich, soll sein Leben menschlich sein, in einem fortwährenden Übungsprozeß[95], in dem die Vernunft stetig auf seine natürlichen Fertigkeiten einwirkt, um diese immer inten-

[93] Ethik 1816, S. 571, § 25 heißt es in bezug auf die Tiere: "Die Entwickelung ihrer organischen Fertigkeiten ist eingeschlossen in die Entwickelungszeit ihrer Natur, also reine Fortsezung der Erzeugung und dem Gebiet der Anerbung angehörig; ...".
Cf. auch Ethik 1812/13, S. 263, § 3; Ethik 1814/16, S. 431, § 3. Insofern kann Schleiermacher sagen, daß "Anerbung ... auch vorkommt, wo keine Vernunft gesezt ist" (Ethik 1816, S. 571, § 25) oder sie "der gemeinsame thierische" "Faktor des Werdens der Organe ist". (Ethik 1814/16, S. 430, § 3).

[94] Cf. Ethik 1812/13, S. 263, § 3; Ethik 1814/16, S. 430, § 3; Ethik 1816, S. 571 f., § 25.

[95] Cf. Ethik 1816, S. 572, § 26; Ethik 1814/16, S. 431, § 3 definiert Übung als "eine jeden Augenblick neu auf jedes Gegebene einwirkende Kraft der Vernunft".

siver zu durchgeisten. So werden die auch im Menschen zunächst vornehmlich von der Naturkraft gesteuerten Triebe in dem vernünftig-organisierenden Agieren immer mehr zu Willen und Talenten[96] gestaltet und damit unmittelbare Organe der Vernunft, vermöge deren die chaotische Natur Welt wird.

Die organischen Fertigkeiten entwickeln sich im Menschen durch das Handeln der Vernunft selbst dann noch, wenn die Natur ihren Wachstumshöhepunkt erreicht hat oder sich schon wieder abbaut[97].

Im Gegensatz zum Tier, für welches sich eigene und äußere Natur miteinander verwischen[98],

---

96 Cf. zu: Wille als Ineinandersein von Trieb und Vernunft: Ethik 1816, S. 563, § 3 u.a. und zu: Talent als von der Vernunft gebildetes Organsystem: Brouillon 1805/06, S. 104 u.a. Die Durchgeistung menschlich natürlicher Funktionen beschreibt Brouillon 1805/06, S. 93 sehr anschaulich: "Wie Sehen und Hören ein ganz anderes ist beim Menschen als beim Thier, so auch ein ganz anderes beim vernünftigen Menschen als beim natürlichen. Das Sehen des Naturforschers, das Hören des Musikers".

97 Cf. Ethik 1814/16, S. 431, § 3; Ethik 1816, S. 571 f., § 25.

98 Cf. Ethik, WW III 5, S. 107, § 148 (z).

100 Das Zentrum des Sittlichen: das Bewußtsein

vermag der Mensch sich durch die Übung immer stärker von der äußeren, in Relation zu ihm weniger durchgeisteten Natur zu unterscheiden. Je weiter der Mensch den Übungsprozeß fortführt, um so tiefer tritt diese Differenz hervor[99]. Doch da steigendes Organisiertsein auch ein wachsendes Aneignen der Natur einschließt, wird der Mensch mit fortschreitender Organisierung zunehmend in den Stand gesetzt, den Gegensatz zwischen vernunftgeeinter und ungebildeter Natur zu verringern und so den sittlich-organisierenden Prozeß auf unserer Erde zu fördern.

2.3.3.2.2.2.2 Die rezeptive Form der sittlichen Tätigkeit

Wirkt der Mensch in der spontanen Lebensbewegung auf die noch ungeeinte Natur, um sie dem vernünftigen Sein gemäß zu gestalten, so nimmt er in der von der rezeptiven Lebensbewegung bestimmten Tätigkeit das auf ihn einwirkende Außer-Ihm, die äußere Natur, in sich

---

[99] Cf. Ethik 1814/16, S. 431, § 4; Ethik 1816, S. 572, § 26.

auf[100]. Indem der Mensch aber das Einwirkende
aufnimmt, wird das ihn als ein unbestimmtes
Angehende ihm ein bestimmtes Sein. Denn im
Menschen treten Subjektives und Objektives[101]
auseinander, so daß die durch die Affektion
hervorgerufenen, das Selbst des affizierten
Menschen bestimmenden Zustände und das Affizierende als solches unterschieden werden. In

---

100 Cf. hierzu die Formel, mit der diese Vernunfttätigkeit beschrieben wird: "..., daß alles Sein ins Bewußtsein aufgenommen werde". (Höchstes Gut I,
Braun I, S. 464; Höchstes Gut II, ebd., S. 474;)
cf. auch Brouillon 1805/06, S. 202 und auch u.a.
Tugendlehre 1812/13, S. 378, § 18, wo der erkennenden Tugend die rezeptive Lebensbewegung zugeordnet
wird. Vgl. auch Ethik 1812/13, S. 259, § 5.

101 Cf. Ethik 1812/13, S. 264, § 9: "Die ursprüngliche
menschliche Form des Erkennens im weiteren Sinne
ist das bestimmte Auseinandertreten von Subject und
Object, ..."; cf. ebd., § 12; bes. ebd., S. 293,
§ 114; Bem. 1832 ad Güterlehre 1812/13, S. 646,
ad § 125.
Die Ausdrücke "Subjekt" und "Objekt" fehlen in den
späteren Entwürfen, doch nicht der durch sie bezeichnete Sachverhalt, cf. Ethik 1814/16, S. 432,
§ 10; Ethik 1816, S. 624, § 38.

102 Das Zentrum des Sittlichen: das Bewußtsein

dieser Entgegensetzung aber von "Empfindung"[102] des Affizierten und "Wahrnehmung"[103] des Affizierenden ordnet sich die verworrene Mannigfaltigkeit der natürlichen Impressionen zu einer bestimmten, durch Einheit gebundenen Vielheit der Natur. Die vorwiegend rezeptive sittliche Tätigkeit stellt sich so ihrem Inhalt nach dar als das Verarbeiten der verworrenen Eindrücke zu einer strukturierten Mannigfaltigkeit[104]. Dieses aber bedeutet, daß der Mensch in der aufnehmenden Tätigkeit zur Erkenntnis der Natur gelangt. Denn das Einheitsetzen in einer chaotischen Vielheit vollzieht sich nur im Erkennen von Wesen und Struktur wie Gesetzmäßigkeit der Natur. Doch die zu erkennende Ordnung der Natur ist nicht auf die Natur, sondern auf die Vernunft in ihr zurückzuführen[105]. Die Natur wird nur insofern zu einem strukturierten Ganzen – und damit auch erkennbar –, als sie mit Vernunft geeint ist, oder umgekehrt ausgedrückt: in dem Maße, in dem die Natur erkannt wird,

102 Brouillon 1805/06, S. 150; Ethik 1816, S. 624, § 38.
103 Cf. Anm. 102.
104 Cf. u.a. Ethik 1812/13, S. 297, §§ 134 f.; Ethik 1816, S. 625 f., §§ 39 ff.
105 Cf. Ethik 1814/16, S. 425, § 6; Ethik 1816, S. 563, § 4.

Struktur der sittlichen Tätigkeit 103

in dem Maße hat sich die Vernunft in ihr manifestiert[106].

Hat sich die Vernunft aber so mit der Natur geeint, daß sie als die gestaltgebende Größe der Natur in dieser erkennbar wird, dann ist diese Natur zum Symbol für die Vernunft geworden. Von daher kann die erkennende Tätigkeit auch als die symbolisierende bezeichnet werden[107]. Wie nun aber in der sich erkennend auf die Natur richtenden Tätigkeit des "Natursein der Vernunft und Vernunftsein der Natur"[108], d.h. die Vernunft in der Natur und - vermittels diesem Einssein - die Natur erkannt wird, so ist der Mensch auch kraft seiner Vernünftigkeit in den Stand gesetzt, erkennend tätig zu sein. Folglich beschreibt das Erkennen den Vorgang, in dem die Vernunft die Natur wahrnimmt[109].

[106] Während die organisierte Natur mehr das Einswerden von Vernunft und Natur ausdrückt, stellt die symbolisierte Natur mehr das Einsgewordensein beider dar; zusammenfassend für alle Belege: Ethik 1816, S. 623, § 36.
[107] Cf. Anm. 105.
[108] Ethik 1816, S. 623, § 36.
[109] Dieses erinnert an den vorsokratischen Satz, daß Gleiches nur durch Gleiches erkannt wird. Schleiermacher nennt ihn Brouillon 1805/06, S. 208.
Cf. auch Höchstes Gut II, Braun I, S. 476. 478.

Das Zentrum des Sittlichen: das Bewußtsein

Im einzelnen menschlichen Leben beginnt die erkennende Tätigkeit nicht mit einem grundlegenden, primären Symbolisierungsakt, in dem die Vernunft unmittelbar in die Natur eintritt, sondern sie geht von der dem Menschen mit seinem Menschsein bereits schon gegebenen symbolisierten Natur aus[110] und entwickelt von hier den symbolisierenden Prozeß im einzelnen Lebensverlauf, d.h. der Mensch kann nur erkennend tätig werden, weil er selbst schon von Anfang an - wenn auch zu einem Minimum - mit Vernunft geeint, also Symbol der Vernunft ist. Dabei initiiert der Mensch den Erkenntnisvorgang nicht aus sich, sondern er bedarf - der rezeptiven Form dieser Tätigkeit gemäß - der Einwirkung von außen[111]. Doch liegt in der Aufnahme der Reize an sich noch nicht das Spezifikum des Erkenntnisvorganges, denn auch das Tier nimmt die es affizierenden Eindrücke auf, sondern dieses wird erst in dem Sondern und Bestimmen der Einwirkungen deutlich. Denn in dieser Tätigkeit wird - wie wir sahen - die aufgenommene chaotische Mannigfaltigkeit zu einem bestimmten Sein, während sie für das

110 Cf. Ethik 1816, S. 564, § 5. 573, § 29.
111 Cf. u.a. Ethik 1814/16, S. 432, § 10; Ethik 1816, S. 573 f., § 30; Brouillon 1805/06, S. 207 f.

Struktur der sittlichen Tätigkeit 105

Tier in der Verworrenheit bleibt. So bildet die "Willkür"[112] den den Reiz ergänzenden Faktor. Erst in dem Zusammenwirken beider Momente wird für den Menschen das Aufnehmen zum Erkennen: in dem Reiz wird ihm die zu erkennende Natur gegeben, durch die Willkür wird ihm diese Natur zu einer bestimmten, d.h. verstandenen. In dieser Wechselbeziehung von Reiz und Willkür schreitet der erkennende Prozeß voran.

Doch wie Rezeptivität und Spontaneität nirgends absolut getrennt sind, sondern beide immer - wenn auch mit unterschiedlicher Dominanz - zusammen sind, so treten auch die symbolisierende und die organisierende Tätigkeit niemals gänzlich auseinander, sondern wo organisiert wird, findet sich in untergeordneter Weise auch symbolisierendes Handeln, wie dieses auch in umgekehrter Folge. Und gemäß der gegenseitigen Abhängigkeit von Rezeptivität und Spontaneität kann nur dort Natur gebildet werden, wo sie schon erkannt ist, wie nur dort Erkenntnis wachsen kann, wo Gestalt schon entstanden

---

112 Cf. zum Begriffspaar "Reiz" und "Willkür": Ethik 1814/16, S. 432, § 10; Ethik 1816, S. 573 f., § 30; Ethik, WW III 5, S. 110, § 151 (z).

106 Das Zentrum des Sittlichen: das Bewußtsein

ist[113].

Unsere Beschreibung des menschlichen Lebens als geistig-sittliches, dessen Struktur wir uns unter den beiden ineinandergreifenden Aspekten des inneren Organismus der Menschheit, in dem jedes einzelne sittliche Lebenszentrum als individuelle Darstellung der mit der menschlichen Natur geeinten Vernunft eingegliedert ist, und des Wirkungszusammenhanges alles sittlichen Lebens, in dem die Einung von Vernunft und Natur auf unserer Erde fortschreitet, vergegenwärtigen, faßt sich uns dahingehend zusammen, daß dem menschlichen Leben nicht als einem Einzelnen, sondern nur im Zusammenhang mit der Totalität aller sittlichen Leben Sittlichkeit zukommt und daß, indem der gesamte sittliche Prozeß die Lösung der allen Menschen mit ihrem Menschsein gegebenen Aufgabe der Einung der ganzen Vernunft mit der gesamten Natur zum Inhalt hat und von ihr her alles sittliche Leben Sinn und Zielrichtung des Handelns empfängt, im sittlichen Lebensbereich nichts Zweckloses und Zufälliges geschieht, sondern allem die in den Einigungsvorgang von

---

[113] Cf. für alle Belege: Ethik 1816, S. 564 f., §§ 6 f. 576, § 34.

Vernunft und Natur gegebene Ordnung zugrunde liegt, sich nach dieser Gesetzmäßigkeit das Werden von Welt vollzieht und die Menschheit in diesem Verlauf ihre Geschichte hat.

2.4 Der Mittelpunkt des geistig-sittlichen
    Lebens: das Bewußtsein

Die Struktur des geistig-sittlichen Lebens, so verdeutlichte es sich, ergibt sich aus dem Einungsvorgang von Vernunft und Natur. Das In-Beziehung-Treten dieser beiden Größen macht das Wesen des Sittlichen aus, so daß es im sittlichen Geschehen allein um das Naturwerden der Vernunft wie das Vernunftwerden der Natur, um das Wirklichkeitwerden des das menschliche Leben von allem anderen irdischen Leben unterscheidenden Prinzips Vernunft wie um das Vernünftigwerden alles natürlichen Lebens geht. Damit ist dieses Geschehen der Vorgang des In-Beziehung-Tretens des Allgemeinen und Besonderen, des Identischen und Individuellen, der Einheit und der Vielheit, des Menschen und des Außer-ihm-Seienden, das Eintreten des Raumzeitlosen in die Raumzeitlichkeit.

Das Zentrum des Sittlichen: das Bewußtsein

Den Bereich nun, in dem Vernunft und Natur wie alle mit ihnen gegebenen einander entgegengesetzte Seinsbestimmungen zur Vermittlung kommen, nennt Schleiermacher das Bewußtsein[1]. Dieses bestimmt sich als die Größe, die Vernunft und Natur so miteinander vermittelt, daß es nun der Vernunft als mit Natur geeinter Vernunft möglich wird, auf die Natur zu handeln[2]. Ist in dem Bewußtsein und durch das Bewußtsein aber erst die Handlungsermöglichung der Vernunft im irdischen Leben, die Möglichkeit von Sittlichkeit überhaupt, gegeben, so kommt dem Bewußtsein die zentrale Funktion im sittlichen Prozeß zu. Es ist der Mittelpunkt des gesamten sitt-

---

[1] Cf. u.a. Tugendlehre 1812/13, Braun II, S. 391, § 3; zusammenfassend: Bem. 1832 ad Güterlehre 1812/13, ad § 119-123, S. 645. Aber auch Ethik 1816, S. 573, § 30, die das Bewußtsein als das unmittelbare Symbol der Vernunft definiert.
Cf. auch Psychologie, WW III 6, S. 35, die das Bewußtsein bestimmt als den "Centralpunkt, die Art und Weise des Geistes zu sein in der Einheit mit der Organisation".

[2] So weist auch Psychologie, ebd., S. 44 darauf hin, daß das Bewußtsein "das Dasein des Geistes realisirt".

lichen Lebenszusammenhanges. Von diesem Punkt als dem Ort primärer Einung von Vernunft und Natur setzt sich das sittliche Geschehen, die Aneignung aller Natur durch die Vernunft, in Gang und wird es begleitet. Das Bewußtsein ist der Träger aller sittlichen Vorgänge, so daß jede sittliche Handlung auf das Bewußtsein bezogen sein muß, ohne dieses kann sie nicht sittlich sein[3]. Geistig-sittliches Leben vollzieht sich nur dort, wo Bewußtsein ist[4], und damit wird Welt nur mittels dieses Bewußtseins.

Indem aber die Vermittlung von Vernunft und Natur allein in der Grundbewegung des sittlichen Lebens geschieht, sittliches Handeln sich also in den in gegenseitiger Abhängigkeit und wechselseitiger Beziehung stehenden beiden Funktionen des Symbolisierens und Organisierens darstellt, ist mit dem Bewußtsein, das

---

3 Höchstes Gut I, Braun I, S. 453: Das Bewußtsein "kann, so wie es die von der Vernunft gebotenen Handlungen begleitet oder ihnen vorangeht, bei den von der Natur ausgehenden nicht vorhanden sein". Cf. auch Dialektik (Odebrecht), S. 76; ebd., S. 83: "Das Handeln mit Bewußtsein ist das sittliche".

4 Höchstes Gut I, Braun I, S. 464: "Nur im Bewußtsein kann das geistige Leben wohnen...".

110 Das Zentrum des Sittlichen: das Bewußtsein

als symbolisierendes Handeln wird, zugleich die mit ihm in untrennbarer Beziehung stehende Gestaltung der Natur in die Mitte des sittlichen Geschehens hineingenommen[5]. Wo Bewußtsein ist, da ist stets auch eine ihm entsprechende Naturgestalt, wie umgekehrt die Natur nur soweit zum Bewußtsein erhoben werden kann, wiewiet sie vernunftgestaltet ist.

Nachdem in der Beschreibung des sittlichen Lebens sich uns das Bewußtsein als das Zentrum dieses sittlichen Prozesses erwiesen hat, wenden wir uns der Betrachtung des Bewußtseins im Hinblick auf seine Bestimmungen in dem sittlichen Prozeß zu, um in dieser Darstellung, unserer Absicht gemäß, von dem Bewußtseinsbegriff aus den sittlichen Lebenszusammenhang zu erhellen.

---

5 Der Aufweis einer eingehenderen Begründung und näheren Bestimmung der Beziehung zwischen Bewußtsein und Gestaltung ist die Aufgabe des folgenden Abschnittes 3, besonders 3.3 . Die Textbelege zur "Gestalt" nennt der Abschnitt 3.3 dieser Arbeit.

3   DIE STRUKTUR DES BEWUßTSEINS

   Mit der Bestimmung des Bewußtseins als
Zentrum des sittlichen Prozesses ist gegeben,
daß in dem Bewußtsein nicht ein neuer, anders-
artig strukturierter Bereich des Sittlichen
in unseren Blick kommt, sondern daß der
geistig-sittliche Lebenszusammenhang nun in
seinen Wurzeln wie in seiner Zusammenfassung,
d.h. vom Mittelpunkt der Entwicklung des sittlichen Prozesses aus, sichtbar wird. Da also
sittliches Leben und Bewußtsein als Zentrum
dieses Lebens eins sind, muß die Beschreibung
des Bewußtseins die im sittlichen Leben schon
aufgezeigten Strukturen und Vorgänge erneut
darlegen, nun aber im ausschließlichen Gerichtetsein auf die Art und Weise, in der sie
diesen zentralen Bereich des Sittlichen be-
gründen und ausbilden.
   Unsere Analyse des Bewußtseins beginnt mit
der Frage nach dem, was sich im Bewußtsein
selbst unterscheiden läßt; sie fragt nach den
Faktoren des Bewußtseins und nach dem Zusam-

menhang, in dem diese stehen, d.h. nach der Bewußtseinsstruktur. Da die Struktur des Bewußtseins aber nur im Zusammenhang mit der Gesamtstruktur unserer Wirklichkeit zu verstehen ist, setzt unsere Darlegung der Bewußtseinsstruktur mit der Skizzierung der Seinsstruktur, wie Schleiermacher sie in der philosophischen Ethik entwirft, ein. Auf dem Hintergrund dieser Skizze treten dann die Strukturmomente des Bewußtseins und ihre Voraussetzungen deutlich hervor, wie von ihm her auch verständlich wird, daß die Analyse des Bewußtseins auch die dem Bewußtsein korrelierende Größe der "Gestaltung" einschließen muß.

Der erste Gedankenzusammenhang unserer Bewußtseinsanalyse aber, der sich mit der Struktur des Bewußtseins beschäftigt, d.h. das Bewußtsein gleichsam unter dem Gesichtspunkt der "festgestellten Bewegung" sichtbar werden läßt, fordert - gemäß der Beschreibung des Sittlichen im zweiten Abschnitt dieser Arbeit - einen zweiten Gedankenzusammenhang, der das Bewußtsein in der Bewegung des Lebens nachzeichnet. Diese Aufgabe stellt sich dem vierten Abschnitt unserer Arbeit.

3.1 Die dialektische Struktur des Seins

3.1.1 Die beiden Modi des Seins und ihre innere Beziehung

Alles Sein wird durch die beiden Größen des "dinglichen" und "geistigen" Seins[1] bestimmt. In ihnen ist das ganze Sein gefaßt, außer ihnen gibt es nichts, was ist.

Beide Größen aber bestehen nicht für sich,

---

[1] Ethik 1816, S. 531, § 46.
Diese Bezeichnung gebraucht Schleiermacher zum ersten Mal in diesem ethischen Entwurf. In der Allg. Einltg. 1816, S. 495, § 40 nennt er diese beiden Größen noch das "Ideale" und das "Reale", ebenso in der Ethik von 1812/13, S. 248, § 27. Die Ethik von 1816 nimmt diese Ausdrücke nicht mehr auf.
Schleiermacher gewinnt diese beiden Größen vom Menschen aus, indem er sie - als ihm eingeboren - in seinem Sein am unmittelbarsten als Leib und Seele findet, und bezieht sie von hier aus auf alles Sein; cf. Ethik 1812/13, S. 248, § 27; Allg. Einltg. 1816, S. 495, § 40; Ethik 1816, S. 531, § 45. 532, § 49. 533, § 50.

isoliert voneinander, so daß sie das Sein in
zwei unabhängige Bereiche teilten, sondern
ihnen kommt "nur in Beziehung aufeinander"[2]
Sein zu. Denn da das Dingliche sich definiert
als das Sein, das ein "Gewußtes"[3] ist, und
das Geistige als das Sein, das ein "Wissendes"[4]
ist, sind sie so aufeinander gerichtet, daß,
indem das Wissende nur das Gewußte weiß, wie
das Gewußte nur ein solches im Wissen ist,
das Geistige ausschließlich das Dingliche zum
Inhalt hat, wie das Dingliche nur im Erfaßt-
werden vom Geistigen Dingliches ist. Jede Größe
faßt nicht einen Teil, sondern die Gesamtheit
des Seins in sich, so daß das, was in der einen
ist, sich auch in der anderen finden muß. Indem aber der Inhalt des Dinglichen mit dem des
Geistigen, wie auch umgekehrt, übereinstimmt,
charakterisiert sich die Beziehung zwischen
beiden Größen als die des "Entsprechens"[5].

2 Ethik 1816, S. 524, § 23.
3 Ebd., S. 531, § 46.
4 Ebd.
5 Dieser Ausdruck kommt nicht als Substantiv, aber als
   Verb in der Ethik vor: Allg. Einltg. 1816, S.491,
   § 22; Ethik 1816, S. 525, § 25.
   Daß Schleiermacher in diesem Wort Wesentliches über
   die Beziehung der beiden Größen ausgedrückt sieht,

Die Modi des Seins

Dieses dem Inhalt nach Sich-völlig-Entsprechen bedeutet aber nicht, daß Dingliches und Geistiges nicht unterschieden werden können. Denn indem sie zwar dasselbe Sein in sich begreifen, so ist doch jedes dieses in der Beziehung auf das andere in der ihm eigenen Weise[6], so daß das Sein nur als in diesen beiden Weisen oder "Modi"[7] Seiendes ist. In der Art aber, wie jeder Modus das Sein in der Beziehung auf den anderen faßt, nämlich als Gewußtes und Wissendes, sind Dingliches und Geistiges einander entgegengesetzt. Insofern können wir diese

---

bestätigt sein betontes Vorkommen in der Dialektik: WW III 4.2, S. 49, Vorlesg. 1831 ad § 94; aber auch ebd., S. 316 u.a. Statt Entsprechung verwendet er auch Übereinstimmung: ebd., S. 367.

6 Ethik 1816, S. 525, § 25 erläutert Schleiermacher das Entsprechen näher, als daß das Wissen "Ausdruck dieses Seins", das Sein aber "Darstellung des Wissens" ist. Damit ist schon auf das Eigentümliche jeder Größe hingewiesen.

7 Dialektik, WW III 4.2, S. 76, § 132; S. 77, § 136. In den ethischen Entwürfen nennt Schleiermacher diesen Ausdruck nicht. Doch nehmen wir ihn auf, weil er verdeutlicht, daß jede Größe das gesamte Sein in anderer Weise darstellt.

beiden Modi auch als einen Gegensatz bestimmen, der unsere gesamte Wirklichkeit durchzieht[8].

Stellt aber jedes Glied dieses Gegensatzes das gesamte Sein in der nur ihm eigentümlichen Weise dar, so wird deutlich, daß beide Glieder nicht auseinander ableitbar sind, weder Dingliches aus Geistigem noch umgekehrt[9]. Jedes ist auf das andere bezogen und nur in dieser Beziehung das, was es ist, aber keines in dem anderen gegründet.

Zu einer über diese Feststellung hinausreichenden begründenden Aussage dieses Gegensatzes können wir nicht kommen, da beide, dingliches und geistiges Sein, ihren Grund und damit auch ihre Identität im "höchsten Sein" haben. Auf dieses Sein aber können wir nicht zurückgehen, es bleibt für uns, wie auch der Gegensatz selbst, "hinter dem Vorhang"[10].

---

8 Für alle Belege: Ethik 1816, S. 531, § 46.
9 Dieser Gedanke ist wichtig, denn er wehrt jedes materialistische und spiritualistische Denken ab. Cf. u.a. Dialektik, WW III 4.2, S. 330, Anm., aber auch Ästhetik, WW III 7, S. 101 f.
10 Dialektik. WW III 4.2, S. 76, § 133; S. 78, Vorlesg. 1818.

3.1.2 Die Voraussetzung der dialektischen Seinsstruktur: das höchste Sein

Das höchste Sein ist das schlechthin einfache, "über alle Gegensäze gestellte" Sein[11]. Es ist weder geistiges noch dingliches Sein. Beide sind in ihm identisch. Allem geistigen und dinglichen Sein liegt es aber als das sie erzeugende zugrunde[12], es ist die Voraussetzung ihres Seins. Denn obwohl die beiden Seinsmodi, das geistige und das dingliche Sein, weder auseinander ableitbar noch jeweils in sich selbst gegründet, ihr Sein ausschließlich in Beziehung aufeinander haben, hat diese dialektische Struktur des Seins in sich selbst keinen Bestand. Ohne das höchste Sein als der diese Dialektik aus sich heraussetzende und zugleich unterfangende Seinsgrund würde geistiges und dingliches Sein die Ausrichtung aufeinander und damit ihr Sein verlieren[13].

---

11 Ethik 1816, S. 529, § 36; cf. auch ebd., S. 526-528, §§ 29-33.
12 Ebd., S. 529, § 36.
13 Diesen Gedanken belegt das gesamte dialektische System Schleiermachers. In den ethischen Entwürfen weist die Gedankenführung der §§ 23-36 der Ethik 1816, S. 524-529 ihn besonders deutlich auf. Cf.

Die dialektische Beziehung, in der allein beide ihr Sein haben, ist nur möglich, indem beide Seinsmodi gleichermaßen in dem Schlechthin-Einfachen, in dem höchsten Sein gegründet sind. Allein in diesem Sein von dem gemeinsamen Urgrund her empfangen sie ihr Sein als diese innere, in dem Sich-Entsprechen auf Einssein drängende, gegenseitige Bezogenheit. Einen direkten Weg aber, einen "stetigen Übergang"[14] von dem dialektisch strukturierten Sein zu dem "inneren Grund und Quell"[15] des Seins gibt es nicht. Denn das das dialektische Sein bedingende höchste Sein geht selbst nicht in diese Struktur ein, sondern steht als der tragende Grund dieses Seins außerhalb dieser Struktur[16]. Alles aber, was von dieser dialek-

---

auch Allg. Einleitg. 1816, S. 491-493, §§ 22-32.

14 Ethik 1816, S. 527, § 30.

15 Ebd., S. 528, § 33.

16 Cf. Dialektik (Odebrecht), S. 307: "Der transzendente Grund muß das Wirkliche, wie dieses in Raum und Zeit gesetzt ist, auf eine zeitlose Weise begleiten; oder: Die Idee der Gottheit begleitet immer unser Denken als terminus a quo. Der transzendente Grund bleibt immer außerhalb des Denkens und wirklichen Seins, aber ist immer die transzendente Begleitung und der

tischen Seinsstruktur aus zu erfassen, zu bestimmen ist, bleibt in der Grunddialektik des Geistigen und Dinglichen verhaftet[17]. Doch wenn auch das höchste Sein für uns nicht unmittelbar zugänglich ist, so weist gerade die in dem Sich-Entsprechen gegebene tiefe innere Beziehung der Seinsgrößen und damit das Zustreben dieser Größen auf ihr Einssein stets über die dialektische Seinsstruktur hinaus auf

Grund beider".
17 Cf. Ethik 1816, S. 527 f., §§ 30-33. Da jeder Begriff immer Teil der dialektischen Seinsstruktur ist, wird von hier aus die Unzulänglichkeit jeder Bezeichnung des höchsten Seins deutlich. So gehört auch der Gottesbegriff zu diesen "unzureichenden, immer in Widersprüche sich verwickelnden Ausdrücken des höchsten Seins." (Ethik 1816, S. 527, § 30).
Cf. auch Dialektik (Odebrecht), S. 297:
"Von allem, was vom höchsten Wesen ausgesagt werden kann, paßt nichts recht, sondern alles bleibt bildlich, wenn es auch noch so absolut erscheint, weil alle Prädikate verknüpft sind mit dem Endlichen".

die Voraussetzung des höchsten Seins[18]. Nur in dem fortwährenden Gerichtet- und Bezogensein auf diesen Grund hat der dialektisch strukturierte irdische Seinszusammenhang seinen Bestand.

3.1.3 Die Struktur des endlichen Seins als Ineinander von geistigem und dinglichem Sein

Alles endliche Sein ist uns als ein Dingliches, das das gesamte Sein in seiner Vielheit darstellt, und als ein Geistiges, das dasselbe Sein in seiner Einheit erfaßt, gegeben. Durch die Entgegensetzung dieser beiden Größen wird das endliche Sein bestimmt.

---

18 Daß nicht eine einzelne Seinsgröße für sich, sondern jede Seinsgröße in ihrer Beziehung zu allen anderen, also die Totalität des Seins auf das höchste Sein hinweisen, sehe ich für die ethischen Entwürfe belegt in Ethik 1816, S. 528-531, §§ 34-43; cf. besonders ebd., § 30: "Ein Wissen, welches Gegensäze in sich gebunden enthält, ist insofern das Bild des über alle Gegensäze gestellten höchsten Wissens, und so auch das Sein des Seins".

Diese Entgegensetzung aber kann nicht bedeuten,
daß, da alles Sein aus dem höchsten, schlechthin einfachen Sein erzeugt ist, endliches Sein
in Dingliches und Geistiges zerfällt, Vielheit
auf der einen, Einheit auf der anderen Seite
ist. In dieser Trennung des Seins wäre das
seinem Grund, dem höchsten Sein, Ähnlichsein[19]
alles Seins - und als dieses ihm Ähnliche ist
es nur ein Sein - aufgegeben. Von daher kann
diese Entgegensetzung nur in der Weise vorkommen, daß in ihr das endliche Sein als
"Bild" des höchsten Seins[20] bewahrt bleibt.

Endliches Sein aber als vollkommenstes
Bild des höchsten Seins bedeutet, daß sich
die Glieder des im endlichen Sein gegebenen
Gegensatzes - gemäß ihrer Identität im höchsten Sein - völlig durchdringen, so daß das
Dingliche Geistiges und das Geistige Dingliches werden, wie Einheit zu einer mit Vielheit
gefüllten Einheit und Vielheit zu einer in
Einheit geordneten Vielheit werden. Das end-

---

19 Cf. zu diesem Ausdruck Ethik 1816, S. 529, § 36:
"...das höchste Sein erzeugt unmittelbar ein ähn-
liches lebendiges Sein".
20 Cf. zu diesem Ausdruck: ebd., S. 532, § 48. 534,
§ 53.

liche Sein in dieser völligen Durchdringung seiner beiden Gegensatzglieder nennt Schleiermacher "Welt"[21]. Welt aber heißt nicht, daß das Sein höchstes Sein selbst geworden ist, sondern daß es das vollkommene Abbild dieses höchsten Seins, seines Grundes, darstellt.

Unser endliches Sein läßt sich als ein solches Abbild, als diese Welt nicht beschreiben, da in ihm kein völliges Ineinander des Gegensatzes ist, sondern Geistiges und Dingliches immer auch auseinander, d.h. noch nicht zur Deckung gekommen sind - Vielheit immer auch ungesondert und Einheit leer ist. Wohl aber trägt dieses Sein - von seiner Herkunft her - immer schon Identisches und Identitätsstreben in sich und bewegt sich, indem es ist, immer schon auf das in ihm liegende und in der Verwirklichung schon begonnene Ziel, Welt, hin. Damit aber stellt das endliche Sein einen Prozeß des Weltwerdens dar, d.h. in ihm wird in der zunehmenden Verwirklichung des Ineinander der Gegensatzglieder immer mehr Welt. Wie aber läßt sich das von dem Gegensatz des Dinglichen und Geistigen durchzogene und als Prozeß der Weltwerdung zu fassende endliche Sein so beschreiben, daß

---

21 Ethik 1816, S. 534, § 54.

es in seiner wachsenden Identität wie in
seiner Totalität wahrgenommen wird?

Die Darlegung der Beziehung der beiden
Seinsmodi verdeutlicht, daß Dingliches und
Geistiges nur in Beziehung aufeinander sind.
Schon hieraus ergibt sich, daß beide im endlichen Sein nie absolut auseinander, sondern immer zusammen sind[22], und zwar nun so, daß das Ineinander beider sich jeweils in der jedem Glied eigentümlichen Weise, d.h. einmal als Dingliches - dieses nennt Schleiermacher "Natur"[23] - und zum anderen als Geistiges - Schleiermacher nennt es "Vernunft"[24] - darstellt. Alles endliche Sein als Ineinander von Geistigem und Dinglichem kann somit sowohl

---

[22] Cf. ebd., S. 528 f., §§ 34-36.

[23] Ebd., S. 532, § 47.

[24] Ebd. Es ist aber zu beachten, daß damit sowohl zwischen dinglichem Sein und Natur wie auch zwischen geistigem Sein und Vernunft unterschieden werden muß. Denn dingliches und geistiges Sein sind, jedes für sich genommen, noch kein Ineinander von Geistigem und Dinglichem, sondern bezeichnen jeweils "rein" Dingliches und "rein" Geistiges. Es sind Abstraktionen. Während Natur und Vernunft, beide, schon ein Ineinander von Geistigem und Dinglichem sind.

Vernunft als auch Natur sein, je nachdem von welcher Seite es aufgefaßt wird. Selbst die Vernunft, insofern sie Dingliches in sich hat, kann als Natur, die Natur, insofern sie Geistiges in sich trägt, als Vernunft wiederum begriffen werden[25].

Indem aber das Ineinander von Dinglichem und Geistigem als Dingliches angesehen wird, d.h. indem es Natur ist, überwiegt in ihm das Dingliche, und, indem es als Vernunft angesehen wird, herrscht in ihm das Geistige vor, so daß beide Größen des Seins immer mit verschiedener Gewichtigkeit zusammen sind. Die Dominanz aber des einen Gliedes über das andere kommt darin zum Ausdruck, daß es auf das andere handelt, während das andere dieses Handeln erleidet. Das Zusammensein, die Einheit beider Glieder bestimmt sich so durch den Gegensatz von Aktivität, Tun und Passivität, Leiden[26].

25 Cf. Ethik 1816, S. 532, § 47.
26 Schleiermachers "Allgemeine Theorie vom Bilden des Gegensazes" (Ethik 1816, S. 565, Anm. 1) legt er in den ethischen Entwürfen, und hier nur 1812/13; Allg. Einltg. 1816; 1816 - und zwar in dem Kapitel, das die Ableitung der Ethik aus der Dialektik beschreibt - sehr kurz dar, so daß wir die Erläuterungen in der Dialektik zur Hilfe nehmen müssen.

Gemäß der inneren Beziehung der beiden Seinsmodi muß aber, indem das Zusammensein beider durch die actio des einen Gliedes bestimmt ist, diesem Sein ein Sein entsprechen, in dem sich das Zusammensein beider unter der actio des anderen Gliedes darstellt. Denn nur in bezug

Dort wird deutlich, daß der Gegensatz, der alles Sein bestimmt, immer ein doppelter sein muß, um die Einheit des Seins nicht aufzugeben. D.h. in jedem Glied sind beide Glieder des Gegensatzes in der Beziehung von actio und passio gesetzt, so daß ihre Unterscheidung in der actio bzw. passio liegt. Cf. so u.a. Dialektik, WW III 4.2, S. 556: "so wie der erste Act der sondernden Sezung von Etwas einen doppelten Gegensaz , den des idealen und realen und den der Activität und Passivität enthält: so muß auch jeder Anfang des Deductionsprozesses die Duplicität des Gegensazes in sich schließen".
Cf. ebd., S. 244 f., § 290.
Daß der Gegensatz von Tun und Leiden der alles Leben bestimmende von Spontaneität und Rezeptivität ist, versteht sich von selbst. Dieses erörterte ich in der Beschreibung des sittlichen Lebens. Auf eine nochmalige Ausführung verzichte ich an dieser Stelle, da ich die Aufmerksamkeit ausschließlich auf die Seinsstruktur richten will.

auf das jeweils ihm Entsprechende - und als dieses ihm relativ Entgegengesetzte - und mit diesem hat jedes Zusammensein von Dinglichem und Geistigem sein als Teil des Weltwerdens zu begreifendes Sein.

Aus dieser immer in der durch actio und passio bestimmten, gebundenen Entgegensetzung von Dinglichem und Geistigem bestehenden Struktur des endlichen Seins[27] ergibt sich, daß dieses Sein sowohl unter der Herrschaft der Vernunft wie auch unter der der Natur steht[28]. Denn betrachten wir das Ineinander von dinglichem und geistigem Sein, in dem das Geistige, die Vernunft handelt, das Dingliche, die Natur aber leidend ist, so ist dieses Sein ein Sein unter der Potenz der Vernunft, das Schleiermacher sittliches Sein nennt, betrachten wir das Sein mit umgekehrter Dominanz, so steht es unter der Potenz der Natur; es ist

---

[27] Dieses aber schließt ein, daß ein Gleichgewicht beider Glieder im endlichen Sein nicht vorkommt, cf. Ethik 1816, S. 529, § 37.

[28] Schleiermacher beschreibt dieses in bezug auf die Wissenschaft: ebd., S. 534, § 55.

Sittliches Sein: Organismus der Vernunft   127

physisches Sein[29]. Beide Seinsprozesse, der sittliche und der physische, erreichen aber nur in der Korrelation ihr Ziel, die völlige Durchdringung von Vernunft und Natur, das vollkommenste Bild des höchsten Seins[30].

3.1.4 Die Struktur des sittlichen Seins

Sittliches Sein - so sahen wir - ist, wie Sein überhaupt, ein Ineinander von Vernunft und Natur, das sich vom physischen Sein durch das Handeln der Vernunft auf die Natur unterscheidet. In welcher Weise vollzieht sich aber das die spezifische Struktur dieses Seins ausmachende Handeln der Vernunft auf die Natur?

---

29 Cf. ebd. Auch dieses erläutert Schleiermacher in bezug auf die Wissenschaft, indem er zwei Hauptwissenschaften aufzeigt: einmal die der Natur, die das physische Sein zum Gegenstand hat, zum andern die der Vernunft, die sich auf das sittliche Sein bezieht.

30 Cf. die Darstellung der Idee der Weltweisheit,

3.1.4.1 Das sittliche Sein: ein durch das Handeln der Vernunft auf die Natur hervorgebrachter Organismus der Vernunft

Das Gegenüber der handelnden Vernunft ist die Natur als ungesonderte Mannigfaltigkeit, als, in bezug auf die völlige Durchdringung von geistigem und dinglichem Sein, formloser Stoff[31] oder - wie Schleiermacher sie auch bezeichnet - als "Masse"[32]. Das Tätigsein der Vernunft richtet sich ausschließlich auf diese

---

Ethik 1816, S. 536 f., § 61.

31 Nach den bisherigen Ausführungen versteht es sich von selbst, daß die Natur als solche nicht formlos ist, da sie in der Wirklichkeit immer schon mit Geistigem geeint ist. Doch in bezug auf das im sittlichen Sein intendierte Einssein von Natur und Vernunft ist sie formloser Stoff. Cf. u.a. Ethik 1816, S. 546, § 96; Bem. 1832 ad Allg. Einltg. 1816, S. 634, ad § 96.

32 Ethik 1816, S. 546, § 96: "Das Dingliche, Besondere, aber angesehen als Mannigfaltiges und abgesehen von aller Gestaltung ist Masse".
Cf. auch ebd., S. 547, § 100.

Sittliches Sein: Organismus der Vernunft

Natur. Das Ziel aller Vernunfttätigkeit besteht in der völligen Einung dieser "Naturmasse"[33] mit der Vernunft als dem Bild des höchsten Seins[34], das Grund und Quell alles endlichen Seins ist. Jedes Handeln der Vernunft muß sich von diesem Ziel her bestimmen und ist folglich nur dann ein solches, wenn es Vernunft und Natur zur Einung bringt[35]. Dieser Vorgang des Einens und das Geeintsein kann aber nicht anders geschehen, als daß die Vernunft in die Natur eingeht, das Vernunfthandeln auf die Natur ein In-ihr-Tätigsein oder "Kraftsein der Vernunft in der Natur"[36] wird.

Indem die Vernunft als Kraft in der Natur wirkt, ordnet sich die ungesonderte Mannigfaltigkeit zu einer in Einheit gebundenen Vielheit oder - anders ausgedrückt - gibt sie der formlosen Naturmasse Form, hebt sie diese in die Gestalt[37]. Die so geformte Natur empfängt

---

33 Ethik 1816, S. 546, § 99.
34 Cf. ebd., S. 532, § 48.
35 Ebd., S. 546, § 97.
36 Ethik 1816, S. 542, § 83; cf. auch ebd., S. 540, § 75: "Handeln, Tätigkeit gehört zusammen mit Kraft".
37 Cf. Ethik 1816, S. 546, § 96.

ihre innere Bestimmtheit durch die ihr einwohnende einheit- oder gestaltschaffende Kraft der Vernunft, die in ihr zur Anschauung kommt, und zwar - da die ungesonderte mannigfaltige Natur durch die einheitsetzende Vernunftkraft zur gesonderten, bestimmten Vielheit und umgekehrt die Einheit der Vernunftkraft zu einer durch Vielheit gefüllten Einheit wird - in einer Mehrheit von einzelnen Erscheinungen[38]. Indem die Vernunft so in der Natur zur Erscheinung kommt und die Natur als Erscheinung der Vernunft diese Kraft in sich trägt, bringt die Vernunft die in ihrem Handeln intendierte Einheit von Vernunft und Natur hervor.

Dabei wird deutlich, daß Vernunftkraft und ihre als Einheit von Vernunft und Natur hervorgebrachte Erscheinung nicht voneinander zu trennen sind, sondern sich gegenseitig bedingen. Denn beide sind nur solche, indem sie eins sind: Erscheinung ohne innere Kraft ist leer - in ihr erscheint nichts, und Kraft ohne Erscheinung kommt nicht zur Anschauung, ist außerhalb aller Wirklichkeit[39]. Dieses aber

---

38 Cf, ebd., S. 541, § 76.
39 Zusammenfassend für alle Belege: ebd., S. 533, § 51; ebd., S. 534, § 53.

Sittliches Sein: Organismus der Vernunft

bedeutet, daß jede Kraft sich in Erscheinungen ausdrückt und jede Erscheinung von Kraft hervorgebracht wird, zu jeder Erscheinung muß es eine Kraft wie zu jeder Kraft Erscheinungen geben[40].

40 Cf. ebd., S. 538, § 65
Der Gedanke des Sich-gegenseitigen-Erschöpfens- und-Bedingens von Kraft und Erscheinung ergibt sich folgerichtig, wie auch das Einswerden von Vernunft und Natur, aus dem Ziel alles endlichen Seins, der völligen Durchdringung alles Entgegengesetzten. Ethik 1816, S. 538, § 66 formuliert treffend - allerdings in Beziehung auf das Wissen, das aber für Schleiermacher Ausdruck des Seins ist -: "Was in der vollendeten Weltweisheit einander völlig durchdringt und also als entgegengesezt nicht mehr ist, das ist im besonderen Wissen durch einander bedingt. Nur vermittelst dieser Bedingtheit kann die Durchdringung des sonst einseitigen und in der Einseitigkeit falschen Wissens zu Stande kommen;..." Insofern das sittliche Sein das Handeln der Vernunft auf die Natur als Kraftsein der Vernunft in der Natur darstellt, setzt die Ethik zwar die Erscheinungen mit, doch ihr Gegenstand ist dieses Kraftsein der Vernunft. Im sittlichen Sein stellt sich das Sein dar, wie es als Allgemeines das Be-

Die Kraft kann nur in ihren Erscheinungen wahrgenommen, die Erscheinungen nur in Beziehung zu der sie bestimmenden Kraft erfaßt werden, so daß jedes sittliche Sein beide

sondere hervorbringt, cf. Ethik 1816, S. 537, § 63, d.h. wie aus der Vernunftkraft die Erscheinungen hervorgehen, cf. dazu Allg. Einltg. 1816, S. 503, § 77; ebd., S. 507 f., §§ 107 f.; Ethik 1812/13, S. 251, § 53. § 57; aber auch Brouillon 1805/06, S. 181.
Es geht in der Ethik also um das Sein, wie es aus dem Handeln der Vernunft begriffen und darauf bezogen wird. Die Erscheinungen als solche, in denen diese Kraft in Raum und Zeit zur Anschauung kommt, betrachtet die Geschichtskunde. Beide aber, Ethik und Geschichtskunde, beziehen sich auf denselben Stoff, nur unter verschiedenem Blickwinkel, so daß alles, was in der Geschichtskunde vorkommt, aus der Sittenlehre verstanden werden muß, und umgekehrt. Anschaulich beschreibt Schleiermacher dieses Verhältnis Ethik 1816, S. 549, § 108 "für einander sind sie die Geschichtskunde das Bilderbuch der Sittenlehre, und die Sittenlehre das Formelbuch der Geschichtskunde".

Sittliches Sein: Organismus der Vernunft

als einander bedingende einschließen muß[41]. Die von der Vernunft hervorgebrachten Erscheinungen unterscheiden sich voneinander, betrachten wir sie in bezug auf die sie hervorbringende Vernunftkraft, als von derselben Kraft bestimmte nur durch ihr Dasein in Raum und Zeit. Doch inwiefern jede dieser Erscheinungen eine Einheit von Vernunft und Natur darstellt, die Vernunft aber immer handelnd ist, wird sie als mit vernunftgeeinter Natur zu einer mit der Vernunft auf die noch unge-

---

[41] Damit wendet sich Schleiermacher gegen die Sittenlehren, die Kraft und Erscheinung trennen, indem sie entweder nur die Kraft, in der völligen Trennung von ihren Erscheinungen (die "sogenannte reine Sittenlehre") oder nur die Erscheinungen unabhängig von der sie hervorbringenden Kraft (die "sogenannte angewandte Sittenlehre") im Blick haben. Solche Sittenlehren beschreiben nicht das sittliche Sein, sondern stellen in dem Isolieren von Kraft und Erscheinungen kein reales Wissen dar. Cf. Ethik 1816, S. 548, § 106. § 107; Allg. Einltg. 1816, S. 504, § 88. 505, § 89; aber auch Ethik 1812/13, S. 252, § 55.

einte Natur handelnden Vernunftkraft[42], die in der Natur erneut Einheit von Vernunft und Natur hervorbringt, so daß die durch die Vernunft hervorgebrachte Erscheinung zugleich wieder erneut Erscheinungen hervorbringende Kraft ist[43].

In ihrem Kraftsein aber unterscheidet diese Einheit sich von den ihr nebengeordneten Kraft-Erscheinungen nicht nur durch ihre Stellung in Raum und Zeit, sondern durch die - aufgrund der ihr eigenen spezifischen Natur - nur in ihr in dieser Weise gegebenen Einung von Vernunft und Natur, d.h. sie ist in bezug auf die ihr koordinierten Einheiten von Vernunft und Natur von diesen durch die nur ihr eigene innere Bestimmtheit unterschieden[44]. In dem Bestimmtsein der durch das Handeln der Vernunft auf die Natur hervorgebrachten Vernunft-Natur-Einheiten als Zugleich von Kraft

---

42 Cf. Ethik 1816, S. 546, § 97. Kurz beschreibt dieses ebd., S. 562, § 2: "Wenn aber die Vernunft auf die...Natur gehandelt hat, so ist auch diese insofern eins mit ihr geworden, und da die Vernunft nur handelnd ist, mit ihrem Handeln eins...".
43 Cf. u.a. Ethik 1816, S. 542, § 81; aber auch ebd., S. 547, § 102, indirekt auch ebd., S.533, § 52.
44 Cf. Allg. Einltg. 1816, S. 497 f., § 50;

Sittliches Sein: Organismus der Vernunft   135

und Erscheinung ist gegeben, daß die Einheiten

> Ethik 1816, S. 540 f., § 76 f. Die Verschiedenheit
> nach Raum und Zeit bestimmt Schleiermacher als
> "mathematische", die Verschiedenheit in bezug auf
> die Einung der Vernunft mit der Natur als eine nur
> der jeweiligen Einung zukommende bestimmte Art und
> Weise des Einens, d.h. die Verschiedenheit in bezug
> auf die in der Einheit gebundenen Gegensätze, als
> "dialektische" (cf. Belege dieser Anm.). Es versteht sich von selbst, daß das Handeln der Vernunft,
> das nur durch und mit diesen Vernunft-Natur-Einheiten geschieht, nicht nur durch das Einen mit jeweils einzelner Natur ein Mannigfaltiges in Raum
> und Zeit wird, sondern gerade auch ein Mannigfaltiges nach dialektischer Bestimmung, indem das
> Handeln seine Prägung durch die jeweils mit der
> einzelnen Natur spezifischen Einigung erhält. Cf.
> auch Ethik 1816, S. 541, § 77. 544, § 92. 548, § 105.
> Die Gliederung des als ein Mannigfaltiges auszudrückenden Handelns der einen Vernunft stellt sich
> in dieser Arbeit in der Beschreibung des sittlichen Lebens wie des Bewußtseinsprozesses dar. An
> dieser Stelle kommt es mir darauf an, die dialektische Struktur der Wirklichkeit unter der Dominanz
> der Vernunft in dem gegenseitigen Bedingtsein von
> Kraft und Erscheinung aufzuzeigen.

nicht voneinander unabhängig und isoliert sind, sondern in einer inneren Beziehung stehen. Denn jede Einheit ist als Erscheinung der sie hervorbringenden Kraft in dieser als der sie umfassenden, ihr übergeordneten Einheit von Vernunft und Natur gegründet, wie sie wiederum als Kraft nur in den von ihr hervorgebrachten, ihr untergeordneten Erscheinungen zur Anschauung kommt, so daß jede Einheit nur mit und durch die anderen Vernunft-Natur-Einheiten ihren Bestand hat. Bestimmt sich aber die Struktur des sittlichen Seins als ein Hervorbringen und zugleich Hervorgebrachtsein von Vernunft-Natur-Einheiten im gegenseitigen Bedingtsein von Kraft und Erscheinung, so bildet das gesamte sittliche Sein einen "Organismus"[45], in dem jede einzelne Einheit im Zusammenhang mit dem Ganzen das Ineinander von Vernunft und Natur als ein organisches darstellt.

---

45 Ethik 1816, S. 534, § 53.

3.1.4.2 Das sittliche Sein: ein durch das Handeln der Vernunft mit Natur auf Natur in einem werdenden Vernunftorganismus fortschreitendes Ineinander von Vernunft und Natur

Aus unserer Beschreibung des dem sittlichen Sein die spezifische Struktur gebenden Handelns der Vernunft auf die Natur als dem "Bilden eines Organismus" der Vernunft aus der Naturmasse[46], ergibt sich ein weiteres, in der bisherigen Darstellung schon enthaltenes, aber nicht weiter expliziertes Charakteristikum dieses Einens von Vernunft und Natur, das wesentlich zur Struktur des sittlichen Seins gehört. Denn die Bestimmung des sittlichen Seins als ein Bilden des Vernunftorganismus aus der Naturmasse beinhaltet, daß dieser Vorgang sich als im Werden zu begreifender vollzieht. Indem die Vernunft in die Natur eintritt, richtet sich zwar ihr Handeln als das der einen, unteilbaren Vernunft gemäß ihrer inneren Beziehungen auf die gesamte

---

46 Cf. Ethik 1816, S. 546, § 97.

Natur, doch eint sie sich nicht mit der Natur schlechthin, sondern, da sie als Realwerdende auch in die die Wirklichkeit bestimmende Raumzeitlichkeit eingehen muß, jeweils nur mit einzelner Natur - ohne aber die ihrem Handeln einwohnende Tendenz auf die Natur als Gesamte aufzugeben. Dieses Einen mit der einzelnen Natur geschieht nun aber nicht so, daß die Vernunft unmittelbar und ursprünglich in diese eingeht[47]. Da es im endlichen Sein - so zeigte es die Strukturskizze dieses Seins - weder reine Vernunft noch reine Natur gibt, sondern beide immer schon, wenn auch zu einem Minimum, zusammen sind, müßte sich ein ursprüngliches Eintreten der Vernunft in die Natur nur außerhalb des endlichen, realen Seins vollziehen, so daß sich ein solches im sittlichen Sein nirgends findet. Vielmehr handelt die Vernunft auf die Natur als eine immer schon mit ihr geeinte[48], durch die sie auf die ungeeinte Natur als sich diese aneignend wirkt, um mit dieser dann ebenso wieder auf die noch zu

---

47 Cf. ebd., S. 541, § 78; Allg. Einltg. 1816, S. 503, § 79.
48 Cf. Ethik 1816, S. 541, § 80, aber auch ebd., S. 542, § 83.

einende Natur hin tätig zu sein. Damit aber geschieht jedes Handeln der Vernunft immer mit Natur auf Natur[49]. Die Vernunft bedarf der geeinten Natur gleichsam als eines Werkzeuges, als äußere Seite ihres Handelns[50], um sich mit der ungeeinten Natur zu einen, so daß die Einung beider nur durch das sich in der angeeigneten Natur vermittelnde Vernunfthandeln zustande kommt.

Indem so im Vernunfthandeln fortschreitend Natur Vernunft und Vernunft Natur wird, verläuft die Einung in einem Prozeß, der mit dem Punkt beginnt, in dem die Natur nur zu einem Minimum mit Vernunft geeint ist, und in dem Punkt endet, in dem alle Natur mit Vernunft eins ist[51]. So läßt sich dieser das sittliche Sein bestimmende Prozeß als eine Reihe beschreiben, in der jedes Glied gegenüber dem ihm vorangehenden Glied ein zunehmendes Einssein von Vernunft und Natur und ein abnehmen-

---

49 Cf. u.a. ebd., S. 561, § 2.
50 Cf. ebd., S. 562, § 2.
51 Cf. Ethik 1816, S. 542 f., §§ 81-89; Ethik 1812/13, S. 253, §§ 66 f.

des Auseinandersein beider darstellt[52].
Dieses aber bedeutet, daß jedes sittliche Sein nur ein solches ist, sofern es sowohl ein Ineinander von Vernunft und Natur als auch ein noch nicht gewordenes Geeintsein beider enthält[53]. Die vollkommene Durchdringung aber von Vernunft und Natur, in der die Vernunft Natur und die Natur Vernunft ist, dieses in allem sittlichen Sein intendierte und in ihm als ein sich entwickelndes mitgesetzte Ziel, ist aber nicht mehr sittliches Sein, sondern das völlige Einssein von physischem und sittlichem Sein, in dem es "keines Handelns der Vernunft und

---

[52] Cf. Ethik 1816, S. 544, § 90; Allg. Einltg. 1816, S. 501, § 72. 504, § 86; Ethik 1812/13, S. 250, § 41.

[53] Das Nicht-geeint-Sein der Natur mit Vernunft ist als solches nicht sittlich und liegt außerhalb dieses Gebietes. Doch inwiefern das sittliche Sein als die werdende Einung von Vernunft und Natur definiert ist, gehört die ungeeinte Natur als Gegenstand des Handelns der Vernunft zu diesem Sein.
Cf. auch Allg. Einltg. 1816, S. 504, § 85 und die Belege der Anm. 52.

keines Leidens der Natur weiter bedarf"[54].

Im sittlichen Sein stellt sich somit alles endliches Sein bestimmendes In- und Auseinander von Vernunft und Natur als eine durch Vernunfthandeln in einem werdenden Organismus wachsende Einung von Vernunft und Natur und als ein abnehmendes relatives Getrenntsein beider dar - und zwar so, daß die Teile des Organismus, die Vernunft-Natur- bzw. Kraft-Erscheinung-Einheiten, wie der gesamte Organismus als durch die Vernunft hervorgebracht wie mit ihr weitere Einheiten hervorbringend sichtbar werden.

---

[54] Ethik 1816, S. 543, § 88; cf. auch ebd., S. 547 § 100.

3.2 Die Struktur des Bewußtseins

3.2.1 Das Bewußtsein als unmittelbares Symbol der Vernunft

Alles sittliche Sein ist durch das Kraftsein der Vernunft in der Natur charakterisiert. Indem die Vernunft als Kraft in die Natur eingeht, sucht und findet sie die zu ihr gehörende reale Seite, mit deren Einssein ihr erst und allein Wirklichkeit zukommt. Vernunft und Natur sind durch das Kraftsein der Vernunft in der Natur so eins geworden, daß die Natur als die reale Seite der Vernunft das Äußere der ihr einwohnenden Vernunft ist, wie die Vernunft als die ideale Seite der Natur das Innere der sie ausdrückenden Natur ist[1]. Dieser Vorgang aber, in dem durch das Kraftsein der Vernunft in der Natur die beiden sich entsprechenden, gemäß ihres gemeinsamen Grundes zusammengehörenden Seinsmodi zum Einigsein gekommen sind, bestimmt sich als ein Erkanntwerden der Natur durch die Vernunft wie ein Sich-Erkennbarmachen der Vernunft in der

1 Cf. Ethik 1816, S. 584, § 46.

Natur[2]. Denn in diesem Einsgewordensein liegt, daß die Vernunft die Natur so durchdrungen - und dies bedeutet: erkannt - hat, daß sich ihr Idealsein in dem Realsein der Natur darstellt, d.h. zur Erkennbarkeit gelangt ist[3]. Da es Vernunft als solche, ohne sich mit der Natur zu einen, nicht geben kann, ist die Vernunft nur in diesem Einssein zu erkennen. Die Vernunft bedarf der Natur, um erkannt zu werden[4]. Dieses aber bedeutet nicht, daß in dem Einsgewordensein von Vernunft und Natur die Vernunft durch die Natur als eine zu erkennende verändert worden ist, so daß - entgegen unserer Beschreibung der sittlichen Seinsstruktur - die Natur in dem Vorgang des

---

2 Cf. Ethik 1812/13, S. 258, § 1; Ethik 1814/16, S. 425 f., § 6; Ethik 1816, S. 564, § 5; Höchstes Gut II, Braun I, S. 476.

3 Dieses Sich-zur-Erkenntnisbringen der Vernunft in der Natur begründet Schleiermacher auch mit dem Wesen der Vernunft, das Erkennen ist (cf. Ethik 1812/13, S. 259, § 4; Ethik 1814/16, S. 425, § 5) wie als Notwendigkeit für das Gesamtwirken der in Raum und Zeit vereinzelten Vernunft (cf. Höchstes Gut II, Braun I, S. 476).

4 Cf. Ethik 1816, S. 563, § 4.

Die-Vernunft-zur Erkenntnis-Bringens doch das eigentlich handelnde Element wäre. Vielmehr bleibt die Vernunft die unveränderte, tätige Größe, die sich die Natur zu einer sie, die Vernunft, erkennbarmachenden zurichtet. Denn die Vernunft selbst bringt ihre Erkennbarkeit in der Natur hervor, indem sie diese Natur erkennt und diese Natur zu einem Erkannten wird, das dem sie Erkennenden völlig entspricht. Die in der erkannten Natur sichtbar werdende erkennende Vernunft wirkt so als die mit sich gleichbleibende auf die im Erkanntwordensein zum Repräsentanten der Vernunft erhobene und dieses erleidende Natur[5].

Damit aber wird diese so gestaltete und mit der Vernunft einsseiende Natur zum Symbol der Vernunft. Denn "dasjenige, worin ein anderes erkannt wird", ist "dessen Symbol"[6]. Nur in der sie symbolisierenden Natur kann die Vernunft sich zur Erkenntnis bringen und erkannt werden.

Diese Natur aber, die mit der Vernunft so

---

5 Cf. Ethik 1816, S. 563, § 4. 564, § 5. 565, § 7. 570, § 23.

6 Ethik 1814/16, S. 425, § 6; cf. auch Höchstes Gut II, Braun I, S. 476, aber auch Ethik 1816, S. 563, § 4.

einsgeworden ist, daß sie ihr Symbol ist, ist
nicht die Natur überhaupt, sondern allein die
menschliche Natur. Denn - der zweite Abschnitt
unserer Arbeit will dieses darstellen - ausschließlich in ihr ist uns die Vernunft unmittelbar gegeben. Obwohl die gesamte·menschliche
Natur Träger der Vernunft ist, wird die Seite
der menschlichen Natur zunächst und primär
Symbol der Vernunft, in der das Handeln der
Vernunft sich unmittelbar als ein Natur erkennendes und darin sich erkennbarmachendes
darstellt. Es ist die Seite der menschlichen
Natur, die ihr Wesen in dem wahrnehmenden Aufnehmen des Außer-ihr-Seienden hat. Schleiermacher nennt diese Seite "Sinn"[7]. Im Sinn sym-

---

7   Ethik 1816, S. 564, § 5 u.a.
    Ethik 1812/13, S. 254, § 70 charakterisiert diese
    Seite der menschlichen Natur als "die Receptivität
    dieser Natur", und klar definiert Psychologie,
    WW III 6, 422 die Sinne als das "System der organischen Veranstaltungen, durch welche Einwirkungen
    aufgenommen werden". (Cf. auch ebd., S. 36;
    Ethik 1816, S. 605, § 1). Demgegenüber steht die
    durch Spontaneität gekennzeichnete Seite der
    menschlichen Natur: der nach außen wirkende Trieb
    (dieses ergibt sich aus dem Zusammenhang der Texte
    Ethik 1812/13, S. 254, § 70; Ethik 1814/16, S. 432,

bolisiert sich die Vernunft direkt und unmittelbar. Indem die Vernunft ihm unmittelbar einwohnt und eins mit ihm geworden ist, wird der die Vernunft symbolisierende Sinn zum vernünftigen Sinn, der sich in zweifacher Weise bestimmt, nämlich einmal als "Verstand"[8], insofern er sich auf den aufgenommenen Gegenstand richtet, zum andern als "Gefühl"[9], insofern er den durch Aufnahme des Außer-Ihm im Menschen hervorgerufenen Zustand ausdrückt[10].

§ 9; Ethik 1816, S. 563, § 3). Nach Ethik 1814/16, S. 432, § 9 scheint es, als ordne Schleiermacher den Sinn der psychischen Seite, den Trieb der physischen Seite menschlicher Natur zu.
Doch von Ethik 1814/16, S. 426, § 7 wie Ethik 1816, S. 563, § 3 her sind Sinn und Trieb als die rezeptive und spontane Seite der psychischen Natur des Menschen zu bestimmen.

8 Ethik 1816, S. 564, § 5. Den vernünftigen Trieb nennt Schleiermacher "Wille", ebd., S. 563, § 3. Cf. auch Ethik 1812/13, S. 254, § 70; Ethik 1814/16, S. 426. § 7.
9 Ethik 1816, S. 589, § 52.
10 Ein direkter Textbeleg für die Unterscheidung des vernünftigen Sinnes in Verstand und Gefühl findet

Dieser vernünftige Sinn, der sich als Verstand und Gefühl ausprägt, bildet das "Bewußtsein"[11]. Das Bewußtsein ist so das unmittelbare Symbol der Vernunft[12], die einzige Form in unserer Wirklichkeit, in der die Vernunft direkt, d.h. ohne vermittelndes Dazwischentreten schon vernunftgeeinter Natur mit ihrer realen Seite

---

sich in den ethischen Entwürfen nicht, doch ergibt diese sich aus dem Gesamtzusammenhang der Ausführungen über die symbolisierende Vernunfttätigkeit, in dem der Verstand in den identischen Symbolisierungsprozeß (u.a. Ethik 1814/16, S. 440, § 29), das Gefühl in den individuellen Symbolisierungsprozeß (u.a. ebd., S. 441, § 33) eingeordnet werden. Gestützt wird unsere Interpretation außerdem durch "Über die wissenschaftliche Behandlung des Tugendbegriffes", WW III 2, S. 365, die die Seite des Gefühls und die des Verstandes als dem Bewußtsein zugehörig nennt. Ebenso zeigt Psychologie, WW III 6, S. 36. 428 zwei Seiten der Sinne auf: die Wahrnehmung und das Gefühl (Empfindung).

11 Ethik 1816, S. 573, § 30.
12 Ebd.; cf. auch Höchstes Gut II, Braun I, S. 476.

einsgeworden ist und für uns da ist[13]. Jedes andere Dargestelltsein der Vernunft in der Natur geschieht nur vermittels des Bewußtseins, so daß die Vernunft sich in allen weiteren Symbolen mittelbar ausdrückt. Diese Symbole sind nur solche, sofern sich in ihnen das Bewußtsein darstellt[14].

13 Daß diese Unmittelbarkeit gerade das Spezifikum des Bewußtseins im sittlichen Prozeß ist, hebt besonders auch Ethik 1816, S. 623, § 36 in der Gegenüberstellung der Charakterisierung der organisierenden und symbolisierenden Vernunfttätigkeit hervor.
Die Bezeichnung der "Einzelwesen" (Ethik 1812/13, S. 255, § 78) oder der "menschlich gegliederten Gestalt" (Ethik 1816, S. 571, § 23; Ethik 1814/16, S. 430, § 1; Bem. 1832 ad Ethik 1814/16, S. 639, ad § 9) wie des "Verstandes" (Ethik 1816, S. 564, § 5 f.) oder des "Gedankens" (Ethik 1814/16, S. 439 f., § 29; Ethik 1816, S. 586, § 48) als ursprüngliche (synonym gebraucht mit unmittelbar) Symbole der Vernunft bedeutet nicht, daß diese Ausdrücke weitere, zum Bewußtsein dazukommende unmittelbare Symbole benennen, sondern diese sind nur solche Symbole, indem sie Bewußtsein sind.
14 Cf. Ethik 1816, S. 573, § 30.

Ist das Bewußtsein aber als unmittelbares Symbol der Vernunft definiert, so charakterisieren die den Symbolbegriff bestimmenden Merkmale die Struktur des Bewußtseins. Indem das Bewußtsein Symbol der Vernunft ist, faßt es die beiden Größen, Vernunft und Natur, immer in sich. Es ist weder nur Vernunft, noch nur Natur, sondern das untrennbare Zusammensein beider gibt ihm die grundlegende Struktur[15]. Beide, Vernunft und Natur, sind für das Bewußtsein konstitutiv. Würde eine der beiden Größen eine andere werden, so würde sich auch die Struktur des Bewußtseins ändern. Dieses gilt nicht nur in bezug auf die tätige Vernunft, sondern in gleicher Weise auch für die Natur. Eine andere Natur würde auch ein in anderer Weise strukturiertes Bewußtsein zur Folge haben[16]. Das Spezifische der durch das

---

[15] Dieses schließt die Verschiedenheit beider Größen ein; cf. Ethik 1816, S. 563, § 4: "Denn eines ist des andern Symbol, insofern beides verschieden in dem einen das andere erkannt wird".

[16] Ethik 1816, S. 585, § 46 heißt es: "Keineswegs aber kann man behaupten, daß die Geseze unsers menschlichen Bewußtseins das Wesen der Vernunft überhaupt constituiren, und also ohne alle Beziehung auf eine

Ineinander von Vernunft und Natur bestimmten Bewußtseinsstruktur ist nun aber in der Art gegeben, wie Vernunft und Natur in ihr aufeinander bezogen sind, nämlich so, daß die Vernunft die Einung mit der Natur schon vollzogen hat, so daß sich das Ineinander beider im Bewußtsein als ein Einsgewordensein von Vernunft und Natur darstellt, in dem die Natur

> mit ihr zusammengehörige Natur in ihr gesezt wären. Vielmehr sobald wir uns denken die Vernunft mit einer anders constituirten Natur zusammengehörig, müssen wir uns auch die Geseze des diese Einigung ursprünglich constituirenden Bewußtseins anders denken".

Dieses scheint unserer Darlegung zu widersprechen, daß im Bewußtsein die beiden zusammengehörenden Seinsmodi zur Einung gekommen sind, so daß sich mit dieser Vernunft überhaupt gar keine andere Natur einen kann. Doch daß der zitierte Text in einem weiteren, über das menschliche Bewußtsein hinausgehenden Rahmen zu verstehen ist, wird von ebd., S, 587, § 49 deutlich: "Aber indem wir das so Symbolisirte nicht als die ganze Vernunft sezen und die ganze Natur, sondern beide darüber hinaus, so sezen wir es auch als ein in sich Abgeschlossenes und also Eigenthümliches". D.h.: dem menschli-

zum Repräsentanten der Vernunft geworden und die Vernunft in ihr zur Erkennbarkeit gelangt ist[17].

Die Bestimmung des Bewußtseins als eines Bereiches, in dem Vernunft und Natur so eins geworden sind, daß die Vernunft sich in ihm zur Erkennbarkeit bringt, bedeutet aber nicht, daß die Vernunft mit dem Bewußtsein identisch

---

chen Bewußtsein kommt in dem Einigsein der ganzen Vernunft mit der ganzen Natur Eigentümlichkeit zu, so daß noch andere - für uns allerdings nicht wirkliche - Formen dieses Einsseins denkbar sind. So erläutert Schweizer, Ethik, WW III 5, S. 130 Anm. diesen Sachverhalt: "Sezt man also Vernunftwesen voraus in andern Planeten: so hätte man für deren Vernunft, weil sie mit anderer Natur zusammengehörte, eine andere Form zu präsumiren als das menschliche Bewußtsein. Und sezt man Vernunftwesen außer Gemeinschaft mit Natur: so läßt sich eben so wenig die Form, unter welcher die Vernunft auf der Erde steht, auf dieselben übertragen".

17 Kurz formuliert Ethik 1816, S. 570, § 23: "Wenn wir uns denken ein Einsgewordensein, so denken wir ein Symbol". Cf. auch zusammenfassend für alle Belege ebd., S. 565, § 7.

geworden ist. Symbol und Symbolisiertes, Bewußtsein und Vernunft, bleiben verschieden. Denn das Wesen des Symbols ist ja gerade darin bestimmt, daß sich in ihm ein anderes, das als solches nicht zu erkennen ist, als ein Erkennbares manifestiert, so daß das Symbol gerade aufgrund seiner Verschiedenheit von dem in ihm sich Symbolisierenden dessen Symbol sein kann[18]. Diese Verschiedenheit, die in der dialektischen Seinsstruktur des Idealen und Realen gegründet ist, besteht darin, daß ein an sich unwirklich, d.h. geistig, nicht dinghaft, nicht gegenständlich Seiendes sich in einem wirklich Seienden, d.h. in den Bedingungen der Wirklichkeit, in Raum und Zeit, darstellt. Das Symbol ist so stets das Äußere zu dem sich in ihm ausdrückenden raumzeitlosen Inneren, so daß das Bewußtsein als das Einsgewordensein von Vernunft und Natur und die Vernunft in diesem Verhältnis des Inneren und Äußeren zu-

---

18 Cf. Ethik 1816, S. 563, § 4: "Die Vernunft ist aber nicht das Ineinander von Vernunft und Natur, sondern beides verschieden". Cf. aber auch Ethik 1812/13, S, 254, § 74; Ethik 1814/16, S. 430, § 1.

einander stehen[19]. Dieses aber bedeutet, daß wie die Vernunft Wirklichkeit, Dasein nur im Bewußtsein hat, das Bewußtsein nur ein solches ist, sofern in seiner Struktur die Beziehung auf die Vernunft an sich mitgefaßt ist.

Nehmen wir nun den am Anfang unseres Abschnittes dargelegten Gedankenzusammenhang auf, nämlich daß sich im Bewußtsein die Ver-

---

19 Cf. Ethik 1814/16, S. 433, § 12: "denn Symbol kann nur das sein, was sich zur Vernunft als ihr Aeußeres verhält". Cf. aber auch Bem. 1832 ad Ethik 1814/16, S. 639, ad § 9. Ein wichtiges Charakteristikum des Symbols ist, daß es nicht ein Äußeres hat, sondern ein Äußeres ist: "Das schlechthin Innere des Menschen ... ist, eben weil es auf keine Weise ein Aeußerliches ist, sondern nur ein solches hat, auch nie selbst Symbol ..." (Ethik 1816, S. 576, § 33). Von diesem Verhältnis der Vernunft zum Bewußtsein als eines Inneren zu einem Äußeren ist zu unterscheiden, daß das Bewußtsein selbst wiederum eine innere und äußere Seite hat (cf. Ethik 1812/13, S. 305, § 176. § 178; Ethik 1816, S. 585, § 47. 597, § 61). Dieses Innere des Bewußtseins ist auch mit Vernunft geeinte Natur und verhält sich zur Vernunft als ihr Äußeres.

nunft, indem sie die Natur erkennt, selbst zur Erkennung bringt, so wird deutlich, daß das Der-Vernunft-ein-Äußeres-Sein des Bewußtseins primär in seiner Zeitlichkeit gegeben ist. Denn das Erkennen und das Sich-Erkennbar-Machen ist ein Vorgang, der als solcher in der Wirklichkeit gar nicht anders geschehen kann als in einer zeitlichen Folge aufnehmender und darstellender Akte[20]. Dabei gewinnt die zeitliche Struktur des Bewußtseins als Symbol darin ihr Charakteristikum, daß sich in ihr der zeitliche Fluß nicht als eine Fluktuation von Momenten, sondern - durch die Aufnahme jedes vorigen Momentes in den folgenden - als ein Zusammenhang in der Folge dieser Momente darstellt[21]. Doch von dieser zeitlichen Struktur des Bewußtseins ist die räumliche

---

[20] Zu den Bedingungen der Wirklichkeit gehören Raum und Zeit. In beide geht die Vernunft ein, so daß ihr Irdischwerden nicht nur ein "räumliches Zerteiltsein", sondern ebenso auch eine "zeitliche Zerteilung" einschließt (cf. Höchstes Gut II, Braun I, S.485).

[21] Cf. Brouillon 1805/06, S. 157 f. Höchstes Gut II, Braun I, S. 485 heißt es: "Dieses Zeitlichwerden und sich als zeitlich Finden und Wiederaufnehmen der Vernunft ist nun ihr Dasein als Bewußtsein".

Seite als die mit der Zeit unlösbar zusammengehörende Bedingung der Wirklichkeit nicht zu trennen. Alles in der Zeit gesetzte stellt sich auch im Raum dar, so daß zur zeitlichen Erstreckung des Bewußtseins immer auch sein räumlicher Ausdruck gehört[22].

3.2.2 Das Ineinander der intellektuellen und organischen Seite des Bewußtseins

Bestimmte sich uns die Struktur des Bewußtseins als ein in der Weise Einsgewordensein von Vernunft und Natur, daß dieses ein Äußeres der Vernunft und sie darin Erkennbarmachendes ist, so liegt in dieser Definition des Bewußtseins als unmittelbarem Symbol der Vernunft, daß es seine Struktur in dem Ineinander von Vernunft und Natur empfängt. Dieses Ineinander der beiden Größen im Bewußtsein läßt sich als zwei Seiten des Bewußtseins beschreiben, die nicht getrennt, sondern immer in eins sind. In jeder der beiden Seiten repräsentiert sich eine Größe, so daß wir die Vernunftseite oder

---

[22] Für alle Belege: ebd., S. 485 f.

"intellectuelle Seite"[23] und die Naturseite oder "organische Seite"[24] des Bewußtseins zu unterscheiden haben. Bevor wir uns die in der Beziehung dieser beiden Seiten liegende Bewußtseinsstruktur vergegenwärtigen, soll zunächst das Spezifische jeder Seite aufgezeigt werden.

3.2.2.1 Die Charakterisierung der intellektuellen und organischen Seite des Bewußtseins

3.2.2.1.1 Die intellektuelle Seite des Bewußtseins

Mit der intellektuellen Seite ist jedem Bewußtsein von vornherein die Vernunft gegeben. In dieser Seite drückt sich der Vernunftgehalt des Bewußtseins aus. Indem nun die Vernunft als intellektuelle Seite des Bewußtseins in diesem gegenwärtig ist, ist sie dieses stets als

---

[23] Ethik 1812/13, S. 298, § 137 u.a.
[24] Ethik 1812/13, S. 297, § 133; Ethik 1816, S. 624, § 38.

Ganze[25], da sie unteilbar ist. Immer die gesamte, unzerteilte Vernunft tritt in das Bewußtsein. Bedenken wir, daß die Vernunft als das Ineinander des dinglichen und geistigen Seins auf geistige Weise angesehen die Gesamtheit des Seins in idealer Weise in sich begreift[26], so bedeutet dieses, daß mit der Vernunft in jedem Bewußtsein das ganze, der Gesamtheit alles Seins als Natur entsprechende "System des idealen"[27] gesetzt ist. Dieses System aber, das die Gesamtheit alles Seins als eine in Gegensätzen bestehende Einheit in sich faßt[28], ist im Bewußtsein nicht wirklich

---

[25] Cf. Ethik 1812/13, S. 296, § 130; es muß sich "in jeder auch der animalisch nächsten Action der Vernunftgehalt in seiner Totalität" finden. Ebenso ebd., S. 293, Anm. zu § 113.

[26] Cf. Abschnitt 3.1 dieser Arbeit.

[27] Ethik, WW III 5, S. 216, Vorlesg. ad § 236; ebd., S. 227, Vorlesg.

[28] Ausdrücklich findet sich die Definition der Vernunft als eine in Gegensätzen bestehende Einheit in den ethischen Entwürfen nicht. Doch entnehmen wir diese Definition den Aussagen, daß die unteilbare Einheit der Vernunft die Gesamtheit des Seins auf ideale Weise in sich schließt

ausgeprägt, sondern als ein in der Vernunft verschlossenes, noch zu realisierendes gesetzt[29]. Denn diese alles Sein als Entgegen-

> (cf. Ethik 1816, S. 532, § 47; Bem. 1832 ad Ethik 1812/13, S. 645, ad § 119-123; klar drückt dieses Ethik 1816, S. 584, § 46 aus: "Denn die Vernunft ist dasselbe auf geistige Weise, was die Natur ist auf dingliche"; cf. auch Ethik, WW III 5, S. 216, Vorlesg.),

daß das Sein aber nur unter der Form des Gegensatzes ist

> (cf. die Abschnitte in den ethischen Entwürfen, die die Ableitung der Ethik aus der Dialektik darlegen; ebenso Abschnitt 3.1 dieser Arbeit)

und daß der Anteil der Vernunft am Erkenntnisprozeß als "Entwickelung eines Gegensazes aus einer Einheit" zu bestimmen ist

> (Ethik 1812/13, S. 293, § 114; cf. auch ebd., S. 297, § 135).

In der Dialektik findet sich unsere Definition als Bestimmung der Grenze des Denkens. Sie ist die "absolute Einheit des Seins, eingeschlossen alle Entgegensezung" (Dialektik, WW III 4.2, S. 233, Vorlesg. 1822; cf. auch Dialektik (Odebrecht), S. 381 f.).

29 Cf. Ethik, WW III 5, S. 227 Vorlesg.; ebd., S. 216, Vorl. ad § 236. Das in der Vernunft verschlossene

Intellektuelle und organische Seite

gesetztes in sich begreifende Einheit der Vernunft bestimmt sich als "ideale Einheit"[30],

> System des Idealen bezeichnet Schleiermacher auch als die "angeborenen Begriffe" (Ethik 1816, S. 584 f., § 46, u.a.) Diese Begriffe sind nicht wirklich im Bewußtsein, sondern als die ideale Abspiegelung der gesamten Natur, als das "ursprüngliche Geistiggeseztsein der Natur in der Vernunft" (Ethik 1816, S. 584, § 46; cf. auch ebd., S. 587, § 49 wie Psychologie, WW III 6, S. 44) sind sie dem Bewußtsein von vornherein als "Richtungen, als Typen" (Bem. 1832 ad Ethik 1816, S. 631, ad § 50) gegeben, wodurch es in den Stand gesetzt wird, die es affizierende Natur als Bewußte aufzunehmen. Cf. hierzu: Tugendlehre 1812/13, S. 384, Anm. wie auch Psychologie WW III 6, S. 44. Erst in diesem Vorgang des Bewußtwerdens, in dem aus dem System der angeborenen Begriffe durch die das Bewußtsein affizierende Natur einzelne Begriffe oder Ideen real werden, verwirklicht sich das System der angeborenen Begriffe (cf. Ethik 1814/16, S. 431, § 4; Bem. 1832 ad Allg. Einltg. 1816, S. 631 f., ad § 50; ebd., S. 642, ad § 10; aber auch Ethik, WW III 5, S. 182, Vorl.). Dieses aber ist ein im sittlichen Leben nicht zum Ende kommender Prozeß.

30 Dieser Terminus findet sich bei Schleiermacher

die als nicht am Realen partizipierend - und damit material-, inhaltslos seiend - das Sein in seiner bloßen Form[31], nämlich als durch den Gegensatz bestimmten Einheit ausdrückt.

Da die Vernunft aber in das Bewußtsein zwar als ganze, nicht aber an sich, d.h. isoliert von der ihr nach der Identitätsvoraussetzung zugehörigen Natur, eintritt, also als die die intellektuelle Seite des Bewußtseins bildende Vernunft schon immer mit der Natur eins ist, befindet sie sich im Bewußtsein im Prozeß ihrer Wirklichkeitswerdung, so daß in dem Maße, in dem sich das stoffliche Sein mit ihr eint, ihre ideale, als reine Form bestimmte Einheit zur gefüllten Einheit wird. Dieses aber heißt, da zum Realwerden die raumzeitlichen Bedingungen gehören, daß die Einheit

    nicht, sondern ist von mir zur Hervorhebung der Unterscheidung von den in dem Einssein von Vernunft und Natur wirklich gesetzten Einheiten gewählt worden.

31 In dieser Weise findet sich dieser Gedanke in den ethischen Entwürfen nicht formuliert. Doch ist er indirekt in den Aussagen enthalten und belegt, die der Vernunft bzw. dem intellektuellen Element das Einbringen der Einheit in das Bewußtsein zuordnen. Cf. Brouillon 1805/06, S. 160; Ethik 1812/13, S. 297 f., § 136; Ethik 1816, S. 624 f., §§ 38 f.

die in ihr beschlossenen Gegensätze in der Zeit aus sich herausläßt, so daß sie sich in einer durch Entgegensetzungen bestimmten, in der Zeitreihe sich entwickelten Vielheit darstellt[32].
In dieser Beschreibung der intellektuellen Seite des Bewußtseins als der ganzen, in der stofflichen Einigung aus sich als Einheit in Gegensätzen bestimmte Vielheit entwickelnden, im Prozeß des Realwerdens begriffenen Vernunft charakterisiert sich diese Bewußtseinsseite als das das ganze System des Idealen in sich habende, dieses in der Beziehung auf das Stoffliche in aus dieser Einheit durch Entgegensetzung hinausgesetzten einzelnen "Ideen"[33] verwirk-

---

32 Cf. Bem. 1832 ad Ethik 1812/13, S. 645, ad § 125; Ethik, WW III 5, S. 235, Vorl.; aber auch Ethik 1812/13, S. 297, § 135 wie Ethik WW III 5, S. 230. Vorl.

33 Ethik, WW III 5, S. 235, Vorlesg.; Bem. 1832 ad Ethik 1816, S. 642, ad § 11. Die "Idee" definiert Schleiermacher als das Allgemeine, das das Besondere hervorbringt (cf. Allg. Einltg. 1816, S. 496, § 43).Die aus dem System der Ideen hinausgesetzte Idee bringt als Einheit wieder ihr untergeordnete Ideen hervor. Eine weitere Begründung dieses Gedankens erübrigt sich, da er im Zusammenhang unserer

lichende Element im Bewußtsein. Da die intellektuelle Seite in dem sie charakterisierenden Vorgang der Entwicklung der Einheit in eine durch Entgegensetzung bestimmte Vielheit die mit ihr geeinte Natur in diese in der Vielheit sich darstellende Einheit hebt, der Natur also die Form, die zu ihr gehörende Seite des Idealen, einprägt, durch welche die Natur überhaupt erst erkennbar wird, kommt dieser Bewußtseinsseite, die wir als die sich realisierende Vernunft kennzeichneten, die formgebende Funktion im Bewußtsein zu, durch die

Darlegung der sittlichen Seinsstruktur als Ineinander von Kraft und Erscheinung verständlich und begründet ist.
Der in den frühen ethischen Schriften häufig verwendete Begriff "Idee" kommt in der Ethik 1816 nicht mehr vor. Er wird durch verschiedene Ausdrücke ersetzt, u.a. "Begriff" (cf. Ethik 1816, S. 555, § 120 wie den synonymen Gebrauch von "System der Ideen", Ethik 1812/13, S. 297, § 135 u.a., und "System der Begriffe", Ethik 1814/16, S. 431, § 4 u.a.) oder "Gedanke" (cf. Ethik 1816, S. 534 f., § 56 im Vergleich mit Allg. Einltg. 1816, S. 496, § 43).

Intellektuelle und organische Seite

alles in das Bewußtsein Aufgenommene allein
ein Erkanntes, d.h. Bewußtes wird.

3.2.2.1.2 Die organische Seite des Bewußtseins

Indem das Bewußtsein das unmittelbare Symbol
der Vernunft ist, bestimmt sich die Naturseite
des Bewußtseins durch die Natur, in der die
Vernunft sich unmittelbar symbolisiert. Diese
Natur aber ist die Seite der menschlichen Natur,
die dem Außer-Ihr aufnehmend zugewandt ist.
Schleiermacher nennt diese rezeptive Seite der
menschlichen Natur "Sinn"[35]. So bildet die

---

34 Cf. Belege der Anmerkung 7 dieses Abschnittes. In
bezug auf das Denken formuliert Dialektik (Odebrecht), S. 140 dieses deutlich: "Die Organisation
ist also dasjenige, was sich auf den Inhalt des
Denkens, die Vernunft dasjenige, was sich auf die
Form desselben bezieht".

35 Cf. Abschnitt 3.2.1 dieser Arbeit.
Unter "Sinn" versteht Schleiermacher nicht nur die
menschlichen Sinne in der engeren Bedeutung der
Alltagssprache, sondern den gesamten menschlichen
Körper (cf. als indirekten Beleg Tugendlehre
1804/05, S. 43 f., § 2), insofern er fähig ist,

sinnliche Seite der menschlichen Natur die Naturseite des Bewußtseins. Diese Naturseite unterscheidet sich von der Natur, die außer ihr ist, durch ihr Zugerichtetsein durch die Vernunft[36] für die Erfüllung der ihr zukommenden Aufgabe: der Vermittlung der außerhalb des Bewußtseins liegenden Natur in das Bewußtsein. Da die Naturseite durch die Vernunft so in den Stand gesetzt ist, daß sie die äußere Natur als das in den Bewußtseinsvorgang eingehende Material aufnehmen kann, sie damit

Einwirkungen aufzunehmen. Psychologie, WW III 6, S. 422 definiert: "Das System der organischen Veranstaltungen, durch welche Einwirkungen aufgenommen werden, heißt die Sinne". Cf. auch ebd., S. 76. Diese Sinne bilden den "Organismus des Bewußtseins" (Bem. 1832 ad Ethik 1816, S. 645, ad § 39, dort fälschlich angegeben ad § 40). Cf. auch Ethik, WW III 5, S. 178, Vorlesg.: Die menschliche Natur "als Vermittlung für alle Formen, unter denen die Vernunft zum Sein kommt, d.h. als Träger des Seins ins Bewußtsein, ist ... Sinn".

36 Cf. Ethik 1812/13, S. 293, § 112; Ethik 1816, S. 608, § 7. 623, § 37. Zu dem Zusammenhang der Zurichtung der Natur durch die Vernunft cf. Abschnitt 2.3.3.2. 2.2.1 dieser Arbeit.

Intellektuelle und organische Seite 165

für das Bewußtsein das "Organ"[37] ist, durch das dieses seine inhaltliche, materielle Füllung empfängt, kann Schleiermacher diese Bewußtseinsseite als "organische Seite"[38] näher charakterisieren.

Alles, was im Bewußtsein Inhalt und damit auch Wirklichkeit werden will, muß durch diese Seite vermittelt sein. Sie gibt dem Bewußtsein Stoff und Wirklichkeit[39]. Einen anderen Weg[40] zur wirklichen Bewußtseinswerdung gibt es nicht.

Da aber die organische Seite des Bewußtseins nur das vermitteln kann, was sie wirklich affiziert, kann sie nicht die äußere Natur schlechthin, sondern nur die direkt auf sie einwirkende Natur aufnehmen[41]. Damit aber ist der Umfang

37 Brouillon 1805/06, S. 96. Hier spricht Schleiermacher vom "Gebrauch der Natur als Organ des Erkennens".
38 Ethik 1816, S. 624, § 38.
39 Cf. Ethik 1812/13, S. 297 f., § 136: "... ohne sensuelles (sc. Element, Anm. d. Verf.) keine Wirklichkeit ...".
40 Schleiermacher spricht Ethik 1814/16, S. 438, § 26 von "Zugängen" zum Bewußtsein.
41 Es müssen "organische Berührungen" stattfinden; cf. Ethik 1816, S. 624, § 38, aber auch Ethik 1812/13, S. 293, Anm. zu § 113.

der in das Bewußtsein aufgenomenen Natur von der Ausbildung der organischen Bewußtseinsseite abhängig. Je ausgeprägter diese ist, je mehr durch die Vernunft zugerichtete Organe sie in sich schließt, desto mehr Einwirkungen der äußeren Natur kann sie in sich aufnehmen[42]. Indem nur das Sein in das Bewußtsein gelangt, zu dessen Aufnahme das Bewußtsein auch das Organ gebildet hat, begrenzt die organische Bewußtseinsseite die wirklichen Inhalte des Bewußtseins[43].

Das sie affizierende Sein, die außerhalb des Bewußtseins liegende Natur, nimmt die organische Seite nun aber in der Weise auf, wie diese sie berührt, nämlich als unbestimmte Mannigfaltigkeit von Impressionen[44], so daß die äußere Natur mit dem Eintritt in das Bewußtsein das ihr eigene Wesen, die chaotische

---

[42] Cf. Beleg der Anmerkung 40, wie Ethik 1816, S. 623, § 37.

[43] Sehr klar bringt dieses Ethik 1812/13, S. 297, § 133 zum Ausdruck: "Das Reale ... ist begrenzt durch die organische Seite unserer Function; was dieser nicht unmittelbar kann gegeben werden, ...".

[44] Zusammenfassend für alle Belege: cf. Ethik 1816, S. 624 f., §§ 38 f.

Mannigfaltigkeit, nicht aufgibt[45]. Indem die Natur als chaotische Mannigfaltigkeit in das Bewußtsein eingeht, kann sie dieses nur unter der in ihr liegenden Bedingung der Raumzeitlichkeit, d.h. aber als ein "absolut Vereinzeltes"[46]. Dieses Eintreten der Natur in das Bewußtsein als ein Einzelnes widerspricht aber nicht unserer Aussage, daß die organische Seite die Natur als chaotische Mannigfaltigkeit in sich aufnimmt. Denn diese in der Raumzeitlichkeit vereinzelte Natur ist in keiner Weise schon eine bestimmte, in ihren Beziehungen zur Totalität des Seins wie in ihrer inneren Struktur erkannte Einheit, sondern unbestimmtes, ausschließlich auf die vereinzelte Natur, nicht auf die Einheit alles Seins bezogenes, verworrenes, im Bewußtsein nicht festgesetztes, sondern fluktuierendes Sein, das der Bestimmung und Fixierung durch die intellektuelle Seite des Bewußtseins bedarf.

Indem aber die Natur unbestimmt und verworren in die organische Seite des Bewußtseins tritt, diese aber mit der intellektuellen

---

[45] Cf. ebd., S. 568, Anm. 1 ad § 15.
[46] Ethik 1812/13, S. 255, § 82; cf. auch Bem. 1832 ad Ethik 1812/13, S. 645 f., ad § 125.

Seite in eins ist, richtet sich die intellektuelle Seite in ihrer formenden Kraft auf das in der organischen Seite gegebene Material, um dieses in dem Realwerden der in der Vernunft gesetzten Ideen zum Bewußtsein zu erheben.

Damit aber kennzeichnet sich die organische Bewußtseinsseite nicht nur als das das Material des Bewußtseins darbietende Element, sondern auch, indem es dieses Material aufnimmt und damit die Realwerdung der intellektuellen Seite initiiert, als das das Bewußtsein in Gang setzende Element[47].

3.2.2.2 Die Struktur des Ineinander der intellektuellen und organischen Seite des Bewußtseins

Beide Seiten des Bewußtseins sind in ihrer spezifischen Eigenart aufeinander bezogen: das in der intellektuellen Seite gesetzte System des Idealen will real werden, d.h. in die Vielheit des Seins eingehen, die chaoti-

---

47 Cf. Ethik 1816, S. 533, § 50; Bem. 1832 ad Ethik 1816, S. 630, ad § 41; ebd., S. 642, ad § 11, wie Ethik 1814/16, S. 431, § 4; aber auch Ethik,

sche Mannigfaltigkeit der organischen Seite will vernünftig und erkannt werden, d.h. bestimmte, in Vielheiten geordnete Einheit werden. Beide Seiten, das System des Idealen wie die unendliche unbestimmte Mannigfaltigkeit drängen aufeinander zu, um ihr Einssein in ihrem völligen Ineinanderaufgehen zu erlangen. Im Bewußtsein ist dieses angestrebte gänzliche Ineinssein beider Seiten immer nur ein Werdendes, das in dem zunehmenden Entwickeln der Einheit in Vielheit wie des Bindens der unbestimmten Mannigfaltigkeit zur Einheit voranschreitet.

Stellt sich nun das werdende Ineinander der beiden Bewußtseinsseiten als ein wachsendes Ineinander von Einheit und Vielheit dar, so beschreibt sich die in diesem Ineinander gegebene Bewußtseinsstruktur als ein Verwirklichen der Einheit in Vielheit und Ordnen der Vielheit in Einheit[48]. Jeder Bewußtseinsinhalt, jedes Bewußte, ist nur in dieser Struktur des in dieser Weise bestimmten Ineinsseins von Einheit und Vielheit ein solches.

WW III 5, S. 182, Vorlesg.
48 Cf. Bem. 1832 ad Ethik 1812/13, S. 645 f., ad § 125; Ethik, WW III 5. S. 227, Vorlesg.; ebd., S. 230, Vorlesg.

Die Struktur des Bewußtseins

3.2.2.2.1 Der in der grundlegenden Entgegensetzung von Subjekt und Objekt entstehende Gehalt des Bewußtseins: das Auseinandertreten von "Gefühl" und "Anschauung"

Geht es im Bewußtsein darum, daß in dem Ineinander von Einheit und Vielheit Sein ein bestimmtes, d.h. bewußtes wird, ist aber alles Sein durch die dialektische Seinsstruktur geprägt, d.h. unter der Form des gebundenen Gegensatzes von Idealem und Realem, und ist es damit nur ein bestimmtes, indem es als ein überwiegend Ideales oder Reales in Beziehung zu und mit der ihm entsprechenden Entgegensetzung gefaßt wird[49], so muß die Setzung dieser Entgegensetzung der grundlegende Akt[50]

---

49 Cf. Abschnitt 3.1 dieser Arbeit.

50 In den ethischen Entwürfen Schleiermachers findet sich die Bezeichnung der Setzung des Idealen und Realen, des Subjekts und Objekts als eines grundlegenden Aktes nicht. M.E. charakterisiert sie aber treffend die Aussagen, daß "die ursprüngliche menschliche Form des Erkennens" "das bestimmte Auseinandertreten von Subject und Object" ist (Ethik 1812/13, S. 264, § 9) wie "die Bestimmtheit des

der Seinsbestimmung im Ineinander der organischen Mannigfaltigkeit und intellektuellen Einheit als Verwirklichung der Einheit in Vielheit wie als Ordnen des Mannigfaltigen in Einheit sein. Jedes in das Bewußtsein eingehende und ein Bewußtes werdende Sein, jeder Bewußtseinsinhalt, muß in dieser Entgegensetzung so bestimmt werden, daß einerseits das überwiegend Ideale, andererseits das überwiegend Reale hervortreten. Da sich aber das Ideale als das "Wissende" und das Reale als das "Gewußte" definieren[51], der Gegensatz des Idealen und Realen sich also in den Gegensatz von Subjekt und Objekt darstellt, prägt er sich im Bewußtsein in der Weise aus, daß das im Affiziertwerden den Inhalt gewinnende Bewußtsein zum einen sich in diesen Berührungen als Sich-Selbst in einer bestimmten Befindlichkeit erfährt, zum anderen aber das in das Bewußtsein eintretende Sein in seiner Gegenständlichkeit

Bewußtseins nur im Gegensatz von Subject und Object" ist (Bem. 1832 ad Ethik 1812/13, S. 646, ad § 125) und ist durch diese der Sache nach belegt.

51 Cf. Abschnitt 3.1.1 dieser Arbeit.

wahrnimmt[52]. In diesem durch das Gerichtetsein der intellektuellen Seite als die seinsbestimmende Kraft des Bewußtseins auf das vermittelst der organischen Seite aufgenommene Sein des Außer-Ihm bewirkten Auseinandertreten des Bewußtseinsinhaltes[53] in die Selbst-Befindlichkeit des Bewußtseins als subjektive Seite des alles Seins durchziehenden Gegensatzes - Schleiermacher charakterisiert diese als "Gefühl"[54] - und in die Wahrnehmung der Gegen-

[52] Die von mir gewählten Ausdrücke "Befindlichkeit" und "Gegenständlichkeit" sehe ich belegt in der von Schleiermacher gebrauchten Begrifflichkeit des "Ich" und der "Mannigfaltigkeit von Gegenständen", die er mit der des "wahren Selbstbewußtseins" und des "Wissens von Gegenständen" gleichsetzt (Ethik 1812/13, S. 264, § 9); cf. aber auch Brouillon 1805/06, S. 155 f.

[53] Die hier genannte Zuordnung beider Bewußtseinsseiten findet sich in meiner Charakterisierung beider Seiten ausreichend begründet.

[54] Ethik 1812/13, S. 301, § 159.
Da es in diesem Zusammenhang nur um das Aufzeigen der Bewußtseinsstruktur geht, sollen die Ausdrücke "Gefühl", "Anschauung", "Selbstbewußtsein", wie "gegenständliches Bewußtsein", die nur im Aufweisen

Gefühl und Anschauung

ständlichkeit des äußeren, im Bewußtsein eingegangenen Seins als objektive Seite - dieses nennt Schleiermacher "Anschauung"[55] - gewinnt das Bewußtsein die beiden Arten, als die es ausschließlich ist: in dem Hervortreten der durch Affektionen von außen bestimmten Zustände ein subjektives Bewußtsein oder "Selbstbewußtsein"[56] und in dem Erfassen des affizierenden Seins als eines bestimmten Gegenstandes ein objektives oder "gegenständliches Bewußtsein"[57]. Jeder Bewußtseinsinhalt bestimmt sich also als Gefühl und Anschauung - ein Drittes gibt es nicht. In diesen beiden Bestimmungen geht der Inhalt des Bewußtseins, sofern er ein Bewußtes ist, auf[58].

    des Bewußtseinsprozesses, dem 4. Abschnitt dieser Arbeit, ausführlich dargelegt werden können, nicht näher erläutert werden. Cf. hierzu die Abschnitte 4.2 und 4.3 dieser Arbeit.
55 Ethik 1812/13, S. 301, § 159.
56 Ethik 1816, S. 624, § 38.
57 Ebd.
58 Gefühl und Anschauung bilden den "Gehalt der Positionen" des Bewußtseins, das Materiale, cf. Ethik 1812/13, S. 301, §§ 158 f. Beide Ausprägungen des Bewußtseins sind ebenso im sittlichen Organismus-Gefüge begründet (cf. die Abschnitte 2.3.2.3 und

Doch diese Sonderung des in das Bewußtsein eintretenden Seins in Gefühl und Anschauung verdeutlicht, daß beides nie unabhängig, in der Trennung voneinander wird, so daß sich das Bewußtsein ausschließlich als Gefühl oder Anschauung ausprägen könnte, sondern daß Anschauung und Gefühl immer zugleich werden und

2.3.2.4 wie 3.1.4.1 dieser Arbeit). Sofern in jedem Bewußtsein die in allen gleiche Vernunft und gleiche Natur sind, ist das Bewußtsein überall gleich, identisch. Diese "Gleichheit des Bewußtseins" (Ethik 1814/16, S. 438, § 26) bezieht sich auf das gegenständliche Bewußtsein, in dem die gleiche aufgenommene Natur durch das gleiche Ineinander von Vernunft und Natur in gleicher Weise bestimmt wird (cf. Ethik 1816, S. 584, § 46 u.a.). Sofern aber in jedem Bewußtsein die Vernunft sich mit der diesem Bewußtsein eigenen Natur einigt und so in der nur diesem Bewußtsein eigentümlichen Weise zur Erscheinung kommt, ist jedes Bewußtsein vom anderen verschieden. Daß diese Verschiedenheit oder Eigentümlichkeit des Bewußtseins sich als Selbstbewußtsein manifestiert, ist einleuchtend (cf. Ethik 1814/16, S. 440, § 30 u.a. wie Höchstes Gut I, Braun I, S. 463 f.). Cf. auch die ausführliche Erörterung beider Bewußtseinsprägungen im Bewußtseinsprozeß, die Abschnitte 4.2 und 4.3 dieser Arbeit.

ihre Bestimmung nur im Miteinander und Gegenüber zum jeweils anderen erlangen[59]. Allerdings befinden sich gemäß der Bindung des Gegensatzes in unserer dialektisch strukturierten Wirklichkeit beide Bewußtseinsarten nie im Gleichgewicht, sondern immer in der Vorherrschaft einer vor der anderen Art, so daß sich der Bewußtseinsinhalt überwiegend als Gefühl oder Anschauung darstellt.

3.2.2.2.2 Die im Ineinander von Einheit und Vielheit entstehende Form des Bewußtseins: die allgemeinen und einzelnen Positionen

Sind die intellektuelle und organische Bewußtseinsseite in ihren einheitsetzenden und stoffbringenden Funktionen so aufeinander gerichtet, daß sich ihr Einssein in der grundlegenden Entgegensetzung von Subjekt und Objekt als Auseinandertreten von Gefühl und Anschauung bestimmt, sich der Bewußtseinsinhalt

---

59 Cf. Brouillon 1805/06, S. 187: "Das subjective Erkennen" entsteht "immer in derselben Thätigkeit ... mit dem objectiven". Cf. auch ebd., S. 211.

in diesen beiden Ausprägungen darstellt, so muß in diesem Zusammensein, da in der Beziehung beider Seiten immer unbestimmte Mannigfaltigkeit und leere Einheit aufeinander zustreben, ein weiteres, das Ineinander von Einheit und Vielheit ausdrückendes Strukturmoment hervortreten. Denn indem im Zusammensein der organischen und intellektuellen Seite im Ineinander von Einheit und Vielheit die Weise ausgedrückt wird, in der ein Bestimmtes im Bewußtsein ist, stellt sich auch der in der Entgegensetzung von Subjekt und Objekt gesonderte Bewußtseinsgehalt in diesem Ineinander dar, so daß beide, Anschauung und Gefühl, in diesem die Art und Weise ihres Seins haben müssen. Bestimmt sich so in der Scheidung von Subjekt und Objekt die Struktur des Was, des Bewußtseinsgehaltes, so tritt in dem Ineinander von Einheit und Vielheit die Struktur des Wie, des In-welcher-Weise-Gesetztseins des Bewußtseinsgehaltes hervor[60].

---

60 Diese Unterscheidung von "Was" und "Wie" des Bewußtseinsinhaltes findet sich in den ethischen Entwürfen nicht ausdrücklich. Doch finde ich sie in der Systematik der Wirklichkeit (Ethik 1816, S. 531-

Allgemeine und einzelne Position 177

Da dieses Ineinander von Einheit und Vielheit sich nun beschreibt als ein ineinander Verwandeln von Einheit und Vielheit, indem Einheit sich in Vielheit entwickelt und Vielheit sich in Einheit ordnet - dieses verdeutlichte unsere Charakterisierung der beiden Bewußtseinsseiten -, und beide Seiten gemäß der dialektischen Wirklichkeitsstruktur nie im Gleichgewicht stehen, so daß in Vielheit verwirklichte Einheit und in Einheit geordnete Vielheit identisch wären, beide völlig ineinander aufgingen, sondern immer eine der beiden Seiten überwiegt, so muß die Art und Weise der Setzung des Bewußtseinsinhaltes, entsprechend dem Spezifikum der jeweils dominierenden Seite, eine zweifache sein: im Vorherrschen der intellektuellen Seite wird das Sein im "Setzen der

---

534, §§ 46-53, für das "Wie" besonders ebd., S. 533 f., § 52) wie in dem ihr entsprechenden Wissenschaftssystem (ebd., S. 534-537, §§ 55-61; für das "Wie" besonders ebd., S. 535, § 58) ausreichend begründet. Als indirekter Beleg dieser Unterscheidung in bezug auf den Bewußtseinsinhalt dienen uns die Aussagen der Ethik 1812/13, S. 301, §§ 158 f. (Gehalt der Position) wie ebd., S. 298, §§ 137-141 (Beschreibung der Art der Position).

Vielheit aus der Einheit"[61], im Vorherrschen der organischen Seite wird es im Setzen "der Einheit in die Vielheit"[62] ein bestimmtes. Beide Setzungen stimmen in der Fassung des Bewußtseinsinhaltes als Einheit überein, doch sie unterscheiden sich in der Art, wie sie diese Einheit bestimmen[63].

Überwiegt in dem Ineinander der organischen Seite als unbestimmte Mannigfaltigkeit, in der die intellektuelle Seite Einheit setzen soll, und der intellektuellen Seite als in sich verschlossen haltend das ganze System des Seins, das durch die Affektion des in der organischen Seite vermittelten Seins als wirkliche Vielheit entwickelt werden soll, die intellektuelle Seite, so wird das in das Bewußtsein aufgenommene Sein auf das ganze System des Seins bezogen[64], so daß es als Teil der Seinstotalität, in deren Relationen jedes Sein die innere Be-

---

61 Ethik, WW III 5, S. 230, Vorlesg.; cf. auch Ethik 1812/13, S. 297, § 135.
62 Ethik, WW III 5, S. 230, Vorlesg.; cf. auch Ethik 1812/13, S. 297, § 134.
63 Cf. Ethik 1812/13, S. 298, § 139.
64 Cf. u.a. Brouillon 1805/06, S. 151; Ethik 1812/13, S. 264, § 11.

stimmung empfängt, erfaßt werden kann. Dieses
Wahrnehmen eines Seins als eines integrierten
Teils des gesamten Seinszusammenhanges geschieht nur, da die Seinstotalität sich als
eine in Entgegensetzungen bestehende, als Organismus strukturierte Einheit erweist, in der
Bestimmung der in dem aufgenommenen Sein liegenden Gegensätze und des damit zugleich - gemäß der in der dialektischen Seinsstruktur
herrschenden Gegensatztheorie - ihm entgegengesetzten Seins aus der diesen übergeordneten
Einheit[65]. Denn im Überwiegen der intellektuellen Seite muß die Setzung des Bewußtseinsinhaltes von der Einheit ausgehen[66], aus der
- durch die Affektion der organischen Seite
veranlaßt - in der Entwicklung der in ihr
liegenden Gegensätze die sie erschöpfende, bestimmte Vielheit als das ihr untergeordnete
Sein hervortritt, so daß in dieser Vielheit
die sie hervorbringende Einheit zur Darstellung kommt[67]. Dieses Setzen des Bewußtseinsin-

---

[65] Die Begründung dieses Gedankenzusammenhanges ist in den Ausführungen des Abschnittes 3.1 dieser Arbeit gegeben. Dort sind auch die Textbelege genannt.
[66] Cf. Ethik 1812/13, S. 297, § 135.
[67] Cf. Ethik 1816, S. 625, § 40; Bem. 1832 ad Ethik 1816, S. 645, ad § 125.

haltes als aus der Einheit entwickelten Vielheit oder als sich in bestimmte Vielheit verwirklichende Einheit bezeichnet Schleiermacher als "allgemeine Einheit"[68] oder "allgemeine Position"[69], da in ihm das Sein als aus der höheren, umfassenderen Einheit, dem Allgemeinen, die Vielheit, das Besondere hervorbringend in den Blick kommt[70].

Überwiegt in dem Ineinander der beiden Bewußtseinsseiten die organische Seite, herrscht die unbestimmte Mannigfaltigkeit organischer Impressionen vor, so richtet sich die intellektuelle Seite auf diese Mannigfaltigkeit, um in ihr Einheit zu setzen, so daß in diesem Ineinander die Einheit des Bewußtseinsinhaltes von der organischen Seite aus entsteht[71]. Indem nun die intellektuelle Seite die organi-

---

[68] Ethik 1812/13, S. 298, § 137.
[69] Ebd., S. 300, § 151; Bem. 1832 ad Ethik 1812/13, S. 647, ad § 173; Ethik, WW III 5, S. 222, Anm. Schweizer; ebd., S. 227, Vorlesg. Cf. zum Sprachgebrauch Anm. 77 dieses Abschnittes.
[70] Da die Struktur des spekulativen Wissens die der allgemeinen Position ist, belegt der Text der Allg. Einltg. 1816, S. 496, § 43, der eine Definition des spekulativen Wissens enthält, unsere Aussage.
[71] Cf. Ethik 1812/13, S. 297, § 134.

Allgemeine und einzelne Position 181

schen Eindrücke zur Einheit zusammenfaßt und diese als ein Bestimmtes aus der unbestimmten Mannigfaltigkeit der Affektionen aussondert[72], stellt diese Einheit als zum Bewußtseinsinhalt gewordenes Sein dieses in seiner raumzeitlichen Bedingtheit, d.h. als Einzelnes dar[73]. Denn das Sein affiziert die organische Seite in seiner Erscheinung, d.h. als ein Äußeres, in Zeit undRaum Daseiendes, so daß das sich direkt auf diese unbestimmt aufgenommenen Affektionen beziehende Einheitsetzen dieses Sein als ein durch die raumzeitlichen Verhältnisse bestimmtes erfassen muß. Damit aber unterscheidet sich diese Weise der Bestimmung des Bewußtseinsinhaltes von der in der allgemeinen Position gegebenen durch die Setzung der Seinseinheit nicht vorwiegend als eine in den Seinszusammenhang eingebundene, sondern als eine für-sich-seiende, in ihrer Einzelheit wahrgenommene[74]. Schleiermacher bezeichnet diese

---

72 In dieser Weise lassen sich die Aussagen Ethik 1816, S. 625, § 39 (Mannigfaltigkeit durch Einheit festhalten), ebd., S. 625, § 40 (Vielheit durch Einheit binden) wie Ethik, WW III 5, S. 227, Vorlesg. (in das Unbestimmte muß Einheit gesetzt werden) deuten.
73 Cf. Bem. 1832 ad Ethik 1816, S. 645 f., ad § 125.
74 Cf. Allg. Einltg. 1816, S. 497, § 46.

Bestimmung des Bewußtseinsinhaltes als eines Besonderen als "einzelne Einheit"[75] oder "einzelne Position"[76].

Jeder Bewußtseinsgehalt – jede Anschauung, jedes Gefühl – ist in eine dieser beiden Weisen, als allgemeine oder einzelne Position[77], gesetzt. Beide Positionen bilden die Form, in der der Gehalt sich darstellt. Nur in ihm ist Bewußtes gegeben, eine andere Form oder Weise des Bewußten gibt es nicht. Allgemeine und

---

75 Ethik 1812/13, S. 298, § 137.
76 Ethik, WW III 5, S. 227, Vorlesg.; ebd., S. 222, Anm. Schweizer; cf. zum Sprachgebrauch die folgende Anmerkung.
77 Was ich bisher als "Position" bezeichnet habe, nennt Schleiermacher auch die "Gebiete" (Ethik 1812/13, S. 296, § 128. § 131) oder "Factoren" (Ethik, WW III 5, S. 230, Vorlesg.) des Bewußtseins. Statt der Prädikationen "allgemein" und "einzeln" findet sich Bem. 1832 ad Ethik 1816, S. 645, ad § 125 "spekulativ" und "Erfahrung". Schweizer (Ethik, WW III 5, S. 222, Anm.) weist darauf hin, daß Schleiermacher sich auch der Ausdrücke "Ideen" und "Erfahrungen" bediente. Ich schließe mich der von Schleiermacher in den Vorlesungen verwendeten Terminologie der "allgemeinen" und "einzelnen" Positionen an (ebd.).

Allgemeine und einzelne Position 183

einzelne Positionen drücken so kein dem Gegenstand nach verschiedenes Sein aus[78] - derselbe Anschauungs- oder Gefühlsgehalt kann als allgemeine oder einzelne Position gesetzt sein - , sondern stellen den Bewußtseinsinhalt jeweils in einer der beiden Bestimmtheiten, der Art und Weise, wie Sein ist, dar: als ein durch seine innere Gegensatzstruktur in die Seinstotalität eingebundenes Allgemeines wie als ein in Raum und Zeit seiendes Besonderes.

Dieser Gedanke wie die dialektische Struktur des sittlichen Seins, die ihn begründet, verdeutlichen aber, daß beide Positionen des Bewußtseins nicht in Unabhängigkeit voneinander den Bewußtseinsinhalt in der ihnen spezifischen

---

[78] Dieses formuliert Schleiermacher prägnant in der Dialektik (Odebrecht), S. 461 (in bezug auf das Wissen): "Wir unterschieden die spekulative und historische (= empirische, Anm. d. Verf) Form des Wissens ... nicht dem Inhalt nach, sondern so, daß ... jeder organische Teil des Wissens, welches auch sein Gegenstand sei, die eine oder die andere Form haben könne ...". Cf. auch ebd., S. 173: "Begriff (entspricht der allgemeinen Position, Anm. d. Verf.) und Bild (entspricht der einzelnen Position, Anm. d. Verf.) sollen ... dasselbe darstellen, aber sie tun es auf verschiedene Weise".

Weise zum Ausdruck bringen können. Vielmehr, da jedes sittliche Sein Allgemeines und Besonderes zugleich ist[79], kommen beide Bewußtseinspositionen nur im In- und Miteinander zustande, so daß in der allgemeinen Position immer das Einzelne, die intellektuelle Tätigkeit zur Entwicklung der Vielheit aus der Einheit veranlassende, wie in der einzelnen Position immer das Allgemeine, ohne das die Einzelheit gar nicht als Einheit bestimmt werden kann, in untergeordneter Weise mitgesetzt sein müssen[80].

---

79 Cf. Brouillon 1805/06, S. 102.
80 Cf. Ethik 1812/13, S. 298, §§ 138-141, besonders aber ebd., § 137; aber auch Ethik 1816, S. 535, § 56 (in bezug auf das Wissen): " ... kein wahrer Gedanke (entspricht der allgemeinen Position, Anm. d. Verf.) ist ohne Bildlichkeit, d.h. Ausdruck des Einzelnen. ... keine wahre Vorstellung (entspricht der einzelnen Position, Anm. d. Verf.) ist ohne Schematismus, d.h. Ausdruck des Allgemeinen".
Cf. auch Bem. 1832 ad Ethik 1816, S. 642 ad § 10, dort fälschlich angegeben ad § 11. Dieses Aufeinander-angewiesen-Sein beider Bewußtseinspositionen macht auch deutlich, daß keine der anderen, etwa die einzelne der allgemeinen, untergeordnet ist, so daß von hier aus, bezieht man die Positionen

Allgemeine und einzelne Position 185

Ebenso, da sie zur Erfassung des Seins als eines Ganzen einander bedürfen, streben beide Positionen immer aufeinander zu[81]. Das Ziel aber, daß alles Sein vollkommenes Bewußtes wird, kann nur in dem völligen Ineinander-Aufgehen beider Positionen erreicht werden[82] - ein Zustand, der selbst nicht mehr in den sittlichen Prozeß gehört.

auf die Unterscheidung von Wissenschaft und Leben, zwischen beiden kein Gegensatz im Sinne des Höheren und Niederen konstruiert werden kann.
Cf. dazu Ethik 1812/13, S. 296, §§ 129 f.; Ethik, WW III 5, S. 224, Anm. Schweizer.

81 Cf. Ethik, WW III 5, S. 227 Vorlesg.

82 Das angestrebte völlige Ineinanderaufgehen beider Positionen, wie es sich aus der dialektischen Seinsstruktur ergibt, belegt noch besonders die Aussage der Bem. 1832 ad Ethik 1816, S. 646, ad § 125, die darauf hinweist, daß die "unendliche Gesamtheit dieser Einzelheiten" des durch die organische Seite vermittelten Seins gleich sein soll dem "Complexus von Vielheiten", in dem die Vernunfteinheit sich im Bewußtsein entwickelt.
Cf. auch die anschauliche Darstellung dieses Sachverhaltes Brouillon 1805/06, S. 206.

3.2.2.3 Das Zusammensein von Wahrheit und Irrtum im Bewußtsein

Das vollkommene Bewußtsein, das völlige Einssein von Vernunft und Natur, ist uns nirgends gegeben. Das Bewußtsein befindet sich, solange der sittliche Prozeß nicht zum Ziel gekommen ist, immer im Werden, so daß jedes zum Bewußtsein erhobene Sein nie vollständig Bewußtes ist, sondern immer von der Vernunft nicht durchdrungenes Sein einschließt. Jeder Bewußtseinsinhalt umfaßt so - und dieses bringt schon das Verhältnis der Strukturelemente des Bewußtseins zueinander zum Ausdruck, das sich nie als Gleichgewicht, sondern immer als Übergewicht eines Elementes darstellt - bewußtes und in seinen Strukturen nicht erkanntes, "verworrenes"[83] Sein[84]. Da aber eine klare Trennung

---

[83] Ethik 1816, S. 624, § 38 u.a.

[84] Dieses Zusammensein von Bewußtem und Nichtbewußtem in jedem Moment des Erkennens ist kein "Betriebsunfall", sondern notwendig im Wesen des Werdens begründet. Daß im Verlauf der Bewußtseinsentwicklung das Bewußte zunimmt, das Nichtbewußte sich aber verringert, ist einsichtig. Da es uns aber in diesem Zusammenhang um die Struktur geht, nehmen wir

von erkanntem und nicht erkanntem Sein ein vollkommen Erkanntes, ein vollendetes Bewußtsein voraussetzen würde[85], dieses aber erst in dem angestrebten Ziel des völligen Ineinanderaufgehens von Vernunft und Natur erreicht wird, können beide, Bewußtes und Verworrenes, nur im Ineinander vorkommen[86].

Indem nun das Bewußte, das ein schon von Vernunft und Natur Geeintes ist, in dem sich entwickelnden Bewußtsein nur mit dem Verworrenen vermischt da ist, ist in jedem Bewußt-

---

diesen Gedanken aber in unserer Betrachtung nicht auf. Unsere Ausführung faßt Ethik 1812/13, S. 299, § 144 zusammen: "Jedes Erkennen stellt ... nur ein Resultat dar von einem bestimmten Grade der Erhebung des Prozesses zur Vernunftpotenz ...". Cf. auch ebd., S. 250, § 41; Allg. Einltg. 1816, S. 501, § 72; Ethik 1816, S. 574 f., § 31. 624, § 38. 625, §§ 39 f.

85 Cf. Ethik 1816, S. 575, § 31. 624, § 38.
86 Cf. ebd., S. 575, § 31: "Wäre verstehbares und nichtverstehbares Sein für uns streng geschieden, so wäre auch eine Vollendung zu sezen ...; aber es ist uns nothwendig gegeben auf jedem Punkt ein Ineinander des Verstehbaren und Nichtverstehbaren".

188   Die Struktur des Bewußtseins

sein mit der Wahrheit auch der Irrtum gegeben[87]. Denn im Bewußtsein, das wahr ist, sofern sich entsprechende Vernunft und Natur in ihm einsgeworden sind, intellektuelle und organische Seite sich einander durchdrungen haben[88], entsteht im Zusammensein von Wahrem, Bewußtem und Nichtbewußtem der Irrtum dadurch, daß Sein, in dem Vernunft und Natur noch nicht ineinander aufgegangen sind, dennoch als Bewußtes vermeintlich erfaßt wird, indem der Vorgang des Sich-aufeinander-Beziehens der intellektuellen und organischen Seite schon vorzeitig, d.h. ohne Erkennen des Seins in dem Gesamtzusammenhang, in der Seinstotalität, ausschließlich im Wahrnehmen in dem naturbestimmten Einzelbezug, als schon vollendet angesehen wird[89].

87 Cf. Ethik 1812/13, S. 299, §§ 144 f.
88 Daß Wahrheit in dieser Weise zu bestimmen ist, belegen die Ausführungen der Ethik 1812/13, S. 299, §§ 143-146 wie Ethik, WW III 5, S. 216, Vorlesg.
89 Die Erläuterung des Irrtums als eines vorzeitigen Abschließens des Erkenntnisprozesses findet sich in den ethischen Entwürfen in dieser klaren Formu-

Wahrheit und Irrtum

Diese Definition des Irrtums als eines zu früh abgeschlossenen Bewußtseinsvorganges zeigt, daß, will das Bewußtsein sich entwickeln, es den Irrtum als solchen wahrnehmen muß. Dieses aber geschieht "in einem gefühlten Mangel an Befriedigung"[90] in bezug auf den jeweiligen Bewußtseinsinhalt. Schleiermacher nennt diese Anzeige des Mangels an vollkommenen

---

lierung nicht. Doch mir erschließt sich diese Deutung aus dem Zusammenhang Ethik 1812/13, S. 299, §§ 143-146 wie auch Brouillon 1805/06, S. 154 f. Sie erfährt ihre Stützung in Ethik, WW III 5, S. 228, Anm. von Schweizer und Dialektik (Odebrecht), S. 369-371. Die Begriffe "Wahrheit" und "Irrtum" bezogen auf das Bewußtsein kommen m. E. in den ethischen Entwürfen nur Ethik 1812/13, S. 299, §§ 144 f. wie Brouillon 1805/06, S. 154 f. vor. Da die in diesen Begriffen ausgedrückte Sache zur Struktur des werdenden Bewußtseins gehört, ist ihr Fehlen in den späteren Entwürfen nicht in der Zurücknahme des Sachverhaltes begründet, sondern darin, daß in den späteren Entwürfen der sie explizierende Teil nicht mehr zur Ausführung kam.

90 Ethik 1812/13, S. 299, § 146.

Bewußtsein "Gewissen"[91]. So wird das Bewußtsein durch das Gewissen für das fortschreitende Erheben alles Seins zur vollkommenen Erkenntnis offen gehalten[92]. Damit aber gehört das aus dem Zusammensein von Wahrheit und Irrtum in jedem Bewußtseinsinhalt erwachsende Gewissen dem Bewußtsein an, solange dieses ein Werdendes ist[93].

---

91 Ebd.
   Auf den m.E. - außer in "Über die wissenschaftliche Behandlung des Tugendbegriffes", WW III 2, S. 369 - nur an dieser Stelle genannten Begriff des Gewissens läßt sich ebenso unsere Erklärung (Anm. 89 dieses Abschnittes) zum Vorkommen der Begriffe "Wahrheit" und "Irrtum" beziehen.
92 Cf. Ethik 1812/13, S. 299, § 146; Ethik, WW III 5, S. 228, Anm. von Schweizer.
93 Hier wird wieder deutlich (cf. Anm. 80 dieses Abschnittes), daß es keinen ausgeprägten Gegensatz zwischen Wissenschaft und Leben gibt. Denn auch in der Wissenschaft gibt es "bis zur absoluten Vollendung" (Ethik 1812/13, S. 296, § 130) des Bewußtseinsprozesses nichts völlig Erkanntes. Cf. ebd., §§ 129 f.

3.2.3 Das Transzendente und das Mathematische im Bewußtsein

Indem nun das Bewußtsein als Gefühl und Anschauung im Ineinander von Einheit und Vielheit stets auch Verworrenes mit einschließt, sind in keinem wirklichen Bewußtsein Einheit und Vielheit, Vernunft und aufgenommenes Sein, Natur, in sich abgeschlossene, für sich bestehende Größen, sondern bedürfen, wollen sie ihr spezifisches Sein nicht aufgeben, immer der Beziehung auf ihr "Schlechthinniges"[94], auf das, aus dem sie in ihrem Sein hervorgegangen sind[95]. So muß die in der Vielheit verwirklichte Einheit sich auf "die Einheit schlechthin, in welcher keine Vielheit gesezt, ... jeder Gegensaz aufgehoben ist"[96], d.h. auf die "unnennbare des Allerhöchsten, des ununterscheidbar schlechthin absoluten Seins und

---

[94] Die substantive Form dieses Ausdrucks ist von mir gewählt; Schleiermacher gebraucht ihn - außer Höchstes Gut II, Braun I, S. 489.492 - nur in attributiver Weise.
[95] Cf. Ethik 1816, S. 625 f., § 40; Bem. 1832 ad Ethik 1812/13, S. 645, ad §§ 119-123.
[96] Ethik 1816, S. 626, § 40.

Wissens"[97], die durch Einheit gebundene Vielheit sich auf die "Vielheit schlechthin, in welcher keine Einheit gesezt ist"[98], d.h. auf die "unendliche Theilbarkeit des Raumes und der Zeit"[99] beziehen. Dieses Zurückweisen der realisierten Einheit auf die absolute Einheit nennt Schleiermacher, da es über das wirkliche Bewußtsein hinausgeht, "das Transcendente"[100], die Beziehung der durch Einheit gebundenen Vielheit auf die reine Vielheit, da dieses der Bezug auf die bloße Quantität ist, " das Mathematische"[101] im Bewußtsein. Durch das Transzendente und Mathematische, die nicht

---

97 Ebd.
98 Ebd., S. 625, § 40.
99 Ebd.
100 Ebd., S. 626, § 41; Ethik 1812/13, S. 295, § 124 nennt es das "Transcendentale". Schleiermacher unterscheidet zwischen den Ausdrücken "transzendent" und "transzendental" nicht. Cf. Dialektik WW III 4.2, S. 38 Vorlesg. v. 1831: "Man hat ... einen Unterschied gemacht zwischen transcendent und transcendental, von dem wir aber ganz abstrahiren".
Cf. auch Ethik, WW III 5, S. 223, Anm. v. Schweizer.
101 Ethik 1812/13, S. 295, § 123; Ethik 1816, S. 626, § 41 u.a.

das jeweilige Schlechthinnige selbst, sondern eben diese Beziehung sind, bleibt das Bewußtsein nicht in dem in ihm Bestimmten, der in ihm ausgedrückten begrenzten Wirklichkeit verhaftet, sondern findet sich in Abhängigkeit vom Grund alles Seins wie in der Zugehörigkeit zur Gesamtheit alles Seins[102].

Das Transzendente als das Zurückweisen auf die "untheilbare Einheit"[103] und das Mathematische als der Bezug auf die "unendlich theilbare Mannigfaltigkeit"[104] können aber im Bewußtsein nicht für sich vorkommen[105], da ein solches Inhalt-des-Bewußtseins-Sein, das immer Realsein, d.h. Partizipation am Entgegengesetzten, dem Organischen oder Intellektuellen,

---

[102] Cf. als indirekten Beleg Ethik 1812/13, S. 315, § 229, Anm. 1.

[103] Bem. 1832 ad Ethik 1812/13, S. 645, ad §§ 119-123.

[104] Ebd.

[105] Cf. Ethik 1812/13, S. 296, § 128; Ethik, WW III 5, S. 244, Vorlesg. Präzise formuliert ebd., S. 225, Vorlesg.: " ... das transcendente und das mathematische ist nie für sich die Erfüllung des Bewußtseins, sondern nur indem das reale Bewußtsein hinzukommt".

Die Struktur des Bewußtseins

ist[106], die Aufgabe ihres spezifischen Seins bedeuten würde. Vielmehr sind beide, Transzendentes und Mathematisches, mit den wirklichen Positionen, den allgemeinen und einzelnen, als die diese umschließenden Elemente gesetzt[107].

106 Cf. Ethik 1812/13, S. 296, § 128; aber auch ebd., S. 294 f., §§ 119-122.

107 Schleiermacher bestimmt das Transzendente und Mathematische auch als Elemente des Bewußtseins, cf. Bem. 1832 ad Ethik 1812/13, S. 645, ad §§ 119-123; ebd., S. 648, ad §§ 212-227.
Daß das Transzendente und das Mathematische die allgemeinen und einzelnen Positionen umschließen (cf. u.a. Ethik 1812/13, S. 297, § 132), geht aus ihrem Inhalt, der Beziehung auf die absolute Einheit und schlechthinnige Vielheit, beides Grenzpunkte unseres Erkennens, hervor. Der Bewußtseinsprozeß kann jeweils bei einem dieser Grenzpunkte beginnen (cf. ebd., S. 297, § 134 f.; Ethik, WW III 5, S. 227, Vorlesg. u.a.). Von daher bezeichnet Schleiermacher auch die allgemeinen und einzelnen Positionen als die "beiden mittleren Regionen" (Ethik, WW III 5, S. 227 Vorlesg.) unseres Erkennens. In der Hinzunahme der beiden Grenzgebiete unterscheidet Schleiermacher so vier Gebiete im Bewußtsein.
Cf. dazu: Ethik 1812/13, S. 296, § 131; Bem. 1832

Denn indem mit dem Transzendenten die in der Einheit beschlossenen Gegensätze, mit dem Mathematischen die Quantität, die Zeit- und Raumbestimmung gegeben sind, leiten sich jeweils die allgemeinen und einzelnen Positionen von diesen die Grenze des Realen bildenden Elementen ab[108].
Damit aber wird deutlich, daß Transzenden-

---

ad Ethik 1812/13, S. 645, ad § 125; aber auch Ethik 1812/13, S. 312, § 214, Anm. 2.3 (in bezug auf das Gefühl); ebd., S. 360, § 203.

[108] Cf. Bem 1832 ad Ethik 1812/13, S. 647, ad § 173; Ethik, WW III 5, S. 227, Vorlesg.; aber auch in bezug auf das Gefühl: ebd., S. 319 f., § 288 (z). Vermittels der realen Positionen treten Transzendentes und Mathematisches, die - wie aus der Seinsdialektik hervorgeht - Richtung aufeinander zu haben, in Beziehung. Denn das "transcendente Bewußtsein ist nur insofern gut, als es seine Beziehung hat auf das mathematisch zu bestimmende reale, und umgekehrt ist der unendliche Complex von rein mathematischen Formeln nur gut, wenn sie Beziehung haben auf das transcendent zu bestimmende reale". (Ethik, WW III 5, S. 225, Vorlesg.). Cf. auch Bem. 1832 ad Ethik 1812/13, S. 646, ad § 125.

tes und Mathematisches, beide[109], in keinem bestimmten Bewußtsein fehlen dürfen, sondern gerade sie ihm wesentlich sind[110], da erst in dem Mitgesetztsein dieser Elemente der Bewußtseinsinhalt durch das werdende Ineinanderaufgehen von Einheit und Vielheit zu einem Bewußten werden kann[111].

---

[109] Keines darf zugunsten des anderen aufgegeben werden: Ethik 1816, S. 626, § 41.

[110] Cf. ebd.

[111] Cf. Ethik 1812/13, S. 296, §§ 126 f.; Ethik, WW III 5, S. 227 Vorlesg. Ausführlich beschrieben in bezug auf das Wissen diesen Sachverhalt Dialektik WW III 4.2, S. 311 f., Vorlesg. v. 1822.

3.3 Die dem Bewußtsein entsprechende Größe
in der dialektischen Seinsstruktur:
die Gestaltung

Da alles Sein unserer Wirklichkeit ausschließlich dialektisch strukturiert ist, d.h. unter der Voraussetzung der Identität der beiden Seinsmodi, des geistigen und dinglichen Seins, in gebundener Entgegensetzung besteht, indem jede Größe des Seins beide Seinsmodi in unterschiedlicher Dominanz in sich gebunden hält und jeweils die Größe, in der der eine Modus vorherrscht und die das Sein in dieser Eigentümlichkeit ausdrückt, nur in Beziehung zu der Größe ihr Sein hat, die dasselbe Sein durch das Übergewicht des anderen Modus in dieser anderen Weise darstellt, so daß jede Größe gemäß der Identitätsvoraussetzung wie dem Ziel des Seins, dem völligen Ineinssein beider Modi, nur in der Korrelation mit der ihr entsprechenden, dialektisch entgegengesetzten Größe zur Vollendung kommen kann, gehört notwendig zum Bewußtsein eine ihm entsprechende Größe, mit der zusammen, in steter Wechselbeziehung, es nur sein kann. Stellt nun das Bewußtsein die Seinsgröße dar, in der Vernunft und Natur so eins sind, daß die Vernunft in ihm unmittelbar symbolisiert ist, ist das Bewußtsein also die Form, in der die Vernunft in die Raumzeitlichkeit eingeht[1], so daß es sich auch als die dingliche Seite der Vernunft charakterisieren läßt, dann muß ihm in der dialektisch strukturierten Wirklichkeit die Seinsgröße entsprechen, die sich als geistige Seite der Natur darstellt[2]. Geistiges Sein schließt die Natur, die als Ineinander des geistigen und dinglichen Seins unter der Potenz

---

1 Cf. u.a. Ethik 1812/13, S. 258, § 1; Höchstes Gut II, Braun I, S. 485.

2 Die Bestimmung dieser Seinsgröße als geistige Seite der Natur findet sich Ethik 1816, S. 579, § 39. Die Charakterisierung des Bewußtseins als dingliche Seite der Vernunft kommt zwar in den ethischen Entwürfen nicht ausdrücklich vor, doch ist sie in der Definition des Bewußtseins als des unmittelbaren Symbols der Vernunft enthalten. Unsere Beschreibung des dialektischen Verhältnisses des Bewußtseins und der ihm entsprechenden Seinsgröße belegt auch Allg. Einltg. 1816, S. 495, § 40; Ethik 1816, S. 533, § 50; Ethik WW III 5, S. 29, Vorlesg.

Die Gestaltung

des Dinglichen definiert ist[3], von vornherein ein[4]. Ohne dieses Geistige wäre sie nicht Natur, sondern ungeformter Stoff, rein Dingliches, Chaos[5]. Erst durch das ihr einwohnende Geistige empfängt die Natur in "Bestimmtheit und Maaß"[6] Form, so daß Schleiermacher die geistige Seite der Natur als "Gestaltung"[7] bezeichnen kann. Damit aber ist die Gestaltung dasjenige in der Natur, das dieser, indem in ihr der undifferenzierte Stoff zu charakteristisch gegliederten Einheiten geordnet ist, ihre vielfältigen Prägungen gibt.

Doch obwohl alle Natur immer schon gestaltet ist, kann diese Gestaltung in der gesamten Natur nicht in gleicher Intensität vorkommen. Denn in der Weise, in der im Entwicklungspro-

---

3 Cf. Ethik 1816, S. 532, § 47.
4 Cf. ebd., S. 546, § 96. 607, § 5.
5 Cf. ebd., S. 533, § 50; aber auch Ethik, WW III 5, S. 28, Vorlesg.; ebd., S. 29, Vorlesg.
6 Bem. 1832 ad Ethik 1816, S. 631, ad § 50.
7 Ethik 1816, S. 546, § 96. Als Synonym gebraucht Schleiermacher "Gestalt". Cf. u.a. ebd., S. 533, § 50; Bem. 1832 ad Ethik 1816, S. 631, ad § 50; und "Form", cf. Allg. Einltg. 1816, S. 495, § 40; in der Zusammensetzung als "Naturform" u.a. Ethik 1814/16, S. 436, § 18.

zeß des irdischen Lebens das Geistige in der Natur zunimmt, muß sich auch die Gestaltung als die geistige Seite der Natur in dieser steigern, so daß die Natur unterschiedliche Grade der Gestaltung aufweist[8]. Die höchste Stufe der Gestaltung der Natur aber ist erreicht, wenn die höchste Form des Geistigen in unserem irdischen Lebenszusammenhang, die Vernunft, diese wirkt, d.h. wenn sie vom physischen in den sittlichen Prozeß erhoben worden ist[9].

8 Diesen Sachverhalt verdeutlicht Ethik 1816, S. 607, § 5 sehr gut: "Die Einigung des Geistigen und Dinglichen, sofern jenes das Ueberwiegende, also Thätige ist, läßt sich als eine fortlaufende Steigerung ansehen, wovon die sittliche, die Einigung der Natur mit der Vernunft, nur das letzte Glied ist. Nichts Wirkliches ist schlechthin roher Stoff, aber alles ist nur um so mehr roher Stoff als weniger Leben und Gestaltung darin ist".
Cf. ebd., S. 546, § 96. 579, § 39; aber auch Höchstes Gut I, Braun I, S. 464.

9 Cf. Ethik 1816, S. 607, § 5; besonders Ethik 1814/16, S. 430, § 1; Bem. 1832 ad Ethik 1814/16, S. 637, ad § 1.
Diese Unterscheidung der Gestaltung im physischen und sittlichen Prozeß veranschaulicht Schleiermacher

Die Gestaltung

Die Gestaltung der Natur ist ohne das Bewußtsein nicht denkbar, wie umgekehrt das Bewußtsein nicht ohne diese Gestaltung sein kann. Beide, Bewußtsein und Gestaltung, sind nur, indem sie sich als die im Wirklichkeitszusammenhang einander entsprechenden Größen aufeinander beziehen[10]. Besteht das Wesen des Bewußt-

---

gut Bem. 1832 ad Ethik 1816, S. 634, ad § 96: "... Z.B. der Geschlechts- und Ernährungstrieb ist als Masse (d.h. in diesem Zusammenhang: gestaltete, aber noch nicht vernunftgestaltete Natur, Anm. d. Verf.) anzusehen, Ehe und gesellige Tafel zu bestimmter Zeit als Gestaltung (d.h. hier: vernunftgestaltet, Anm. d. Verf.)".

10 Cf. Ethik 1816, S. 533, § 50: "Wo Gestaltung ist, da ist auch ein ihr entsprechendes Bewußtsein und umgekehrt". Cf. auch Ethik WW III 5, S. 216, Vorlesg.; Ethik 1816, S. 574 f., § 31, Anm. 1 heißt es: "Bewußtsein und Gestaltung sind also schon für einander bestimmt". - Die Beziehung von Bewußtsein und Gestaltung trifft in gleicher Weise für die beiden Vernunfttätigkeiten, der symbolisierenden und organisierenden Funktion, zu, da Bewußtsein und Gestaltung jeweils in diesem spezifischen Handeln der Vernunft werden. Cf. Ethik 1812/13, S. 292, Anm. 2 ad § 109: "Indem ich hier (sc. in der symbolisierenden Funktion, Anm. d. Verf.) den Terminus Be-

seins im Einssein von Vernunft und Natur und
vollzieht sich dieses Einssein im Erkennen der
Natur durch die Vernunft, so kann das Bewußtsein die zu erkennende Natur nur aufnehmen,
sofern diese Natur überhaupt erkennbar ist,
d.h. sofern das in der Natur dominierende
Dingliche, das als rein Dingliches unstruktu-
riert und damit unerkennbar ist, durch das
Wirken des Geistigen gestaltete - und dieses
bedeutet: erkennbare - Natur wird. Einzig aufgrund dieser Gestaltung ist dem Bewußtsein die
Wahrnehmung der Natur möglich[11]. Die Gestaltung
der Natur aber erreicht ihren höchsten Grad,
ihr Gewirktwerden durch die Vernunft, dem sie
in aller Natur auf jeder Stufe entgegenstrebt,
nur, indem sich das Bewußtsein als die Form,
in der die Vernunft in unserem irdischen Lebenszusammenhang ausschließlich tätig ist, der
Natur einbildet[12]. Da sich im Bewußtsein im

    wußtsein bestimme, muß ... eben in der bildenden
    Thätigkeit die Gestaltung bestimmt werden".
11 Cf. Bem. 1832 ad Ethik 1816, S. 631, ad § 50;
    Ethik, WW III 5, S. 29, Vorlesg.
12 Cf. Höchstes Gut I, Braun I, S. 464; Höchstes Gut II,
    ebd., S. 474. 477. 478; Ethik 1816, S. 579, § 39.
    Diese höchste Gestaltung der Natur durch das Ein-
    bilden des Bewußtseins in diese Natur bezeichnet

Die Gestaltung

Einen der erkennend aufgenommenen der unteren
- d.h. noch nicht sittlichen - Gestaltungsstufe
angehörenden Natur mit der Vernunft die höhere
Gestalt dieser Natur als Idee ausbilden muß[13],
ist es dem Bewußtsein möglich, diese Gestalt
dieser Natur, wie sie außer ihm ist, einzuprägen. Dabei empfängt die Natur der niederen Gestaltungsstufe in der Einbildung der höheren
Gestalt nicht ein fremdes, sie zerstörendes
Element. Vielmehr erfährt diese Natur, weil
das Bewußtsein, nimmt es die Natur auf, diese
erkennt - d.h. die Art und Weise ihres Gestaltetseins, das Prinzip der Gestaltung erfaßt -
und weil es gemäß dieses "Gestaltungsprincips"[14]
auf die geistige Seite der Natur einwirkt,
die Entwicklung ihrer Gestalt in der Steigerung

    Schleiermacher hauptsächlich als "organisirende
    Thätigkeit" (Ethik 1816, S. 562, § 3) der Vernunft,
    da die Vernunft, indem sie gestaltend auf die Natur
    handelt, diese für sich, d.h. zu ihrem Werkzeug
    bildet. Cf. auch Anm. 10 dieses Abschnittes wie
    auch die Darstellung der Vernunfttätigkeiten, Abschnitt 2.3.3.2.2.2 .
13 Cf. Ethik 1816, S. 608, § 8: "Denn nur das Erkannte
    kann gebildet werden, und nur zu einem im Bewußtsein vorgebildeten Zweck".
14 Ethik 1814/16, S. 436, § 18.

des ihr einwohnenden geistigen Elementes[15]. Sichtbar aber wird in der Darstellung der sich in der Identität des geistigen und dinglichen Seins gründenden Korrelation von Bewußtsein und Gestalt, daß das Geistige im Bewußtsein und gestalteter Natur eine tiefe Beziehung zwischen beiden Größen schafft, aufgrund derer allein sich beide in gegenseitiger Abhängigkeit und Öffnung füreinander durch Erkenntnis und Bildung entwickeln und vollenden[16].

Wie fest Bewußtsein und Gestalt aneinander gebunden sind, wie ausschließlich ihre Entsprechung, die aussagt, daß jede Größe nur ist, sofern die andere ist, jede nur Wahrheit in

---

15 Cf. ebd. In diesem Zusammenhang spricht Ethik 1816, S. 608, § 9 von der "Heiligkeit der organischen Natur" und erläutert dieses - ausgehend von dem Gedanken, daß kein Wirkliches roher Stoff ist, sondern immer schon Leben und Gestaltung in sich hat - ebd., S. 607, § 5: "Es wäre also Widerspruch den Zusammenhang der Natur mit der Vernunft dadurch zu befördern, daß Leben und Gestaltung wo sie schon sind, zerstört würden." Cf. auch Abschnitt 2.3, besonders Anm. 8.
16 Dieses hebt Schleiermacher ausdrücklich Ethik, WW III 5, S. 29, Vorlesg. hervor: "Der alte Satz, Nur gleiches erkennt das gleiche, ist richtig; denn das geistige erkennt das dingliche nur vermöge des-

bezug auf das Sein der anderen hat[17], verstanden werden will, tritt am deutlichsten in dem Verhältnis von Bewußtsein und Leiblichkeit des Menschen, der höchsten Steigerungsform der Beziehung von Bewußtsein und Gestalt, hervor[18]. Wird zwar Erkenntnis und Gestaltung der Natur aufgrund des Gemeinsamen in Bewußtsein und Natur, des Geistigen, ermöglicht, so geschieht doch dieses nur, da das Bewußtsein den Gegenstand, die äußere Natur, allein im Affiziertwerden seiner Naturseite von dieser äußeren Natur erhält, vermittels der Naturseite des Bewußtseins, der menschlichen Natur, wie sie sich als Leiblichkeit des Menschen darstellt[19].

sen, was im dinglichen vom Geiste her ist, ...".
17 Haben Bewußtsein und Gestaltung nur in der Beziehung aufeinander Sein, so bedeutet es auch, daß jeweils einer Größe nur Wahrheit zukommen kann, sofern die andere ist. Ethik, WW III 5, S. 216 Vorlesg. heißt es: "Der Inhalt des Bewußtseins ist wahr, weil und sofern ihm ein äußerliches entspricht; und dieses ist wahr, weil und sofern es sich gestaltet gemäß dem Complex von Ideen, der im Bewußtsein ausgeprägt ist".
18 Cf. Ethik 1816, S. 533, § 50.
19 Erläuterung und Beleg dieses Gedankens gibt der

Indem der Naturseite des Bewußtseins aber damit auch die Aufgabe zukommt, Instrument der Vernunft zu sein[20], muß sie so zugerichtet sein, daß sie die auf sie einwirkende äußere Natur für die Vernunft empfangen wie dieser Natur auch die Naturgestaltung des Bewußtseins vermitteln kann[21]. Dieses hohe Maß ihrer Ge-

vorangehende Abschnitt 3.2 .

20 Da die Vernunft sich der mit ihr im Bewußtsein geeinten Natur bedient, um mit der noch nicht geeinten, äußeren Natur in Beziehung zu treten, ist diese sie symbolisierende Natur zugleich ihr Organ. Alle Ausführungen der ethischen Entwürfe zu diesem Sachverhalt zusammenfassend formuliert Ethik 1816, S. 564, § 6: "Da die Vernunft durch alle mit ihr geeinigte Natur handelt, so ist jedes Symbol derselben auch ihr Organ".

21 Der Gedanke, daß die Natur zur Wahrnehmung ihrer Funktion, Symbol und Organ der Vernunft zu sein, der Zurichtung, d.h. der Gestaltung durch die Vernunft bedarf, wird m.E. aus der bisherigen Darstellung verständlich und in ihr ausreichend belegt, so daß ich an dieser Stelle auf weitere Erläuterungen verzichten kann. Für alle Belege sei hier auf die kurzen Definitionen der symbolisierenden und organisierenden Vernunfttätigkeiten verwiesen: Ethik 1816, S. 623, § 36; Ethik 1812/13, S. 293, § 110. § 112.

Die Gestaltung 207

staltung aber wird der Naturseite im unmittelbaren Symbolisiertsein der Vernunft im Bewußtsein zuteil, das zugleich auch ein Formen dieser Natur, der menschlichen Leiblichkeit, zum Werkzeug der Vernunft durch dieselbe Vernunft ist[22]. Je mehr die Fähigkeit der Naturseite ausgebildet ist, ihre Funktion wahrzunehmen, je höher der Leib des Menschen gestaltet ist, desto mehr äußere Natur gelangt im Bewußtsein zum Einssein mit der Vernunft, so daß der Inhalt des Bewußtseins stets der Entwicklung der Gestaltung seiner Naturseite entspricht[23] wie auch umgekehrt die Bildung des Leibes durch die Vernunft nur in dem Maß, in dem das Bewußtsein zunimmt, voranschreitet[24].

22 Cf. Ethik 1812/13, S. 259, § 6. § 8. 293, § 111.
23 Dieses formuliert Ethik 1816, S. 623, § 37 so: "Denn nur nach Maaßgabe als Organe gebildet worden sind (d.h. der menschliche Leib gestaltet worden ist, Anm. d. Verf.), kann das Bewußtsein hervortreten".
24 So heißt es Ethik 1816, S. 606, § 2: Denn die Gestaltung "entwickelt sich auch nur nach Maaßgabe, als diese Kenntniß (sc. der menschlichen und äußeren Natur, Anm. d. Verf.) sich entwickelt ...". Auch Brouillon 1805/06, S. 90 beschreibt unseren Gedankenzusammenhang: "Denn Organe können nicht anders gebildet werden als durch den Gebrauch;

Gelangt nun in dem Bewußtsein in der Einung
der Vernunft mit der Natur die Vernunft zur
Erkenntnis, so schließt dieses ein, daß das
einzelne Bewußtsein seinen Inhalt nicht in
sich verschlossen hält, sondern diesen als
erkennbar kundtut, d.h. daß das Innere des Bewußtseins immer auch zugleich ein Äußeres sein
muß. Indem die Naturseite des Bewußtseins, die
Leiblichkeit des Menschen, als ein den Bewußtseinsinhalt mitkonstituierender Faktor in jedem Bewußtseinsvorgang eine diesem entsprechende Prägung empfängt, stellt das Bewußtsein sein
Inneres in der jeweiligen Formung seiner Naturseite als ein Äußeres dar, so daß jeder Bewußtseinsgehalt in der Gestaltung der Leiblichkeit
den äußeren Ausdruck findet[25]. In dieser Be-

---

es giebt nur Selbstbildung; und mit dem vermehrten
Wissen im Gebrauch entstehen auch neue Aufgaben der
Organbildung. Diese beiden Functionen stehen also
in einer nothwendigen Wechselverbindung, in lebendigem organischen Zusammenhang".

25 Das Nach-außen-Kehren des Inneren ist eine wesentliche Voraussetzung des sittlichen Prozesses überhaupt. Denn nur indem jedes Sittliche sich nach
außen darstellt, kann es in den sittlichen Prozeß
aufgenommen und weiter gebildet werden und damit

Die Gestaltung

ziehung von Bewußtsein und gestalteter Leiblichkeit ist die Gestaltung nicht nur eine mit dem Bewußtsein korrelierende, aber von ihm getrennte Größe, sondern sie gehört vielmehr als die äußere Seite des Bewußtseins dem Bewußtsein selbst an[26]. Indem aber die höchste Gestaltung der Natur, der geformte Leib als

---

an der Vollendung der Gesamtaufgabe alles Sittlichen mitwirken.
Ethik 1816, S. 597, § 61 heißt es in bezug auf das Bewußtsein als Gefühl: "... die Sittlichkeit desselben ist also bei seiner Eigenthümlichkeit dadurch bedingt, daß sein Entstehen zugleich auch sein Aeußerlichwerden ist, und daß es in dieser Aeußerung auch den Andern kund werde, ...".
Cf. auch ebd., S. 593, § 57; Ethik 1812/13, S. 304, § 168. 305, § 176.

26 Sehr klar formuliert dieses Höchstes Gut II, Braun I, S. 486: "Der durch die Leiblichkeit vermittelte Ausdruck des Innern oder die Mitteilung des Bewußtseins" kommt nicht "als ein Zweites zu dem Bewußtsein selbst als einem Ersten hinzu, sondern ursprünglich schon ist beides eins; denn es gibt keine Form des Bewußtseins, die anders als mit ihrer Leiblichkeit zugleich hervortreten könnte". Cf. ebd., S. 487 wie Ethik 1812/13, S. 311, § 212. 305, § 178.

das nach außen gewendete Bewußtseinsinnere, und das Bewußtsein eins sind, läßt uns diese engste Verbindung der beiden sich entsprechenden, dialektisch entgegengesetzten Seinsgrößen, der Gestalt und des Bewußtseins, das Ineinander von Bewußtsein und menschlichem Leib zum "reinsten Bild des höchsten Seins"[27] werden.

---

27 Ethik 1816, S. 534, § 53. Die Textstelle verwendet diese Formulierung nicht ausdrücklich auf die Beziehung von Bewußtsein und Gestaltung des Leibes, wohl aber auf den Organismus als Ineinander von Kraft und Erscheinung. Da sich das Innere des Bewußtseins wie die gestaltete Leiblichkeit als äußere Seite des Bewußtseins wie Kraft und Erscheinung verhalten, sehe ich den Gebrauch dieser Formulierung als ausreichend begründet.
Cf. auch zum Verhältnis "Gehalt" und "Gestalt" Ethik 1814/16, S. 439, § 27.

4. DER BEWUßTSEINSPROZEß

   Beschreibt der dritte Abschnitt dieser Arbeit die aus der Art und Weise des Ineinsseins von Vernunft und Natur in dem Bereich des unmittelbaren Einsseins beider Größen, dem Bewußtsein, erwachsenen Strukturen des Gehaltes und der Form dieses Bewußtseins, so vervollständigt erst die Darstellung des Bewußtseins in der raumzeitlichen Entwicklung, das Aufzeigen des Bewußtseins, wie es als Mittelpunkt des sittlichen Geschehens im sittlichen Prozeß zu begreifen ist, die Bewußtseinsanalyse. Denn wie zum Wesen des Sittlichen das Wachsen des In-Beziehung-Tretens von Vernunft und Natur gehört, Sittlichkeit immer, wie jedes Sein unserer Wirklichkeit, das Fortschreiten, den Prozeß einschließt, so ist auch das Zentrum des Sittlichen, das Bewußtsein, keine unveränderlich in sich ruhende, von der Entwicklung des Sittlichen ausgenommene, fertige Größe, sondern ausschließlich als ein im Werden seiender, sich im kontinuierlichen Prozeß befindlicher Bereich da.

In welcher Weise entwickelt sich nun dieser Bereich? Wodurch wird der Verlauf des Bewußtseinsprozesses bestimmt und wie gestaltet sich das Bewußtsein in der raumzeitlichen Entwicklung so, daß ihm die zentrale Funktion im sittlichen Prozeß zukommt?

4.1 Das Werden von Person und Gemeinschaft in der Entwicklung des Bewußtseins

4.1.1 Die Entwicklung des Bewußtseins in der Bewegung des Lebens

4.1.1.1 Die Bestimmung des sittlichen Seins als sittliches Leben

Das sittliche Sein, das durch das Handeln der Vernunft auf die Natur charakterisiert ist, stellt sich als das Kraftsein der Vernunft in der diese zur Erscheinung bringenden Natur dar. Indem aber die Vernunft, die immer nur eine ist, als Kraft in die ausschließlich in der Mannigfaltigkeit daseiende Natur eingeht, kommt die Vernunftkraft nur in einer Mehrheit einzelner Einheiten zur Anschauung. Dabei

Sittliches Sein als sittliches Leben

bestimmen sich diese Einheiten als Ineinander von Vernunft und Natur so, daß sie Kraft und Erscheinung, beides zugleich sind: Erscheinung in ihrer Darstellung der sie hervorgebracht habenden Vernunftkraft, Kraft in ihrem Hervorbringen der Einheiten, die diese wiederum als eine mit Natur geeinte Vernunftkraft zur Erscheinung bringen[1].

In diesem Zugleich von Kraft und Erscheinung, das das Wesen der Einheit ist, ist die Selbständigkeit jeder Einheit gegründet. Denn indem die Einheit Hervorgebrachtes und Hervorbringendes, beides in eins ist, besteht sie, da sie den Gegensatz von Kraft und Erscheinung

---

[1] Der in diesem Abschnitt skizzierte Sachverhalt ist in den Abschnitten 2.3 und 3.1 dieser Arbeit eingehend dargelegt worden, so daß ich auf die dort gegebenen Begründungen und Belege an dieser Stelle verzichten kann. Die Wiederaufnahme des schon Dargebotenen will keine Wiederholung sein. Vielmehr soll versucht werden, den Sachverhalt unter der besonderen Ausrichtung auf die Darstellung des Zusammenhanges der beziehungsweise in einem Organismus für sich bestehenden Einheiten und ihres in der Bewegung des Lebens aufeinander Einwirkens zu beschreiben, um so den Denkschritt von dem dritten zum vierten Abschnitt dieser Arbeit zu verdeutlichen.

gebunden in sich hält, als Abbild des höchsten Seins aus sich selbst[2]. Doch indem die für-sich-gesetzten sittlichen Einheiten nicht das sittliche Sein in seiner Vollendung, in der völligen Durchdringung von Kraft und Erscheinung, in der Kraft Erscheinung und Erscheinung Kraft ist, sondern als voneinander Gesonderte, jede in der ihr spezifischen Weise, dieses eine Sein im Werden darstellen, ist jedes Für-sich-Bestehende nicht vollkommen in sich abgeschlossen und aus sich allein verständlich, sondern bedarf als die wesentlich zu ihm gehörende Ergänzung der Gesamtheit der für-sich-seienden Einheiten, durch die und mit der jedes Für-sich-Seiende nur Bestand hat und sich vollenden wird. Damit aber bestimmt sich das Aus-sich-selbst-Bestehen der sittlichen Einheiten als relativ, d.h. jedes sittlich Für-sich-Gesetzte ist dieses nur, insofern es

---

2 Cf. zusammenfassend für alle Belege: Allg. Einltg. 1816, S. 494, § 35; Ethik 1816, S. 556, Anm. Eine solche sittliche Einheit nennt Schleiermacher auch ein "Gut"; cf. Ethik 1814/16, S. 428, § 15; Ethik 1816, S. 567, § 13. 556, Anm.; Höchstes Gut I, Braun I, S. 456; Höchstes Gut II, Braun I, S. 471 f.

Sittliches Sein als sittliches Leben   215

die Beziehung zu allen sittlichen für-sich-
seienden Einheiten einschließt[3]. Dieser Rela-
tionszusammenhang alles sittlichen Für-sich-
Gesetztseins, das sich in sich, wie im zweiten
und dritten Abschnitt unserer Arbeit gezeigt
wurde, im Schema von Art und Gattung ordnet,
charakterisiert das sittliche Sein als einen
Organismus[4], in dem sich einzelne Einheiten
und Gesamtheit in der Weise bedingen, daß jede
Einheit die Erscheinung der ihr übergeordneten
Kraft wie sie selbst nur Kraft ist, sofern sie
sich in niederen Einheiten zur Anschauung
bringt.

Dieses Verhältnis der sittlichen Einheiten
untereinander, so verdeutlicht es die Beschreibung ihres organischen Zusammenhanges, kennzeichnet sich als ein immanentes, als ein Gefüge des gänzlichen Ineinander-Gegründetseins

---

3 Cf. u.a. Allg. Einltg. 1816, S. 498, §§ 55 f.;
   Ethik 1816, S. 538, § 66; Höchstes Gut I, Braun I,
   S. 457; Höchstes Gut II, ebd., S. 471 f.

4 Schleiermachers Organismusbegriff erörtere und belege ich an dieser Stelle nicht, sondern verweise
   auf die ihn explizierenden Abschnitte dieser Arbeit:
   2.3.2.3; 3.1.4 .

der niederen in die höheren Einheiten[5]. Denn indem jede Einheit als Kraft nur in und mit ihren Erscheinungen, die die Bestimmtheiten ihrer selbst sind, und als Erscheinung nur durch die sie hervorbringende Kraft ist[6], hat sie diese höhere, ihren produktiven Grund bildende Einheit als eine bestimmte Art und Weise ihres Seins ganz in sich wie auch alle Möglichkeiten ihrer eigenen Bestimmtheit, die in den ihr untergeordneten Einheiten zur Anschauung

---

[5] Ausdrücklich findet sich die Charakterisierung dieses Verhältnisses als ein immanentes in den ethischen Entwürfen nicht. Doch meine ich, sie in der Beschreibung des Organismus, dem Zusammensein von Allgemeinem und Besonderem wie in der Beziehung der sittlichen "Güter", z.B. einzelner Person, Familie und Staat, belegt zu finden. Gestützt wird meine Interpretation durch die Ausführungen der Dialektik zum "Begriff", der der Kraft-Erscheinungs-Einheit im Sein entspricht. Cf. Dialektik, WW III 4.2, S. 111-121, §§ 180-188, bes. S. 112 f., §§ 181 f., aber auch ebd., S. 126, § 193, Absatz 3.

[6] Anschaulich beschreibt dieses Dialektik, WW III 4.2, S. 320 (XVI): "Das Sein der Gattungen ist nicht außer dem Sein der Arten und der einzelnen Dinge, sondern in und mit ihnen, und dieses durch sie".

Sittliches Sein als sittliches Leben 217

kommen, in ihr völlig gegründet sind. Damit aber bestimmt sich das Ineinander der höheren und der niederen Einheiten nicht als das In-Beziehung-Treten und Aufeinander-Wirken zweier Einheiten, die sich als andere von einander unterscheiden[7], sondern als innere Beziehung, die als Zugleich des als Bestimmtheit der höheren Einheit Hervorgebrachtwordenseins und des Hervorbringens der eigenen Arten da zu sein das Wesen jeder Einheit in dem völligen Eingewurzeltsein in die höhere Einheit und in dem Selbst-produktiver-Grund-sein für die niederen Einheiten konstituiert[8]. Dieser innere

---

[7] Klärend für die Bestimmung des hier beschriebenen Zusammenhanges der Einheiten erweist sich Dialektik, WW III 4.2, S. 126, § 193, Abs. 3. Schleiermacher stellt an dieser Stelle die Gemeinschaft der Seinseinheiten, die sich als "ein höheres oder niederes" zueinander verhalten, als "ein gänzliches Gegründetsein" der Gemeinschaft dieser Einheiten, die sich als "ein anderes" aufeinander beziehen, gegenüber.

[8] Daß ausschließlich im Zusammensein von Kraft und Erscheinung das Wesen der Einheiten liegt, hebt Dialektik, WW III 4.2, S. 414 f. (zu § 180) in bezug auf den Begriff hervor: "Es bleibt nichts übrig von

organische Zusammenhang der sittlichen Kraft-
Erscheinungs-Einheiten stellt von der größten
bis zur kleinsten Einheit ein festes Gefüge
sittlicher Einheiten dar[9], in dem die höhere
Einheit für die niedere sich als die beharrliche, sie ständig reproduzierende Kraft erweist[10]. Indem das sittliche Seinsgefüge sich
so als ein in steter Erneuerung befindlicher,
"sich immer gleicher Zusammenhang alles sittlichen für sich Gesezten"[11] beschreibt, ist
es dennoch nicht vollendet, d.h. ein organisches Gefüge, in dem die Vernunft als Kraft
und die sie zur Erscheinung bringende Natur
völlig ineinander aufgegangen sind, sondern
ein sich unter den Bedingungen von Raum und
Zeit entwickelnder Seinsorganismus. Da sittliches Sein nie vollendetes Sein, sondern
wirkliches - und dieses heißt "auf dem Wege"[12]
zur Vollendung - ist, besteht es, wie alles

  einem Begriff, wenn man das wegnimmt, was sich auf
  den höhern bezieht, unter dem er steht, und auf die
  niederen, die er sich aus sich entwikkelt".
9   Cf. u.a. Ethik 1812/13, S. 251, § 52.
10 Cf. u.a. Brouillon 1805/06, S. 148; s. auch
    Pädagogik WW III 9, S. 694.
11 Ethik 1816, S. 566, § 10.
12 Ethik 1812/13, S. 248, § 30.

Sittliches Sein als sittliches Leben

wirkliche Sein, sowohl in gebundenen Gegensätzen[13] als auch im zeitlichen und räumlichen Nach- und Nebeneinander, d.h. jede sittliche Einheit ist in ihrem inneren Sein, ihrem Wesen, und ihrem äußeren Dasein eine Einheit, die von den mit ihr zusammen einen werdenden Organismus bildenden Einheiten verschieden ist[14].

Ist wirkliches Sein aber nur unter der Voraussetzung des höchsten Seins, der Identi-

---

[13] Cf. die ausführliche Darstellung 3.1.1 und 3.1.3 dieser Arbeit.

[14] Da das Sein als Werdendes immer ein relativ Gesondertes "durch die Verschiedenheit der darin gebundenen Gegensäze" (Ethik 1816, S. 540 f., § 76) - Schleiermacher nennt es "nach dialektischer Bestimmung" (ebd., S. 541, § 76) - und "durch die Verschiedenheit der Zeit und des Raums" (ebd., S. 540, § 76), d.h. "nach mathematischer Bestimmung" (ebd.; cf. auch diese Arbeit 3.1, Anm. 44 ist, die Identität des Seins, die Voraussetzung alles Seins, sich in dem gegenseitigen Bedingtsein alles gesonderten Seienden abbildet (cf. diese Arbeit 3.1, Anm. 40 , hebt sich jede wirkliche Einheit in ihrer Wesens- und Daseinsbestimmung von den außer ihr seienden Einheiten als eine verschiedene, andere ab.

tät des Seins, zu denken, so kann es nicht in
dem in dieser Verschiedenheit gegebenen Getrenntsein aller Einheiten bestehen, sondern
muß in sich immer schon ein diese Trennung
auf die Einheit des zusammengehörenden Seins
hin übergreifendes Moment haben[15], das sich
in der Bewegung von actio und passio einer
jeden Einheit darstellt. Durch diese Bewegung,
die Schleiermacher als die Bewegung des Lebens
charakterisiert[16], stehen alle Einheiten als
in der Tätigkeit Aus-sich-Herausgehende wie
in der Leidentlichkeit Von-außen-Affizert-
werdende in einem einzigen Wirkungszusammenhang, in dem allein sie sich zu einem einzigen
vollkommenen Organismus vollenden werden[17].
Im sittlichen Sein, zu dem alles irdische Sein
als einer höchsten Stufe hinstrebt, geschieht
diese Realisierung der Vollendung des Einsseins

---

15 Brouillon 1805/06, S. 111 nennt Schleiermacher
    dieses Moment sehr anschaulich " Trieb auf Gemein-
    schaft", in dem die Suche und Anerkenntnis des
    anderen gegeben ist. Cf. dazu diese Arbeit,
    Abschnitt 2.3.3.1.1 .
16 Cf. diese Arbeit, die Abschnitte: 2.2; 2.3.3; 3.1.3 .
17 Cf. zu dem Ineinander von Organismus und Wirkungs-
    zusammenhang: diese Arbeit 2.2 und 2.3 .

Sittliches Sein als sittliches Leben 221

des getrennten Seins in der höchsten Form. Denn indem im sittlichen Sein die Vernunft, die immer als ganze handelt, die Tätige ist, konkretisiert sich die in der einzelnen sittlichen Einheit liegende Tendenz auf die Zusammengehörigkeit alles Seins nicht nur, wie in dem nichtsittlichen Sein, als Aus-sich-heraus-Wirken der Einheit, das als solches nur eine Negation der absoluten Abgeschlossenheit, aber noch keine einheitsschaffende Tätigkeit ist, sondern gewinnt positive Gestalt in dem Zusammensein aller einzelnen sittlichen Einheiten, in dem die Vernunft ihr Wesen, eine zu sein, bewahrt[18]. Dabei verwirklicht sich in diesem "Beisammen" aller Vernunftpunkte ihr Einssein als ein Werdendes in der Weise, daß jede sittliche Einheit immer auf die Gesamtheit aller Einheiten, und dieses impliziert: auch auf die nicht vernunftgeeinte, erst noch in die Sittlichkeit zu erhebenden Einheiten, d.h. auf die "Totalität des zu ethisierenden Naturgebietes"[19], hin tätig ist

---

18 Cf. Brouillon 1805/06, S. 111; aber auch Ethik 1814/16, S. 434, § 15; Ethik 1816, S. 577, § 35.
19 Ethik 1814/16, S. 427, § 12; cf. auch u.a. Ethik 1812/13, S. 255, § 82.

und diese durch ihr Tätigsein bestimmt, wie
sie selbst in umgekehrter Weise die auf sie
wirkende Totalität der Einheiten als einen
sie bestimmenden Faktor empfängt. Die Überwindung der Trennung der einzelnen Einheiten
des sittlichen Seins geschieht so als gegenseitige Bestimmtheit des Einzelnen und der
Gesamtheit[20] in dem ständigen Wechsel von

---

[20] Wie sehr die Isolierung der Einheiten als von einander verschiedene im Wirkungszusammenhang ausgeschlossen ist, verdeutlicht die gegenseitige Bestimmtheit, in der sich die Partizipation jeder Einheit an der anderen ausdrückt (cf. u.a. Ethik 1814/16, S. 434, § 15). Die Dialektik Schleiermachers, die dieses Kausalitätsverhältnis der Einheiten eingehend erörtert, formuliert es besonders klar als ein "Zusammensein der Dinge", das sich als ein "partielles" "Gegründetsein" darstellt, "vermöge dessen jedes im andern ist und sowol in ihm hervorbringt als von ihm leidet" (WW III 4.2, S. 126, § 193, Abs. 2 und 3). Den in dieser Wechselwirkung gegebenen zweiseitigen Grund der Bestimmtheit jeder Einheit betont Psychologie, WW III 6, S. 63: "daß sie ..., die lebendigen Einheiten, ... den Grund ihrer Bestimmtheit zum Theil in sich tragen, und darin liegt schon daß zum Theil der Grund auch außer der lebendigen Einheit

Rezeptivität und Spontaneität[21], der Form der Lebensbewegung in der höchsten Stufe des irdischen Seins. Doch - und dieses soll deutlich werden - besteht das einheitschaffende Handeln der Vernunft nicht in der Auflösung des im organischen Zusammenhang Für-sich-Gesetztseins der Einheiten, sondern gerade, da die Vernunft nur in der Natur als organisch ineinander gegründete Kraft-Erscheinungseinheiten zur Wirklichkeit kommt, in dem Hervorbringen dieser für-sich-seienden, das Einssein von Vernunft und Natur in der jeweils ihnen eigentümlichen Weise zur Anschauung bringenden Einheiten, die sich aber zu dem intendierten vollkommenen Organismus nur in ihrer Beziehung auf das Ganze, die sich in der aufgezeigten Lebensbewegung von Rezeptivität und Spontaneität zwischen dem Für-sich-Gesetzten und dem Zusammen-

liege. Wäre das nicht, so wären sie vollkommen isolirt, und es gäbe kein anderes Zusammensein mit den andern als ein einseitiges".

21 Den Gedanken, daß beide Bewegungen, Rezeptivität und Spontaneität, nicht getrennt, sondern immer in unterschiedlicher Dominanz zusammen sind, bedarf an dieser Stelle nicht der besonderen Erörterung; cf. diese Arbeit 2.2 und 2.3 .

sein aller realisiert, vollenden²². Damit aber

22 Der Kraft-Erscheinungs-Organismus wie der Wirkungszusammenhang stellen jeweils das gesamte sittliche Sein unter dem jedem eigenen Aspekt dar. Beide sind nicht zu trennen, sondern, da jeder nur in und an dem anderen ist, immer in eins. Jedes sittliche Sein, jeder sittliche Vorgang muß unter diesen beiden Aspekten gesehen werden. So betont Schleiermacher, daß jede sittliche Aktion immer beides, das "Hervorbringen des Einzelnen" - in ihm drückt sich der Kraft-Erscheinungs-Organismus aus - wie das "Heraustreten aus dem Einzelnen" - dieses drückt den Wirkungszusammenhang aus -, einschließen muß. (Cf. Ethik 1816, S. 568 f., § 17; Ethik 1814/16, S. 428, § 13; Ethik 1812/13, S. 261, § 19 f.) Meine Zuordnung der Ausdrücke des "Hervorbringens" zum Organismus und des "Heraustretens" zum Wirkungszusammenhang wird auch begründet in der Unterscheidung von "Kraft" und "Ursache", die Schleiermacher in der Dialektik (Odebrecht) S. 258 trifft. Denn während die Kraft die gänzlich in ihr gegründeten Erscheinungen aus sich hervorbringt, zielt die Ursache immer auf eine Wirkung zwischen verschiedenen Einheiten ab. Dieses In-einem-anderen-etwas-Bewirken aber fordert das "Aus-sich-herausgehen" der Einheiten, so daß die Ursache im Unterschied zur Kraft, bei der es um

Sittliches Sein als sittliches Leben

bestimmt das sittliche Sein, indem es sich

> ein immanentes Seinsverhältnis geht, "das Sein
> transitiv" (ebd.) ausdrückt.
> Auch die Aussage Brouillon 1805/06, S. 88: "in Einzelheiten müssen wir es (das Leben der beseelenden Vernunft, Anm. d. Verf.) betrachten, die aber organisch und nothwendig zusammenhängen" hebt das Zusammensein beider Seinsaspekte hervor. Denn "organisch" verweist auf das sittliche Sein als eines Organismus von Kraft-Erscheinungs-Einheiten, während "nothwendig" den Wirkungszusammenhang charakterisiert, in dem jede Einheit durch die andere bestimmt ist. Damit aber wird deutlich, daß in dem Ineinssein von Organismus und Wirkungszusammenhang das Verhältnis von Freiheit und Notwendigkeit zur Sprache kommt. Freiheit, so definiert Schleiermacher, ist "wo Erscheinung und Kraft in Einem gesezt ist" (Ethik 1816, S. 548, § 104), d.h.: sittliche Einheit ist insofern frei, als sie als für-sich-gesetzte das Hervorbringende ihrer Erscheinungen in sich hat. Indem die Einheit aber als eine Werdende nur relativ für sich gesetzt ist, ist sie zugleich durch das Außer-ihr-Seiende, die sittliche Gesamtheit, bedingt und nicht nur durch sich selbst, sondern durch das Andere bestimmt. Notwendigkeit und Freiheit gehören so in jedem sittlichen Sein immer zusammen. (Cf. Ethik 1812/13,

Der Bewußtseinsprozeß

einerseits als ein werdender organischer, in-

S. 250 f., §§ 48 f.; Allg. Einltg. 1816, S. 504,
§§ 86 f.; Ethik 1816, S. 548, §§ 104 f.).
 Dem widerspricht m.E. nicht die Bemerkung Schleiermachers von 1832 ad Allg. Einltg. 1816, S. 634,
ad § 104, in der er den Gegensatz von Freiheit und
Notwendigkeit - im Unterschied zu den bisherigen
ethischen Entwürfen, die diesen Gegensatz in sich
aufnehmen - aus der Sittenlehre verweist und erst
"bei Beziehung des geschichtlichen auf das ethische"
(Ethik, WW III 5, S. 64, Vorlesg.) auftreten sieht.
Freiheit und Notwendigkeit werden hier nicht anders
bestimmt als in den vorangehenden Entwürfen der
Sittenlehre. Wohl aber scheint es, daß Schleiermacher in dieser Bemerkung, indem er die Freiheit
in der Sittenlehre als "constitutiv" (ebd.) ansieht,
deutlich den Gegenstand der Ethik hervorhebt: nämlich die Darstellung der "Vernunftkraft, aus welcher
bestimmte Erscheinungen hervorgehen" (Ethik 1816,
S. 536, § 60; cf. auch Ethik 1812/13, S. 246, § 10),
die Betrachtung des Allgemeinen "als hervorbringend
das Besondere" (Ethik 1816, S. 537, § 63), das Aufzeigen des sittlichen Seins als Erscheinung seiner
Kraft, d.h. eben das sittliche Sein in seiner Freiheit. Die Geschichtskunde dagegen betrachtet dasselbe
Sein in dem "Für-sich-sein als Besonderes" (Allg.
Einltg. 1816, S. 497, § 46) und damit "im einzel-

nerer Zusammenhang für-sich-gesetzter Einheiten, zum anderen aber als ein gegenseitiges Einwirken dieser für-sich-gesetzten, äußerlich wie innerlich verschiedenen Einheiten darstellt, sich ausschließlich als sittliches Leben; denn erst im Leben selbst gewinnt es die Einheit des Setzens des einzelnen Für-sich-Seienden als eines wesentlichen Teiles des Vernunftorganismus mit dem Ganzen, d.h. der Gesamtheit aller sittlichen Einheiten wie der Totalität der noch nicht mit Vernunft zu einenden Natur, und wird so zum Abbild des höchsten

---

nen seiner Kausalitätsbeziehungen" (Dialektik ((Odebrecht)), S. 259), d.h. in seiner Notwendigkeit. Doch kann dieses - Schleiermachers Denken gemäß - nicht bedeuten, daß in der Ethik das Sein ausschließlich als freies, in der Geschichtskunde als notwendiges vorkommt. Freiheit und Notwendigkeit müssen immer zusammensein; nur betrachtet die Sittenlehre das sittliche Sein vorwiegend von der freien, die Geschichtskunde vorwiegend von der notwendigen Seite. Cf. dazu Dialektik (Odebrecht), S. 259 f.: "Im Gebiet des Seins ... müssen Freiheit und Notwendigkeit ... identisch gesetzt werden ... Alles Dasein ... gehört daher ebensosehr in das Gebiet der Freiheit wie in das der Notwendigkeit".

Seins[23].

4.1.1.2 Die Bestimmung des Bewußtseins als Prozeß

Schließt die Struktur des sittlichen Seins selbst schon, wie es der vorangehende Gedankenzusammenhang aufzeigt, die Bestimmung des Seins als Entwicklung zu dem in ihm angelegten Ziel des völligen Ineinander-Aufgehens von Vernunft und Natur ein und geschieht die Verwirklichung dieses angestrebten Zieles der Identität alles Seins nur in der einheitschaffenden Bewegung des Lebens[24], charakterisiert sich damit sitt-

---

23 Cf. Ethik 1812/13, S. 248, § 24. 259, § 5 u.a.
Diese einheit-schaffende Funktion des Lebens, aus der verständlich wird, daß alles Sein nur als Leben zu denken ist, bestätigt auch, allerdings in bezug auf das Ich, Psychologie, WW III 6, S. 415:
"Der Begriff ... des Lebens ... ist das, vermöge dessen das Ich eine Einheit ist im Wechsel der Erscheinungen".

24 Diese einheitsschaffende Funktion des Lebens formuliert, außer den in unserer bisherigen Arbeit schon gegebenen Belegen, sehr klar auch "Über die

liches Sein ausschließlich als sittliches Leben, so ist auch das Bewußtsein, das als unmittelbares Einssein von Vernunft und Natur das Zentrum des sittlichen Geschehens bildet, von dieser Bestimmung nicht ausgenommen, sondern nur als werdende lebendige Größe[25] da.

Mit dieser Charakterisierung des Bewußtseins ist nun, da wir das Bewußtsein im sittlichen Lebensvollzug nachzeichnen wollen, die Frage nach dem Punkt im irdischen Seinszusammenhang gestellt, in dem es seinen Anfang nimmt. Dieser Anfang ist mit der Definition des Bewußtseins, dem unmittelbaren Einssein von Vernunft und Natur, schon gekennzeichnet als der Punkt des ersten, ursprünglichen Eintretens der Vernunft in die Natur und damit

 Begriffe der verschiedenen Staatsformen", WW III 2, S. 281: "Denn ohne diese gegenseitigen Einwirkungen (gemeint sind die im Zueinander von Tun und Leiden gegründeten Tätigkeiten, Anm. d. Verf.) würden die Glieder des Gegensazes auseinander fallen und die Einheit des Daseins aufhören".

25 Die Doppelung der scheinbar denselben Sachverhalt ausdrückenden Adjektive ist uns wichtig, da sie zwei unterschiedliche Aspekte des Prozesses hervorhebt, nämlich: im Werden die Entwicklung, im Lebendigsein die Einheit mit allem Wirklichen.

des primären Einswerdens beider Größen. Das
Aufzeigen dieses ursprünglichen Zusammenkommens von Vernunft und Natur würde jedoch voraussetzen, daß beide in ihrem absoluten Getrenntsein, d.h. als reine Vernunft und als
reine Natur, von uns wahrgenommen werden könnten. Da aber der Ort, an dem sich die von der
Natur isolierte Vernunft und die von der Vernunft isolierte Natur darstellen, außerhalb
unserer unter der Voraussetzung des höchsten
Seins einzig in der Bindung der beziehungsweise entgegengesetzten Seinsgrößen bestehenden
Wirklichkeit liegen muß[26], wir aber aus unserer
Wirklichkeit nicht heraustreten können, ist
der absolute Anfang, das erste Entstehen des
Bewußtseins unserer Erkenntnis entzogen[27].

26 Cf. Ethik 1816, S. 532, § 48: "... wiewohl Natur für
   sich gesezt und Vernunft für sich gesezt eine Fülle
   von Gegensäzen gebunden enthalten, so verlassen wir
   doch schon die lebendige Anschauung, wenn wir sie
   voneinander trennen, und müssen ... festhalten, daß
   sie als Bild des Höchsten nicht außer einander
   und ohne einander sind". S. auch ebd., S. 541, § 78.
27 Cf. Ethik 1812/13, S. 249 f., § 39; Ethik 1814/16,
   S. 432, § 9; Ethik 1816, S, 573, § 29. 623, § 36;
   cf. auch Allg. Einltg. 1816, S. 500 f., §§ 62-68;
   Ethik 1816, S. 541, § 78; ebd., S. 542, §§ 81-84.

Ist für uns aber nur das wirkliche Sein erfaßbar und finden wir dieses ausschließlich in der Bindung des dieses jeweils konstituierenden Gegensatzes vor, dann sind uns auch Vernunft und Natur in ihrem unmittelbaren Einssein immer schon gegeben. Diese Vorfindlichkeit des Bewußtseins bedeutet aber nicht, daß das Bewußtsein als ein fertiges, vollendetes Sein für uns schon da ist. Vielmehr bedarf es, wie alles wirkliche Sein, der Entwicklung. Gesetzt ist für uns das Bewußtsein in seiner spezifischen Struktur des unmittelbaren Einsseins von Vernunft und Natur, d.h. das qualitative Sein des Bewußtseins, doch dieses nicht als ein schon entfaltetes, sondern, da alles Sein im Werden ist, als ein im Wachsen befindliches Sein[28]. Diese Überlegung aber läßt uns, obwohl der absolute Beginn des Bewußtseins nicht beschrieben werden kann, dennoch einen Punkt finden, der in unserem Erkenntniszusam-

---

28 Diesen Gedanken finden wir belegt in Ethik 1812/13, S. 258, § 1: "Der ethische Prozeß geht erst an, nachdem das ideelle Princip dem reellen einwohnend unter der Form des vollendeten Bewußtseins ... gegeben ist". Cf. auch ebd., S. 271 f., § 56; Ethik 1814/16, S. 423, § 1; Ethik 1816, S. 542, § 82. 561, § 1 wie Ethik, WW III 5, S. 216, Vorlesg.

menhang als Ausgangspunkt der Entwicklung des Bewußtseins zu bestimmen ist. Denn da uns das Bewußtsein in seinem qualitativen Sein gegeben ist, dieses Sein aber immer als ein werdendes begriffen werden muß, so setzt sich uns der geringste Grad des unmittelbaren Geeintseins von Vernunft und Natur als der Anfang des Bewußtseins. Dieser Beginn kann aber nicht als absoluter Anfang des Bewußtseins aufgefaßt werden, sondern bestimmt sich als ein relativer in bezug auf das in ihm vorausgesetzte unmittelbare Ineins von Vernunft und Natur[29].

Indem aber in unserer dialektisch strukturierten Wirklichkeit das werdende Einssein von Vernunft und Natur nur in der Beziehung auf die übrige, noch nicht mit der Vernunft geeinten Natur gedacht werden kann, und zwar so, daß das Wachsen des einen das Abnehmen des anderen bedeutet, dem Minimum an unmittelbarem Einssein von Vernunft und Natur das Maximum an der Natur entspricht, die mit der Vernunft nicht eins ist, ordnet das Überwiegen der mit der Vernunft ungeeinten Natur den relativen Beginn des Bewußtseins in den gesamten irdischen Lebenszusammenhang dem physischen

---

[29] Cf. für alle Belege Ethik 1816, S. 623, § 36 und Ethik 1812/13, S. 253, §§ 66 f.

Leben am nächsten ein[30], das durch das Wirken der Natur charakterisiert ist. Doch zum physischen Leben selbst gehört dieser Anfangspunkt nicht. Denn obwohl in ihm die Natur quantitativ vorherrscht, bestimmt er sich, da in ihm der Vernunft als der handelnden Größe die Dominanz zukommt, als geistig-sittliches Leben[31]. Das Tätigsein der Vernunft in dem uns als Minimum gesetzten unmittelbarem Geeintsein von Vernunft und Natur, durch das der gegebene relative Anfang des Bewußtseins sich eben selbst schon als Bewußtsein erweist, darf aber nicht als der Beginn des Handelns der Vernunft in unserer Wirklichkeit verstanden werden. Da ein solches erstes Handeln der Vernunft ihr direktes Eintreten in diesen Punkt des Wirklichkeitszusammenhanges aussa-

---

30 Cf. Ethik 1812/13, S. 294, § 118; Ethik 1816, S. 624, § 38. 625, § 39. Zum physischen Leben cf. Abschnitt 2.2 dieser Arbeit.

31 Daß sich die Dominanz einer Größe in einem besonderen Sein nicht als Quantität, sondern als bestimmendes Handeln in diesem Sinne ausdrückt, ist in meiner Beschreibung der dialektischen Wirklichkeit belegt. Cf. auch als indirekten Beleg Ethik 1812/13, S. 248, § 25. § 28.

gen würde, dieses aber abgewiesen wird sowohl durch unsere Überlegung zum absoluten Bewußtseinsanfang wie durch die Beschreibung des irdischen Lebens als eines sich in der Zeit entwickelnden Gesamtorganismus, in dem kein Sein als von außen hineintretend gedacht werden kann - denn dieses würde den gesamten Lebenszusammenhang zerreißen -, sondern alles Sein als organischer Teil, der innerhalb des einen Organismus entstanden ist, begriffen werden muß, kann auch der uns gegebene relative Anfang des Bewußtseins nur als ein gewordener, und zwar geworden durch das dem Bewußtsein wesentliche Tätigsein der Vernunft, bestimmt werden[32]. Ist nun das Minimum an unmittelbarem Einssein von Vernunft und Natur durch die Vernunft gewirkt, ist die Vernunft aber nur als wirkliche, d.h. als mit Natur geeinte tätig, dann müssen wir vor diesem Minimum immer

---

32 Klar formuliert Ethik 1812/13, S. 254, § 72 "Jedes Erscheinen der Vernunft unter dieser Form ist aber selbst schon zu sezen als ein Gewordenes" wie ebd., S. 264, § 8: "...das ursprüngliche Bewußtsein ist ... nur als Resultat einer Vernunftthätigkeit anzusehen". Cf. auch ebd., S. 293, § 113; Ethik 1814/16, S. 423 f., § 1. 432, § 9; Ethik 1816, S. 573, § 29.

noch einen "früheren geringeren Grad"[33] des "Vorhandenseins"[34] der Vernunft in der Natur denken, aus dem sich dieses Kleinste an unmittelbarem Geeintsein beider Größen entwickelt hat[35].

33 Ethik 1812/13, S. 254, § 72.
34 Ebd.
35 Ob dieser frühere Grad des Vorhandenseins der Vernunft in der Natur, der vor dem Minimum des unmittelbaren Einsseins beider Größen liegt, als ein Einssein, das noch nicht Bewußtsein, oder als ein Einssein, das schon Bewußtsein ist, zu denken ist, scheint mir aus Schleiermachers ethischen Entwürfen nicht erhellt werden zu können. M.E. lassen Schleiermachers Aussagen beide Deutungen zu, cf. Ethik 1812/13, S. 253, § 67. 254, § 72; Ethik 1816, S. 542, § 83 und § 84. Allerdings meinen wir, da der Gedanke eines früheren Vorhandenseins der Vernunft in der Natur als das Minimum des Einsseins beider Größen Schwierigkeiten bereitet, uns für die Bestimmung dieses früheren Vorhandenseins als ein Noch-nicht-Bewußtes entscheiden zu müssen. Dieser Interpretation kommt auch in der Analogie zu der Vollendung des Bewußtseins, die eben auch nicht mehr Bewußtsein ist (cf. dazu unsere weiteren Ausführungen), Schlüssigkeit zu.

Indem, so faßt sich unsere Darstellung des Anfangs des Bewußtseins zusammen, dieser als das uns gegebene Zusammensein eines durch die Tätigkeit der Vernunft gewordenen Minimums an unmittelbarem Einssein von Vernunft und Natur und eines Maximums an noch nicht mit der Vernunft geeinten Natur zu beschreiben ist, ist in ihm in dem Handeln der Vernunft, das immer als ein Wirken der ganzen Vernunft auf die ganze Natur gerichtet ist, das Movens der Entwicklung des Bewußtseins mitgesetzt wie in ihm auch auf das Ziel dieses Strebens, die völlige Identität von Vernunft und Natur, hingewiesen wird[36].

In diesem Ziel, das mit dem Ziel alles wirklichen Seins identisch ist, dem Vernunftsein der gesamten Natur und dem Natursein der ganzen Vernunft, kommt das Bewußtsein zusammen mit dem gesamten Sein zur Vollendung. Beschreibt sich nun das Ziel des Bewußtseins als ein gänz-

---

36 Ein direkter Beleg findet sich für diesen Gedanken nicht. Doch ist er ausreichend in der Beschreibung der inneren Beziehung der Glieder des Gegensatzes wie überhaupt der Art und Weise ihres Gebundenseins begründet. Cf. auch Ethik 1812/13, S. 248, § 25. § 30. 298, § 138; Ethik 1816, S. 541, § 79. 542, § 82.

liches Durchdrungensein von Vernunft und Natur, erlangen in ihm die die Wirklichkeit in unterschiedlicher Gewichtigkeit ihrer Glieder konstituierenden Gegensätze das Gleichgewicht, so daß kein Sein durch Tätigkeit oder Leiden von anderen zu unterscheiden ist, da jedes im gleichen Maße auf das andere handelt, die Wirkungen sich also aufheben[37], dann vollendet sich das Bewußtsein, indem seine relativ von anderem Sein getrennte und diesem entgegengesetzte wie mit allen Seiten in gegenseitiger Abhängigkeit stehende Gestalt in dem Weltgewordensein der gesamten Wirklichkeit, das als das völlige Ineinander-Aufgehen aller Seinsgrößen zu bestimmen ist, ihr Ende findet[38]. Da dieses letzte Ziel des Bewußtseins nicht die dem Bewußtsein wesentliche Struktur aufweist, das Tätigsein der mit der Natur unmittelbar geeinten Vernunft auf die noch nicht mit ihr zur Einung gekommenen Natur, ist die

37 Cf. Ethik 1816, S. 541, § 79.
38 Cf. hierzu für alle Belege: Allg. Einltg. 1816, S. 501, §§ 69 f.; Ethik 1816, S. 541, § 79. Diese sich auf den ethischen Prozeß beziehenden Aussagen gelten ebenso für das Bewußtsein, das das Zentrum dieses Prozesses ist. Zur Definition von "Welt": cf. u.a. Ethik 1816, S. 537, § 64.

Vollendung des Bewußtseins selbst nicht mehr als Bewußtsein zu bestimmen[39]. Der Punkt aber, in dem das Bewußtsein die höchste Entwicklung erreicht, ohne die spezifische Struktur aufzugeben, ohne das Wesen zu verändern, stellt die Umkehrung des quantitativen Verhältnisses der beiden in Beziehung stehenden Faktoren des Bewußtseins in dem relativen Anfangspunkt dar. Indem in diesem Endpunkt des Bewußtseins das Kleinste an unmittelbaren Einssein von Vernunft und Natur ein Maximum, das Größte an noch nicht mit Vernunft geeinter Natur ein Minimum geworden ist, erlangen Vernunft und Natur in ihm das Höchstmaß der Durchdringung, das innerhalb der Struktur des Bewußtseins möglich ist, ohne diese selbst, d.h. ohne die

---

[39] Diesen Gedanken finde ich belegt in den Aussagen, daß zum einen der eine Grenzpunkt des Bewußtseinsprozesses die "nie ganz von ihr ..., der Vernunft, ... zu bezeichnende Natur" ist (Ethik 1816, S. 574, § 31; cf. auch Bem. 1832 ad Ethik 1814/16, S. 639, ad § 9) und zum anderen die "Darstellung der vollendeten Einigung der Vernunft mit der Natur ... auch nicht in die Ethik ... fällt ...,weil sie nur da sein kann, wenn ihre isolirte Gestalt aufhört" (Ethik 1812/13, S. 250, § 40; cf. auch Allg. Einltg. 1816, S. 500, § 66; Ethik 1816, S. 541, § 79. 543, § 88).

das Bewußtsein bestimmenden Faktoren und die sich aus ihrer Beziehung ergebende spezifische Struktur, das Tätigsein der Vernunft auf die dieses erleidende Natur wie das in diesem Vorgang enthaltene Streben zur völligen Identität alles Seins, zu verändern[40]. Mit dem Aufzeigen der Punkte im Wirklichkeitszusammenhang, die für uns den Anfangs- und den Endpunkt des Werdens des Bewußtseins bilden, ist uns auch die Bestimmung des Bewußtseins im sittlichen Lebensvollzug gegeben. Denn vollzieht sich das Bewußtsein als lebendig sittliche Größe zwischen diesen beiden Grenzpunkten[41], so stellt es den Vorgang des "Hinübergehens"[42] von dem Minimum zu dem Maximum an unmittelbarem Einssein von Vernunft und Natur dar. Dieses Im-Übergang-begriffen-Sein drückt keine Vorstufe des Bewußtseins aus, sondern kennzeichnet das Bewußtsein selbst, zu dessen Wesen dieses Werden zwischen den beiden Grenzpunkten, das Wachsen des unmittelbaren Einsseins von Vernunft und Natur, nicht aber ihre vollkommene

---

40 Cf. Ethik 1812/13, S. 253, § 66. S. 254. § 73. 294, § 118; Ethik 1816, S. 574 f., § 31 u.a.
41 Cf. Ethik 1814/16, S. 433, § 11; Ethik 1816, S. 574 f., § 31; Allg. Einltg. 1816, S. 501, § 72.
42 Höchstes Gut II, Braun I, S. 475.

Identität gehört.

Da in dem unmittelbaren Einssein der Vernunft mit der Natur die Vernunft sich zur Erkenntnis bringt und dadurch die mit ihr geeinte Natur erkannt sein läßt, so daß in diesem In-eins wirkliches Sein verstandenes Sein ist[43], bestimmt sich diese werdende Identität von Vernunft und Natur, die das lebendige Bewußtsein charakterisiert, näher als die zunehmende Erkennbarkeit der Vernunft in der von ihr in steigendem Maße erkannten Natur, d.h. sie bestimmt sich näher als das Wachsen der Erkenntnis des wirklichen Seins. Wenn wir nun bedenken, daß sich das unmittelbare Einssein von Vernunft und Natur nur in Beziehung auf die noch nicht mit Vernunft geeinte Natur entwickelt, folglich also Erkanntes und Nicht-Erkanntes miteinander korrespondieren, so präzisiert sich diese Kennzeichnung des Bewußtseins-Verlaufs als die Ausbildung des Gegensatzes von verstandenem und nicht-ver-

---

[43] Diesen Gedankenzusammenhang, der auf die Definition des Bewußtseins als unmittelbares Symbol der Vernunft Bezug nimmt, legte ich ausführlich dar: Abschnitt 3.2.1 dieser Arbeit.

standenem Sein[44]. Dabei, dieses ist nach unseren bisherigen Erörterungen selbstverständlich, sind diese beiden Entgegensetzungen an keinem Punkt ihrer Entwicklung absolut geschieden. Es gibt für uns keine vollständige Erkenntnis eines bestimmten wirklichen Seins, da sie zugleich das Erkennen der Totalität alles Seins, innerhalb der jedes bestimmte Sein als ihr Teil nur begriffen werden kann, einschließen müßte; vielmehr gehören Erkanntes und Nicht-Erkanntes in unserer Wirklichkeit untrennbar zusammen[45]. Damit bildet sich der Gegensatz von verstandenem und nicht-verstandenem Sein, der als Bewußtsein in unserer Wirklichkeit ist und als solches uns als ein Kleinstes des Auseinander-Getretenseins der beiden Glieder gegeben sein muß, aus als ein wachsendes Zur-Erkenntnis-Bringen des Schon-Erkannten, das Noch-nicht-Erkanntes immer einbezieht.

44 Ethik 1816, Braun II, S. 575, § 31 weist hierauf besonders hin: "Also ist der Gegensaz zwischen Verstandenem und Nichtverstandenem erst in diesem (sc. Bewußtseins-) Act, vorher aber der Mangel desselben".
45 Cf. hierzu 3.2.2.3 (Das Zusammensein von Wahrheit und Irrtum im Bewußtsein) dieser Arbeit.

Dieses Werden der Entgegensetzung von Verstandenem und Nicht-Verstandenem geschieht nun in der Weise, daß das jeder Entwicklungsstufe dieses Gegensatzes vorausgehende Erkannte in seiner Zusammengehörigkeit mit dem Nicht-Erkannten dieser als Material ihres in Beziehung auf diese frühere Stufe gesteigerten Erkennens dient, sie selbst aber wiederum Anknüpfungspunkt des weiteren Wachsens der Erkenntnis wird[46]. Damit beschreiben sich jeder Akt des voranschreitenden Bewußtseins wie das gesamte Bewußtsein nicht als ein vollständig in sich abgeschlossenes Bewußtes, sondern als "ein Übergang vom Minderbewußten zum Mehrbewußten"[47]. Diese Bestimmung des Bewußtseinsverlaufes läßt deutlich werden, daß die wachsende Ausprägung des Gegensatzes von Verstandenem und

---

[46] Cf. Ethik 1816, S. 623, § 36: Jeder Moment des Bewußtseins setzt "einen frühern voraus und knüpft an diesen an". Den Vorgang des Entstehens von Erkanntem beschreibt ebd., S. 575, § 31: "Indem ein Bewußtsein entsteht, wird aus der Masse des Unbewußten in welcher Verstehbares und nicht Verstehbares gemischt ist, ein Verstehbares herausgenommen und wird ein Verstandenes".

[47] Ebd., S. 575, § 31.

Nicht-Verstandenem zugleich seine zunehmende Aufhebung beinhaltet[48]. Denn indem einerseits mit dem Anwachsen des Erkannten sich endliches Sein mehr und mehr in verstandenes und nichtverstandenes differenziert, erkanntes und nichterkanntes Sein in immer klarere Entgegensetzung treten, muß andererseits der Erweiterung des Erkannten ein Abnehmen des Nicht-Erkannten entsprechen, der Gegensatz bei dem zunehmenden Aufgehen seines einen Gliedes in das andere langsam verschwinden.

Dabei bezeichnet das Ineins von wachsender Ausbildung und werdendem Abnehmen dieses Gegensatzes die Entwicklung des Bewußtseins nicht nur als ganze, sondern findet sich ebenso in jedem einzelnen Akt des Bewußtseins wieder. Da kein Akt für sich, sondern immer im Zusammenhang mit dem gesamten Bewußtsein zu begreifen ist, stellt jeder Akt, betrachten wir ihn in bezug auf den Anfang des Bewußtseins, eine Steigerung des Erkannten, betrachten wir ihn in bezug auf die Vollendung des Bewußtseins, die in ihm in der als ganze tätig seienden,

---

48 Für alle Belege: Ethik 1814/16, S. 433, § 11; Ethik 1816, S. 574, § 31; Ethik, WW III 5, S. 113, § 153 (z).

nach dem Sich-zur-Erkenntnis-Bringen in allem
Noch-nicht-Erkannten strebenden Vernunft werdend mitgesetzt ist, ein wachsendes Aufheben
des Nicht-Erkannten dar. Mit dieser Kennzeichnung wird zugleich ausgesagt, daß jeder einzelne Bewußtseinsakt Anfang und Ziel des gesamten
Bewußtseinsprozesses in sich faßt[49]. Allerdings
sind diese Punkte nicht als direkt gesetzte,
sondern als in jedem Akt mitgesetzte zu denken[50]. Denn indem das jeden Akt charakterisierende unmittelbare Einssein von Vernunft und
Natur ein früheres Schon-Geeintsein beider
Größen voraussetzt, dieser Akt also nur ist,
sofern er auf einem vorigen beruht, weist
jeder Akt stets auf den Anfang der Entwicklung
zurück, wie, indem aus ihm, da er die Tätigkeit der ganzen auf die gesamte Natur wirkenden Vernunft in sich hält, gesteigertes und
erweitertes unmittelbares Einssein von Vernunft und Natur hervorgeht, indem also durch

---

49 Dieses sehe ich auch belegt in: Ethik 1816,
S. 542, §§ 81 f.
50 Cf. in bezug auf den Anfang: Allg. Einltg. 1816,
S. 501, § 68; Ethik 1816, S. 542, §§ 83 f.; in
bezug auf das Ziel: Allg. Einltg. 1816, S. 501,
§ 70; Ethik 1816, S. 543, § 88.

ihn der Prozeß der Vollendung näher kommt, er auch auf das Ziel des Bewußtseins hinweist[51].

In diesem Verlauf des Bewußtseins als dem Auseinander-Hervorgehen seiner einzelnen Akte gibt es keine sprunghafte Entwicklung, sondern nur ein stetiges Fortschreiten, so daß jeder Akt eine gewichtige, unverzichtbare Stellung im gesamten Bewußtseinsprozeß einnimmt. Stellt sich nun das Verhältnis der Bewußtseinsakte untereinander dar als eine schrittweise "intensive"[52] wie "extensive"[53] Fortentwicklung des Aktes, aus dem der jeweils ihn weiterführende Akt hervorgegangen ist, drückt diese Beziehung also eine feste Regel[54] aus, nach der sich die

---

51 Cf. Ethik 1816, S. 542, § 82; besonders aber auch ebd., S. 573, § 29.623, § 36.

52 Cf. zu diesem Begriff den Abschnitt 4.1.1.4, aber auch Ethik 1812/13, S. 249 f., § 39.

53 S. Anm. 52.

54 So kann Schleiermacher, da jeder Bewußtseinsakt in den folgenden aufgenommen wird und der gesamte Bewußtseinsprozeß die werdende Identität von Vernunft und Natur in der aufgezeigten Weise darstellt, sagen, daß der "Prozeß von der Analogie mit dem Animalischen an bis zum möglichsten Abstreifen des Organischen ... Ein Continuum und unter Einer Formel" ist (Ethik 1812/13, S. 296,

Aufeinanderfolge der Akte bestimmt, so ist
die gesamte Entwicklung des Bewußtseins als
eine "Reihe"[55] aufzufassen, in der jedes
Glied ein Produkt aus der mit der Vernunft
unmittelbar geeinten Natur, dem erkannten Sein,
und der noch nicht mit der Natur geeinten
Natur, dem noch nicht erkannten Sein, bildet,
nun aber so, daß in der Folge der Glieder
der eine Faktor, das Verstandene, in dem
Maße zunimmt, wie der andere, das Noch-nicht-
Verstandene, abnimmt[56].

Dieser aufgezeigte Prozeß des Bewußtseins
wird aber nur, sofern er ein lebendiger ist,
und dieses bedeutet für Schleiermacher immer:
sofern er durch Partizipation an der alles
irdische Leben konstituierenden Bewegung von
Empfänglichkeit und Tätigkeit in einem Zusam-

---

§ 129; cf. auch Höchstes Gut II, Braun I, S. 485).
55 Ethik 1812/13, S. 250, § 41; Allg. Einltg. 1816,
    S. 501, § 72 u.a.
56 Cf. die Belege der Anm. 55.
    Jedes Glied der Reihe beschreibt sich auch in der
    Weise, daß das Gewordene die Natur als Symbol der
    Vernunft, das Nichtgewordene aber die Natur als
    rohen Stoff darstellt, so daß jedes Glied, jeder
    Bewußtseinsakt die Aufgabe des Bewußtseins mitein-
    schließt (Ethik 1812/13, S. 254, § 74).

menhang mit der gesamten Wirklichkeit steht. Denn wenn auch das Bewußtsein, selbst auf seiner niedrigsten Entwicklungsstufe, in der in ihm stets als ganze auf die gesamte Natur wirkenden Vernunft das Movens seiner Entwicklung in sich trägt, so kann die Vernunft, die sich noch nicht zur Erkenntnis gebracht hat und folglich bestrebt ist, sich mit Natur unmittelbar zu einen, von sich aus diesen Vorgang, das Werden des Bewußtseins nicht in Gang setzen[57]. Eine solche Tätigkeit, die "ein ursprüngliches Hineintreten der Vernunft in die Natur"[58] bedeuten würde, schließt unser Wirklichkeitszusammenhang aus. Vielmehr wird das unmittelbare Einssein von Vernunft und Natur, das uns bereits immer als ein Minimum gegeben ist, nur, indem die Vernunft durch die schon mit ihr einsseienden Natur, in der die ganze Vernunft zwar gesetzt, aber bloß, soweit sie mit Natur geeint ist, real geworden ist, d.h. indem die Vernunft durch ihr eigenes Schon-Natur-Gewordensein die nicht mit ihr geeinte Natur empfängt[59], um sich dann mit dieser zur Einung

57 Cf. Ethik 1816, S. 624, § 38; Ethik WW III 5, S. 28, Vorlesg.; ebd., S. 29, Vorlesg.
58 Ethik 1816, S. 574, § 30.
59 Diesen Sachverhalt erörterten wir in 3.2.2.1.

zu bringen. Das tätige Element in dem Einen von Vernunft und Natur bleibt die Vernunft; doch muß dieser Prozeß des Bewußtseins, da die Vernunft zur Entfaltung ihrer Wirksamkeit des Anstoßes von außen bedarf, stets durch die Affektionen der noch nicht in das Bewußtsein eingegangenen Natur initiiert werden[60]. Dieses Wirken aber des Noch-nicht-Bewußten auf das Bewußte wie die Aufnahme dieses Unbewußten in das Bewußte und seine Erhebung zur Bewußtheit ist allein durch die alles Sein einschließende Bewegung des Lebens möglich, die das getrennte Sein in ihrer Form von Rezeptivität und Spontaneität im gegenseitigen Einwirken die Einheit wahren läßt.

60 Von hier aus wird die Aussage verständlich, daß das Bewußtsein durch das Dingliche erweckt wird (Bem. 1832, ad Allg. Einltg. 1816, S. 630 ad § 41) wie auf einer Affektion beruht (ebd., S. 631 ad § 50). Anschaulich beschreibt dieses "Über die Begriffe der verschiedenen Staatsformen", WW III 2, S. 263: "Zum Bewußtsein muß der Mensch überall gewekkt werden; wie sehr seine eigenthümliche Kraft auch von innen treibe und arbeite, sie bedarf doch immer auch eines Stoßes um wirklich herauszuschlagen; ...".

4.1.1.3 Die Lebensbewegung des Bewußtseins: die Wechselbeziehung zwischen "Reiz" und "Willkür"

Da die Bewegung des Lebens sich in bezug auf das gesamte Sein als Wechsel zwischen Tun und Leiden, zwischen Aus-sich-Herausgehen und In-sich-Aufnehmen beschreibt, diese allgemeine Bestimmung aber in den einzelnen, durch das jeweils unterschiedliche Ineinander von dinglichem und geistigem Sein verschieden strukturierten Seinsbereichen präzisiert wird[61], ist es unsere Aufgabe, das sich durch die Bewegung des Lebens vollziehende gegenseitige Einwirken von Bewußtem und Noch-nicht-Bewußtem, d.h. die Bewegung des Lebens in bezug auf das Bewußtsein genauer, als es unser vorausgehender Abschnitt tat, zu charakterisieren.

Das Bewußtsein hat seinen Gegenstand nicht aus sich selbst, sondern empfängt diesen von dem Sein, das außer ihm ist. Erst das Eintreten dieses Seins in das Bewußtsein ermöglicht der im Bewußtsein tätigen Vernunft, mit diesem realen Sein wirklich in Beziehung zu treten,

---

[61] Cf. hierzu diese Arbeit, Abschnitt 2.3.3.2.2, bes. Anm. 76.

so daß ein Bewußtes entstehen kann. Indem nun aber das Sein, das außerhalb des Bewußtseins ist, das Noch-nicht-Bewußte, nur als ein durch die organische Seite des Bewußtseins vermitteltes in dieses eingehen kann[62], der Tätigkeit des Noch-nicht-Bewußten auf das Bewußtsein ein Aufgenommenwerden durch das Bewußtsein entsprechen muß, wie auch das Bewußtsein nur das empfangen kann, was auf dieses wirkt, indem folglich also erst im Zusammenkommen dieser beiden Momente, die die Lebensbewegung des außer dem Bewußtsein Seienden wie des Bewußtseins selbst ausdrücken[63], das Bewußtsein seinen Gegenstand gewinnt, kennzeichnet sich

---

[62] Den Ausdruck der organischen Seite des Bewußtseins erläuterte Abschnitt 3.2.2.1.2 dieser Arbeit ausführlich, so daß ich ihn hier als bekannt voraussetzen kann. Das Folgende zeigt den Sachverhalt in der Lebensbewegung auf, den der Abschnitt "die Struktur des Ineinander der intellektuellen und organischen Seite des Bewußtseins" als Struktur darlegt (cf. 3.2.2.1 und 3.2.2.2).

[63] Einen direkten Textbeleg, der diese beiden Momente als die beiden Seiten einer Bewegung beschreibt, finde ich in der Ethik, außer "Über die wissenschaftliche Behandlung des Tugendbegriffes",

für das Bewußtsein die Bewegung des In-sich-
Aufnehmens als "Reiz"[64], der auf dieses ausgeübt wird. Bezeichnet dieser Ausdruck einerseits das dem Bewußtsein Zuteilwerden des Gegenstandes in der Affektion des Seins, das
außerhalb des Bewußtseins ist[65], und in der

    WW III 2, S. 361, nicht. Doch ist dieser Gedanke
    in der Schleiermacherschen Darstellung der Lebens-
    bewegung so selbstverständlich enthalten, daß er
    keiner weiteren Begründung bedarf.
64 Ethik 1814/16, S. 432, § 10; Ethik 1816, S. 573,
    § 30; Höchstes Gut II, Braun I, S. 486. Dieser
    Ausdruck wird in bezug auf den aufgezeigten Sach-
    verhalt erst ab Ethik 1814/16 gebraucht, ohne daß
    die Sache selbst in den früheren Entwürfen fehlt.
    So spricht Ethik 1812/13 an dieser den späteren
    Entwürfen parallelen Stelle von "Auffassen" (ebd.,
    S. 264, § 11) und "in Berührung kommen" (ebd., § 12).
65 Dieses Sein ist die "noch nicht (sc. mit der Ver-
    nunft) geeinigte Natur" (Ethik 1816, S. 574, § 30).
    Dieses muß auch für das Sein, das in früheren Be-
    wußtseinsakten schon bewußt war, gelten, wenn ich
    den Reiz dieses Seins auf den einzelnen Bewußtseins-
    akt in der Zeit beziehe. Denn dieser Akt, als ein-
    zelner gesehen, muß sich das in anderen Akten
    Schon-Bewußte erst aneignen. Betrachte ich den

dazugehörigen "aktiven Passivität"[66] des Bewußtseins als das Sich-Öffnen zur Aufnahme dieser Affektion - eine Aufnahme, die dem Bewußtsein nur in bezug auf die Affektionen möglich ist, zu deren Vermittlung seine organische Seite in den Stand gesetzt ist[67] -, charakterisiert dieser Ausdruck damit das

> einzelnen Bewußtseinsakt allerdings in seinem inneren Zusammenhang in dem genannten Bewußtseinsprozeß, so ist das Schon-Bewußte der früheren Akte dasjenige, auf dem er aufruht Ausdrücklich findet sich in der Ethik Schleiermachers dieser Gedanke nicht belegt; doch allein durch diese Interpretation wird mir der Zusammenhang der Paragraphen 29 und 30 in der Ethik 1816, S. 573 f. verständlich. Cf. aber auch die Definition des Reizes in Höchstes Gut II, Braun I, S. 486 f. in Verbindung mit den in Anm. 64 genannten Texten, die als Belege meiner Deutung dienen könnten.
66 Dieser Ausdruck ist von mir gewählt, da in ihm die beiden Momente der einen Bewegung deutlich werden.
67 Diesen Vorgang habe ich 3.2.2.1.2 beschrieben. Cf. aber auch das hier hervortretende Ineins von Bewußtsein und Gestalt (s. 3.3), oder anders ausgedrückt: Das Zusammensein von symbolisierender und organisierender Tätigkeit (cf. 2.3.3.2.2.2).

Ingangsetzen des Bewußtseins[68], so weist er
andererseits auch auf die Art und Weise hin,
in der sich das Sein außerhalb des Bewußtseins
diesem darbietet. Denn das In-Beziehung-Treten
des Seins, das nicht im Bewußtsein ist, mit dem
Bewußtsein in der Form des Reizes[69] bedeutet,
daß dieses Sein für das Bewußtsein keineswegs
ein differenziertes, sondern vielmehr ein unbestimmtes, verworrenes ist[70]. Indem aber der
das Bewußtsein hervorrufende Reiz ein unbe-
stimmter ist, unterscheidet sich diese Lebensbewegung des Bewußtseins nicht von ihrer Bestimmung im animalischen Bereich, dem Affiziertwerden des Tieres durch das Außer-Ihm,
das immer ein ungesondertes und unklares ist,
so daß der "Reiz" auch als der mit dem Tier

---

68 So kann Schleiermacher von dem "das Bewußtsein er-
weckende Dingliche" sprechen (Bem. 1832 ad Allg.
Einltg. 1816, S. 630, ad § 41). Cf. auch die Definition des Bewußtseins als "das Werk des Dinglichen
in der Vernunft" (Ethik 1816, S. 533, § 50).

69 Cf. den Text Bem. 1832, ad Ethik 1814/16, S. 639,
ad § 9, der den Reiz als Form bezeichnet.

70 Cf. Ethik 1816, S. 574, § 30: "Jede Affection des
Menschen als Reiz gedacht ... ist ... unbestimmt
und verworren".

gemeinsame Faktor im Werden des Bewußtseins beschrieben werden kann[71].

Da nun rezeptive und spontane Lebensbewegung so aufeinander bezogen sind, daß dem Einwirken von außen die Gegenwirkung von innen, und diese ebenso in umgekehrter Weise, folgen muß, und erst beide Bewegungen zusammen einen Lebensakt bilden, erfährt jeder Reiz im Tätigwerden des Bewußtseins eine Erwiderung. Doch während beim Tier der äußere Reiz als Gegenbewegung einen Reflex auslöst, Reiz und Reaktion direkt zusammenhängen, so daß das in der Affektion aufgenommene Unbestimmte Verworrenes bleiben muß[72], hebt das Bewußtsein diese Unmittelbarkeit in der Folge auf, indem die im Bewußtsein tätige Vernunft sich mit dem in das Innere des Bewußtseins eingehenden Reiz zur Einung bringt. In diesem Einswerden der Vernunft mit der durch die organische Seite des Bewußtseins vermittelten Affektion, d.h. in diesem Wirken der intellektuellen Seite des Bewußtseins auf seine organische Seite wird der unbestimmte Reiz zu einer bestimmten

---

[71] Cf. Ethik 1814/16, S. 432, § 10; Ethik 1816, S. 573 f., § 30.
[72] Cf. hierzu Abschnitt 2.3.3.2.1 dieser Arbeit.

Erkenntnis, zu einem Bewußtsein verarbeitet[73]. Der in diesem Vorgang entstandene Inhalt des Bewußtseins ist nun so bestimmt, daß er dem "Selbst"[74] des Bewußtseins gemäß ist[75]. Denn nur indem das Bewußtsein aufgrund seiner Vernunfthaftigkeit als Selbst tätig ist, und dieses impliziert auch - so wollen wir es in unserer Hervorhebung des Selbst mit zum Ausdruck bringen -, daß es sich als Selbst im Gegenüber zu dem Außer-Ihm erfährt und damit auch das Außer-Ihm in der Unterscheidung von seinem Selbst wahrnimmt, kann es die verworrene

---

[73] Cf. Abschnitt 3.2.2.2 dieser Arbeit.

[74] Der Ausdruck "Selbst" ist von mir gewählt, um die Eigenständigkeit und relative Unabhängigkeit des Bewußtseins gegenüber der Einwirkung zu betonen.

[75] Cf. Ethik 1816, S. 573 f., § 30. Die Bestimmung der Einwirkung durch das Bewußtsein finde ich in der Psychologie, WW III 6, S. 84 in bezug auf den einzelnen Menschen formuliert: "... was durch die Einwirkung selbst etwas passives werden sollte, (sc. wird) durch die Selbstbestimmung ein dem lebendigen Sein angehöriges und ihm angemessenes ...".

Affektion zur Klarheit bringen[76]. In dieser Selbsttätigkeit bestimmt das Bewußtsein entweder den verworrenen Reiz in der Einwirkung auf das Selbst des Bewußtseins, d.h. hebt es diesen Reiz als seine eigene durch diesen veranlaßte Zuständlichkeit in die Bewußtheit, oder es geht so in das ihm durch den Reiz vermittelte unbestimmte Außer-Ihm ein, daß sich ihm dieses in eine bestimmte "Mannigfaltigkeit von Gegenständen"[77] ordnet, d.h. daß das es Affizierende zu einem Erkannten wird[78].

---

76 Daß die Trennung von Selbst und Außer-Ihm die grundlegende Art des In-die-Klarheit-Bringens des verworrenen Seins ist, legte Abschnitt 3.2.2.2.1 dar (cf. auch Abschnitt 2.3.3.2 dieser Arbeit).

77 Ethik 1812/13, S. 264, § 9; Ethik 1814/16, S. 432, § 10.

78 Es sei darauf hingewiesen, daß diese beiden Arten, in denen sich der Bewußtseinsinhalt darstellen kann, das von mir in Abschnitt 3.2.2.2.1 genannte subjektive Bewußtsein oder "Gefühl" und objektive Bewußtsein oder "Anschauung" sind. Erst in der Differenzierung des Bewußtseins als ein subjektives und objektives kann es das Außer-Ihm von seinem Selbst unterscheiden (cf. auch Ethik 1814/16, S. 432, § 10; Ethik 1816, S. 573 f., § 30. 624, § 38).

Welcher dieser beiden aufgezeigten Arten, in denen das Bewußte da ist, der jeweilige Bewußtseinsinhalt angehört, hängt keineswegs von dem auf das Bewußtsein einwirkenden Reiz ab - derselbe Reiz kann zu verschiedenen Bestimmungen führen[79] -, sondern ist auf die allein durch

---

79 Cf. Ethik 1816, S. 574, § 30: "In diesem (sc.Moment) durch die Willkühr wird diese Affection dem Einen zu diesem, dem Andern zu jenem bestimmten, das ganze Dasein umfassenden Bewußtsein". Cf. auch Ethik 1814/16 S. 432 f., § 10. Daß sich diese Verschiedenheit des Bewußtseins nicht nur auf die Bestimmung der jeweiligen Art des Bewußtseinsinhalts, sondern auch auf das, was diese Art ausdrückt, bezieht, formuliert Pädagogik, WW III 9, S. 812 in bezug auf das objektive Bewußtsein, in dem die Begriffe gebildet werden, anschaulich: "Mit den Wahrnehmungen, die auf der Receptivität beruhen, werden die Begriffe nicht gegeben, sonst würden nicht aus derselben Masse von Wahrnehmungen verschiedene Systeme von Begriffen entwikkelt werden können ..., auch in den verschiedenen Gegenden der Erde sind die Wahrnehmungen im allgemeinen gleich - und doch wie verschieden die Begriffe ... Aber nur dies, die Basis der Begriffsbildung liegt in der Receptivität, ...". Ebenso können dieselben Einwirkungen verschiedene Befindlichkeiten des Bewußtseins hervorrufen.

das Bewußtsein kraft seiner Vernunfthaftigkeit bestimmten spontanen Tätigkeit des Bewußtseins zurückzuführen. Indem ausschließlich durch diese aus dem Inneren des Bewußtseins herausgehende Tätigkeit der Inhalt des Bewußtseins von dem Bewußtsein selbst gewirkt wird[80], kann Schleiermacher diese spontane Seite der Lebensbewegung des Bewußtseins als "Willkür"[81]

---

80 Cf. hierzu für alle Belege Ethik 1816, S. 574, § 30.
81 Ethik 1814/16, S. 432, § 10; Ethik 1816, S 573, § 30. Wie den korrespondierenden Begriff des Reizes verwendet Schleiermacher auch diesen Begriff für den aufgezeigten Sachverhalt erst ab Ethik 1814/16. Die Sache selbst fehlt in den Entwürfen von 1805/06 und 1812/13 nicht. Den Terminus "Willkühr" hat Schleiermacher wohl gewählt, um das hier wichtige Selbsttätige des Bewußtseins, das ein freies Moment ist, zum Ausdruck zu bringen. (Cf. auch Schleiermachers Bemerkung zu "Willkühr" in Dialektik, WW III 4.2, S. 132 f., Vorlesg. 1818). Insofern kann er dieselbe Sache Höchstes Gut II, Braun I, S. 486 als "freien Trieb" bezeichnen und hebt dieses freie Moment auch deutlich in der Definition dieses Begriffes als das "Bestimmtsein der Vernunft durch sich selbst zum Zeitlichwerden" (ebd.) hervor. Neben dieser Bedeutung der Willkür, nämlich als

bezeichnen. Wird nun das Bewußte durch die
Willkür, die dem aufgenommenen Stoff in der
von ihr gewollten Weise Form gibt, so stellt
sie sich als das Moment im Leben des Bewußtseins dar, in dem das Geistig-Sittliche dieser Größe, das als ein im unmittelbaren Einssein von Vernunft und Natur der chaotischen
Mannigfaltigkeit des Seins Ordnung und Zusammenhang Geben zu beschreiben ist, am deutlichsten hervortritt, so daß sich in ihr das Bewußtsein auf das Klarste von dem ihm Analogen
im animalischen Leben unterscheidet[82].

die durch die Vernunft bestimmte, freie Handlung
des Bewußtseins, kennt und gebraucht Schleiermacher
diesen Begriff auch im Verständnis der Umgangs-
sprache, die dieses Wort im Sinn von "wahllos",
"ohne Überlegung" und "unbegründet" verwendet,
cf. so u.a. Brouillon 1805/06, S. 80 ("blindes
Spiel der Willkühr"); Ethik 1816, S. 545, § 95
("diese ganz der Willkühr und also dem Zufall
Preis zu geben"); "Die Lehre vom Staat", WW III 8,
S. 4, Anm. ("das Bewußtsein der Willkühr und
Widerrechtlichkeit").

82 Insofern kann Ethik 1814/16, S. 432, § 10 die
Willkür als den "eigen-thümlich menschlichen Faktor
im Werden der Lebenstätigkeiten" bezeichnen. Ebenso
aber kann die Willkür auch als "dasjenige" defi-

Doch obwohl das Bewußtsein als das Resultat der Willkür anzusehen ist, darf diese Beobachtung nicht zu dem Schluß verleiten, daß das Bewußtsein letztlich seine Inhalte doch aus sich selbst hervorbringt. Reiz und Willkür sind immer zusammen, nur in ihrer Wechselbeziehung entsteht Bewußtsein; fehlt nur eine von diesen beiden Bewegungen, dann kommt kein Bewußtsein zu Stande[83]. Denn jede Willkür bedarf des

niert werden,"wodurch anderes auf ihr beruht" (cf. Ethik 1816, S. 573, § 30). Denn indem durch sie Bewußtes wird, schafft sie jeweils die Voraussetzung zu dem folgenden Bewußtseinsakt, dem nächsten Glied in der Entwicklungsreihe des Bewußtseins.

83 Cf. Ethik 1816, S. 574, § 30: "Jedes bestimmte Bewußtsein erscheint daher in seiner Vollendung als das Werk der Willkühr; allein diesen Moment sezen wir auch nicht als einen ganzen Act, er wäre uns so kein menschliches Thun, sondern eine Entgeistung, die absolute Willkühr wieder die größte Unselbständigkeit; sondern wir gehen zurück auf einen frühern Moment, und suchen oder sezen voraus in undurchdringlicher Verborgenheit den veranlassenden Reiz". Vgl. auch Bem. 1832 ad Ethik 1814/16, S. 639, ad § 9; Höchstes Gut II, Braun I, S. 486; in bezug auf das subjektive Bewußtsein: Ethik 1814/16, S. 441, § 33. Der dieses Ineins in bezug

"veranlassenden Reizes"[84], um durch diesen
den Stoff zu erhalten, auf den sie sich tätig
richten kann; jeder Reiz aber, soll er nicht
verlorengehen, benötigt die Verarbeitung durch
die Willkür, um aus seiner Unbestimmtheit in
die Klarheit gehoben zu werden. Wie der Reiz

> auf Rezeptivität und Spontaneität sehr anschaulich
> beschreibende Text aus der Pädagogik, WW III 9,
> S. 695 sei hier zitiert: "In jedem Augenblikk des
> menschlichen Lebens ist beides zusammen, weil bei-
> des zusammen das menschliche Leben constituirt.
> Nichts ist einerseits reine Einwirkung auf den Men-
> schen, so daß er sich nur leidend verhielte; denn
> ein solcher Zustand wäre außerhalb des Lebens:
> sondern jede Einwirkung ist mit einer Gegenwirkung
> oder Mitwirkung verbunden. Aber andererseits ist
> die freieste eigenste That des Menschen ebenso ge-
> bunden an das andere Glied des Gegensazes. Ja auch
> in den Fällen, wo wir weder eine bestimmte Thätig-
> keit des Menschen noch die auf ihn einwirkende
> Thätigkeit anderer, oder Einwirkungen äußerer Um-
> stände nachweisen können, bei dem was so frei er-
> scheint daß sich der Mensch diese Freiheit kaum als
> sein Eigenthum denken kann, wie jede plözliche Zu-
> sammenstellung von Gedanken dafür ein Beispiel ist,
> sind die beiden Glieder des Gegensazes gebunden".

84 Ethik 1816, S. 574, § 30.

ohne Willkür in der Verworrenheit, im Dunkeln bleibt, so ist die Willkür ohne Reiz inhaltslos und leer[85]. Wenn wir nun bedenken, daß es in unserer dialektisch strukturierten Wirklichkeit nichts absolut Getrenntes gibt, d.h. daß jedes sowohl nur in der Beziehung auf das ihm Entgegengesetzte ist als auch das ihm Entgegengesetzte in untergeordneter Weise in sich schließt, so daß wir weder eine Rezeptivität noch eine absolute Spontaneität, sondern immer in der rezeptiven Bewegung ein spontanes Element, in der spontanen Bewegung ein rezeptives Element vorfinden[86], dann muß auch im Reiz ein

---

[85] So betont Schleiermacher Ethik 1816, S. 573, § 30: "Kein Dargestelltsein der Vernunft in der Natur ist denkbar ohne Reiz und Willkühr ... Jedes Bewußtsein als sittlich muß entstanden sein aus Reiz und Willkühr".

[86] Dieses Ineins von Rezeptivität und Spontaneität wird in Abschnitt 2 dieser Arbeit beschrieben. Obwohl Schleiermacher diesen Gedanken nicht in der Ethik thematisiert, ist er in allem, was die Sittenlehre darlegt, gegenwärtig. Dieses versteht sich aber auch aufgrund der Definition des Seins als "Ineinander von Tun und Leiden" (Bem. 1832 ad Allg. Einltg. 1816, S. 631, ad § 50) von selbst. Denn danach muß in jedem lebendigen Sein in jedem Moment beides immer

spontanes, in der Willkür ein rezeptives Moment vorhanden sein.

Ohne das entgegengesetzte Element in der jeweiligen Bewegung zu benennen, zeigt unsere Beschreibung der beiden Bewegungsrichtungen des Bewußtseins dennoch diese Momente in ihnen auf: Während das spontane Element im Reiz des Bewußtseins die Aufnahme dieses Reizes bildet, tritt das rezeptive Element der Willkür, in der sich die eigene Befindlichkeit und gegenständliche Wahrnehmung scheiden, in dem Sich-Empfinden deutlich gegenüber des zur Wahrnehmung des Gegenstandes geforderten Aus-sich-Herausgehens, der Spontaneität, hervor[87].

zusammen sein.
[87] Einen direkten Textbeleg (außer Ethik 1812/13, S. 259, § 5), der diese entgegengesetzten Elemente in Reiz und Willkür als diese auch benennt, finde ich in der Ethik nicht. Doch sind diese Momente in der Beschreibung dieser Begriffe enthalten. Cf. auch Psychologie, WW III 6, S. 503. Daß nun wiederum sowohl in dem rezeptiven Moment wie in dem spontanen Moment der Willkür Rezeptives und Spontanes gedacht werden müssen, belegt Ethik 1812/13, S. 310, § 207 f. in bezug auf das subjektive Bewußtsein, das Sich-empfinden: "Gefühl (sc. im engeren Sinn) und synthetische Combination ... gehören"

Entwickelt sich nun der Bewußtseinsprozeß in der Wechselbeziehung von Reiz und Willkür, in dem In- und Nacheinander von Rezeptivität und Spontaneität, so ist diese Beschreibung zugleich eine Aussage über den "Grund der Bestimmtheit"[88] dieses Prozesses. Indem das Bewußtsein seinen Stoff nur durch die Einwirkung empfängt und diesem in der Selbsttätigkeit Form gibt, bestimmt es sich durch "einen äußeren und inneren Factor"[89]; nur das Zusammenkommen beider Faktoren ergibt Bewußtsein. Dabei drückt der äußere Faktor die Abhängigkeit des Bewußtseins von dem es affizierenden Außer-Ihm aus[90], während der innere Faktor das Handeln des Bewußtseins, wie es aus seinem Selbst hervorkommt, d.h. wie es ein unabhängiges, freies[91] ist, darstellt. Dieser Gedanke,

> zusammen ... "beides ... verhält sich wie Passion und Reaction, welche beide immer zusammen sind".

88 Psychologie, WW III 6, S. 63.
89 Pädagogik, WW III 9, S. 590.
90 Cf. Bem. 1832 ad Ethik 1816, S. 642, ad § 10 (im Text fälschlich angegeben: ad § 11).
91 So wird in Ethik 1816, S. 574, § 30 "das freieste" mit dem "am meisten aus dem Innern hervorgehende" Bewußtsein koordiniert. Cf. auch die Bezeichnung dieser Bewegung als "freier Trieb" (Höchstes Gut II,

der die Rezeptivität und Spontaneität des Bewußtseins in bezug auf die Bestimmtheit des Bewußtseinsprozesses auslegt, verdeutlicht, daß dieser Prozeß ausschließlich in dem Zusammensein von Abhängigkeit von außen und Freiheit von innen voranschreitet[92]. Denn in einem absolut abhängigen Bewußtsein wäre nichts bewußt, sondern alles verworren, wie auch ein absolut freies Bewußtsein ein völlig vom Außer-Ihm isoliertes, d.h. leeres wäre. Erst das in dieser Zweifachheit von Freiheit und Abhängigkeit bestimmte Bewußtsein steht mit dem gesamten Sein, und dieses mit ihm, in einem Zusammenhang, in dem allein es sich vollenden kann.

Braun I, S. 486). Zum Begriff "Freiheit", s. Abschnitt 4.1.1.1, Anm. 22 dieser Arbeit.

92 Schleiermacher erörtert das Werden dieses Prozesses in der Ethik nicht direkt unter diesen beiden Begriffen der Freiheit und Abhängigkeit. Doch daß sich in diesen Begriffen die Bestimmtheit des Bewußtseinsprozesses in einer dem Schleiermacherschen Denken sachgemäßen Weise ausdrückt, meine ich mit meiner Darstellung belegt zu haben. Cf. auch Abschnitt 4.1.1.1 bes. darin Anm. 20 dieser Arbeit.

4.1.1.4 Der Verlauf des Bewußtseinsprozesses: die extensive und die intensive Richtung des Bewußtseins

Da nun das Bewußtsein die Erhebung alles irdischen Seins in die Freiheit anstrebt und dieses Ziel in einem in der Wechselbeziehung von Reiz und Willkür voranschreitenden Prozeß, in dem das Verstandene zu-, das Nichtverstandene abnimmt, allmählich verwirklicht, muß sich die Entwicklung des Bewußtseins in zwei Richtungen differenzieren. Denn indem das Noch-nicht-Bewußte zum einen das noch nicht in das Bewußtsein aufgenommene Sein ist, zum anderen aber, weil jedes Bewußtsein ein Übergang vom Minder- zum Mehrbewußten ist, der Bewußtseinsprozeß also ein völlig bewußtes Sein ausschließt, das dem Bewußten stets anhaftende nichtverstandene, im Bewußtsein selbst noch nicht von der Vernunft durchdrungene Sein ist, hat das Bewußtsein in zweifacher Ausrichtung, nämlich sowohl in bezug auf das in ihm noch nicht Verstandene nach innen, wie in bezug auf das von ihm noch nicht erfaßte nach außen gewandt, fortzuschreiten.

Wenn wir zunächst das Bewußtsein in der Beziehung auf das Außer-Ihm betrachten, es sich uns also in dem Bemühen darstellt, dieses Außer-Ihm, die gesamte nicht mit der Vernunft geeinte Natur in sich aufzunehmen, so wird der Bewußtseinsprozeß, da dem Bewußtsein durch die Aufnahme dieses äußeren Seins allein Inhalte zukommen, als eine stetige "Ausdehnung"[93], als eine zunehmende Erweiterung des Bewußtseins sichtbar. Geht es in dieser "extensiven Fortschreitung"[94] des Bewußtseins, in der die ganze Vernunft allmählich zum unmittelbaren Einssein mit der gesamten Natur kommt und so das Ziel des völligen Realwerdens erreicht[95], um die Ausweitung des Bewußtseinsinhaltes, dann kennzeichnet diese Richtung des Prozesses,

---

[93] Ethik 1816, S. 623, § 38.

[94] Ethik 1816, S. 624, § 38. Ethik 1812/13 verwendet die Ausdrücke "fortlaufende Reihe in extensiver Richtung" (ebd., S. 298, § 142) und "extensive Richtung des Prozesses" (ebd., S. 299, § 147).

[95] Da sich hier das Fortschreiten des Bewußtseins als das Eingehen der Vernunft in die Natur darstellt, es also von der Seite der Vernunft her gesehen wird, formuliert Schleiermacher die Formel dieses Prozesses: "daß alles, was in der Vernunft gesetzt ist, auch in die organische Thätigkeit übergehe". (Ethik 1816, S. 623, § 38; cf. auch 1812/13,

weil der Bewußtseinsinhalt nur zweierlei ausdrücken kann, entweder die durch das aufgenommene Sein ausgelöste Befindlichkeit des Bewußtseins selbst oder die Wahrnehmung dieses Seins in seiner Gegenständlichkeit, das Bestimmen des in der organischen Seite des Bewußtseins vermittelten Seins als Empfindung d.h. als subjektives oder als gegenständliche Wahrnehmung, d.h. als objektives Bewußtsein[96]. Doch obwohl sich das Bewußtsein in der extensiven Fortschreitung seines Inhaltes als

S. 294, § 115; Bem. 1832 ad Ethik 1816, S. 645, ad § 39, im Text fälschlich angegeben ad § 40). In anderer Formulierung wird dieser Sachverhalt auch schon Brouillon 1805/06, S. 155 als die eine Seite der Ansicht der erkennenden Funktion hervorgehoben; cf. auch ebd., S. 96.

[96] Von Abschnitt 3.2.2.2.1 dieser Arbeit her wird deutlich, daß Schleiermacher, beschreibt er das Werden des Bewußtseinsinhaltes, die "Sonderung des verworrenen Objects und Subjects" (Ethik 1812/13, S. 264, § 12), den werdenden Gegensatz "zwischen Selbstbewußtsein und gegenständlichem Bewußtsein" (Ethik 1816, S. 624, § 38) thematisieren muß. Dieses belegt der die extensive Fortschreitung beschreibende § 38 der Ethik von 1816, S. 623 f.

eines in dem "Auseinandertreten von Wahrnehmung und Empfindung"[97] bestimmten Seins bemächtigt, entsteht in diesem Verlauf, solange er nicht vollendet ist, dennoch kein absolut bewußtes Sein. Denn da ein einzelnes Sein als Teil des Gesamtorganismus allen Seins nur völlig erkannt ist, wenn die Totalität seiner Beziehungen zum gesamten Sein erfaßt ist, ist jedes schon bewußte Sein in seiner Bestimmtheit ein werdendes[98]. Zwar ist diese Totalität, sofern ein Bewußtes wird, mit diesem, weil zu ihm immer dieser "Kreis von Beziehungen zu allem"[99] gehört, im Bewußtsein gesetzt; doch ist sie im Bewußtsein nicht wirklich, d.h. sie ist in ihm nicht als ein in der Vermittlung durch die organische Bewußtseinsseite mit der Vernunft einsgewordener Seinszusammenhang gegenwärtig[100]. Da eben nur das Sein ein wirkliches

---

97 Ethik 1816, S. 624, § 38.
98 Cf. ebd.
99 Ethik 1816, S. 624, § 38.
100 Cf. ebd.: "Das wirkliche Uebergehen des gesamten Vernunftgehaltes in die organische Thätigkeit ist also nur erreicht mit der Totalität aller organischen Berührungen". Dieses betont auch Ethik 1812/13, S.264, § 12: "Die Fortschreitung des Prozesses extensiv ist die Sonderung des verworrenen Objects und Subjects,

Bewußtes wird, das das Bewußtsein auch affiziert hat, das Bewußtsein jedoch nur in dem Maß affiziert werden kann, in dem seine organische Seite zur Aufnahme dieser Affektionen gebildet worden ist, die Bewußtseinserweiterung also in Abhängigkeit von der Gestaltung der organischen Bewußtseinsseite steht, kann die Totalität des Seins nur in einem allmählichen, erst mit der vollkommenen Gestaltung dieser organischen Seite des Bewußtseins abgeschlossenen Prozeß in das Bewußtsein eingehen[101]. So wird erst dann ein absolut Bewußtes, so hört das Bewußtsein erst dann "ganz auf zu verwechseln die Empfindung und die gedachte Ursache derselben, das Sein des Gegenstandes und dasjenige, was er"[102] im Bewußtsein "hervorgebracht hat"[103], wenn die extensive Fortschreitung, in der das Bewußtsein an Umfang zunimmt und folglich der Gegensatz von verstandenem und nicht verstandenem Sein langsam aufgehoben wird, zu ihrem Ende gekommen ist, d.h.

soweit als beide in Berührung kommen können".
101 Cf. hierzu Abschnitt 3.3 dieser Arbeit; ebenso Ethik 1816, S. 623, § 37; ebd., S. 624, § 38; aber auch Ethik 1812/13, S. 259, § 8.
102 Ethik 1816, S. 624, § 38.
103 Ebd.

wenn die ganze Vernunft mit dem zu ihr gehörenden realen Sein, der gesamten Natur einsgeworden ist[104].

Unsere Beschreibung des Werdens des Bewußten in der Ausweitung des Bewußtseinsinhaltes enthält schon ein Moment, das, fassen wir unter dem Begriff der extensiven Fortschreitung ausschließlich das in dem Nach-außen-gerichtet-Sein des Bewußtseins wachsende Aufnehmen des äußeren Seins als Empfindung und Wahrnehmung, dieser Richtung des Prozesses nicht angehört, sondern das entgegengesetzte, nach innen gewandte Tätigsein des Bewußtseins ausdrückt. Denn indem das Bewußtsein die Zunahme des Materials im Blick hat, indem die Vernunft auf das Zusammenkommen mit der ihr noch "fremden Natur"[105] ausgerichtet ist, tritt nicht die Bestimmtheit des Aufgenommenen, sondern die Ausdehnung des Inhaltes in den Vordergrund. Betrachten wir das extensive Fortschreiten allein, so geht das äußere Sein, sei es als Empfindung oder sei es als Wahrnehmung, als ein in der Unbestimmtheit des Affizierens auf den einzelnen Moment des Bewußtseins bezogenes

---

[104] Cf. Ethik 1812/13, S. 298, § 142; ebd., S. 299, § 147.

[105] Ethik 1814/16, S. 433, § 11.

Sein, also in verworrener Mannigfaltigkeit in das Bewußtsein ein[106]. In die Klarheit aber erhebt das Aufgenommene erst die Tätigkeit der Vernunft, die sich auf das Sein, das im Bewußtsein ist, richtet[107]. In diesem nach

---

106 Diesen Gedanken setze ich als aus meiner bisherigen Darstellung bekannt voraus, cf. u.a. 3.2.2.1.2 dieser Arbeit.

107 Da es um das Vernunftdurchdringen des durch die organische Seite des Bewußtseins vermittelten Seins geht, ist hier der Blickwinkel der Betrachtung des Bewußtseinsprozesses gegenüber dem der extensiven Fortschreitung gewechselt worden, so daß der Prozeß nicht, wie in der extensiven Richtung, von der Vernunft, sondern eben von der organischen Seite des Bewußtseins aus gesehen wird. Von daher lautet die Formel der hier beschriebenen Richtung in der Ethik 1816, S. 625, § 39: "Daß alles in der organischen Bewegung von Vernunftgehalt durchdrungen werde"; cf. auch Ethik 1812/13, S. 294, § 115; ebd., Zusatz am Rande 1827 Nr. 39; Bem. 1832 ad Ethik 1816, S. 645, ad § 39, im Text fälschlich angegeben ad § 40 . In einfacher Weise formuliert Brouillon 1805/06, S. 151 diesen Sachverhalt: "Diese Function des sittlichen Lebens besteht also darin, das Wahrnehmen und Empfinden zum Erkennen zu erheben". Cf. auch ebd., S. 96.

Extensive und intensive Richtung   273

innen gewandten Tätigsein löst die Vernunft
Empfindungen wie Wahrnehmungen aus ihrer Momentbezogenheit und setzt sie in Beziehung
zur Gesamtheit des Seins, so daß sie als Teil
der Seinstotalität erfaßt und damit in der
jeweils ihnen eigenen Abgrenzung erkannt werden, die diese in ihrem Entgegengesetztsein
wie in ihren Relationen zum anderen Sein
sichtbar macht[108]. Weil also Erkenntnis des
Seins sich im Ordnen der mannigfaltigen Affektionen zu der Einheit vollzieht, die dieses
Sein in den Zusammenhang des gesamten Seins
stellt und dadurch das Wesen wie die Totalität der Bestimmungen dieses Seins zum Ausdruck bringt, und in diesem Setzen der Ein-

---

108   Kurz gibt der Text aus Brouillon 1805/06, S. 151
      diesen Sachverhalt wieder: "... das sinnliche
      Wahrnehmen und Empfinden an sich ist nur die Beziehung des Einzelnen auf das Einzelne ... Im
      sittlichen Leben giebt es kein Wahrnehmen und
      Empfinden, das nicht zur Potenz der Idee erhoben
      und mit ihr eins wäre". So nennt auch Ethik
      1812/13, S. 264, § 11 das "Beziehn der Gegenstände
      in der Wahrnehmung auf die Persönlichkeit" und
      eine "Hinleitung zum eigentlichen Erkennen", während das "wahre Erkennen ... das Auffassen des
      Einzelnen zu seiner Beziehung auf die Totalität" ist.

heit in das verworrene Viele die in der Vernunft beschlossene Einheit real wird, läßt sich die innere Tätigkeit, das Bestimmen des in das Bewußtsein aufgenommenen Seins als ein Ineinander-Aufgehen von Einheit und Vielheit beschreiben[109]. Aber dieses Realwerden der Einheit in der Vielheit und dieses In-die-Ordnung-Kommen der Vielheit in der Einheit ist in keinem Bewußtseinsakt wirklich abgeschlossen. Kein Bewußtseinsinhalt wird in seiner Bestimmtheit als Teil des Ganzen, in seinem Sein vollkommen bewußt; in keinem Akt werden Einheit und Vielheit völlig miteinander eins, immer bleiben nicht realisierte, unge-

---

109 Diesen in Abschnitt 3.2, bes. 3.2.2.2.2 dieser Arbeit ausführlicher dargelegten Gedanken des Ineinandergehens von Einheit und Vielheit skizziere ich an dieser Stelle nur kurz. - Da die Bestimmung eines einzelnen Seins ein Einordnen in die Seinstotalität ist, muß Schleiermacher - im Unterschied zur extensiven Richtung in der das Auseinandertreten von Wahrnehmung und Empfindung im Vordergrund steht - diese Richtung als ein Aufeinanderbeziehen von Einheit und Vielheit beschreiben. Cf. hierzu den mit dieser Richtung befaßten § 39 der Ethik 1816, S. 625; aber auch Ethik 1812/13, S. 299, § 143 f.

füllte Einheit und verworrene, nicht Sein gewordene Vielheit übrig[110]. Zwar kann das aufgenommene Sein überhaupt nur bestimmt werden, insofern es auf das Ganze bezogen wird, so daß in jedem Bestimmungsakt eines einzelnen Seins "die Identität der ganzen Vernunft mit der ganzen Natur"[111] gegeben sein muß. Doch ist dieses Ganze kein wirklich verstandenes, sondern ein in der Tätigkeit der Vernunft mitgesetztes, da die Vernunft das gesamte Sein als ideelles System in sich faßt und deshalb ihr Handeln ausschließlich auf die gesamte Natur ausrichtet. Völlig bestimmt jedoch ist ein einzelnes Sein nur dann, wenn die Totalität seiner Beziehungen zum Ganzen auch wirklich im Bewußtsein vorhanden ist. Diese Bestimmtheit aber ist erst in dem gänzlichen

---

110 Cf. Ethik 1816, S. 625, § 39. Ethik 1812/13, S. 299, § 144 drückt dieses anschaulich aus: "Jedes Erkennen stellt ... ein Resultat dar von einem bestimmten Grade der Erhebung des Prozesses zur Vernunftpotenz, also ein Zusammensein von Wahrheit und Irrthum". Daß dieser Vorgang des allmählichen In-die-Bewußtheit-Erhebens zugleich der Ort des Irrtums ist, erörterte ich in 3.2.2.3 .

111 Ethik 1812/13, S. 264, § 11.

Einsgewordensein der einheitsetzenden Vernunft mit der in der Vielheit daseienden Natur, in der Vollendung des Bewußtseins erreicht. Da die Bestimmung des Bewußten nie vollkommen, sondern werdend ist, stellt das nach innen gewandte Tätigsein des Bewußtseins ein zunehmendes Ineinander-Aufgehen von Einheit und Vielheit, d.h. ein fortschreitendes Erheben des Bewußtseinsinhaltes in die Bewußtheit dar[112]. So ist diese Tätigkeit als das Steigern des Grades der Bewußtheit ganz auf das Wachsen der Intensität des Bewußten gerichtet, so daß Schleiermacher sie als "eine fortlaufende Reihe in intensiver Richtung"[113] charakterisieren kann[114]. Im Gegenüber zu der extensiven Fortschreitung, in der sich in der Erweiterung des Bewußtseinsinhaltes die allmähliche Aufhebung des Gegensatzes zwischen dem erkannten und nicht erkannten Sein zeigt,

---

112 Cf. Ethik 1816, S. 625, § 39; Ethik 1812/13, S. 299, §§ 143 f. 300, § 155.
113 Ethik 1812/13, S. 299, § 143.
114 Cf. auch Ethik 1816, S. 575, § 31; Ethik 1812/13, S. 249, § 39 spricht hier, allerdings in bezug auf den gesamten ethischen Prozeß, von einem "potenzirten Hineinbilden" der Vernunft in die Natur.

drückt damit die intensive Richtung der Bewußtseinstätigkeit das Werden des Bewußten in einer zunehmenden "Spannung"[115] zwischen den Gliedern des sich im Bewußtseinsprozeß entwickelnden Gegensatzes zwischen Verstandenem und Nicht-Verstandenem aus[116].

115 Ethik 1814/16, S. 433, § 11; Ethik 1816, S. 574, § 31.

116 Wie der Bewußtseinsprozeß, so wird der gesamte ethische Prozeß durch das Zugleich von "allmähliger Aufhebung" /Ethik 1814/16, S. 433, § 11) oder "dem Umfange nach sich ausbreitender Einigung" (Allg. Einltg. 1816, S. 500, § 66) und "steigender Spannung" (Ethik 1814/16, S. 433, § 11) oder "der Stärke nach fortschreitend" (Allg. Einltg. 1816, S. 500, § 66) beschrieben. Cf. auch Ethik 1812/13, S. 249 f., § 39; ebd., S. 259, § 3; Bem. 1832 ad Ethik 1814/16, S. 639,ad § 11. Daß dieses Zugleich den sittlichen Prozeß charakterisieren muß, geht m.E. auch aus der Definition dieses Prozesses als eines "immer schon angefangenen und nie vollendeten Handelns der Vernunft auf die Natur" (Allg. Einltg. 1816, S. 500, § 66) hervor. Denn auf den Anfang bezogen, in dem der Gegensatz kaum entwickelt ist, stellt der Prozeß eine steigende Spannung dar, von der Vollendung her gedacht, in der der Gegensatz aufgehoben ist,

Wie aus der Einbeziehung des intensiven Vorgehens in die Beschreibung des extensiven Fortschreitens schon deutlich wird, daß die Erweiterung nicht in der Trennung von der Bestimmung des Bewußtseinsinhaltes zu denken ist, so ist auch das intensive Fortschreiten nicht ohne die extensive Zunahme möglich. Keine der beiden Richtungen, in denen der Bewußtseinsprozeß verläuft, ist von der anderen isoliert; beide gehören immer zusammen. Im Aufnehmen des Seins als Wahrnehmung oder Empfindung ist zugleich auch die Bestimmung der jeweiligen Wahrnehmung oder Empfindung enthalten[117], und

stellt das Fortschreiten eine werdende Aufhebung oder "Abstumpfung" (Bem. 1832 ad Ethik 1814/16, S. 639, ad § 11) des Gegensatzes dar (cf. Ethik 1816, S. 575, Anm. zu § 31).

[117] Deshalb hebt Ethik 1812/13, S. 294, § 117 hervor, daß in der extensiven Fortschreitung, in der zunächst mehr die Vollendung im Blick zu sein scheint, ebenso das spezifisch sittliche Moment (in der Formulierung von ebd., § 116: "den gemeinschaftlichen Charakter jeder Action ..., wodurch sie eine menschliche wird") ausgedrückt wird, "weil in jeder objectiven Einheit eine Totalität aller Relationen und also auch eine Beziehung auf das gesamte System der Ideen gesetzt ist".

Extensive und intensive Richtung

das Erfassen der Wahrnehmung oder Empfindung in der Totalität der Beziehungen schließt das Eintreten des Seins in das Bewußtsein ein, das den "Kreis von Beziehungen"[118] der jeweiligen Wahrnehmung oder Empfindung bildet[119]. Doch, der dialektischen Wirklichkeitsstruktur gemäß, dominiert in dem Zusammensein beider jeweils eine Richtung, so daß das Bewußtsein sowohl vorwiegend extensiv, wie vorwiegend intensiv ausgerichtet sein kann. Aber auch keine der beiden in dieser Weise gefaßten Verlaufsrichtungen führt ohne die andere zur Vollendung des Bewußtseins, sondern jede Richtung ist durch die andere bedingt[120].

118 Ethik 1816, S. 624, § 38.
119 In Umkehrung zur extensiven Fortschreitung scheint die intensive Richtung als das Erfassen des Einzelnen in dem Zusammenhang der Seinstotalität vorwiegend das sittliche Moment des Bewußtseinsprozesses auszudrücken, doch weist sie ebenso auf die Vollendung des Prozesses hin, "indem jede organische Action eine analytisch unendliche ist" (Ethik 1812/13, S. 294, § 116).
120 Cf. Ethik 1812/13, S. 297, Anm. 2; Ethik 1816, S. 574 f., § 31.

Damit entwickelt sich das Bewußtsein nur in "zwiefacher Fortschreitung, nemlich mit Unterordnung des extensiven Factors unter den intensiven und umgekehrt"[121].

121 Ethik 1816, S. 575, § 31. Cf. auch die anschauliche Beschreibung der Vereinseitigung beider Richtungen in Anwendung auf das pädagogische Handeln, Pädagogik, WW III 9, S. 788. Da beide Richtungen in gegenseitiger Bedingtheit stehen und beide Ausdruck der Fortschreitung des einen Prozesses sind, widersprechen sich die Aussagen nicht, daß der erkennende Prozeß "unter einer Formel" (Ethik 1812/13, S. 296, § 129) steht und daß er "in den beiden Formeln" (ebd., S. 294, § 115) aufgeht. Die beiden Formeln des Extensiven und Intensiven stellen die Differenzierungen der einen, das wachsende Einssein von Vernunft und Natur in sich begreifenden Formel des gesamten Prozesses, dar.
Die von Schleiermacher in den Gedankenzusammenhang der Fortschreitung des Prozesses in der Ethik von 1812/13 aufgenommenen Begriffe der "analytischen" (ebd., S. 301, § 161) und "synthetischen Fortschreitung" (ebd., S. 302, § 163) habe ich nicht erörtert, da m.E. in der extensiven Fortschreitung vorwiegend die synthetische Art, das Vorgehen "von einer Einheit zu einer anderen außer ihr

4.1.2 Die Verwirklichung des Bewußtseinsprozesses in der Korrelation von Person und Gemeinschaft

Indem unser erster Gedankenzusammenhang, der sich mit dem Bewußtsein im Lebensprozeß befaßt, das Bewußtsein als das bestimmt, was es als lebendige Größe ist, nämlich ein extensiv wie intensiv ausgerichtetes Hinübergehen von dem Minimum zu dem Maximum des unmittelbaren Einsseins von Vernunft und Natur, das sich in der Wechselwirkung von Reiz und Willkür vollzieht, indem also der Bewußtseins-

> liegenden" (ebd., S. 302, § 163), in der intensiven vorwiegend die analytische Art, "durch welche ... in einer Einheit die Totalität untergeordneter Einheiten gesetzt wird" (ebd., S. 301, § 161), herrscht (cf. besonders auch die Definitionen von Analysis und Sythesis in Ethik, WW III 5, S. 230, Vorlesg.), und damit die Zuordnung in der Ethik von 1812/13 mir unklar bleibt, die das analytische und synthetische Verfahren als Fortschreitungsarten der extensiven Richtung bestimmt und die intensive Richtung als eine dritte Verfahrensart daneben stellt
> (cf. ebd., S. 300, §§ 154 f.).

prozeß dem Inhalt nach beschrieben wird, ohne die Frage aufzunehmen, in welcher Form sich diese lebendige Bewußtseinsgröße in der Wirklichkeit darstellt, ist uns ein nächster Gedankengang aufgegeben, der die Art und Weise, in der das Bewußtsein als Prozeß da ist, darzulegen hat.

4.1.2.1 Das Setzen der Person im Bewußtseinsprozeß als der abgeschlossenen Bewußtseinseinheit

Das natürliche Sein stellt sich in unserer Wirklichkeit nicht als "Eine homogene Masse"[122] dar, sondern differenziert sich in eine Fülle lebendiger Einheiten, die jeweils als Zentrierung von Naturkräften in einem Punkt zu beschreiben sind. Indem ein solches einzelnes Naturzentrum den Mittelpunkt eines in einem "Kreis wechselnder Zustände"[123] zur Erscheinung kommenden natürlichen Daseins bildet, grenzt sich jede dieser Einheiten des Daseins

---

122 Ethik 1812/13, S. 272, § 62; cf. auch Ethik 1814/16, S. 452, § 53.
123 Ethik 1814/16, S. 432, § 10.

durch ihren bestimmten Umfang von den anderen Einheiten ab[124]. Diese Mannigfaltigkeit voneinander abgegrenzter Natureinheiten ordnet sich uns nach dem Schema von Art und Gattung in der Trennung koordinierter Einheiten und in ihrer Zusammengehörigkeit in der größeren, übergeordneten Einheit zu einem großen Naturzusammenhang, der sich als das alle einzelnen Naturganzheiten in sich fassende "Naturganze unseres Weltkörpers"[125] darstellt[126]. Ist die Vernunft nun bestrebt, mit der Natur unmittelbar eins zu werden, so kann sie diese Art und Weise, in der die Natur da ist, nicht aufheben, sondern muß mit ihrem Eintreten in die Natur, will sie zur Realität kommen, auch in deren Form der Trennung und Zusammengehörigkeit von

---

[124] Da ich den in diesem Absatz darzulegenden Sachverhalt in unserer Arbeit in anderen Zusammenhängen schon beschrieben und mit Texten aus Schleiermachers philosophischer Ethik belegt habe, verweise ich im Folgenden hauptsächlich auf diese Ausführungen. Cf. zu den Gedanken der Natureinheit: Abschnitt 2.2 dieser Arbeit.
[125] Höchstes Gut II, Braun I, S. 480.
[126] Cf. Abschnitt 2.2 dieser Arbeit.

Naturganzheiten eingehen[127].

Damit aber ist das lebendige Bewußtsein nicht als eine einzige Größe in unserem Lebenszusammenhang da, sondern entwickelt sich in einer Vielzahl einzelner unmittelbar mit der Vernunft geeinter untereinander einen Zusammenhang bildender Natureinheiten[128]. Diese einzelnen Bewußtseinseinheiten unterscheidet voneinander nicht nur ihre verschiedene Stellung in Raum und Zeit, sondern ihre Differenz gründet sich vornehmlich in ihrem Ausdrucksein des unmittelbaren Einsseins von Vernunft und Natur, das jede in der ihr eigenen Weise ist. Denn indem jede Einheit in sich die Kräfte der allgemeinen Natur in einem nur

---

[127] Cf. Abschnitt 2.3.2 dieser Arbeit. Daß die Vernunft in ihrem Eingehen in die Natur von der Natur ihr Maß empfängt, ohne das ihr keine Wirklichkeit zukommen kann, formuliert klar Ethik 1816, S. 569, § 17: "Die Naturmasse, auf welche die Vernunft wirkt, ist die Eine Größe, wodurch die Vernunft als Kraft von bestimmtem Umfang, und das muß sie in jeder wirklichen Action sein, gemessen wird". Cf. auch: ebd., S. 604 f., § 71.

[128] Für alle Belege: ebd., S. 577 f., §§ 35 f.; Ethik 1814/16, S. 434 f., §§ 15 f.

Setzen der Person im Bewußtseinsprozeß

ihr eigenen Verhältnis bindet und sich in dieser besonderen Relation ihr natürliches Sein konstituiert, indem sie also eine eigentümliche Modifikation der allgemeinen Natur darstellt, kann die dieser spezifischen Natur entsprechende ideale Seite der Vernunft nur in dieser Einheit Wirklichkeit werden[129]. Da aber allein in ihr die Vernunft mit dieser besonderen Naturgestalt eins wird, ist jede Bewußtseinseinheit ein eigentümliches unmittelbares Symbol der Vernunft und entwickelt als eine solche Ganzheit des Bewußtseins dieses in einer ausschließlich ihr zukommenden spezifischen Weise. Doch löst diese Bestimmung der einzelnen Bewußtseinseinheiten den von uns bisher als einheitlich aufgezeigten Bewußtseinsprozeß nicht in eine Summe eigentümlicher Prozesse auf. Obwohl die Vernunft sich in den Bewußtseinseinheiten vereigentümlicht, gibt sie dennoch ihr Wesen, eine zu sein, nicht auf, sondern manifestiert sich zugleich als die in allen Einheiten gleiche Vernunft[130]. Damit aber drückt die einzelne Bewußtseinseinheit sowohl in Hinsicht auf die in ihr gesetzte

---

[129] Cf. Abschnitt 2.3.2 dieser Arbeit.
[130] Cf. 2.3.2.3.1 und 3.2.2.1.1 dieser Arbeit.

mit sich immer identische Vernunft ein in allen Einheiten gleiches Bewußtsein, als auch in Hinsicht auf die Besonderheit ihres Daseins ein von allen anderen unterschiedenes Bewußtsein aus[131]. Erst in diesem Sein der einzelnen Einheiten als einem Zugleich des Allgemeinen und Besonderen ist die sittliche Bestimmtheit des Bewußtseinsprozesses gewahrt. Denn mit der identischen Vernunft ist es der einzelnen Einheit gegeben, das Verhaftetsein in der eigenen Abgeschlossenheit auf die Totalität von Vernunft und Natur hin zu überschreiten und sich so als ein organischer Teil in dem einen sich in einem gemeinsamen Prozeß darstellenden Zusammenhang aller Bewußtseinseinheiten zu verstehen. Real aber ist dieser

---

[131] Cf. Ethik 1816, S. 566, § 9. 584 f., § 46. 587 f., § 50. Daß sich das allen Einheiten gleiche oder identische Bewußtsein als "gegenständliches Bewußtsein", das von allen anderen Einheiten unterschiedene Bewußtsein als "Selbstbewußtsein" darstellt (cf. 3.2.2.2.1 und 4.1.1.3 dieser Arbeit), sei an dieser Stelle nur angemerkt. Die Abschnitte 4.2 und 4.3 befassen sich mit den beiden Ausprägungen des Bewußtseins ausführlicher.

einheitliche Bewußtseinsprozeß nur in der Art und Weise, in der die Natur ihr Dasein hat, d.h. zur Wirklichkeit kommt er allein in der Differenzierung in eine Vielzahl einzelner lebendiger Bewußtseinseinheiten[132].

Tritt nun die Vernunft einzig in der höchsten Entwicklungsstufe der irdischen Natur in den Wirklichkeitszusammenhang ein und stellt die menschliche Natur als die vollkommenste Gattung diese höchste Stufe natürlichen Seins dar, dann erscheint die Vernunft unmittelbar in dieser Gattung, die, da sie vollkommen ist, nicht in Arten, sondern in innerlich vonein-

---

132 Dieses Ineins von Allgemeinem und Besonderem zeichnet die Bewußtseinseinheit als eine sittliche Einheit aus. So stellt Brouillon 1805/06, S. 102 fest: "Es läuft alles hinaus auf die Identität des Allgemeinen und des Besonderen ... Die ethische Einheit ist eben diese Identität". Den von uns genannten Sachverhalt beschreibt Ethik 1816, S. 568, § 16 in bezug auf das Vernunfthandeln: "Wie also jedes Handeln der Vernunft von bestimmter Art nur ein Wirkliches ist, inwiefern in einen solchen bestimmten Raum gesezt, so wäre es doch nicht ein Sittliches, inwiefern in diesen eingeschlossen". Cf. auch Ethik 1812/13, S. 260, § 10.

ander geschiedenen Einzelwesen besteht[133].
Damit aber gewinnt die einzelne Bewußtseinseinheit ihre konkrete Gestalt im einzelnen Menschen[134].

Haben wir so unsere Überlegungen zum Bewußtseinsprozeß wie zur Bewußtseinseinheit auf den Menschen zu beziehen, so ist dieser in seinem Sein als eine eigentümliche, mit Vernunft geeinte Naturganzheit bestimmt. Aufgrund seines Menschseins ist jeder Mensch schon eine unauswechselbare, nur durch ihn selbst auszudrückende, besondere Darstellung des Bewußtseins. Diese Besonderheit des Menschen unterscheidet sich grundlegend von der im animalischen Bereich vorzufindenden Eigentümlichkeit. Denn während in diesem Bereich allein Gattungen und Arten wesentlich geschieden sind, die Differenz der Einzelwesen aber nur als Ergebnis verschiedener äußerer Einwirkungen allmählich geworden ist, ist jedem Menschen Eigentümlichkeit in seinem Wesen,

---

133 Cf. 2.3.1 und 2.3.2.1 dieser Arbeit.
134 Cf. Ethik 1812/13, S. 303, § 167: "Jede Person ist eine abgeschlossene Einheit des Bewußtseins". Cf. auch ebd., S. 272, § 57.

Setzen der Person im Bewußtseinsprozeß

Eigentümlichkeit als eine innerlich gesetzte, gegeben[135]. Doch das unmittelbare Einssein von Vernunft und Natur, das der Mensch jeweils in eigentümlicher Weise zum Ausdruck bringt, ist in ihm mit seinem Sein nicht als ein vollkommenes Bewußtsein, sondern, unserer Beschreibung des Bewußtseinsprozesses gemäß, als ein Minimum dieses unmittelbaren Geeintseins da, das erst in diesem besonderen menschlichen Leben entwickelt werden will. Diese dem Menschen mit seinem Sein aufgegebene Entwicklung des Bewußtseins verwirklicht er, indem er, durch das in ihm angelegte Bewußtsein in den Stand gesetzt, die Beziehung mit dem Außer-Ihm in der Weise gestaltet, daß ihm das ihn als Reiz affizierende Sein, das außer ihm ist, in dem Bewußtseinsakt der Willkür entweder zu einer durch dieses Sein veranlaßten Bestimmtheit seines Selbst oder zur Wahrnehmung dieses Seins als eines vom eigenen Selbst unterschieden wird. So wird der Mensch in der Entwicklung seines Bewußtseins seines Selbst als eines eigentümlichen, wesentlich von allem anderen Sein geschiedenen gewahr. Diese Erkennt-

---

[135] Zur Eigentümlichkeit des Menschen cf. 2.3.2.2 dieser Arbeit.

nis seiner Eigentümlichkeit ist ihm aber, obwohl er das Bewußtsein als Minimum in sich gesetzt findet, nicht schon mit seinem Menschsein gegeben, sondern wird ihm erst, dem Werden des Bewußtseins entsprechend, in der Realisierung seines Zusammenhanges mit dem Außer-Ihm in der durch das Bewußtsein geprägten Lebensbewegung von Reiz und Willkür zuteil. Die eigentümliche Modifikation seines Bewußtseins, sein Selbst, erfährt der Mensch nicht in der Isolation, sondern allein in der Beziehung zum Außer-Ihm, in der sich das Bewußtsein entwickelt. Ist aber das Bewußtsein in unserer Wirklichkeit nie vollendet, sondern immer ein Übergang vom Minimum zum Maximum des unmittelbaren Einsseins von Vernunft und Natur, dann bildet auch das innewerden des eigenen Selbst keinen einmaligen Akt. Vielmehr nimmt der Mensch seine Eigentümlichkeit nur werdend in einem Prozeß wahr und bringt sie zugleich auch nur in dem Maß zur Darstellung, in dem er sie erkennt. Diese Ausbildung der Individualität des Menschen im Bewußtseinsprozeß läßt deutlich werden, daß diese Individualität sich nicht nur durch das Im-Einzelwesen-innerlich-Gesetztsein von der natürlichen Eigentümlichkeit unterscheidet,

Setzen der Person im Bewußtseinsprozeß 291

sondern vor allem durch ihr geistig-sittliches Bestimmtsein. Denn aufgrund seines Bewußtseins ist der Mensch nicht nur ein eigentümlicher, sondern er erkennt sich auch als ein solcher und stellt sich damit bewußt als ein vom anderen Sein unterschiedenes Selbst diesem gegenüber[136].

Mit dieser Vereigentümlichung der Vernunft im Menschen aber ist, so zeigt unsere Beschreibung der Bewußtseinseinheit, zugleich auch die Identität der Vernunft gesetzt. Kommt nun die Vernunft allein in der menschlichen Natur zur Erscheinung, bildet also die Gesamtheit der Menschen die reale Seite der ganzen Vernunft, dann muß sich diese Identität der Vernunft in dem einzelnen Menschen als das Bewußtsein seiner Zugehörigkeit zu der einen menschlichen Gattung ausdrücken[137]. So ist

---

136 Das Einssein von Ausbildung und Erkennen der Individualität belegen u.a. Ethik 1812/13, S. 264, § 9; Ethik 1816, S. 604 f., § 71. 624, § 38.
137 Cf. den indirekten Beleg Ethik 1816, S. 596 f., § 61. Ethik 1812/13, S. 261, § 18 bestimmt das Bewußtsein der Identität als "Bewußtsein der Ein-

jedem Menschen in seinem Bewußtsein das Sich-
Begreifen-Können als eines Teils der Mensch-
heit und, dieses gehört zusammen, das Erkennen-
Können des anderen Menschen als eines ihm
gleichen, d.h. eines die Vernunft darstellenden
Wesens gegeben[138]. Indem dieses allen Menschen

---

    heit der Vernunft in der Totalität der Personen",
    das dem "persönlichen Bewußtsein" mitgegeben ist.
    Bem. 1832 ad Ethik 1812/13, S. 651, ad § 77 nennt
    dieses Bewußtsein, in dem sich die Einheit der
    menschlichen Vernunft ausdrückt, das jedem Menschen
    einwohnende "Gattungsbewußtsein". Diesen Ausdruck,
    der sonst in den ethischen Entwürfen nicht zu fin-
    den ist, gebraucht Schleiermacher in der Psycholo-
    gie (z.B. WW III 6, S. 227) und in der Aesthetik
    (z.B. WW III 7, S. 106) fast durchgängig zur Be-
    zeichnung des Bewußtseins der Identität. Aesthetik,
    WW III 7, S. 146 definiert das Gattungsbewußtsein
    als "das Bewußtsein vom menschlichen Geist an sich,
    wie er da ist in unendlicher Mannigfaltigkeit von
    einzelnen Gestalten".
138 Cf. Bem. 1832 ad Ethik 1812/13, S. 651, ad 77;
    aber auch Ethik 1816, S. 596 f., § 61. Psychologie
    (WW III 6, S. 248) formuliert diesen Gedanken

Setzen der Person im Bewußtseinsprozeß   293

gleiche Bewußtsein den einzelnen Menschen auf
die gesamte Menschheit bezieht, in der sich
die ganze Vernunft zur Erscheinung bringt,
erkennt der Mensch nicht nur den Menschen
außer ihm, sondern er fordert diesen als eine
notwendige Ergänzung seines eigenen Seins.
Denn da jeder Mensch eine eigentümliche Darstellung der Menschheit ist, die Menschheit
sich also in der Totalität aller eigentümlichen
Darstellungen repräsentiert, bestimmt sich
die im Bewußtsein der Identität gegebene Beziehung auf die Menschheit als Beziehung auf
die Totalität ihrer eigentümlichen Erscheinungen, so daß in dem Zugleich des Bewußtseins
der Identität und der Individualität der Mensch
mit dem Gewahrwerden seines Selbst als einer
eigentümlichen Darstellung der Menschheit die
anderen Darstellungen der Menschheit verlangt
und als von ihm unterschieden in ihrer jeweiligen Eigentümlichkeit anerkennt[139]. Doch wie

---

negativ: Fällt das Gattungsbewußtsein weg, "so
wäre kein Grund, daß der Mensch den Menschen anders behandeln sollte als alle anderen Dinge".
139 Cf. u.a. Ethik 1816, S. 596 f., § 61. So stellt
auch Brouillon 1805/06, S. 111 fest: "Wer Sitt-

sich im Menschen die Erkenntnis seiner Eigentümlichkeit erst langsam entwickelt, so bildet sich in ihm auch das Bewußtsein seiner Zugehörigkeit zur Menschheit und die damit gegebene, ihm notwendige Anerkenntnis der anderen Menschen erst allmählich heran. Beide, das Bewußtsein der Identität und das Bewußtsein der Individualität, sind nicht voneinander zu trennen, sondern immer nur in eins. Denn der Mensch kann sich nur in dem Maß von anderen Menschen unterscheiden, in dem er sich als Teil der Menschheit erkannt hat, und umgekehrt ist ihm die Anerkenntnis des anderen Menschen als eines ihm gleichen und dennoch eigentümlichen nur soweit möglich, wieweit er selbst

lichkeit sezt, sezt einen Trieb Andere zu suchen und anzuerkennen". Anschaulich formuliert diesen Gedanken auch Aesthetik, WW III 7, S. 123:
"... daß es zum Wesen des Geistes als menschlichen gehört, sich seiner im einzelnen Leben als Gattung bewußt zu sein, d.h. das unmittelbare Selbstbewußtsein in sofern es das des einzelnen Lebens ist, nicht zu haben, ohne die beständige Voraussetzung von andern desselben Lebens; der einzelne Mensch ist nicht ohne Menschen zu sezen".

seine Eigentümlichkeit wahrgenommen und ausgebildet hat.

Diese Bestimmtheit des Menschen, die ihn als eine sittliche Lebenseinheit ausweist, läßt ihn zur "Person"[140] werden. Der Begriff der Person unterscheidet sich von dem des

---

140 Ethik 1816, S. 604, § 71; cf. auch Ethik 1814/16, S. 448, § 48; Höchstes Gut II, Braun I, S. 480; Ethik 1812/13, S. 272, § 57 spricht von "Persönlichkeit". Obwohl sich der Ausdruck "Person" auch in dem Brouillon 1805/06, z.B. S. 89, findet, wird er dort nicht zur Bezeichnung der sittlichen Lebenseinheit hervorgehoben. Zur Benennung dieser Lebenseinheit dient an einigen Stellen des Entwurfes der Begriff der Individualität oder des Individuums (z.B. S. 122. 149). An dem systematischen Ort der ethischen Konzeption, an dem die Ethik 1816, die Ethik 1814/16 und die zweite Abhandlung "Über das höchste Gut" den Personbegriff einführen, thematisiert Brouillon 1805/06 die "ethische Einheit" als "Identität des Allgemeinen und des Besonderen" (S. 102) und weicht damit in der Sache von den anderen Entwürfen nicht ab.

Menschen in der Weise, daß er den Menschen charakterisiert, insofern dieser als eine relativ für sich bestehende Bewußtseinseinheit das in ihm angelegte Bewußtsein der Identität und der Individualität zur Entwicklung bringt, d.h. insofern der Mensch ein mit Vernunft geeintes Naturganzes und damit einen Mittelpunkt des Handelns der Vernunft auf die Natur darstellt[141]. Zwar kennzeichnet den Begriff des Menschen gerade die in dem Menschen als ein Minimum an Bewußtsein gesetzte Vernunft wie die in dem Menschsein beschlossene Aufgabe, an dem einen, allen Menschen gemeinsamen Prozeß der Einung von Vernunft und Natur teilzuhaben; doch bezeichnet dieser Begriff immer auch den nur natürlichen Menschen, während "Person" den Menschen ausschließlich als einen sich seiner und des anderen im Zusammenhang der gesamten Menschheit bewußten, d.h. als

---

141 So definiert Schleiermacher die Person als das "Geseztsein der sich selbst gleichen und selbigen Vernunft zu einer Besonderheit des Daseins in einem bestimmten und gemessenen, also beziehungsweise für sich bestehenden Naturganzen, welches daher zugleich anbildend ist und bezeichnend, zugleich Mittelpunkt einer eignen Sphäre und angeknüpft an Gemeinschaft" (Ethik 1816, S. 604, § 71).

einen sittlich bestimmten benennt[142]. Dieses
aber bedeutet nicht, daß der Personbegriff
den Menschen, abstrahiert von seiner Natur,
als rein vernünftigen faßt. Vielmehr schließt

---

[142] Ethik 1816, S. 604, § 71 betont, daß der Mensch allein aufgrund dieses Bewußtseins, "vermittelst dessen allein" er "sich unterscheiden und andere neben sich sezen" kann, Person ist. Cf. auch Ethik 1814/16, S. 448, § 48: "Der Mensch ist nur Person, insofern er andere neben sich sezt und sich zugleich von anderen unterscheidet". Wie konstitutiv das Bewußtsein für die Person ist, führt Schleiermacher besonders anschaulich in der Bestimmung der Veränderung des Staates als Person gegenüber der Horde, dem Noch-nicht-Staat aus. Lag vorher allen Tätigkeiten "bewußtloser Instinkt, fortgepflanzte Gewohnheit" ("Über die Begriffe der verschiedenen Staatsformen", WW III 2, S. 261) zugrunde, so ist es jetzt "eine mit Bezug auf die Bedürfnisse des Ganzen unternommene und vertheilte Arbeit", d.h. "die bewußtlose Einheit und Gleichheit der Masse hat sich in eine bewußte verwandelt" (ebd.). Der Schritt von der Horde zum Staat ist also der "Uebergang aus der Bewußtlosigkeit ins Bewußtsein der Gemeinschaft" (Die Lehre vom Staat, WW III 8, S. 9). Cf. auch Ethik 1812/13, S. 334, Anm. 2 .

er, gemäß der Definition des Sittlichen, die Naturseite des Menschen, in der die Vernunft Wirklichkeit wird, also den Menschen als Naturganzheit, die seinem Bestimmtsein als sittlicher Einheit Maß und Begrenzung gibt, ein, nun aber so, daß dieses Naturganze in Beziehung zur Vernunft gesetzt und folglich in dem Grad des Geeintseins mit der Vernunft begriffen wird[143].

Damit aber wird dem Menschen aufgrund des Bewußtseins das Personsein zuteil, so daß er nur in dem Maße Person werden kann, in dem sein Bewußtsein zur Entwicklung kommt[144].

---

143 Von diesem Gedanken aus ist die Unterscheidung von physischer und moralischer Person völlig abzuweisen. Der Mensch ist "eine physische Person nur, sofern eine moralische, und ... moralische nur, sofern ... (sc. er eine) physische" ist, "nemlich (sc. ein) bestimmt gemessenes und beziehungsweise in sich abgeschlossenes Naturganzes" (Ethik 1816, S. 605, § 71).

144 Cf. Ethik 1816, S. 604, § 71: "Je weniger ein Mensch ... sich von andern unterscheidet, um desto weniger persönlich ausgebildet ist (sc. er) in seiner Sittlichkeit; je weniger (sc. er) andere neben sich sezt und anerkennt, um desto weniger ist (sc. er) sittlich ausgebildet in seiner Persönlichkeit".

Setzen der Person im Bewußtseinsprozeß

Indem Schleiermacher die Person fest an das Bewußtsein geknüpft sein läßt, ordnet er sie ausschließlich in den sittlichen Zusammenhang ein[145]. Da die Person im sittlichen Prozeß durch das Zugleich des Bewußtseins der Identität und der Individualität als die konkrete Gestalt der für sich bestehenden Bewußtseinseinheit, als der Punkt in unserer Wirklichkeit, von dem sittliches Handeln ausgeht, definiert ist und der eine sittliche Prozeß sich in einer und durch eine Vielheit einzelner Bewußtseinseinheiten, d.h. also Personen vollzieht, ist in der Bestimmtheit der Person auch "die Weise zu sein des Einen und Vielen"[146] im sittlichen Prozeß, d.h. die Art des Zusammenseins der Personen, in der die Zugehörigkeit zur Totalität der Personen wie auch die Selbständigkeit jeder einzelnen Person gewahrt bleiben, aufgezeigt. Denn jede Person, so sahen wir, vermag aufgrund ihres Bewußtseins sich als eigentümliche von anderen zu unterscheiden und sich als solche zu setzen wie sich auch als Teil der Gesamtheit der Personen zu ver-

---

145 Ethik 1816, S. 604, § 71 stellt ausdrücklich fest, daß der Begriff "Person" "ganz auf das sittliche Gebiet angewiesen" ist.
146 Ethik 1816, S. 604, § 71.

stehen und als ein solches die anderen Personen als die ihm notwendige Ergänzung zu fordern und neben sich anzuerkennen, so daß durch dieses Zugleich des Sich-Bewußtseins seiner Eigentümlichkeit und des notwendigen Bezogenseins auf die Gesamtheit der anderen Personen die Einheit der Vielheit der einzelnen Personen erreicht wird, in der der eine sittliche Prozeß zur Verwirklichung kommt.

Aus dieser sittlichen Bestimmtheit der Person aber geht hervor, daß sie mit dem eigentümlichen Dasein nicht gleichzusetzen ist[147]. Zwar stellt die Eigentümlichkeit, das innere wie äußere Unterschiedensein des eigenen Selbst von anderen, ein wesentliches Merkmal der Person dar, so daß persönliches Dasein immer eigentümliches sein muß; doch, da die Person als das Ineinssein des Bewußtseins der Eigentümlichkeit und des Bewußtseins der Zugehörigkeit zur Menschheit besteht, ist das persönliche Dasein umfassender als das eigentümliche. Denn gerade indem in der Person die ganze Vernunft, die mit der gesamten Natur eins werden will, gesetzt ist, die Person folglich die beiden Ausrichtungen des Bewußtseins, organischer Teil wie eigentümliche Darstellung

---

147 Cf. ebd.; Ethik 1812/13, S. 261, § 17.

der Menschheit zu sein, in sich vereinigt und damit beides ist, hervorbringende Kraft wie hervorgebrachte Erscheinung, bildet sie eine relativ für sich bestehende sittliche Einheit, die aus sich, in selbständiger Weise sittlich handelnd, das Einssein von Vernunft und Natur in unserer Wirklichkeit entwickelt. Dem eigentümlichen Dasein hingegen, das Ausdruck des Besonderen in Abhebung von dem Allgemeinen sein will, kommt diese sittliche Selbständigkeit nicht zu, sondern es ist immer dem persönlichen Dasein als eine diesem wesentliche Bestimmung zugeordnet.

Vollzieht sich nun der Bewußtseinsprozeß in der Mannigfaltigkeit der einzelnen Personen, von denen jede die Konkretion einer Bewußtseinseinheit darstellt, und sind alle Personen als einzelne Einheiten in der einen umfassenden Einheit der Menschheit begriffen, so würde sich in der unmittelbaren Beziehung der einzelnen Personen auf die Menschheit diese alle Subjekte des Prozesses in sich schließende, große Einheit als ein verworrenes Aggregat der Vielheiten bestimmen, wenn sie nicht ein Ordnungsprinzip enthielte, das die Vielheit der Personen in ein organisches Ganzes strukturierte[148]. Dieses Strukturschema erstellt sich uns, bedenken wir, daß die Person als ein Zugleich des Bewußtseins, Teil der Menschheit wie eine eigentümliche Gestaltung dieser zu sein, definiert und dieses Zugleich als das Ineins von hervorbringender Kraft und hervorgebrachter Erscheinung zu beschreiben ist, in dem Beziehungsgefüge, in dem der relative Gegensatz von Kraft und Erscheinung verwirklicht wird. Da Kraft und Erscheinung keine isolierten Größen sind, folglich jede Kraft als das hervorbringende Sein nicht nur in den von ihr hervorgebrachten, ihr untergeordneten Einheiten zur Erscheinung kommt, sondern zugleich auch selbst Erscheinung der sie hervorbringenden, ihr übergeordneten Kraft ist und als diese Erscheinung die anderen Einheiten, in denen sich dieselbe Kraft zur Anschauung bringt, neben sich geordnet findet, so daß

---

148 Die Formulierung dieses Gedankens heißt in Höchstes Gut I, Braun I, S. 464: "Dennoch wäre das begeistete Leben ein sehr untergeordnetes, wenn die Unendlichkeit des Mannigfaltigen unmittelbar und verworren auf das Eine in allen sollte zurückgeführt werden". Cf. auch Höchstes Gut II, Braun I, S. 481.

das Ineins von Kraft und Erscheinung als ein
Gefüge subordinierter und koordinierter Einheiten zu denken ist, in dem jede Einheit mit
den ihr gleichgeordneten auf den ihnen gemeinsamen produktiven Grund bezogen ist wie sie
selbst wieder als produktiver Grund die von
ihr hervorgebrachten Einheiten unter sich begreift, muß die Beziehung zwischen der umfassendsten Einheit, in der sich die größte Kraft
ausdrückt und der kleinsten der unter ihr befaßten Einheiten, der Einheit also, in der
diese Kraft in der Vereinzelung zur Erscheinung kommt, durch dem Umfang nach von der
größten zu der kleinsten, abgestufte Einheiten
vermittelt sein[149]. So ist aufgrund dieses
Ordnungsschemas, das die Struktur des Organismus bildet, der einzelnen Person nur durch
die Vermittlung von Zwischenstufen der Zusammenhang mit der Menschheit gegeben, wie, in
umgekehrter Weise formuliert, die Menschheit
nicht direkt, sondern allein durch vermittelnde
Einheiten in den einzelnen Personen zur Er-

---

149 Den Kraft-Erscheinungs-Organismus setze ich als
bekannt voraus; cf. die Abschnitte 2.3.2.3.1;
3.1.4 und 4.1.1.1 dieser Arbeit.

scheinung kommt[150]. Gehen wir von der Überlegung aus, daß die umfassendste und die kleinste Kraft-Erscheinungs-Einheit, die Menschheit und die einzelne Person, Begrenzung und Maß durch ihre Naturseite erhalten, beide Einheiten als Naturganzheiten immer schon vorgefunden werden und daß alle Einheiten des Kraft-Erscheinungs-Organismus die gleiche Struktur aufweisen, so müssen auch die organischen Zwischenstufen als schon gegebene Naturganzheiten in der Wirklichkeit vorhanden sein. Da der einzelne Mensch nicht von der Menschheit schlechthin hervorgebracht wird, sondern aus der "Gemeinschaft der Geschlechter"[151], in der Familie, entsteht[152], die Familie aber

[150] Cf. Brouillon 1805/06, S. 166; Ethik 1812/13, S. 260, § 13; Höchstes Gut I, Braun I, S. 464; Pädagogik, WW III 9, S. 691.
[151] Ethik 1812/13, S. 272, § 59.
[152] Cf. Ethik 1816, S. 602 f., § 70; Ethik 1812/13, S. 272, §§ 57-60; ebd., S. 334, § 80, Anm. 1; Brouillon 1805/06, S. 178; Höchstes Gut I, Braun I, S. 462; Pädagogik, WW III 9, S. 691 f. Anschaulich beschreibt Ethik 1812/13, S. 327, § 42 diesen Sachverhalt: "Mann und Frau bilden eine gemeinschaftliche Eigenthümlichkeit, die sich als eine Sphäre darstellt, innerhalb der und aus der sich einzelne

auch nicht unmittelbar aus der Menschheit hervorgeht, sondern sich innerhalb einer begrenzten Menschengruppe konstituiert, die durch den gemeinsamen natürlichen Lebensraum ihre eigentümliche Prägung gewinnt[153], da die Familie sich also innerhalb der "Volkstümlichkeit"[154] oder des "Volksstammes"[155] als ihrem identischen Bezugspunkt bildet [156], sieht Schleier-

> Modificationen, die unter ihr begriffen sind, entwickeln". Da Familie die Kinder einschließt (Ethik 1812/13, S. 333, § 75 faßt Familie noch weiter), scheint meine Gleichsetzung von Geschlechtsgemeinschaft und Familie ungenau zu sein. Doch sehe ich sie in dem Sichgründen der Familie auf diese Gemeinschaft wie dem engen Zusammenhang von Hervorbringendem und Hervorgebrachten gerechtfertigt.

153 Cf. Ethik 1812/13, S.331, § 64; ebd., S. 334, § 80, Anm. 1; ebd., § 81; Höchstes Gut I, Braun I, S, 464; Ethik WW III 5, S. 168, Vorlesg. zu § 193; aber auch Ethik 1816, S. 602 ff., § 70.

154 Ethik 1816, S. 603, § 70.

155 Ethik 1812/13, S. 272, § 63 wird der Ausdruck im Plural gebraucht.

156 Schleiermacher bezeichnet diese Einheit auch als "Volk". Höchstes Gut I, Braun I, S. 464 definiert das Volk als das Vereintsein der Menschen "durch eine bestimmtere Gemeinsamkeit des Eigentümlichen

macher in Familie und Volk die in der Natur gesetzten Abstufungen zwischen der Menschheit und der einzelnen Person[157]. Gleich dem ein-

in größeren Massen". Daß die Eigentümlichkeit des Volkes in seinem spezifischen Lebensraum gründet, belegen Schleiermachers Aussagen über die Zusammengehörigkeit von Boden, Klima und Volk; cf. Ethik 1816, S. 602, § 70; Ethik 1812/13, S. 272, § 63; ebd., S. 343, §§ 128 f.; ebd., Anm. 1; Höchstes Gut II, Braun I, S. 479 f.
Die Abhandlung "Über die Begriffe der verschiedenen Staatsformen", WW III 2, S. 260 betont, daß, denkt man sich Menschen von überall "zusammen getrieben oder geweht" diese Masse erst dann ein Volk wird, wenn "Boden und Menschen von einander Besiz genommen haben", wenn "wenigstens ein zweites Geschlecht Eingeborner da ist, welches durch Anhänglichkeit an den gemeinsamen Boden und an die gleichen Lebensbedingungen auch auf eine natürliche Weise verbunden ist".

157 Diese Abstufungen in der Menschheit, angesehen von der natürlichen Seite, beschreibt ausführlich Pädagogik, WW III 9, S. 691 ff. In diesem Text wie auch Ethik 1816, S. 602 ff., § 70 (für alle Belege in den ethischen Entwürfen) nennt Schleiermacher als weitere Zwischengröße die "Race" (Rasse). Ich habe diesen Ausdruck nicht aufgenommen, weil

zelnen Menschen, der durch die Entwicklung des in ihm angelegten Bewußtseins zur sittlichen Einheit, zur Person wird, ist auch diesen Naturganzheiten, die die Stufen zwischen dem einzelnen Menschen und der Menschheit bilden, mit der in ihnen gesetzten, erst zu einem Minimum mit Natur geeinten Vernunft die Erhebung zur sittlichen Einheit aufgegeben. In diesem wachsenden Einssein der Familie und des Volkes mit der Vernunft werden diese sich zunächst aufgrund ihrer Natur als zusammengehörige "Masse"[158] bestimmenden Zwischenstufen zu Einheiten, die sich ihrer Zusammengehörigkeit und, damit verbunden, ihrer Eigentümlichkeit und Unterschiedenheit von anderen, ihnen gleichgeordneten Einheiten bewußt sind. Entsprechend der zweifachen Bestimmtheit des Handelns der Vernunft auf die Natur[159], nämlich einmal als "Zurichtung der Natur für die Vernunft"[160]

    Schleiermacher ihn als Ausdruck einer ethischen Einheit abweist (cf. Ethik 1816, S. 605, § 71).

158 "Über die Begriffe der verschiedenen Staatsformen", WW III 2, S. 260.

159 Das Handeln der Vernunft auf die Natur habe ich inhaltlich beschrieben in Abschnitt 2.3.3.2.2.2 dieser Arbeit.

160 Ethik 1816, S. 623, § 36.

oder als organisierendes Handeln, zum anderen als "Einsgewordensein"[161] der Natur mit der Vernunft oder als symbolisierendes Handeln, und entsprechend dem Geprägtsein dieses Handelns durch das jede Einheit konstituierende Zugleich des Allgemeinen und Besonderen, das dem Handeln entweder einen überwiegend eigentümlichen oder einen überwiegend identischen Charakter gibt, differenzieren sich die vernunftgeeinten Naturganzheiten in verschieden sittlich bestimmte Einheiten. Während die Familie als vernünftige Naturganzheit aber noch alle Seiten sittlichen Bestimmtseins in gleicher Ausprägung in sich faßt[162], entstehen in

---

161 Ebd., S. 570, § 23.

162 Weil in der Familie "alles ... gesezt" (Ethik 1812/13, S. 272, § 60) ist, nämlich gegenüber dem einzelnen Menschen, der nur in der Geschlechtsdifferenz da ist, die beiden Geschlechter, gegenüber den anderen ethischen Einheiten, die, obwohl sie in untergeordneter Weise alle sittlichen Sphären enthalten, doch jeweils nur eine Seite zur Ausprägung bringen, die "Keime aller vier relativen Sphären" (ebd., S. 273, § 71) kommt ihr zentrale Bedeutung im sittlichen Organismus zu. Cf. Ethik, WW III 5, S. 168, Vorlesg. zu § 193; Brouillon 1805/06, S. 134; Höchstes Gut I, Braun I, S. 463.

dem Handeln der Vernunft auf das Naturganze des Volkes, sofern diese Tätigkeit identisch organisierend ist, die Einheit des "Staates"[163] und, sofern sie identisch symbolisierend ist, die Einheit des "wissenschaftlichen Vereins"[164]. Aus den Tätigkeiten der Vernunft auf die Natur, die durch den Charakter der Eigentümlichkeit bestimmt sind, erwachsen, handelt die Vernunft organisierend, die sittliche Einheit der "freien Geselligkeit"[165] und, handelt sie symbolisierend, die Einheit der "Kirche"[166]. Allerdings, da diese beiden Einheiten die Naturganzheit des einzelnen Volkes übergreifen, kann ihre Naturseite mit dem Naturganzen des Volkes nicht übereinstimmen. Die Naturbasis dieser Einheiten aber, die ohne Zweifel vorhanden sein muß, denn sie allein verleiht den sittlichen Einheiten die Begrenzung, ist sehr schwer festzulegen[167]. Über die vage Aussage, sie sei "nicht so bestimmt volksmäßig

---

163 Ethik 1812/13, S. 273, § 66.
164 Ebd., § 67.
165 Ebd., § 68.
166 Ebd., § 69.
167 Cf. Ethik 1812/13, S. 358, § 194. § 194 b. 358 f., § 195. 360, § 202.

abgegrenzt"[168], geht Schleiermacher nicht hinaus.

Die Charakterisierung dieser zwischen einzelner Person und Menschheit vermittelnden sittlichen Einheiten der Familie[169], des Staates, der freien Geselligkeit, des wissenschaftlichen Vereins wie der Kirche ist uns, indem wir uns ihrer Einordnung in den Menschheit und einzelne Person umfassenden sittlichen Kraft-Erscheinungs-Organismus bewußt geworden sind, in ihrer Bestimmung als Kraft-Erscheinungs-Einheiten gegeben. Gleich der Beschreibung des einzelnen Menschen als Person stellt sich in jeder dieser Einheiten des Organismus das Zugleich von Kraft und Erscheinung in dem Ineins der beiden Ausprägungen ihres Bewußtseins dar, eine eigentümliche von anderen, dieser Einheit gleichgearteten, unterschiedene Modifikation der Menschheit zu bil-

---

168 Ethik 1814/16, S. 454, Anm. Nr. 72.
169 Es sei angemerkt, daß es in den vier sittlichen Bereichen auch noch kleinere Einheiten, der Familie entsprechend, gibt; z. B. die Schule (Brouillon 1805/06, S. 168. 190) und die Freundschaft (ebd., S. 190). Da mir nur die Skizzierung des sittlichen Organismus, nicht aber die genaue Ausführung wichtig ist, beschreibe ich diese Einheiten nicht.

den wie organischer Teil dieser Menschheit
zu sein und als ein solcher die anderen Einheiten des Organismus als notwendige Ergänzung
des eigenen Seins anzuerkennen[170]. Kommen aber
allen relativ für sich bestehenden sittlichen
Einheiten, die in der Abstufung von der Menschheit zu dem einzelnen Menschen eingegliedert
sind, diese Merkmale zu, die doch den Person-

---

[170] Cf. Höchstes Gut II, Braun I, S. 471 f.; Ethik 1812/13, S. 273, §§ 72 f. Wie wesentlich diesen Einheiten die Individualität als auch die Anerkenntnis anderer Einheiten ist, zeigt Brouillon 1805/06, S. 102 auf: "Bloßer Trieb auf Gemeinschaft der Organe, der sich noch nicht organisiert, zur Individualität, ist böse. Staat, der nicht in Gemeinschaft treten will, Kirche, die nicht andere anerkennen will, alles böse". In bezug auf die Kirche formuliert Brouillon 1805/06, S. 196 f. diesen Gedanken: Treten die Kirchen in Gemeinschaft, so "erregt jede in jeder das homogene Gefühl, und jede kommt dadurch zum Gefühl ihrer Individualität und zu dem Gefühl, daß das subjective Erkennen der Erde nur in der Totalität dieser Individuen gegeben ist. (Der Wahn des Alleinseligmachenden steht im offenbaren Widerspruch mit diesem Gefühl und wird durch die Gemeinschaft der Kirchen verdrängt)".

begriff definieren, so ist es selbstverständlich, daß Schleiermacher die Anwendung dieses Begriffs von dem einzelnen Menschen auf jede dieser Einheiten ausweitet. So sind nicht in einer übertragenen, sondern in derselben Bedeutung, wie der einzelne Mensch als Person bezeichnet wird, auch Familie, Staat, wissenschaftlicher Verein, freie Geselligkeit und Kirche als Personen zu benennen[171].

Allerdings prädiziert Schleiermacher die alle Personen in sich einschließende, umfassende Einheit der Menschheit nicht als Person[172]. Wenn diese Einheit auch dieselbe Struktur der anderen Einheiten dieses einen Organismus aufweist[173], so fehlt ihr doch, da sie als vollkommenste Gattung in unserem irdischen Seinszusammenhang, obwohl sie eine eigentümliche Gestaltung des Ineins von Vernunft und Natur ausdrückt, keine ihr gleichgeordnete Einheit neben sich findet, das dem Personbegriff wesentliche Merkmal des Neben-

---

171 Cf. Ethik 1816, S. 604 f., § 71; Ethik 1814/16, S. 448f., § 48; Ethik 1812/13, S. 273, § 72 u.a.
172 Cf. Ethik 1816, S. 605, § 71.
173 So heben z.B. Brouillon 1805/06, S. 149 wie Ethik 1812/13, S. 273, § 73 die Individualität der menschlichen Gattung hervor.

sich-Setzens anderer, gleicher Einheiten. Dieses Setzen und Anerkennen der der eigenen Einheit koordinierten Einheiten ist für die menschliche Gattung nur im Zusammenhang mit anderen Weltkörpern zu denken[174]. Die Bestimmung der aufgezählten sittlichen Einheiten als Person aber beinhaltet, daß, wie das Personsein des einzelnen Menschen immer nur als Entwicklung zu denken ist, von keiner dieser Einheiten Vollkommenheit ausgesagt werden kann, sondern die Durchdringung ihrer Natur mit Vernunft im Werden ist. Wieweit aber die einzelne Einheit nun in dieser sittlichen Entwicklung fortgeschritten ist, drückt der Grad ihres Bewußtseins der eigentümlichen Gestaltung und der Zugehörigkeit zur Menschheit aus. Je mehr jede sittliche Einheit sich in ihrer eigentümlichen Weise von anderen sittlichen Einheiten abhebt und diese auch als ihr gleichgeordnete Einheiten anerkennt, desto mehr ist das Personsein dieser Einheit ausge-

---

[174] Bem. 1832 ad Ethik 1816, S. 641, ad § 71 betont, daß die Gattung "nur durch Voraussezung anders individualisirter Vernunft Person wird". Cf. auch Ethik 1816, S. 605, § 71; "Über den Unterschied zwischen Naturgesetz und Sittengesetz", Braun I, S. 413.

bildet.

Doch obwohl der Personbegriff auf alle dem Organismus der Menschheit angehörenden sittlichen Einheiten in derselben Bedeutung angewendet werden muß, sind diese Personen dennoch ihrem Umfang nach unterschieden. Denn da der durch das gegenseitige Bedingtsein von Kraft und Erscheinung definierte Organismus sich als ein in Kraft-Erscheinungs-Einheiten differenziertes Ganzes darstellt, in dem die auseinander hervorgehenden Einheiten ihrer Begrenzung nach in der Abstufung von der größten zur kleinsten geordnet sind, ist auch die Person des Staates umfassender als die der Familie, die Person der Familie umfassender als die des einzelnen Menschen zu bestimmen[175]. Daß diese Zuordnung der Personen, in der die dem Umfang nach größere oder "höhere"[176] Person über die kleinere gesetzt wird, nicht ein äußeres Ordnungsschema, sondern den inneren Zusammenhang des Ineinander-Gegründetseins

---

[175] Cf. Ethik 1816, S. 605, § 71; Ethik 1814/16, S. 448, § 48; Brouillon 1805/06, S. 167. 190.

[176] Cf. Ethik 1812/13, S. 273, § 72: "Personen im höhern Sinne" oder cf. "Rede beim Eintritt in die Akademie", WW III 3, S. 7: Akademie als "Eine Person höherer Ordnung".

Setzen der Person im Bewußtseinsprozeß

dieser Personen anzeigt, ist im Wesen des Organismus begründet[177]. Zwar besteht jede Person als relativ abgeschlossene Bewußtseineinheit für sich, doch hat sie selbst sich nicht hervorgebracht. Denn wie sie als hervorbringende Kraft sich in den ihr untergeordneten Einheiten zur Erscheinung bringt, so kommt die ihr übergeordnete Personeinheit als ihr produktiver Grund in ihr zur Anschauung. Folglich kann keine Person allein, sondern nur unter der Voraussetzung und in dem Zusammenhang der ihr übergeordneten höheren Person und damit, da auch diese Person sich wieder in der höheren Einheit gründet, allein innerhalb des Organismus der Menschheit begriffen werden. So ist die Person des einzelnen Menschen, aber auch jede höhere Person, vollständig nur bestimmt, wenn mit ihrer Eigentümlichkeit zugleich die in ihr ausschließlich durch die Vermittlung der ihr übergeordneten Personen, wie z.B. der Familie und des Staates, zur Darstellung kommende Menschheit begriffen wird[178].

177 Cf. Anm. 149 dieses Abschnittes.
178 Eine ausführliche Darstellung des "Organismus der Menschheit" oder des "Organismus der Personen" (beide Ausdrücke sind von mir gewählt), wie ich sie an diesem Ort gegeben habe, findet sich in

Indem aber jede Person als Ineins des Hervorgebrachtseins und des Hervorbringens von der höheren Personeinheit umfaßt wird, indem also alle Personen in einem Zusammenhang des Ineinander-Begründetseins stehen, gibt dieser Zusammenhang jeder Person nicht nur die Bestimmung, sondern auch die Beständigkeit. Denn da die Person allein in der raumzeitlichen Be-

den ethischen Entwürfen nicht. Dennoch belegt die gesamte ethische Konzeption diesen Gedankenzusammenhang. Alle ethischen Ausführungen können nur innerhalb dieses Organismus der Menschheit verstanden werden. Cf. Höchstes Gut I, Braun I, S. 464: "... so haben wir hier" - "im volkstümlichen Gepräge" - "einen größeren eben solchen Ort, in welchem die Familie als ein organisches Element nicht etwa verschwindet, sondern ihre Beziehung zur ganzen Menschheit unmittelbar fixiert". Ethik 1812/13, S. 320, § 1 beschreibt den einzelnen Menschen als organischen Teil des Organismus in folgender Weise: "... ist auch die Persönlichkeit nicht für sich gegeben, sondern mit ihrer Art zu werden, nemlich der Geschlechtsdifferenz, zugleich, und in der bestimmten Form der Race und der Nationalität". Cf. Brouillon 1805/06, S. 166. 178 f.; Ethik, WW III 5, S. 168, Vorlesg. ad § 193; aber auch Allg. Einltg. 1816, S. 507, § 104.

Setzen der Person im Bewußtseinsprozeß 317

grenzung wirklich ist, hat sie nur Bestand durch die produktive Kraft der Erneuerung der ihr übergeordneten Personeinheit, die ihr in dem Wechsel der zeitlichen Erscheinungen Beharrlichkeit verleiht[179]. Erst diese Reproduktion der Personen ermöglicht in der Aufeinanderfolge der einzelnen zeitlichen Erscheinungen der Personen das Fortschreiten des zunehmenden Einsseins von Vernunft und Natur, so daß in diesem sich wiederherstellenden Organismus der Personen der eine Bewußtseinsprozeß schließlich

---

[179] So löst die höhere Einheit für die ihr untergeordnete Einheit "den Widerspruch zwischen Zeit und Ewigkeit" auf (Brouillon 1805/06, S. 138). "Die Harmonie der Zeit und der Idee ist ... nur insofern zu erlangen als wie der Einzelne in der Familie, so auch die Familie in einem größern ebenfalls individualisirten Ganzen verschwinden und sich daraus wieder herstellen" (ebd., S. 139). Von daher ist die Familie "das Gegengewicht gegen das Verschwinden" für den Einzelnen, und sie selbst stellt sich "als einzelner Factor aus der höheren Einheit des Staates" wieder her (ebd., S. 148). Cf. auch Höchstes Gut I, Braun I, S. 457. 459. 460. 462 f.; Ethik, WW III 5, S. 168, Vorlesg. ad § 193.

zur Vollendung kommen kann[180].

Allerdings ist in dieser Entwicklung des einen ein organisches Ganzes bildenden Bewußtseins, das sich als Organismus der Personen konkretisiert, noch ein Moment enthalten, das im Organismus selbst nicht begründet ist und dennoch als eine der Person wesentliche Bestimmung hervorgehoben werden muß. Obgleich alle Personen in einem inneren Zusammenhang stehen und der gesamte Organismus sich immer wieder erneuert, bleibt die einzelne Person aufgrund ihrer Begrenzung durch den Raum und die Zeit zunächst trotzdem eine für sich abgeschlossene, von allen anderen getrennte Einheit. Würde der Organismus der Personen in einem solchen "Nebeneinander und Nacheinander der Einzelwesen"[181] bestehen, dann würde die

---

[180] In diesem Zusammenhang ist auch Schleiermachers Aussage in Höchstes Gut II, Braun I, S. 470 zu verstehen, die als Aufgabe der Ethik das Auseinanderlegen der "Gesamtwirkung der Intelligenz auf dieser Erde vermittelst der menschlichen Organisation" nennt, und zwar so, "als wäre sie so vollendet, daß sie sich mit denselben Zügen nur immer wieder zu erneuern brauchte".

[181] Ethik 1816, S. 577, § 35.

Vernunft ihr Wesen, eine zu sein, aufgeben müssen[182]. Da in der Isolation jede Person nur auf sich selbst hin tätig wäre, vernünftiges Handeln aber, das sich nicht auf das getrennte Einzelne, sondern immer auf die Gesamtheit und auf das Einzelne, sofern es Teil des Ganzen ist, bezieht, ausgeschlossen wäre, fordert die Sittlichkeit der Person die Überwindung ihrer raumzeitlichen Begrenzung[183]. Die Vernünftigkeit der Person ist nur gegeben, wenn sie ihren inneren Zusammenhang mit allen Personen, ihr Teil-Sein des Organismus der sittlichen Einheiten in einem Handeln verwirklichen kann, das nur in dem Zusammenhang mit und in der gegenseitigen Abhängigkeit von den Einheiten dieses Organismus und ausschließlich in Ausrichtung auf diesen Organismus geschieht[184], in einem Handeln also, das die

---

[182] Cf. Ethik 1812/13, S. 260 f., § 15; Brouillon 1805/06, S. 89.

[183] Cf. u.a. Ethik 1812/13, S. 261, § 18; aber auch Ethik 1816, S. 568, § 16; Ethik 1814/16, S. 427, § 12.

[184] Cf. Brouillon 1805/06, S. 110: "... so gewiß sie vernünftige That sein soll, muß sie über die Persönlichkeit hinausgehen".

raum-zeitliche Beschränkung der Person übergreift, so daß das Neben- und Nacheinander der einzelnen Personen zu einem die Identität der einen Vernunft ausdrückenden "Füreinandersein und Durcheinandersein"[185] dieser Personen wird[186]. Diese Überlegung läßt deutlich werden, daß in dem Begriff der Person, der, da die Person die Konkretion der Bewußtseinseinheit, des unmittelbaren Einsseins von Vernunft und Natur darstellt, allein ein sittlicher Begriff ist, das Überschreiten der eigenen durch Raum und Zeit gesetzten Begrenzung, d.h. das Aufheben der Person angelegt ist[187]. Die nähere Bestimmung dieses Überwindens des Getrenntseins der einzelnen Personen in dem Aufheben der persönlichen Schranken ist die Aufgabe des

185 Ethik 1816, S. 577, § 35.
186 Cf ebd.; aber auch Höchstes Gut I, Braun I, S. 464 f.: "Wie aber die Zersplitterung in das persönliche einzelne Leben nur dem Irdischwerden der Vernunft angehört: so gehört es zur Vergeistigung der irdischen Erscheinung, daß die Vernunft die Schranken der Persönlichkeit durchbreche,...".
187 Cf. zu dem Aufheben der Person: Ethik 1816, S. 597, § 61; Ethik 1814/16, S. 427, § 12; Ethik 1812/13, S. 260 f., §§ 15 f.; ebd., S. 261, §§ 18-20.

folgenden Abschnitts.

4.1.2.2 Das in dem Bewußtseinsprozeß implizierte Korrelat der Person: die Gemeinschaft

In der Naturhaftigkeit des Bewußtseins ist, so zeigten wir auf, begründet, daß das Bewußtsein sich in einer Vielheit von Personen verwirklicht und entwickelt, die, obwohl sie in dem inneren Zusammenhang des In-sich-Gegründetseins stehen, doch ihrem Wesen nach als jeweils eigene Gestaltung des unmittelbaren In-eins von Vernunft und Natur und ihrem Dasein nach in Raum und Zeit voneinander geschieden sind. Die Vernünftigkeit des Bewußtseins dagegen fordert, daß die Identität der Vernunft gewahrt bleibt, indem die Trennung der Personen aufgehoben und die im Organismus der Personen innerlich gesetzte Beziehung jeder Person auf die eine, nicht zu teilende Vernunft, die allein in der Gesamtheit der Personen, in der Menschheit zur Darstellung kommt, auch äußerlich, in Raum und Zeit, verwirklicht wird. Da das Ineins von Vernunft und Natur

unter der Dominanz der Vernunft das sittliche
Sein definiert, die Person also beides, natürlich und vernünftig, sein muß, verlangt nun
die Sittlichkeit der Person einen in Raum und
Zeit sich realisierenden Zusammenhang aller
Personen, in dem der Widerspruch zwischen der
Einheit der Vernunft und der Mannigfaltigkeit
der Natur nicht zugunsten der Durchsetzung
der einen Größe gegenüber der vollkommenen
Aufhebung der anderen Größe, nicht zugunsten
der Einheit der Personen gegenüber der völligen
Aufhebung des Getrenntseins der Personen, sondern in der Erhaltung der Spezifika beider
Größen gelöst wird[188].

Um diesen durch Vernünftigkeit und Naturhaftigkeit der Person gleichermaßen bestimmten
und geforderten Zusammenhang näher zu präzisieren, bietet es sich an, nehmen wir unsere
Überlegungen auf, die sich mit der Bestimmung
des sittlichen Seins als sittliches Leben befassen[189], von dem Gedanken auszugehen, daß
jedes irdische Sein durch die Bewegung des
Lebens, dem Aus-sich-Herausgehen und dem

---

[188] Cf. Ethik 1814/16, S. 435, § 17; aber auch Ethik 1816, S. 578 f., § 37.

[189] Cf. Abschnitt 4.1.1.1 dieser Arbeit.

In-sich-Aufnehmen, in einen großen Zusammenhang des Aufeinander-Wirkens gestellt ist. Denn wie auch das sittliche Sein nur ist, sofern es an dieser alles Sein umfassenden Lebensbewegung partizipiert, die sich in der dialektisch strukturierten Wirklichkeit als das in der Bindung der Gegensätze einheitschaffende Moment erweist, so ist auch die Person von dem Sein außer ihr nicht isoliert, sondern in diesen großen Wirkungszusammenhang eingefügt, indem sie in dem Tätigsein auf das Sein außer ihr ihre Begrenzung überschreitet und selbst wiederum von dem Handeln dieses Seins Wirkungen erleidet[190]. Doch die Lebensbewegung an sich gibt dem Zusammenhang der Personen, der Teil des allgemeinen Wirkungszusammenhanges des Seins ist, noch nicht die Bestimmung, die ihn als Ausdruck der Identität der Vernunft unter Wahrung der individuellen Darstellung der Vernunft in jeder einzelnen Person kennzeichnet. Zwar tritt die Person, wie alles andere Sein auch, einerseits, in der einen Richtung der Bewegung, in der actio, aus ihrer Abgeschlossenheit heraus und findet

---

190 Cf. Brouillon 1805/06, S. 89; Ethik 1812/13, S. 260 f., §§ 15 f.

sich andererseits, in der anderen Richtung der Bewegung, in der passio, durch die als Veränderung der eigenen Zuständlichkeit erfahrenen Einwirkung selbst wieder; doch bezeichnet diese doppelte Bewegung von Tun und Leiden allein die Form, in der sich die Zusammengehörigkeit und das Zusammensein der in Entgegensetzung und Trennung bestehenden Seinseinheiten realisiert.

Die inhaltliche Bestimmung dagegen erhält der im Wechsel von actio und passio gewirkte Zusammenhang der Seinseinheiten jeweils durch das wesentliche Bestimmtsein der ihn wirkenden Subjekte. So leitet das Tun und Leiden der unter der Potenz der Natur stehenden Seinseinheiten ausschließlich - dem Wesen der Natur gemäß, in Einzelheiten da zu sein - die Beziehung dieser Einheiten auf sich selbst, so daß der von der Natur bestimmte Wirkungszusammenhang in dem Wirken der einzelnen, jeweils nur für sich selbst handelnden Einheiten, aufeinander als einzelne besteht[191]. Soll aber die Vernunft gerade vermittels dieses gegenseitigen Einwirkens der Einheiten ihr Wesen, eine

---

191 Cf. Abschnitt 2.2 und 2.3, bes. 2.3.3.1 dieser Arbeit.

zu sein, in dem Getrenntsein der Personen erhalten, so muß das Handeln der Person, die als abgeschlossene Bewußtseinseinheit unmittelbares Symbol der Vernunft ist, nicht auf die einzelne Person, sondern auf die Totalität der Personen überhaupt, da in ihr die ganze Vernunft zur Wirklichkeit kommt, bezogen sein. Damit unterscheidet sich der Wirkungszusammenhang der Personen von dem durch die Natur bestimmten Zusammenhang dadurch, daß das Aus-sich-Herausgehen, die Spontaneität der Person, wie das In-sich-Aufnehmen, die Rezeptivität der Person, immer ein Handeln für die ganze Vernunft ist und folglich ausschließlich in der Ausrichtung auf die Gesamtheit der Personen geschieht[192]. Doch die Realisierung der Einheit der Vernunft in dem auf die Totalität der Personen bezogenen Handeln jeder Person darf, um der Wirklichkeit der Vernunft willen,

---

192 Cf. Abschnitt 2.3, bes. 2.3.3.1 dieser Arbeit; cf. auch Brouillon 1805/06, S. 111: "Die Beziehung einer Thätigkeit auf die Vernunft an sich offenbart sich nicht nur durch das Hinausgehn über die Persönlichkeit, welches nur ein negativer Gedanke wäre, sondern durch die Beziehung auf die Totalität aller Persönlichkeiten, nemlich auf die ihnen einwohnende Vernunft".

nicht die vollkommene Aufhebung der einzelnen Person in die Gesamtheit der Personen bedeuten. Vielmehr muß dieser im Horizont der Totalität der Personen gewirkte Zusammenhang auch die Individualität jeder Person als Ausdruck ihrer Besonderheit in eigener Gewichtigkeit einschließen.

Daß nun die einzelne Person sich in ihrem Tätigsein überhaupt auf die Gesamtheit der Personen beziehen und daß das in diesem Wirkungszusammenhang ausschließlich auf diese Gesamtheit der Personen bezogene Handeln dennoch auch die Eigentümlichkeit jeder Person in sich fassen kann, ist nur aufgrund des die Person konstituierenden Bewußtseins möglich. Denn in ihrem Bewußtsein ist jeder Person sowohl das "Bewußtsein der Einheit der Vernunft in der Totalität der Personen"[193], wie das "Bewußtsein der Besonderheit der Vernunft"[194] in ihr selbst gegeben[195]. Da sich aufgrund dieses Bewußtseins der Einheit der Vernunft jede Person allein als Teil der To-

---

193 Ethik 1812/13, S. 261, § 18.
194 Ethik 1814/16, S. 442, § 37.
195 Ethik 1812/13, S. 261, § 18 formuliert diesen Sachverhalt am prägnantesten.

talität der Personen versteht und sich so mit
allen anderen Personen zusammengehörig weiß,
bestimmt dieses Bewußtsein rezeptives und
spontanes Tun der Person, so daß sich ihr Handeln in den Gesamtzusammenhang der Tätigkeiten
aller Personen einordnet. Indem der Person
aber das Bewußtsein, eine besondere Darstellung der Vernunft zu sein, einwohnt, begreift
sie ihre Eigentümlichkeit als Ausdruck einer
in der ihr allein eigenen Natur zur Wirklichkeit kommenden Seite der Vernunft und bringt,
zugleich auch die Eigentümlichkeit jeder anderen Person als Darstellung einer jeweils
nur in ihr real werdenden Seite der Vernunft
fordernd und anerkennend, ihre Individualität
in den Gesamtzusammenhang der Personen ein
und zwar nicht um die Beziehung auf die ganze Vernunft zu zerstören, sondern gerade um
mit allen Personen zusammen erst auch in der
Aufweisung der Gesamtheit der eigentümlichen
Darstellungen der Vernunft die ganze Vernunft
sichtbar werden zu lassen[196].

196 Die beiden Ausprägungen des Bewußtseins in der
Person beschreibt 4.1.2.1, so daß auf die Angabe
von Belegen an dieser Stelle verzichtet werden kann.

Aus diesen Überlegungen zur Bestimmung der
Form und des Inhaltes des von der Sittlichkeit
jeder Person geforderten Zusammenhanges der
Personen ergibt sich die nähere Beschreibung
dieses sittlichen Zusammenseins[197]. Da jeder
Person das Bewußtsein der Einheit der Vernunft
und damit die Forderung des Zusammengehörens
aller Personen eigen ist und ihr zugleich die
Möglichkeit des Überwindens ihrer Vereinzelung
in ihren die Lebensbewegung ausdrückenden Tätigkeiten gegeben ist, verwirklicht sich die
Einheit aller Personen unter Aufrechterhaltung
ihrer jeweiligen Individualität in der Einheit

---

197 Cf. zu der folgenden Darstellung des sittlichen
Zusammenhanges der Personen: der für diesen Gedankenzusammenhang grundlegende Text in der Ethik
1816, S. 577-579, §§ 35-37; die ihm entsprechenden
Stellen in der Ethik 1814/16, S. 434 f., §§ 15-17
und in der Ethik 1812/13, S. 265, §§ 16 f.
(Dieser Text deutet den Sachverhalt nur kurz an,
ausführlicher nimmt ihn die Einleitung in das
höchste Gut auf: Ethik 1812/13, S. 261, §§ 18-20).
Die Beschreibung dieses sittlichen Zusammenhanges
in den verschiedenen sittlichen Tätigkeiten:
Ethik 1816, S. 591-599, §§ 55-62; Ethik 1814/16,
S. 442-448, §§ 35-47; Ethik 1812/13, S. 267-270,
§§ 31-52.

ihres sittlichen Tätigseins. Indem jede Person als ein für sich bestehender Vernunftpunkt, als eine abgeschlossene Bewußtseinseinheit in ihrem Handeln auf die Einung von Vernunft und Natur ausgerichtet ist, ist sie bestrebt, im Einordnen ihrer Tätigkeit in den sittlichen Gesamtzusammenhang durch ihr Tun den einen allen Personen gemeinen sittlichen Prozeß zu fördern. Doch obwohl aus diesem Handeln der Person das sittlich Gewirkte hervorgeht, vollendet die einzelne Person kein Sittliches allein aus sich selbst und für sich. Vielmehr drängt sie das Bewußtsein, als organischer Teil der Menschheit mit allen anderen Personen zusammenzugehören, ihr sittlich Gehandeltes den anderen Personen zur Aufnahme und sittlichen Fortentwicklung darzubieten. Mit diesem Akt aber, in dem die Person ihr Produkt aus sich herausstellt und in die anderen Personen hineingibt, hebt sie sich, indem sie in die anderen Bewußtseinseinheiten eingeht, als eine für sich gesetzte Einheit auf[198]. Dieses Auf-

---

[198] Cf. Ethik 1812/13, S. 261, § 15. 271, § 55; Ethik 1814/16, S. 427, § 12; Ethik 1816, S. 569, § 17. Den Akt des Aufhebens der Person in den verschiedenen sittlichen Tätigkeiten beschreiben: Ethik 1816, S. 591, § 55. 593, § 57. 595, § 59. 597, § 61.

heben ihrer selbst in der "Entsagung"[199] ihres sittlich Produzierten kann für die Person jedoch nur unter der Voraussetzung geschehen, daß ihre Tätigkeit und, damit untrennbar verbunden, ihr Produkt von den anderen Personen nicht zerstört, sondern als ein Sittliches wahrgenommen und als ein von ihr gewirktes Element des sittlichen Gesamtprozesses in die Tätigkeit der anderen Personen zur weiteren Entwicklung aufgenommen wird[200]. Indem die anderen Personen das von der einzelnen Person Gewirkte aufnehmen und es als ein ihr sittliches Handeln bestimmendes Moment in dieses einbeziehen, partizipiert die einzelne Person an der Wirksamkeit der anderen Personen. Doch wäre dieses Sich-Einen in der sittlichen Tätigkeit nur ein einseitiges Einwirken, ein alleiniges Bestimmtsein der einen Seite durch die andere und gerade nicht die geforderte Einheit der Tätigkeit aller Personen, wenn

---

199 Ethik 1812/13, S. 29o, § 94.
200 In der Beschreibung der Beziehung der Personen in den verschiedenen sittlichen Tätigkeiten wird dieser Sachverhalt jeweils dargelegt: Textstellen cf. Anm. 197 dieses Abschnittes.

nicht alle anderen Personen wiederum teilnehmen könnten am Wirken der einzelnen Person. Da jedoch die anderen Personen, in gleicher Weise wie die einzelne Person, die Resultate ihrer sittlichen Tätigkeiten zur Aufnahme durch die einzelne Person aus sich herausstellen und ihr eingeben, nehmen sie ebenso einen auf das sittliche Tun dieser Person bestimmenden Einfluß[201]. Denn wie das Bewußtsein jeder Person überhaupt erst durch das Affiziertwerden von den anderen Bewußtseinseinheiten in Gang gesetzt und durch die Tätigkeit dieser Einheiten in seiner ersten Ausbildung geleitet wird, so entwickelt die Person in ihrem gesamten Lebensvollzug allein in der Aufnahme und Verarbeitung des von den anderen Personen sittlich Dargebotenen ihre eigene Sittlichkeit, so daß ihre persönliche "Erweiterung"[202] immer die Wirksamkeit der anderen Personen auf die einzelne Person einschließt. Damit aber bedeutet dieser Akt der Aneignung des von den anderen Personen sittlich Produzierten für die einzelne Person, daß sie in die-

---

[201] Cf. Belege der Anm. 197 dieses Abschnittes.
[202] Cf. Ethik 1812/13, S. 290, § 94; der Begriff wird dort in Verbform gebraucht.

sem Aufnehmen von ihrer "Hingebung"[203] an die anderen Personen zu sich selbst zurückkehrt und sich erneut als ein im Handeln den sittlichen Gesamtprozeß voranbringender, auf die anderen Personen wirkender Vernunftpunkt setzt[204].

In dieser Teilhabe der einzelnen Personen an der Tätigkeit aller und wiederum in dieser Partizipation aller Personen an dem Handeln der einzelnen gewinnt die Gesamtheit der Personen ihre Einheit als Einheit ihres sittlichen Tuns. Entscheidend für die Bestimmung der Einheit aller Personen ist das sich in der Form der Lebensbewegung, in dem Wechsel von Spontaneität und Rezeptivität, realisierende gegenseitige Bedingtsein der einzelnen Person und aller anderen Personen. Wäre nur eine Seite tätig, würde mit der Einheit der Personen auch ihre Sittlichkeit aufgehoben werden. Denn jede Seite verlangt zur Vollendung des einen sittlichen Prozesses notwendig die andere Seite. Wie die einzelne Person, um der Wahrung der Identität der Vernunft willen,

---

203 Ethik 1812/13, S. 264, § 10.
204 Den Akt des Setzens der Person belegen die in der Anm. 198 dieses Abschnittes genannten Texte.

die Aufnahme ihres sittlich Gehandelten durch
die anderen Personen fordern muß, so muß auch
die Gesamtheit der Personen das sittliche Tätigsein der einzelnen Person fordern, da in
der Wirklichkeit die Vernunft nur durch das
Handeln des Einzelnen die Natur mit sich einen
kann[205]. Diese wechselseitige Beziehung zwischen den Personen, in der jede Person die in
den anderen vollzogene Einung von Vernunft
und Natur in sich aufzunehmen und zugleich den
anderen das eigene sittlich Produzierte darzubieten strebt, stellt alle Personen in das
Verhältnis des Aufeinander-Angewiesenseins
und des Sich-einander-Forderns, ein Verhältnis,
das von der gegenseitigen Anerkenntnis aller
Personen als sittlich handelnde Vernunftpunkte
und der Gewißheit jeder Person, auch von den
anderen als sittlich handelnde Einheit akzep-
tiert zu werden, getragen ist[206]. Diesen
Zusammenhang nun der für die Sittlichkeit der
Gesamtheit der Personen wesentlichen Wechselbeziehung des Wirkens zwischen der einzelnen
Person und **allen anderen** Personen, in dem die

---

205 Cf. Ethik 1814/16, S. 427, § 12; Ethik 1816, S.568 f.,
§§ 17 f., aber auch Ethik 1812/13, S. 271, § 55.
206 Cf. Belege der Anm. 198 dieses Abschnittes.

von der Vernunft verlangte Einheit aller Personen in ihren durch die Natur bedingten Getrenntsein verwirklicht wird, nennt Schleiermacher "die sittliche Gemeinschaft der Einzelwesen"[207]. Wenn aber der vernunftbestimmte Wirkungszusammenhang zwischen den Personen die Gemeinschaft definiert, dann bezieht sich der Begriff der Gemeinschaft ausschließlich auf das In-Beziehung-Treten der Personen und gehört damit, wie der Begriff der Person auch, allein in das sittliche Gebiet. Daher können weder Personen und Seinseinheiten, die kein Bewußtsein sind, noch diese Einheiten unter sich miteinander in Gemeinschaft treten, sondern Gemeinschaft gibt es nur zwischen Personen als den relativ abgeschlossenen Bewußt-

---

207 Ethik 1816, S. 577, § 35. Cf. auch Ethik 1814/16, S. 434, § 15; Ethik 1812/13, S. 261, § 18. 265, § 16. Die Definition der Gemeinschaft in Brouillon 1805/06, S. 88. 122 weist nicht die Ausarbeitung der Entwürfe von 1814/16 und 1816 auf; dennoch findet sich die in den späteren Entwürfen definierte Gemeinschaft in der Beschreibung des sittlichen Verhältnisses der Personen in Brouillon 1805/06.

seinseinheiten[208]. Für diese Einheiten allerdings ist die Gemeinschaft keine mögliche, sondern eine notwendige Lebensform[209]. Denn, so zeigten wir, die Begriffe der Gemeinschaft und der Person sind nicht zu trennen; der eine Begriff ist ohne den anderen nicht zu denken: die Person bleibt nur, indem sie in Gemeinschaft tritt, Person, und die Gemeinschaft bleibt nur eine solche, wenn sie die Person als eine beziehungsweise für sich gesetzte Bewußtseinseinheit bewahrt.

Da die Gemeinschaft der Personen vermittels der sittlichen Tätigkeit jeder Person und ihres Resultates gebildet wird, da also das sittliche Handeln und das sittlich Produzierte den Inhalt der Gemeinschaft prägen müssen, gestaltet

---

[208] Dieser Gedanke wird von Schleiermacher nicht ausdrücklich genannt, doch durch seine Bestimmung der Gemeinschaft bestätigt. Nur in dem Brouillon 1805/06, S. 88 findet sich ein erweiterter Gemeinschaftsbegriff. Dort wird die Gemeinschaft als "ein in sich Aufnehmen und ein aus sich Hervorbringen", das alle Lebensstufen umfaßt, definiert.

[209] So kann Schleiermacher Pädagogik, WW III 9, S. 702 sagen: "... denn der Mensch ist ein geselliges Wesen: alles in ihm soll gesellig werden".

sich die Gemeinschaft in den verschiedenen Arten der sittlichen Tätigkeit in unterschiedlicher Weise. Während die organisierend tätigen Personen, deren Handeln auf das Einen der äußeren Natur mit der Vernunft gerichtet ist, das Ergebnis ihrer Tätigkeit allen anderen Personen, da der Gegenstand dieses Handelns allen Personen in der ihnen vorfindlichen gesamten äußeren Natur "schon ursprünglich gegeben"[210] ist, unmittelbar darbieten und diese es auch unmittelbar empfangen können[211], entsteht das Resultat der symbolisierenden Tätigkeit im

---

210 Ethik 1816, S. 585, § 47.
211 Deshalb ist die Natur, sofern sie Gegenstand dieser Tätigkeit ist, der "Inbegriff der Dinge" (Ethik 1816, S. 584, § 45; cf. auch Ethik 1814/16, S. 438, § 25). Das Resultat der individuellen Naturgestaltung bildet das "Eigenthum" (Ethik 1816, S. 581, § 42; Ethik 1814/16, S. 437, § 23; Ethik 1812/13, S. 266,, § 24), das Resultat der identischen Naturgestaltung bildet der "Verkehr" (Ethik 1816, S. 579, § 39; Ethik 1814/16, S. 436, § 20; Ethik 1812/13, S. 266, § 21). Cf. noch Ethik 1814/16, S. 435 f., §§ 18 f.; Ethik 1816, S. 579, § 38; Ethik 1814/16, S. 437, §§ 21 f.; Ethik 1816, S. 580, § 41.

Gemeinschaft als Korrelat

Innern des Bewußtseins und kann nur, indem das Innere des Bewußtseins zugleich ein Äußeres wird, d.h. es kann nur durch die Vermittlung der äußeren Seite des Bewußtseins der Gemeinschaft gegeben und ebenso durch diese Vermittlung in ihr aufgenommen werden[212].
Weil jedoch jede der beiden sittlichen Tätigkeiten nicht an sich ausgeführt wird, sondern entweder durch das Bewußtsein der Eigentümlichkeit der Person oder durch das Bewußtsein der Identität der Vernunft in allen Personen bestimmt wird, erfährt die Gemeinschaft auch durch diese beiden Ausprägungen des Bewußtseins eine unterschiedliche Gestalt. So

---

212 Den Gegenstand dieser Tätigkeit erwägt Schleiermacher, parallel dem Ding, das "Ich" zu nennen (cf. Ethik 1814/16, S. 439, Anm. 2). Das Resultat des identischen Symbolisierens bildet der "Gedanke" (ebd., S. 439 f., § 29) oder, differenziert in die innere und die äußere Seite, das "Denken und Sprechen" (Ethik 1816, S. 586, § 48), das Resultat des individuellen Symbolisierens das "Gefühl" (Ethik 1814/16, S. 441, § 33) oder "die Erregung und das Gefühl" (Ethik 1816, S. 589, § 52). - Cf. noch Ethik 1814/16, S. 439, § 27; Ethik 1816, S. 585, § 47.

ist die Gemeinschaft der vorherrschend in dem Bewußtsein der Identität der Vernunft sittlich tätigen Personen dadurch charakterisiert, daß allen Personen Tätigkeit und Resultat gemein sind[213]. Die von der einen Person angefangene sittliche Handlung setzen andere Personen in derselben Weise fort, wie umgekehrt auch die eine Person ebenso die Tätigkeiten der anderen weiterführt. Da in diesen identisch geprägten Tätigkeiten das sittlich Gehandelte, ohne sein Wesen zu verlieren, "von einem zum andern hinüber wandern"[214] muß, ist das Verhältnis der Personen in dieser Gemeinschaft inhaltlich

---

[213] Cf. die Beschreibung der identischen Gemeinschaften: Ethik 1814/16, S. 441 f., §§ 34-36. 444 f., §§ 40-43; Ethik 1816, S. 591 f., §§ 55 f. 592 ff., §§ 57 f.
Von diesem Gemein-Sein her definiert die Abhandlung "Versuch einer Theorie des geselligen Betragens" (Braun II, S. 8 f., Anm.) den Begriff der Gemeinschaft: "In jeder durch einen äußeren Zweck gebundenen und bestimmten geselligen Verbindung ist den Teilhabern etwas g e m e i n , und diese Verbindungen sind G e m e i n s c h a f t e n , κοινωνίαι."

[214] Höchstes Gut II, Braun I, S. 483.

durch die gegenseitige Forderung bestimmt, das für alle Personen Gehandelte auch als ein allen gehörendes sittliches Produkt durch seine Übertragung in die Gemeinschaft weiterzugeben[215].

Dagegen zeichnet die Gemeinschaft, die in den von dem Bewußtsein der Eigentümlichkeit jeder Person geprägten Tätigkeiten entsteht, sich gerade dadurch aus, daß das von jeder Person Produzierte unübertragbar ist. In dieser Gemeinschaft ist den Personen nichts gemein, sondern alles eigentümlich Gehandelte ist untrennbar mit der Person verbunden, die es in dieser nur ihr eigenen Weise gewirkt hat[216].

215 In der organisierenden Tätigkeit bestimmt sich dieses Verhältnis der Personen als "Recht" (Ethik 1816, S. 591, § 55; Ethik 1814/16, S. 442, § 35), in der symbolisierenden Tätigkeit als "Glaube" (Ethik 1816, S. 592 f., § 57). Ethik 1814/16, S. 444, § 41 nennt dieses Verhältnis "das des Lehrens und Lernens" oder ebd., S. 445, § 42 "die Gemeinschaftlichkeit ... der Rede und des Gehörs".
216 Cf. die Beschreibung der individuellen Gemeinschaften: Ethik 1814/16, S. 442-444, §§ 37-39. 446-448, §§ 44-47; Ethik 1816, S. 594-596, §§ 59 f, 596-599, §§ 61 f.

Dennoch stehen die Personen in diesem Handeln
nicht isoliert nebeneinander. Vielmehr bedarf
jede Person als Teil des Gesamtorganismus der
Personen der eigentümlichen Darstellungen der
anderen als notwendige Ergänzung, wie auch ihr
eigentümliches Produzieren diesen die notwendige Ergänzung ist. Daher erstellt sich die
Gemeinschaft der Personen in der Unübertragbarkeit ihrer Produkte durch das Kundtun des
individuell Gehandelten jeder Person, damit
es den anderen Personen zur Anregung des eigenen individuellen Tätigseins dient, und
wiederum durch das Verlangen jeder Person nach
der Darbietung des von anderen eigentümlich
Produzierten, um "zur eignen Tätigkeit auf-

In dem "Versuch einer Theorie des geselligen Betragens" (Braun II, S. 9 Anm.) unterscheidet Schleiermacher diese Beziehung der Personen von der "Gemeinschaft", in der alles gemein ist: "hier ist ihnen eigentlich nichts gemein, sondern alles ist
wechselseitig, d.h. eigentlich entgegengesetzt, und
dies sind G e s e l l s c h a f t e n." Doch in der
philosophischen Ethik umfaßt der Gemeinschaftsbegriff beide Arten, die Gemeinschaft im engeren
Sinn und die Geselligkeit. Cf. auch den Ausdruck
"gesellige Gemeinschaft" Ethik 1816, S. 596, § 59.

geregt"[217] zu werden, so daß das Verhältnis der Personen in der durch das Bewußtsein der Besonderheit jeder Person geprägten Gemeinschaft als ein in der eigentümlichen Darstellung gegenseitiges Sich-Aufschließen und Sich-Aufregen-Lassen zu beschreiben ist[218].

Indem nun die in den verschiedenen Weisen des sittlichen Tätigseins unterschiedliche Gestalt gewinnende Gemeinschaft der Personen die eine sich in der Gesamtheit der Menschen darstellenden Vernunft realisiert, schließt diese Gemeinschaft alle Personen in sich ein und bestimmt sich damit als "absolute Gemeinschaft der Personen"[219], in der jede Person mit jeder

---

217 "Versuch einer Theorie des geselligen Betragens", Braun II, S. 10.

218 Schleiermacher nennt dieses Verhältnis in der organisierenden Tätigkeit "Geselligkeit" (Ethik 1814/16, S. 443, § 38; Ethik 1816, S. 594 ff., § 59), in der symbolisierenden Tätigkeit "Offenbarung" (Ethik 1816, S. 596 ff., § 61; cf. dagegen: Ethik 1814/16, S. 446 f., § 45, wo Schleiermacher auch für dieses Verhältnis noch den Begriff "Geselligkeit" wählt).

219 Ethik 1812/13, S. 261, § 18; cf. auch Brouillon 1805/06, S. 95 u.a.

anderen Person in der aufgezeigten Beziehung steht[220]. Dieses allgemeine "Gemeinschaftsverhältnis"[221] der Personen sagt aber nicht aus, daß jede Person mit allen anderen Personen auch in der Wirklichkeit in einem gleichen Verhältnis steht, sondern es bedeutet, daß, wo Personen sich als sittlich Handelnde wirklich begegnen, sie immer miteinander in die sittliche Gemeinschaft eintreten[222]. Denn da die Gemeinschaft nur in der wirklichen Berührung der Personen real ist, schließt schon die raumzeitliche Bedingung der Wirklichkeit, die verschiedene Stellung der Personen in Raum und Zeit, ein gleiches Verhältnis zwischen allen

---

220 Da die absolute Gemeinschaft die "Einheit der Vernunft in der Totalität der Personen" (Ethik 1812/13, S. 261, § 18) darstellt, ist in ihr auch "ein Verhältniß jedes gegen alle und aller gegen jeden" (Ethik 1814/16, S. 442, § 36) zu setzen. Cf. zu dem gleichen "Verhältniß jedes gegen alle" (Ethik 1816, S. 592, § 56): Ethik 1814/16, S. 442, § 36. 444, § 39. 445, § 43. 448, § 47; Ethik 1816, S. 592, § 56. 594, § 58. 596, § 60. 598, § 62.

221 Ethik 1816, S. 599, § 63 verwendet diesen Begriff im Plural.

222 Cf. die in der Anm. 220 dieses Abschnitts genannten Belege der Ethik 1814/16 und der Ethik 1816.

Personen, das eine wirkliche Begegnung aller
Personen voraussetzen würde, aus[223]. So stellt
sich die Gemeinschaft der Personen, indem sie
sittlich definiert ist, und dieses bedeutet,
daß sie, obwohl in ihr die Vernunft die dominierende Größe ist, nicht allein durch das
Wesen der Vernunft, sondern auch durch die
Art des Daseins der Natur bestimmt ist, nur
in besonderen Gemeinschaften dar, die aber,
um die geforderte Einheit aller Personen
zu realisieren, wiederum untereinander in

---

223 In bezug auf die Gemeinschaft des identisch organisierenden Handelns beschreibt Schleiermacher diesen
Sachverhalt Ethik 1816, S. 592, § 56: Das Rechts-
verhältnis besteht "nur wirklich, sofern ein Verkehr wirklich stattfindet, und diese(s) kann nicht
auf gleiche Weise zwischen allen stattfinden, weil
jeder von allen nicht gleich, sondern durch un-
gleichen Raum und Zeit getrennt, und also die Beweg-
lichkeit der Thätigkeiten und der Dinge zwischen allen nicht dieselbe ist". Cf. auch die entsprechenden
Paragraphen der anderen Gemeinschaftsarten in der
Ethik 1816, S. 594, § 58. 596, § 60. 598, § 62.

Beziehung treten[224].

Der Sittlichkeit der Gemeinschaft würde es aber widersprechen, wenn sich diese besonderen Gemeinschaften aufgrund des jeweiligen Ermessens der einzelnen Personen, also rein zufällig, und nicht aufgrund des In-ihrer-Besonderheit-schon-Angelegtseins in dem sittlichen Prozeß bilden würden. Die Sittlichkeit der Gemeinschaft der Personen verlangt also, daß die Begrenzungen in dem allgemeinen Gemeinschaftsverhältnis der Personen sittlich bestimmbar und - dieses gehört zur Sittlichkeit - auch für alle Personen in derselben Weise gültig sind[225].

224 Dieser Gedanke versteht sich in Schleiermachers ethischer Konzeption von selbst. Klar formuliert ihn Ethik 1812/13, S. 273, §§ 72 f.; Ethik 1814/16, S. 452, Anm. 1 Nr. 72-75.

225 Anschaulich beschreibt die Notwendigkeit eines Kriteriums zur Begrenzung der Gemeinschaft Ethik 1816, S. 599, § 63: "Denn wer aus Unkunde eines solchen (sc. Kriteriums oder Maßes) von Voraussezung der Einerleiheit ausgehend das engste Verhältniß da anknüpft, wo nur das weiteste möglich ist, der erfüllt seine Thätigkeit nicht oder verschwendet sie, und in beiden Fällen stockt die Einigung der Vernunft mit der Natur. - Und aus

Gemeinschaft als Korrelat

Um dieses sittliche Kriterium - Schleiermacher nennt es das "Maaß"[226] - der Begrenzung der besonderen Gemeinschaften aufzufinden, gehen wir von der Überlegung aus, daß die beiden Gestaltungen der Gemeinschaft, die durch die Ausprägungen des Bewußtseins, durch das Bewußtsein der Identität der Vernunft und durch das Bewußtsein der Eigentümlichkeit der Person, bestimmt sind, schon in sich eine Sonderung des allgemeinen Verhältnisses aufweisen. Denn da aufgrund des gegenseitigen Gebundenseins der entgegengesetzten Seinsgrößen in unserer dialektisch strukturierten Wirklichkeit die eine Ausprägung des Bewußtseins die andere Ausprägung, wenn auch in untergeordneter Weise, immer einschließt, da also jede Person, sofern sie identisch handelt, auch mit ihrer Eigentümlichkeit, und, sofern sie individuell handelt, auch mit ihrem Bewußtsein der Identität der Vernunft tätig ist, entstehen in der einen Gemeinschaft aller Personen ungleiche, d.h.

---

demselben Grunde muß es auch dasselbe sein für alle in ihrer Beziehung auf einander". Cf. zur Sittlichkeit des Kriteriums: Ethik 1816, S. 599, § 64.
226 Ethik 1816, S. 599, § 63.

engere und weitere Beziehungen zwischen den Personen[227]. So verbindet die mit analoger Eigentümlichkeit identisch wirkenden Personen eine größere Gemeinsamkeit in bezug auf das sittlich Gehandelte, als sie zwischen den in ihrer Eigentümlichkeit weniger ähnlichen Personen besteht, und in dem Gebiet des individuellen Handelns bildet sich zwischen den Personen das engste Verhältnis, die in ihrer Eigentümlichkeit die größte Identität aufweisen und damit ihr eigentümlich Gewirktes "als zusammengehörig erkennen können"[228].

In dieser gegenseitigen Begrenzung[229] der auf den identisch und der auf den eigentümlich bestimmten Tätigkeiten beruhenden Gemeinschaftsverhältnisse charakterisiert sich das sittliche Kriterium dieser Abgrenzungen als "eines wodurch das ursprünglich Identische auf bestimmte Weise gesondert"[230], und als "eines wodurch

---

227 Cf. Ethik 1816, S. 600, § 66; Ethik 1814/16, S. 449 f., §§ 49 f.

228 Ethik 1816, S. 600, § 66.

229 Cf. Ethik 1816, S. 601, § 67: ... "da Gleiches und Verschiedenes sich ihren Umfang gegenseitig bestimmen".

230 Bem. 1832 ad Ethik 1816, S. 640, ad § 68.

Gemeinschaft als Korrelat 347

das ursprünglich Geschiedene ursprünglich identisch"[231] ist[232]. Dieses Kriterium, dem, da es selbst sittlich sein soll, auch alle Bestimmungen des Sittlichen zukommen müssen, darf nicht erst durch das sittliche Handeln hervorgebracht werden, sondern es muß, wie alles Sittliche, schon vor jedem sittlichen Tun in der Wirklichkeit vorzufinden sein, und zwar als eine Naturganzheit, die, da sie zu einem Minimum mit Vernunft geeint ist, der Entwicklung im sittlichen Prozeß bedarf[233]. Ein solches sittliches "Maaß"[234] sieht Schleiermacher in der Art und

---

231 Ebd.
232 Ein eigenes Maß für die Gemeinschaft, die sich auf die organisierende Tätigkeit, und für die Gemeinschaft, die sich auf die symbolisierende Tätigkeit bezieht, bedarf es nicht. Denn das identische Organisieren beruht auf "der Einerleiheit der Naturformen", von der auch das identische Symbolisieren abhängig ist. Ebenso bezieht sich das individuelle Organisieren auf dieselbe Verschiedenheit, die sich auch im individuellen Symbolisieren ausspricht. Cf. Ethik 1816, S. 601, § 68; Ethik 1814/16, S. 451 f., §§ 51-53; Bem. 1832 ad Ethik 1816, S. 640, ad § 68.
233 Cf. Ethik 1816, S. 599, § 64.
234 Ethik 1816, S. 599, § 63.

Weise der Entstehung des Menschen, nämlich in der "Erzeugung als Theil eines schon vorhandenen"[235] Lebens, und in der durch die klimatischen Unterschiede bedingten Verschiedenheit der Menschen, nämlich in der "Verschiedenheit der Rasse und der Volksthümlichkeit"[236] gegeben. Denn in der "Abstammung durch Erzeugung"[237], durch die der einzelne Mensch mit den ihn hervorbringenden Menschen wie den "aus derselben Quelle entsprungenen"[238] Menschen geeint ist, wird die "ursprüngliche Gemeinschaft"[239] des "schlechthin Geschiedenen"[240], des Eigentümlichen sichtbar, und in der auf die klimatische Differenz zurückzuführenden Verschiedenheit der Volkstümlichkeit, in der "die menschliche Organisation sich differentiiert in allen verschiedenen Funktionen, durch welche die Vernunfttätigkeit hindurchgeht"[241], kommt das ursprüngliche Getrenntsein des "schlechthin

---

235 Ethik 1816, S. 602, § 70.
236 Ebd.
237 Ebd.
238 Ebd.
239 Höchstes Gut II, Braun I, S. 479.
240 Ethik 1816, S. 602, § 70.
241 Höchstes Gut II, Braun I, S. 480.

Verbundenen"[242], des Identischen zum Ausdruck[243]. Indem nun diese beiden, nur sittlich geworden zu denkenden Naturganzheiten, die Familie, die die Einheit der durch Abstammung zusammengehörenden Menschen darstellt, und die Volkstümlichkeit, als beziehungsweise feststehende "Elemente des Maaßes"[244] verstanden werden müssen, bestimmt sich das Maß in dem "Schwanken"[245] zwischen diesen beiden aufein-

[242] Ethik 1816, S. 602, § 70.
[243] Cf. zur Bestimmung dieses Maßes: Ethik 1816, S. 602 f., § 70; Ethik 1814/16, S. 452 f., Anm. 2 Nr. 70; Höchstes Gut II, Braun I, S. 479 f., aber auch Ethik 1812/13, S. 272, §§ 59-63. Das Maß der sittlichen Gemeinschaft thematisiert Brouillon 1805/06 nicht. Dennoch wird auch hier (S. 95. 100) die klimatische Differenz als Kriterium gemeinschaftlicher Eigentümlichkeit genannt.
[244] Ethik 1816, S. 602, § 70.
[245] Ebd. Dieses "Schwanken" beschreibt Ethik 1816, S. 603, § 70: "Bald ist uns nur das unmittelbare Zusammenleben der Eltern und Kinder, die Familie, und in der weiteren Ausdehnung erkennen wir nicht mehr dieselbe specifische Zusammengehörigkeit an, bald auch umgekehrt scheint uns dieses nur ein Theil, und das Naturganze der Verwandtschaft weit größer. Eben so finden wir die größere Naturein-

ander bezogenen Polen und nimmt damit selbst an der sittlichen Entwicklung teil[246].

Aus diesen Näherbestimmungen der Gemeinschaft aller Personen, die unsere vorangehenden Überlegungen ausführen, nämlich die Gestaltungen der Gemeinschaft aufgrund der verschiedenen sittlichen Tätigkeiten und die auf ein sittliches Maß zurückzuführenden Begrenzungen in dem allgemeinen Gemeinschaftsverhältnis, ergeben sich die Konkretionen, in denen allein die absolute Gemeinschaft der Personen wirklich ist. So differenziert sich das allgemeine Gemeinschaftsverhältnis, sofern es durch den gemeinschaftlichen Charakter des sittlichen Handelns der Personen geprägt ist, aufgrund der in der Gemeinsamkeit gesetzten Eigentümlichkeit, deren sittliches Maß die Volkstümlichkeit ist[247], in besondere Einheiten der Gemeinschaft, die Schleiermacher, treten in

heit ... bisweilen mehr in dem Verwandtschaftssystem mehrerer Völker".

[246] Cf. Ethik 1814/16, S. 452 f., Anm. 2 Nr. 70; Ethik 1816, S. 602 ff., § 70.

[247] Das Maß der Volkstümlichkeit ist als eines der beiden beziehungsweise feststehenden Elemente des Maßes relativ zu verstehen.

ihnen die Personen vermittels der organisierenden Tätigkeit in Beziehung, jeweils als "Staat"[248] und, treten in ihnen die Personen vermittels der symbolisierenden Tätigkeit in Beziehung, jeweils als "nationale Gemeinschaft des Wissens"[249], bestimmt. Ebenso unterscheiden sich auch in dem allgemeinen Gemeinschaftsverhältnis, das durch den eigentümlichen Charakter des sittlichen Handelns jeder Person geprägt ist, aufgrund der in der Eigentümlichkeit gesetzten Gemeinsamkeit, deren sittliches Maß die Familie ist[250], besondere Einheiten der Gemeinschaft, die Schleiermacher, sind in ihnen die Personen organisierend tätig, jeweils als "freie Geselligkeit"[251] und, handeln in ihnen die Personen symbolisierend, als "Kirche"[252] benennt[253].

248 Ethik 1812/13, S. 334.
249 Ethik 1812/13, S. 347.
250 Das Maß der Familie ist als relatives Maß zu denken, cf. Anm. 247 dieses Abschnitts.
251 Ethik 1812/13, S. 366.
252 Ethik 1812/13, S. 359.
253 Jede dieser vier Einheiten bestimmt sich als Person, wenn sie, als ein Ganzes betrachtet, in der

Erhält nun die eine sittliche Gemeinschaft
aller Personen in diesen vier konkreten Einheiten der Gemeinschaft ihre reale Gestalt, so
schließt die Realisierung der Gemeinschaft in
diesen besonderen Einheiten die Präzisierung
der die Gemeinschaft aller Personen definierenden Wechselbeziehung des Wirkens zwischen
der einzelnen Person und der Gesamtheit der
Personen ein. Denn die Bestimmtheit der Gemeinschaft als einer besonderen Einheit verlangt
mit der Festsetzung des Umfangs und des Inhaltes dieser Gemeinschaft auch die Bestimmung
ihrer Form, die sich in dem allgemeinen Gemeinschaftsverhältnis als Einheit des sittlichen
Tuns der Personen in der gegenseitigen Partizipation an ihren Tätigkeiten darstellt. Erst
in dieser Konkretion der sittlichen Gemeinschaft erfährt das Zu- und Ineinander der den
vernünftigen Wirkungszusammenhang bildenden

Einordnung in dem Organismus der Menschheit wahrgenommen wird (cf. Abschnitt 4.1.2.1 dieser Arbeit); sie bestimmt sich als sittliche Gemeinschaft, wenn die Struktur ihrer Einheit in dem
durch Raum und Zeit bestimmten Lebenszusammenhang
beschrieben wird.

Tätigkeiten die "Organisation"[254], die jedes Handeln der Personen in die Einheit der sittlichen Tätigkeiten so einordnet, daß es die sittliche Entwicklung dieser Gemeinschaft fördert[255].

---

254 Ethik 1812/13, S. 338, § 99.

255 Dieser Gedanke der Präzisierung der schon dargelegten Form der Gemeinschaftsbeziehung findet in der philosophischen Ethik Schleiermachers keinen direkten Beleg, da der systematische Aufbau dieser Ethik keiner ausführlichen Erörterung der Bestimmung des Verhältnisses der allgemeinen sittlichen Gemeinschaft zu ihrer Darstellung als "vollkommene ethische Formen" (Ethik 1812/13, S. 320) bedarf. Doch wird die Richtigkeit dieses Gedankens durch die Ausführungen der "vollkommenen ethischen Formen" belegt. Cf. Ethik, WW III 5, S. 277, § 271: "Die organisirende Thätigkeit wird erst im Staat vollendet, Rechtszustand ... und Vertrag völlig bestimmt, Theilung der Arbeiten und gegenseitige Garantien systematisirt, und Vereinigung der Kräfte nach allen Seiten eingeleitet". Cf. aber auch die Aussagen, die hervorheben, daß eine "gewisse Art und Weise der Gemeinschaft" (Staatslehre, WW III 8, S. 7 f., Anm.) wiederum unter einer bestimmten Form steht; so: ebd.; Ethik WW III 5, S. 320, § 289. 274, § 268.

Diese Form der besonderen Gemeinschaft, die
also in der Bezogenheit des wechselseitigen
aufeinander Wirkens der einzelnen Personen
und der Gesamtheit der Personen auf die konkrete Einheit der Gemeinschaft entsteht, erschließt sich uns, wenn wir den Gedanken aufnehmen, daß für die Sittlichkeit der Person
und für die Vernünftigkeit des die Personen
verbindenden Wirkungszusammenhanges das Bewußtsein in dem beziehungsweise auseinandertretenden Gegensatz des Bewußtseins der Zusammengehörigkeit der Menschen und des Bewußtseins
der Eigentümlichkeit des Menschen konstitutiv
ist. Kommt aber der Person und der Gemeinschaft
aller Personen durch diese Ausprägungen des
Bewußtseins allein die Sittlichkeit zu - denn
nur vermittels dieses Bewußtseins eint die
Vernunft sich mit der Natur, ohne daß beide
Größen in diesem Einssein das ihnen jeweils
Wesentliche aufgeben müssen - dann hat das in
diesem beziehungsweisen Gegensatz bestehende
Bewußtsein auch für die konkrete Gestaltung
der sittlichen Gemeinschaft grundlegende Bedeutung. So bestimmt sich die besondere Einheit der Gemeinschaft der Personen erst dadurch als das Ineinssein von Vernunft und Natur, also als sittlich, daß in den zu ihr ge-

hörenden Personen das Bewußtsein dieser Einheit als eines besonderen, von anderen sittlichen Einheiten der Gemeinschaft unterschiedenen sittlichen Ganzen und zugleich jeder Person das Bewußtsein, selbst eine eigene, relativ für sich bestehende Einheit des sittlichen Seins darzustellen, die als einzelne dem sittlichen Ganzen beziehungsweise gegenübersteht, vorhanden ist[256]. In bezug auf die konkrete

---

[256] Die konstitutive Bedeutung des Bewußtseins für die konkrete sittliche Gemeinschaft belegen in bezug auf den Staat: Ethik 1812/13, S. 335, § 85. § 87; Bem. 1832 ad Ethik 1812/13, S. 651, ad § 77; ebd., ad § 84; ebd., S. 651 f., ad § 89 u.a., in bezug auf das Wissen: Ethik 1812/13, S. 349, § 154 u.a., in bezug auf die Kirche: ebd., S. 359, § 198; cf. auch Anm. 142 dieses Abschnitts dieser Arbeit. - Die folgenden Anmerkungen belegen meine Darstellung der konkreten Gemeinschaften oft mit einem Text, der sich nur auf eine der vier Gemeinschaften bezieht. Da jedoch Schleiermacher die einzelnen Gemeinschaften nicht in gleicher Ausführlichkeit bearbeitet hat (ihre Darstellung findet sich in den ethischen Entwürfen nur in dem Brouillon 1805/06 und in der Ethik 1812/13) und da diese Gemeinschaften die gleiche Struktur aufweisen, ist die Übertragung der Aussagen zu einer Gemeinschaft auf die anderen Gemeinschaften sachgemäß.

sittliche Gemeinschaft legt sich also das Bewußtsein der Zusammengehörigkeit der Menschen als das Bewußtsein von der Einheit dieses sittlichen Ganzen, das Bewußtsein der Eigentümlichkeit des Menschen als das "Bewußtsein des Fürsichbestehens jedes einzelnen"[257] innerhalb dieser sittlichen Einheit aus. Da nun alles sittliche Tun der Person von dem sie konstituierenden Bewußtsein begleitet ist, da folglich das die konkrete sittliche Gemeinschaft bestimmende Handeln der Personen von diesen beiden in beziehungsweisem Gegensatz stehenden Ausprägungen des Bewußtseins in der besonderen Gemeinschaft geleitet ist, haben die sittlichen Tätigkeiten dieser Gemeinschaft, die vorwiegend in dem Bewußtsein der Zusammengehörigkeit ausgeübt werden, das Ganze dieser konkreten Gemeinschaft in dem Blick, während die Tätigkeiten, die hauptsächlich in dem Bewußtsein des Fürsichseins gewirkt werden, zwar auch dem Ganzen dienen, aber nicht direkt auf diese Einheit der Gemeinschaft ausgerichtet sind, sondern sich auf die kleine Sphäre der einzelnen Person beziehen[258]. Durch diese bei-

---

257 "Über die Begriffe der verschiedenen Staatsformen", WW III 2, S. 261.

258 Cf. bes. ebd., S. 261 f.

Gemeinschaft als Korrelat 357

den Ausprägungen des Bewußtseins bildet sich also in der Einheit der sittlichen Tätigkeiten der konkreten Gemeinschaft, die in der gegenseitigen Einwirkung der Personen realisiert wird, ein Gegensatz aus, der diese Tätigkeiten, die dieselbe den Inhalt der jeweiligen Gemeinschaft bestimmende sittliche Struktur aufweisen, der Funktion nach trennt[259]. Denn handelt die Person in dem Bewußtsein ihres Für-sich-

---

[259] So bestimmen sich z.B. alle im Staat ausgeübten Tätigkeiten als identisch organisierendes Handeln der Personen. Dasselbe gilt für die Tätigkeiten in den anderen Gemeinschaften. Einen Text, der ausdrücklich diese Unterscheidung der Tätigkeiten ihrer Funktion nach, aber nicht ihrem Material nach thematisiert, gibt es m.E. (außer der Nennung dieses Sachverhalts in Ethik 1812/13, S. 345, § 136) nicht. Doch belegt Schleiermachers Darstellung der konkreten Gemeinschaften meine Interpretation. Cf. auch die Texte: Ethik 1812/13, S. 350 f., §§ 160-163; Bem. 1832 ad Ethik 1812/13, S. 652, ad § 120 und "Über die Begriffe der verschiedenen Staatsformen", WW III 2, S. 281 u.a., aus denen die Unterscheidung der Tätigkeiten in ihren Funktionen hervorgeht.

Seins, so wendet sie sich allein der in ihrem Bereich liegenden einzelnen, in bezug auf den sittlichen Prozeß als roher Stoff zu charakterisierenden Natur zu, um sie mit der Vernunft zu einen. Indem dieses Handeln direkt auf das Erheben der einzelnen Natur in die Sittlichkeit, d.h. auf den einzelnen Einungsvorgang von Vernunft und Natur gerichtet ist, bestimmt es nicht zugleich die Beziehung seines sittlichen Produktes zu der Gesamtheit des in der Gemeinschaft gehandelten, sondern bietet das sittlich Produzierte der Gemeinschaft ausschließlich als ein Einzelnes dar, das noch der Einordnung in das Ganze der Gemeinschaft bedarf[260]. Dieses In-die-Einheit-Eingliedern und das Aufeinander-Beziehen der zwar in der Absicht für das Ganze, aber nicht mit dem unmittelbaren Bezug auf das Ganze gewirkten einzelnen sittlichen Produkte sind die Aufgaben der Tätigkeiten, die im "Bewußtsein der Einheit des Ganzen"[261] verrichtet wer-

---

260 Cf. Ethik 1812/13, S. 339, § 105; "Über die Begriffe der verschiedenen Staatsformen", WW III 2, S. 262.
261 Ebd., S. 280.

den[262]. Nach dieser Funktionsbeschreibung kennzeichnet die aus den beiden Ausprägungen des Bewußtseins erwachsene Entgegensetzung der sittlichen Tätigkeiten in der konkreten Gemeinschaft näher die Unterscheidung von Form und Materie[263]. Denn da das natürliche Sein, das

---

262 Anschaulich beschreibt Ethik 1812/13, S. 339, § 105 diese Funktion als "beschleunigende Einsicht in dieses Verhältniß (sc. zum Ganzen) und als Folge davon die richtige Direktion der Kräfte". Cf. auch ebd., Anm. 1 Nr. 2; ebd., S. 340, § 107; "Über die Begriffe der verschiedenen Staatsformen", WW III 2, S. 262. Näher wird diese Funktion auch beschrieben durch die Verben "befehlen" (Ethik 1812/13, S. 340, § 111) und "herrschen" ("Über die Begriffe der verschiedenen Staatsformen", WW III 2, S. 261) in bezug auf den Staat, durch das Verb "leiten" (Ethik 1812/13, S. 348, Anm, 1 Nr. 1; ebd., S. 351 f., § 165 differenziert die Funktion des Leitens noch weiter) in bezug auf die Wissensgemeinschaft. In diesem Zusammenhang ist auch die Bestimmung der Aufgabe der "Kirchenleitung", das Ganze zu leiten, in Schleiermachers "Kurzer Darstellung des theologischen Studium ...", u.a. ebd., S. 11, § 26. S. 107, Anm. 1, zu verstehen.

263 Cf. Ethik 1812/13, S. 351, §§ 164 f.

mit der Vernunft geeint wird, immer erst durch das Handeln des Einzelnen auf die einzelne Natur in den sittlichen Prozeß hineingenommen wird, da in dieser Tätigkeit gleichsam der sittliche Stoff erstellt wird[264], erhält die sittliche Gemeinschaft in den in dem "Bewußtsein des Fürsichbestehens jedes einzelnen"[265] gehandelten Produkten das sittliche Material, das dann durch die von der Einsicht in das Ganze geleiteten Tätigkeiten die Gestalt, die Form erhält[266].

Das Aufeinander-Bezogensein der in diesen funktionalen Gegensatz auseinandertretenden sittlichen Tätigkeiten wird in ihrer Bestimmung als formales und als materiales Handeln deutlich. Die Einheit der sittlichen Tätigkeiten aber, die diese Handlungen als Tätigkeiten der konkreten Gemeinschaft ausweist, erreichen diese beiden beziehungsweise entgegengesetzten

---

264 Cf. Ethik 1812/13, S. 339, § 106. 348, Anm. 1 Nr. 1. 351, § 164.
265 "Über die Begriffe der verschiedenen Staatsformen", WW III 2, S. 261.
266 Cf. Ethik 1812/13, S. 340, § 107.

Gemeinschaft als Korrelat

Funktionen des sittlichen Tuns in der Wirklichkeit durch die einheitschaffende Bewegung des Lebens[267]. In dem Wesen der Funktionen, das in der gestaltgebenden Tätigkeit mehr das aktive Moment, in dem gestaltempfangenden Handeln mehr das passive Moment ausdrückt, ist es dabei begründet, daß den formalen Verrichtungen vorwiegend die Spontaneität, den materialen Tätigkeiten vorwiegend die Rezeptivität zukommt[268].

Ist nun in dieser Präzisierung der das allgemeine Gemeinschaftsverhältnis definierenden Wechselbeziehung des Wirkens zwischen der einzelnen Person und der Gesamtheit der Personen als das in der Bewegung von Rezeptivität und Spontaneität Sich-Aufeinander-Beziehen der stoff- und der gestaltgebenden Handlungen die

---

267 Cf. hierzu "Über die Begriffe der verschiedenen Staatsformen", WW III 2, S. 281: "Denn ohne diese gegenseitigen Einwirkungen würden die Glieder des Gegensazes auseinander fallen und die Einheit des Daseins aufhören".

268 Diese Zuordnung belegen direkt: Ethik 1812/13, S. 338, § 98. 349, Anm. 1. Nr. 3. 368, § 245; cf. aber auch "Kurze Darstellung des theologischen Studiums ...", S. 107, § 278 u. ebd., Anm. 2.

Form der konkreten sittlichen Gemeinschaft bestimmt, so stellt sich diese Gemeinschaft, d.h. der durch das sittliche Maß begrenzte, vernunftbestimmte Wirkungszusammenhang der Personen stets in diesem beziehungsweisen funktionalen Gegensatz der formalen, spontanen und der materialen, rezeptiven Tätigkeiten dar. Folglich ist der begrenzte Wirkungszusammenhang zwischen Menschen, in dem "alle Handlungen innerhalb des Ganzen"[269] in bezug auf ihre Funktion "nur Eine gleichartige Masse bilden"[270], in dem also die Tätigkeiten nicht in den aufgezeigten Gegensatz auseinandertreten, nicht als sittliche Gemeinschaft zu prädizieren[271].

Ein hoher Grad sittlicher Entwicklung würde die konkrete Gemeinschaft auszeichnen, in der die beiden Ausprägungen des Bewußtseins in jeder der zu ihr gehörenden Person gleichmäßig ausgebildet wären, so daß formale und materiale Funktionen des Handelns von jeder Person in

---

269 "Über die Begriffe der verschiedenen Staatsformen", WW III 2, S. 262.
270 Ebd.
271 Cf. Ethik 1812/13, S. 334 f., §§ 84 f. 349, §§ 153 f. 359, § 198.

dem gleichen Umfang ausgeübt würden[272]. Doch

272 Dieser Gedanke ist in den ethischen Entwürfen angelegt, aber er wird nicht ausgeführt. "Über die Begriffe der verschiedenen Staatsformen", WW III 2, S. 263 f. beschreibt Schleiermacher diese Gemeinschaft in bezug auf den Staat: "Also werden auch nicht einige sich ausschließend als Herrscher erheben, und andere sich ausschließend als Unterthanen beugen; sondern der Gegensaz von Obrigkeit und Unterthan wird in jedem Bürger ganz sein. Alle werden in gewissen Momenten sich vereinigen müssen, um die Obrigkeit darzustellen, und in anderen wiederum sich trennen, um sich als Unterthanen zu zeigen; ...". Von Schleiermachers philosophisch-ethischer Sytematik her erscheint es mir unverständlich, daß Schleiermacher dieser Gemeinschaftsform, er nennt sie Demokratie, keinen höheren Grad der Entwicklung zuerkennt. Er begründet dies: "Weil aber in diesem Staat Gemeingeist und Privatinteresse sich in jedes einzelnen Bewußtsein unmittelbar und immer berühren, wird der Gegensaz zwischen beiden nur schwach aus einander treten, eben deshalb aber auch beides sich nicht innig genug durchdringen; ...". (ebd.). Diesem widerspricht aber m.E. die obige Aussage, daß der Gegensatz "in jedem Bürger ganz" ist, da dies wiederum das Auseinandertreten des Gegen-

diese gleichmäßige Entwicklung des Bewußtseins
der Personen findet sich in der Wirklichkeit
nicht. Vielmehr treten beide Ausprägungen des
Bewußtseins mit unterschiedlichem Gewicht in

> satzes einschließen muß.
> Dagegen sehe ich mich in der Bestimmung dieser
> Gemeinschaft als eines hohen Entwicklungsgrades
> bestätigt durch die Darstellung in den Reden, die
> m.E. der ethischen Konzeption Schleiermachers
> entspricht: Der "Gegensatz zwischen Priestern und
> Laien ... ist gar kein Unterschied zwischen Perso-
> nen, sondern nur ein Unterschied des Zustandes und
> der Verrichtungen. Jeder ist Priester, indem er die
> Andern zu sich hinzieht auf das Feld, welches er
> sich besonders zugeeignet hat und wo er sich als
> Virtuosen darstellen kann: jeder ist Laie, indem
> er der Kunst und Weisung eines Andern dahin folgt,
> wo er selbst Fremder ist in der Religion. Es gibt
> nicht jene tyrannische Aristokratie, die ihr so
> gehässig beschreibt: ein priesterliches Volk ist
> diese Gesellschaft, eine vollkommne Republik, wo
> Jeder abwechselnd Führer und Volk ist, jeder der-
> selben Kraft im Andern folgt, die er auch in sich
> fühlt und womit auch Er die Andern regiert".
> (Über die Religion. Reden an die Gebildeten ...,
> S. 184 f. Vierte Rede).

den einzelnen Personen hervor, so daß in der
Gemeinschaft jede der beiden Funktionen des
sittlichen Tuns von den Personen verrichtet
wird, in denen sich die Ausprägung des Bewußtseins, die die jeweilige Funktion leitet, am
meisten ausgebildet hat[273]. Damit aber wird
der die Gemeinschaft gestaltende funktionale
Gegensatz in den zwei "Gruppen"[274], in die die
Personen sich differenzieren, sichtbar. So
stehen auf der einen Seite die Personen, die
vornehmlich mit dem Einordnen des sittlichen
Materials in die Einheit des Ganzen befaßt
sind - Schleiermacher bezeichnet diese Personen,
den inhaltlichen Bestimmungen der konkreten
Gemeinschaften entsprechend, im Staat als

273 Ethik 182/13, S. 349, Anm. 1 Nr. 3 heißt es:
"Die Schulen müssen durch dasselbe Verfahren die
Receptivität in den einen, die Spontaneität in
den andern entwickeln". Cf. auch ebd., S. 352,
§§ 168 f. und die Darstellung der Entstehung des
Staates der "höheren Stufe" in: "Über die Begriffe
der verschiedenen Staatsformen", WW III 2, S. 274 ff.
274 Der Ausdruck "Gruppe" ist von mir gewählt.
Schleiermacher benennt diese Gruppen jeweils mit
den Begriffen, die ihre sittliche Bestimmung in
dem Ganzen bezeichnen.

"Obrigkeit"[275], im wissenschaftlichen Verein als "Gelehrte"[276], in der Geselligkeit als "Wirth"[277] und in der Kirche als "Klerus"[278], während auf der anderen Seite die Personen stehen, die auf das Produzieren des sittlichen Materials selbst ausgerichtet sind - diese Personen werden von Schleiermacher im Staat als "Unterthanen"[279], im wissenschaftlichen Verein als "Publicum"[280], in der Geselligkeit als "Gäste"[281] und in der Kirche als "Laien"[282] benannt.

Obwohl sich nun in der konkreten Gemeinschaft die entgegengesetzten Tätigkeiten verschiedenen Personengruppen zuordnen, wird der aufgestellte Gegensatz aber nicht ein persönlicher, sondern er bleibt ein funktioneller[283].

---

[275] Ethik 1812/13, S. 334, § 85.
[276] Ebd., S. 350, § 157.
[277] Ebd., S. 368, § 245.
[278] Ebd., S. 359, § 198.
[279] Ebd., S. 334, § 85.
[280] Ebd., S. 350, § 157.
[281] Ebd., S. 368, § 245.
[282] Ebd., S. 359, § 198.
[283] Ebd., S. 350, § 160; "Über die Begriffe der verschiedenen Staatsformen", WW III 2, S. 281 f.

Ebenso wird durch diese Zuordnung der Gegensatz kein absoluter, sondern er bleibt ein gebundener, so daß jede Seite des Gegensatzes die andere in untergeordneter Weise einschließt[284]. Auch kann keine Seite sich unter

---

[284] Cf. Ethik 1812/13, S. 340, § 111. 345, § 137. 346, § 139. Aufgrund dieser Bindung des Gegensatzes, die auf den beiden beziehungsweise entgegengesetzten Ausprägungen des einen Bewußtseins beruht, weist sich die Interpretation des Gegensatzes als das Gegenüber von Unterdrücker und Unterdrückten ab (cf. Abschnitt 2.3.3.2.2.1 dieser Arbeit). In der "Lehre vom Staat" (WW III 8) nimmt Schleiermacher diesen Gedanken ausdrücklich auf, indem er diesen Gegensatz, der sich in bezug auf den Staat als der Gegensatz von Obrigkeit und Untertan bestimmt, nicht mit den Korrelaten δεσπότης (ebd., S. 4) und δοῦλος (ebd.) gleichgesetzt haben will. "Der Despot ist keine Obrigkeit. Der Zustand ist aber auch kein Staatsleben ... weil der Sklave nichts ist als ein lebendiges Werkzeug, das seinen Willen nur im Herrn hat; er verrichtet nichts aus sich, nichts für sich; er ist Durchgangspunkt". (Ebd., S. 4, 2. Anm. Vorlesg. 1829). "Hieraus geht denn hervor, daß der Unterthan sich vom Knecht unterscheidet durch eine in seinem Verhältniß zur Obrigkeit mitgesezte freie Willensthätigkeit". (Ebd., S. 5).

Ausschluß der anderen Seite mit der Gemeinschaft gleichsetzen, sondern jede Seite ist in ihrem sittlichen Tun immer auf das sittliche Handeln der anderen Seite angewiesen. Denn erst die Beziehung zwischen diesen beiden Seiten, d.h. erst die Beziehung zwischen den vorwiegend formal handelnden Stoff ordnenden Personen und den vorwiegend material tätigen Stoff produzierenden Personen ist die konkrete sittliche Gemeinschaft der Personen[285].

Entstand uns der Begriff der Gemeinschaft der Personen als ein der Person notwendiges Korrelat und zeigte es sich, daß diese Gemeinschaft der Personen allein in den vier, jeweils durch eine Art der vier sittlichen Tätigkeiten bestimmten konkreten Gemeinschaft real wird, dann hat jede Person nicht nur an einer der Konkretionen der Gemeinschaft teil, sondern sie partizipiert, da ihr sittliches Handeln die vier Arten des sittlichen Tuns umfaßt, an

---

[285] Cf. so "Über die Begriffe der verschiedenen Staatsformen", WW III 2, S. 262: "Denn nur in der Vermittlung dieses Gegensazes ist das wirkliche bewußte Leben des Staates". Cf. auch Staatslehre, WW III 8, S. 13, Anm. und "Versuch einer Theorie des geselligen Betragens", Braun II, S. 9.

allen vier konkreten Gemeinschaften, so daß Staat, wissenschaftlicher Verein, Geselligkeit und Kirche zusammen den von der Vernünftigkeit und Natürlichkeit der Personen gleichermaßen geforderten sich in Zeit und Raum realisierenden Zusammenhang aller Personen bilden[286].
Obwohl nun in dem Aufweis des Bewußtseins in seinem Verlauf, wenn wir uns den Gedanken aus unserer Analyse der Struktur des Bewußtseins vergegenwärtigen, daß es ein Bewußtsein an sich nicht gibt, sondern daß das Bewußtsein

---

286 Cf. die Definition der Person: Ethik 1814/16, S. 448, § 48; Ethik 1816, S. 604, § 71. Der in der Ethik begründete Gedanke, daß die einzelne Person alle vier konkreten Gemeinschaften zum Korrelat haben muß, gewinnt für die Pädagogik Relevanz, da er das Ziel der Erziehung angibt. Pädagogik, WW III 9, S. 704 heißt es: "Somit ist das ethische Ziel der Erziehung, daß der Mensch in diesen vier Sphären der Gemeinschaft seine Stelle einnehmen und für jede derselben etwas sein könne". Cf. auch ebd., S. 40-42. 590 f. 701-704. - Das Verhältnis der vier konkreten sittlichen Gemeinschaften untereinander stelle ich nicht dar, da diese Verhältnisbestimmung nicht unmittelbar zu meiner Aufgabe gehört, die Gemeinschaft als Korrelat der Person aufzuzeigen.

nur als ein objektives und als ein subjektives ist[287], unsere Aussagen über den Bewußtseinsprozeß immer Aussagen über beide Ausprägungen, über das objektive und über das subjektive Bewußtsein sind, so soll doch in einem eigenen Gedankengang jede dieser beiden Ausprägungen für sich reflektiert werden, um so, indem das im Allgemeinen beschriebene Wesen und Werden des Bewußtseins in den beiden Ausprägungen, als die das Bewußtsein ist, aufgezeigt wird, das Spezifikum des objektiven und subjektiven Bewußtseins sichtbar werden zu lassen. Jede der beiden Ausprägungen des Bewußtseins benennt Schleiermacher mit verschiedenen Ausdrücken[288]. Aus diesen Begriffen wählen wir für das Bewußtsein, das Ausdruck des gegenständlichen Seins ist, die Bezeichnung "objektives Bewußtsein"[289], weil im 'Objektiven' das Charakteristikum dieser Bewußtseinsausprägung schon markiert ist, und für das Bewußtsein, das Ausdruck seiner Selbst-Befindlichkeit ist, die Benennung "subjektives Be-

---

287 Cf. Abschnitt 3.2.2.2.1 dieser Arbeit.
288 Die verschiedenen Ausdrücke sind dem Abschnitt 3.2.2.2.1 dieser Arbeit zu entnehmen.
289 Höchstes Gut II, Braun I, S. 488. S. 491.

wußtsein"[290], da mit der Prädikation 'subjektiv' im Gegenüber zu 'objektiv' das Verhältnis der beiden Ausprägungen verdeutlicht wird, das durch die dialektische Seinsstruktur des gebundenen Gegensatzes des Idealen und des Realen bestimmt wird.

---

290 Der Terminus "subjektives Bewußtsein" findet sich sehr häufig in der Psychologie (cf. WW III 6, S. 182 ff. u.a.). Daß die Verwendung dieses Ausdrucks auch in dem philosophisch-ethischen Zusammenhang sachgemäß ist, sehe ich außer durch Schleiermachers System der Wirklichkeit noch durch die Formulierungen "subjectives Erkennen" (Brouillon 1805/06, S. 176. 187), "subjectives (sc. Wissen)" (ebd., S. 188) wie der Gleichsetzung von "Wahrnehmung und Gefühl" (Ethik 1812/13, S. 301, § 159) mit der "objectiven und subjectiven Seite" (ebd.) des "wirklichen menschlichen Erkennens" (ebd.) belegt.

4.2 Das objektive Bewußtsein

4.2.1 Das Wesen des objektiven Bewußtseins

4.2.1.1 Das objektive Bewußtsein ist der Ausdruck des bestimmten Seins der Gegenstände

Das Einssein der ganzen Vernunft mit der gesamten Natur, in dem sich Vernunft und Natur zur "Welt"[1] durchdringen und dem beide Größen gemäß der Voraussetzung ihrer Identität zustreben, vollzieht sich in der Wirklichkeit vermittels des Bewußtseins, des unmittelbaren Symbols der Vernunft. Denn allein in der Aufnahme der in bezug auf das Einssein von Vernunft und Natur als chaotische Mannigfaltigkeit zu beschreibenden Natur in das Bewußtsein wird diese Natur, indem sich ihr die Vernunft erkennend einbildet, zu einem bestimmten Sein und damit zu einem geordneten Ganzen, zur Welt. Zur Bestimmung des eintretenden Seins

---

[1] Zu dem Begriff "Welt" bei Schleiermacher: cf. die Abschnitte 2.1, Anm. 7 und 3.1.3 dieser Arbeit.

aber gelangt das Bewußtsein durch den in ihm aufgrund seiner Vernünftigkeit gesetzten Gegensatz von Subjekt und Objekt[2], in dem das Bewußtsein seine eigene, durch das einwirkende Sein hervorgerufene Befindlichkeit von dem sie wirkenden Sein selbst unterscheidet, so daß das aufgenommene Sein im Bewußtsein in zweifacher Hinsicht zur Bestimmtheit wird, einmal als die von ihm hervorgerufene Zuständlichkeit des Subjekts des Bewußtseins, zum andern als das von dem Subjekt unabhängige und diesem gegenüber selbständige Sein[3]. Diese Trennung also setzt das Bewußtsein in den Stand, das es affizierende Sein als ein von ihm unterschiedenes und ihm entgegenstehendes Sein[4] wahrzunehmen und dadurch dieses Sein in dem ihm eigenen Wesen und Dasein zu begreifen. Indem das Bewußtsein das es als chaotische Mannig-

---

2 Cf. Abschnitt 3.2.2.2.1 dieser Arbeit; Belege ebd., Anm. 50.
3 Cf. Ethik 1814/16, S. 432, § 10; Ethik 1816, S. 624, § 38.
4 Zu der Prädikation "entgegenstehend": cf. Brouillon 1805/06, S. 159; zur Unterschiedenheit des Sein vom Subjekt: cf. Belege der Anm. 3; Brouillon 1805/06, S. 103; aber auch Ethik 1816, S. 532, § 47.

faltigkeit berührende Sein als ein von ihm geschiedenes Sein zu einer in der Einheit gebundenen Vielheit ordnet und so dieses Sein in die Totalität des Seins eingliedert, so daß seine Bestimmungen als einzelnes Sein sichtbar werden, sieht das Bewußtsein gleichsam von sich selbst ab und gibt sich in seinen Gegenstand hinein, zwar nicht mit ihm eins werdend, doch als Bezogenheit des erkennenden Subjekts auf das von ihm getrennte, vor ihm stehende Objekt[5], um allein diesen Gegenstand in die Klarheit des erkannten Seins zu heben. Damit aber drückt das Bewußtsein in dem Gerichtet-

---

5 Zwar spricht Brouillon 1805/06, S. 155 von dem Einswerden des Menschen mit dem Gegenstand; doch ist diese Einung keine unmittelbare, wie sie das subjektive Bewußtsein darstellt, sondern eine durch die Betrachtung des Subjekts vermittelte (cf. Psychologie WW III 6, S. 95 u.a.). Diesen Sachverhalt legt auch die Dialektik (Odebrecht), S. 127 kurz dar: "Jedes Denken setzt ein Gedachtes voraus, das in anderer Beziehung ganz unabhängig vom Denken ist und ohne dieses dennoch existieren würde. Beim Empfinden dagegen ist eine Trennung vom Empfundenen selbst nicht möglich. Das Empfinden ist dasselbe wie das Empfundene, und dieses existiert nicht ohne das Empfinden".

sein auf die Erkenntnis des ihm entgegengesetzten Seins, Schleiermacher nennt dieses Bewußtsein das "objektive"[6] oder das "gegenständliche Bewußtsein"[7], nichts anderes aus als nur das Sein des Objekts, und zwar des Objekts wie es in dem ihm eigenen Sein, unabhängig von der jeweiligen Befindlichkeit des erkennenden Subjekts, ein organischer Teil des Ganzen, der Welt, ist[8].

---

6 Höchstes Gut II, Braun I, S. 488. 491.
7 Ethik 1816, S. 624, § 38.
8 Cf. auch die Definition des objektiven Bewußtseins, die Brouillon 1805/06, S. 176 gibt.
Dieses Ausdruck-des-Seins-Sein ist auch als Wissen definiert (cf. Ethik 1816, S. 525, § 25). Das Gebiet des Wissens ist so das des objektiven Bewußtseins (cf. Ethik 1814/16, S. 440, § 29). Die Beschreibung des objektiven Bewußtseins in den ethischen Entwürfen nennt zwar den Begriff des Wissens, aber hebt ihn nicht ausdrücklich hervor.

4.2.1.2 Gleichheit und Gemeinschaftlichkeit des objektiven Bewußtseins

In der Definition des objektiven Bewußtseins als Ausdruck des bestimmten Seins der Gegenstände ist zugleich die Forderung enthalten, daß sich jeder Akt dieses Bewußtseins sowohl innerhalb des Verlaufs des Bewußtseins in jedem einzelnen Menschen als auch in dem gesamten Bewußtseinsprozeß in der Totalität der Menschen in der gleichen Weise vollziehen muß. Denn erfaßt das Bewußtsein die ihm entgegenstehende Natur in ihrem Sein, gelangt also der Gegenstand in dem Bewußtsein zur Erkenntnis, dann muß die Bestimmung des Gegenstandes in jedem Glied der Reihe der Bewußtseinsakte, das diesen Gegenstand darstellt, und in jedem Menschen, in dem dieser Gegenstand zur Bewußtheit erhoben worden ist, stets dieselbe sein. Indem nun das in das Bewußtsein aufgenommene Sein in dem Ineinandersein und -wirken der beiden Seiten des Bewußtseins, der intellektuellen und der organischen, Bewußtes wird[9], kommt, sofern das Bewußtsein sich auf dasselbe Sein bezieht, die Gleichheit des Bewußtseinsinhaltes in den

---

9 Cf. Abschnitt 3.2.2 dieser Arbeit.

Gleichheit und Gemeinschaftlichkeit 377

verschiedenen Akten durch die Identität jeder der beiden Bewußtseinsseiten in allen Akten des objektiven Bewußtseins zustande.
Da sich in der intellektuellen Seite des Bewußtseins die im Bewußtsein tätige Vernunft darstellt und folglich die Funktion dieser Seite im Setzen der Einheit in die chaotische Mannigfaltigkeit der Natur besteht[10], ist die Gleichheit dieser Bewußtseinsseite in allen Akten des objektiven Bewußtseins gegeben, wenn das Handeln der Vernunft, das dem aufgenommenen Stoff die ihm eigene Form einprägt, in jedem Akt dasselbe ist[11]. Ist das Handeln der Vernunft in dem objektiven Bewußtsein, das sich auf das Bestimmen der Gegenstände richtet, als der Vorgang zu beschreiben, in dem die Vernunft sich in der in das Bewußtsein aufgenommenen Natur zur Erkenntnis bringt und diese Natur zugleich in dem Einssein mit der Vernunft eine

10 Da die intellektuelle Bewußtseinsseite bereits innerhalb der Analyse der Struktur des Bewußtseins in dieser Arbeit beschrieben wurde (cf. Abschnitt 3.2.2), nehme ich an dieser Stelle die zur Erörterung der Gleichheit dieser Seite im objektiven Bewußtsein wichtigen Gedanken in gekürzter Form und ohne Nennung der Belege wieder auf.
11 Cf. Ethik 1816, S. 584, § 46.

erkannte wird, dann kennzeichnet das identische Handeln der Vernunft das Stets-in-derselben-Weise-Einssein der Vernunft mit der Natur, ein Einssein beider Größen also, das unabhängig von der Besonderheit des Menschen, in dem die Vernunft wirkt, und unabhängig von dem Zeitpunkt, an dem die Vernunft handelt, in dem gesamten objektiven Erkenntnisprozeß identisch ist, so daß die Darstellung der Vernunft in der Natur, die das Erkennen der Natur ist, in allen objektiven Bewußtseinsakten, d.h. in und für alle Menschen gleich ist. Diese Gleichheit des Einsseins und die "Einerleiheit"[12] des dieses Einsseins hervorbringenden Handelns der Vernunft aber sind dadurch möglich, daß die Beziehung der ganzen Vernunft auf die gesamte Natur schon von vornherein in der Vernunft selbst gesetzt ist. Denn die Vernunft, die als das Ineinander des geistigen und dinglichen Seins unter der Dominanz des Geistigen definiert ist, ist nur das, was sie ist, in der Beziehung auf die ihr entsprechende dialektische Seinsgröße, die Natur, deren Sein die Vernunft in idealer Weise ausdrückt[13].

---

12 Ethik 1816, S. 584, § 46.
13 Cf. die Abschnitte 3.1.1 und 3.1.3 dieser Arbeit.

Gleichheit und Gemeinschaftlichkeit

Die Vernunft tritt also in den objektiven Erkenntnisprozeß als eine Größe ein, die das von ihr zu bestimmende Sein, die jeweils in das Bewußtsein aufgenommene Natur, im Zusammenhang mit allem Sein, d.h. im Zusammenhang mit der gesamten noch nicht in das Bewußtsein aufgenommenen Natur, schon bevor sie auf diese Natur wirkt und mit ihr eins wird, in idealer Weise in sich begreift[14]. Dieses zum Wesen der Vernunft gehörende "Geistiggeseztsein"[15] der gesamten Natur in der Vernunft faßt die Vernunft als das "System der Ideen"[16] oder als das "System der angeborenen Begriffe"[17] in sich[18]. Da die Vernunft nur als ganze han-

---

14 Diesen Sachverhalt formuliert Ethik 1816, S. 584, § 46 kurz: "Die Vernunft aber, welche ausgedrückt werden soll in der bezeichnenden Natur, ist ganz dasselbe mit der Natur, welche ihr gegenübersteht. Denn die Vernunft ist dasselbe auf geistige Weise, was die Natur ist auf dingliche".
15 Ethik 1816, S. 584, § 46.
16 Ethik 1812/13, S. 267, § 26.
17 Ethik 1816, S. 586, § 48. Zu dem Ausdruck "angeborene Begriffe": cf. Abschnitt 3.2.2.1.1, bes. Anm. 29.
18 Meine Charakterisierung des Wesens der Vernunft widerspricht nicht der Aussage Ethik 1816, S. 585, § 46: "Keineswegs aber kann man behaupten, daß die

delt, liegt in jedem Bewußtseinsakt dasselbe
"System der angeborenen Begriffe"[19] in ihr
beschlossen[20]. Dabei drückt dieses System die
gesamte Natur nicht schon wirklich begrifflich
aus, so daß der einzelne Bewußtseinsakt als
ein Abrufen der fertigen Begriffe aus diesem
System zu beschreiben wäre, sondern vielmehr
ist das ideale Sein der Natur in der Vernunft
als Potentialität zu denken, das erst im Eins-

    Geseze unsers menschlichen Bewußtseins das Wesen der
    Vernunft überhaupt constituiren, und also ohne alle
    Beziehung auf eine mit ihr zusammengehörige Natur
    in ihr gesezt wären". Denn daß in der Beziehung der
    Vernunft auf unsere irdische Natur, und nur diese
    Natur ist gemeint, das Wesen der Vernunft erschöpft
    ist, ist mit dieser Charakterisierung nicht gesagt.
    Vielmehr ist aus meiner Beschreibung zu schließen,
    daß, wenn "die Vernunft mit einer anders constituir-
    ten Natur zusammengehörig" (ebd.) ist, das System
    der angeborenen Begriffe auch anders gebraucht wer-
    den muß. Aber daß die Vernunft nur in der Beziehung
    auf eine Natur ihr Sein hat, geht aus der dialekti-
    schen Struktur des Seins eindeutig hervor.
19 Ethik 1816, S. 586, § 48.
20 Cf. auch Ethik 1816, S. 585, § 46. 587, § 49; aber
    auch Ethik 1812/13, S. 267, § 26.

werden mit dem ihm entsprechenden realen Sein, d.h. aber im Einswerden mit der wirklich in das Bewußtsein aufgenommenen einzelnen Natur, Aktualität wird[21]. Indem so das Bestimmen der Gegenstände in jedem objektiven Bewußtseinsakt als ein Teil des Realisierungsprozesses des einen in der Vernunft enthaltenen "Systems der Ideen"[22] näher zu charakterisieren ist, wird deutlich, daß die Gleichheit der intellektuellen Bewußtseinsseite als die im Bewußtsein tätige Vernunft und die von ihr gewirkte Identität der Darstellung der Vernunft in der Natur sich im Wesen der Vernunft gründen, so daß der Inhalt des objektiven Bewußtseins, soll in ihm dasselbe Sein zur Bestimmung kommen, in allen Akten, d.h. in jedem Glied der Reihe der Bewußtseinsakte sowohl in jedem einzelnen Menschen als auch in der Gesamtheit aller Menschen, gleich sein muß.

Da die Vernunft im Bewußtsein niemals isoliert tätig ist, sondern nur in ihrem unmittel-

---

21 Cf. Dialektik, WW III 4.2, S. 104 f., § 176, bes. Absatz 2. Diese Potentialität drückt ebd., S. 105, § 176, Absatz 3 so aus: "Die Productionsweise jedes Begriffs ist an einem besondern Punkt in der Vernunft als eine lebendige Kraft gesetzt".

22 Ethik 1812/13, S. 267, § 26.

baren Einssein mit der Natur und allein vermittels dieser mit ihr geeinten Natur handelt, bildet die der intellektuellen Seite korrespondierende organische Seite des Bewußtseins als die mit der Vernunft eins seiende Natur des Bewußtseins[23] - diese Natur charakterisierte sich uns als "Sinn"[24] - den anderen wesentlichen Faktor bei der Entstehung des Inhaltes des objektiven Bewußtseins. Indem nur das Sein Inhalt des Bewußtseins werden kann, das die mit Vernunft geeinte Naturseite des Bewußtseins, den Sinn, wirklich affiziert, und indem ausschließlich das Bewußtsein als Sinn die Einwirkungen des Seins außer ihm als das in ihm zu bestimmende Material aufnehmen kann, kommt der organischen Seite des Bewußtseins die Aufgabe der Vermittlung der Natur, die noch nicht Bewußtsein ist, d.h. die Vermittlung des zu bestimmenden Gegenstandes in das objektive Bewußtsein, zu. Damit aber setzt die Gleichheit des Bewußtseinsinhaltes nicht nur die Identität des Vernunfthandelns, sondern ebenso eine in allen Akten und in allen Men-

---

23 Zur intellektuellen und organischen Seite des Bewußtseins: cf. Abschnitt 3.2.2 dieser Arbeit.
24 Zum Ausdruck "Sinn": cf. 3.2.1 und 3.2.2.1.2 dieser Arbeit.

Gleichheit und Gemeinschaftlichkeit

schen gleiche mit der Vernunft geeinte Naturseite des Bewußtseins voraus[25]. Diese Gleichheit der organischen Seite, die dieselbe Struktur des Sinns in allen Bewußtseinseinheiten aussagt[26], läßt sich näher als Identität in der Art und Weise des Aufnehmens des das Bewußtsein affizierenden Seins beschreiben[27]. Denn wenn auch dasselbe Sein auf das Bewußtsein in den verschiedenen Akten einwirken würde, würde, da dieses Sein der Vermittlung in das Innere des Bewußtseins bedarf, aus diesen Einwirkungen als solchen noch nicht derselbe Bewußtseinsinhalt entstehen. Erst indem die organische Seite die Affektionen des Seins stets nach denselben Gesetzen auf-

---

25 Cf. Ethik 1816, S. 584, § 46; Ethik 1814/16, S. 438, § 26.

26 So spricht Ethik 1814/16, S. 438, § 26 von der Gleichheit der "unmittelbaren Organe und Zugänge" des Bewußtseins; ebenso weisen Ethik 1814/16, S. 440, § 29 und Ethik 1816, S. 586, § 48 auf die "Gleichheit der Sinneswerkzeuge" hin.

27 In den ethischen Entwürfen wird dieser Gedanke nicht direkt belegt, doch ist er m.E. sachgemäß aus dem Zusammenhang Ethik 1816, S. 584-587, §§ 46-49 und der parallelen Darstellung Ethik 1814/16, S. 438-440, §§ 26-29 zu erheben.

nimmt[28], nämlich nach den Gesetzen, in denen
das aufzunehmende Sein so erfaßt wird, daß
sich die chaotische Mannigfaltigkeit der Eindrücke zu der Einheit der Einzelheit des affizierenden Seins ordnet[29], und in das Innere
des Bewußtseins vermittelt, wird dasselbe einwirkende Sein als derselbe Gegenstand in den
verschiedenen Akten des Bewußtseins bestimmt.

28 Auch für diesen Gedanken gilt das in der vorangehenden Anmerkung Gesagte. Bestätigt finde ich den Gedanken auch in den Aussagen der Ästhetik (WW III 7, S. 104), daß der Geist allein nach den Gesetzen des Bewußtseins die Außenwelt hat und "daß ihm nichts begegnen könne und werde, als was in den Gesezen des Bewußtseins beruhe, welche die Einwirkung der Dinge auf ihn bestimmen". - Zur Verwendung des Ausdrucks "Gesetze" in bezug auf das Bewußtsein: cf. Ethik 1814/16, S. 438, § 26; Ethik 1816, S. 585, § 46. 586, § 48. 587, § 49. § 50.

29 Eine ausdrückliche inhaltliche Bestimmung der Gesetze des Bewußtseins findet sich m.E. in den ethischen Entwürfen nicht. Die in diesem Satz gegebene Näherbestimmung der Gesetze der organischen Bewußtseinsseite erstellt sich mir aus meiner Analyse der Struktur des Bewußtseins. Cf. bes. die Abschnitte 3.2.2.1.2 und 3.2.2.2.2 (hier bes. die Ausführungen zu der "einzelnen Position") dieser Arbeit.

Diese Gleichheit der Auffassung des Seins außerhalb des Bewußtseins beruht aber nicht nur auf derselben Beschaffenheit des Sinns in allen Bewußtseinseinheiten, sondern wesentlich auch auf der Entsprechung von den Gesetzen des Aufnahmeverfahrens der organischen Seite und der Struktur des aufzunehmenden Seins, einer Entsprechung, die in der Zusammengehörigkeit der mit Vernunft geeinten Naturseite des Bewußtseins und der noch nicht mit Vernunft geeinten Natur außerhalb des Bewußtseins als Teile der einen irdischen Natur gegründet ist[30]. Diese Gesetze, nach denen die organische Seite das Sein aufnimmt, bilden in dem Bestimmungsvorgang des Inhaltes des objektiven Bewußtseins gegenüber den Gesetzen, denen das Handeln der Vernunft folgt, keinen selbständigen Bereich, sondern sie sind auf dingliche Weise dieselben Gesetze wie die des Vernunfthandelns, in dem

30 Diese Entsprechung der Naturseite des Bewußtseins und der aufzunehmenden Natur ist so selbstverständlich in dem ethischen System Schleiermachers angelegt, daß die Ethik sie nicht ausdrücklich thematisieren muß. Cf. auch Ethik 1816, S. 585, § 46: "Denn die menschliche Natur vor aller bezeichnenden Thätigkeit, also ursprünglich gesezt, ist nur ein integrirender Theil der Natur überhaupt".

sich die Gesetze des Bewußtsein auf geistige Weise ausdrücken[31]. Daß diese beiden Arten derselben Gesetze des Bewußtseins nicht getrennt, sondern in der dialektischen Gebundenheit des jeweiligen Überwiegens einer der beiden Arten in eins zu denken sind, ergibt sich aus ihrem Aufeinander-Bezogensein als reales und als ideales Sein. Die Gleichheit aber der Gesetze des Bewußtseins, in denen sich der Inhalt des objektiven Bewußtseins erstellt, in allen Bewußtseinsakten und in allen Menschen ist in der Gleichheit der beiden Bewußtseinsseiten gegeben, die sich wiederum aufgrund der Voraussetzung der Identität des Seins einander als reales und als ideales Sein entsprechen, so daß die Gleichheit der einen Bewußtseinsseite immer schon die Gleichheit der anderen Seite einschließen muß.

Die Vollständigkeit der Darstellung der Voraussetzungen der Gleichheit, die den Inhalt des objektiven Bewußtseins in allen Bewußt-

---

31 So sagt Schleiermacher in der Ethik 1816, S. 585, § 46, daß "die Geseze des Bewußtseins, sofern sie in ihr (der menschlichen Natur, Anm. d. Verf.) liegen gleichsam auf dingliche Art" in dem begriffen sind, "was in der Vernunft als angeborene Begriffe auf geistige Art gesezt ist".

Gleichheit und Gemeinschaftlichkeit 387

seinseinheiten trotz ihres Getrenntseins in Raum und Zeit charakterisiert, verlangt noch die Hervorhebung des in unserer Beschreibung der Gleichheit der Bewußtseinsseiten schon mitgesetzten dritten Faktors bei dem Zustandekommen der identischen Bestimmung des im objektiven Bewußtsein ausgedrückten Gegenstandes. Denn außer der auf der Identität der beiden Seiten des Bewußtseins beruhenden Gleichheit der Gesetze des Bewußtseins muß, soll in allen Bewußtseinseinheiten der Inhalt identisch sein, auch das aufzunehmende Sein, nämlich die Natur, die außerhalb des Bewußtseins ist, für jeden Bewußtseinsakt und für jeden Menschen dasselbe sein[32]. Doch da die "äußere Natur"[33] mit der Naturseite des Bewußtseins einen einzigen Naturzusammenhang bildet[34], die Naturseite des Bewußtseins also ein "integrirender Theil der Natur überhaupt"[35] ist, impliziert die Gleichheit der organischen Seite, d.h. die Gleichheit des Sinnes in dem gesamten

---

32 Cf. Ethik 1814/16, S. 438, § 26; Ethik 1816, S. 584, § 46. 588, § 50.
33 Ethik 1816, S. 588, § 50.
34 Cf. Ethik 1816, S. 584 f., § 46. 588, § 50; aber auch ebd., S. 561, § 1.
35 Ethik 1816, S. 585, § 46.

Bewußtseinsprozeß, notwendig die Gleichheit
der Beziehungen zwischen der äußeren Natur und
dem Bewußtsein, so daß sich die äußere Natur
in allen Bewußtseinsakten und in allen Menschen
stets als dieselbe dartut[36]. Diese Selbigkeit
der Natur außerhalb des Bewußtseins sagt ebenso auch, weil die Natur dasselbe Sein auf reale
Weise darstellt, das die Vernunft als System
der Ideen auf ideale Weise in sich faßt, die
Identität der Vernunft in allen Bewußtseinseinheiten aus[37].

Beziehen wir nun in unsere Überlegungen
den Sachverhalt ein, daß ein einzelnes Sein
erst in dem Erfassen der Gesamtheit seiner
Relationen zur Totalität des Seins völlig erkannt ist, daß aber diese Gesamtheit der Beziehungen des einzelnen Seins ohne die vollkommene Bestimmung alles Seins nicht begriffen
werden kann, dann bedeutet dieser Gedanke für

[36] Cf. auch die Definition der "Anschauung" in
Brouillon 1805/06, S. 156 " als eine gleichförmige
Beziehung auf die gemeinschaftliche Sujectivität,
auf die Natur des Menschen". Aber auch die Bestimmung der objektiven Erkenntnis als "die Totalität
der Verhältnisse der Welt zum Menschen" (ebd.,
S. 160) belegt indirekt den aufgeführten Gedanken.
[37] Cf. Ethik 1816, S. 584 f., § 46.

das objektive Bewußtsein, daß kein Akt und keine Einheit dieses Bewußtseins für sich einen Gegenstand zur völligen Erkenntnis bringen können. Die vollkommene Bestimmung allen Seins, in der allein das einzelne Sein erkannt wird, kennzeichnet das Ziel des gesamten objektiven Bewußtseinsprozesses, ein Ziel, das nur in dem Zusammenhang aller Akte und aller Einheiten des objektiven Bewußtseins realisiert wird. Den einzelnen Bewußtseinsakten und den einzelnen Bewußtseinseinheiten kommt in diesem dem einen Ziel zustrebenden Prozeß insofern gewichtige Bedeutung zu, als in ihnen die Erkenntnis des Seins fortschreitet. Diese Fortschreitung der Erkenntnis des gesamten Seinszusammenhanges, die das Werden des objektiven Bewußtseins ausmacht, wäre aber nicht möglich, wenn der Inhalt jedes Aktes und jeder Einheit des Bewußtseins, obwohl er stets auf dieselbe Weise bestimmt wird, für sich isoliert bliebe[38]. Denn ein Fortgang der Erkenntnis des gegenständlichen Seins wird nur erreicht, wenn das gegenständliche Sein in seinem Begriffensein in einem Akt oder in einer Einheit des

---

38 Cf. Ethik 1812/13, S. 303 f., §§ 167 f.; Höchstes Gut II, Braun I, S. 487; aber auch Ethik 1816, S. 586, § 48.

Bewußtseins in andere Akte und von anderen Einheiten aufgenommen wird, um dann, anknüpfend an das Schon-Bestimmte, das Erkennen in extensiver und intensiver Richtung fortzuführen[39]. Erst indem so eine in einem Menschen als einer Einheit des objektiven Bewußtseins begonnene Bestimmung gegenständlichen Seins von einem anderen Menschen als diese Bestimmung aufgenommen und in ihm in der Weise ihres Angefangenseins fortgesetzt werden kann und ebenso auch indem eine vollkommene Bestimmung eines Gegenstandes von einem Menschen in einen anderen Menschen, der über diesen Erkenntnisstand noch nicht verfügt, übergehen und von diesem als dieselbe Bestimmung zu eigen gemacht werden kann[40], indem also die Inhalte des objektiven Bewußtseins aufgrund der Gleichheit dieses Bewußtseins in allen Akten und in allen Menschen zwischen allen Menschen - unabhängig von dem eigentümlichen Sein ei-

---

39 Cf. Brouillon 1805/06, S. 161; Ethik 1814/16, S. 439, § 28; Höchstes Gut II, Braun I, S. 487. Dieser Gedanke klingt auch in dem Zusammenhang Ethik 1812/13, S. 304 f., §§ 173-175 an.
40 Cf. Ethik 1816, S. 585, § 47; Ethik 1812/13, S. 304 f., §§ 173 -175.

Gleichheit und Gemeinschaftlichkeit

nes jeden Menschen[41] - als dieselben Inhalte austauschbar sind[42], kann die Bestimmung des Seins der Totalität der Gegenstände, die im objektiven Bewußtseinsprozeß zum Ausdruck kommt, fortschreiten. Da nun der einzelne Gegenstand allein innerhalb des zunehmenden Erkennens der Totalität des Seins sukzessiv erfaßt wird, ist jedes werdende Begreifen eines Gegenstandes auf diese aufgezeigte Übertragung der Inhalte des objektiven Bewußtseins[43], die sich auch

---

41 So weist Ethik 1816, S. 588, § 51 darauf hin, daß in bezug auf das objektive Bewußtsein "alle Differenz der Einzelwesen im Bewußtsein nur noch eine räumliche und zeitliche" ist. Und ebd., S. 586, § 48 betont, daß es völlig gleich ist, in welchem Einzelwesen ein bestimmter Inhalt des objektiven Bewußtseins wird. Stets ist dieser Inhalt " in und für jeden dasselbe".

42 Prägnant formuliert diesen Sachverhalt Ethik 1816, S. 585, § 47: "Also alles, was in dem Bewußtsein des einen Einzelwesens ist, kann auch sein in dem des andern". Cf. auch Bem. 1832 ad Ethik 1814/16, S. 639, ad § 42.

43 Schleiermacher gebraucht in diesem Zusammenhang das Verbum "übertragen": so Ethik 1816, S. 593, § 57. 597, § 61.

zwischen den einzelnen Akten innerhalb desselben Menschen als einer Einheit des objektiven Bewußtseins vollzieht, angewiesen. Dieses Angewiesensein verdeutlicht, daß die Übertragbarkeit des objektiven Bewußtseinsinhaltes nicht nur ein Attribut der Daseinsweise dieses Bewußtseins ist, sondern sein Wesen selbst prädiziert. Denn kommt der vollständige Ausdruck des gegenständlichen Seins im objektiven Bewußtsein nur als ein gemeinsam in allen Menschen wachsendes Erkennen zustande, dann muß die Gemeinschaftlichkeit des objektiven Bewußtseins, die sich im Übertragen der Bewußtseinsinhalte konkretisiert, das zweite, zu dem Moment der Gleichheit hinzukommende Wesensmerkmal dieses Bewußtseins bilden[44]. So ist das objektive Bewußtsein nicht nur als ein in allen Akten und in allen Menschen gleiches, sondern

---

44 Daß die Gemeinschaftlichkeit des Inhalts zum Wesen des objektiven Bewußtseins gehört, entnehme ich dem Zusammenhang Ethik 1816, S. 584-587, §§ 46-49, bes. ebd., S. 585, § 47 und Ethik 1814/16, S. 438-440, §§ 26-29, bes. ebd., S. 439, § 27. Auch Brouillon 1805/06, S. 181 hebt hervor, "daß im objectiven Wissen der Charakter der Identität und Gemeinschaftlichkeit das Herrschende ist".

Gleichheit und Gemeinschaftlichkeit 393

ebenso als ein allen Akten und allen Menschen gemeinschaftliches zu charakterisieren. Da aber der Bewußtseinsinhalt im Innern der Bewußtseinseinheit wird und folglich der Inhalt jeder Einheit den anderen Bewußtseinseinheiten nicht unmittelbar als ein direkt dargebotener zugänglich ist[45], ist die Gemeinschaftlichkeit der Bewußtseinsinhalte nur möglich, wenn das Bewußtsein sein Inneres in seinem Äußeren zum "Ausdruck"[46] bringt[47]. Erst indem das Innere einer Bewußtseinseinheit in seiner Naturseite Gestalt gewinnt und sich so als diese Gestalt nach außen vermittelt[48], wird dem anderen Menschen in dieser Gestalt, die er als "Zeichen"[49] des Bewußtseinsinhaltes erkennt, dieser Inhalt gegeben. Und ebenso,

---

[45] Cf. Ethik 1812/13, S. 305, § 176; Ethik 1814/16, S. 445, § 42; Ethik 1816, S. 585, § 47. 593, § 57.
[46] Ethik 1812/13, S. 305, § 176.
[47] Cf. Brouillon 1805/06, S. 97. 161; Ethik 1812/13, S. 305, § 176; Ethik 1814/16, S. 445, § 42; Ethik 1816, S. 585, § 47. 586, § 48. 593, § 57; Höchstes Gut II, Braun I, S. 486.
[48] Zur Gestalt und ihrer Beziehung zum Bewußtsein: cf. Abschnitt 3.3 dieser Arbeit.
[49] Ethik 1812/13, S. 305, § 176.

wie das Innere des Bewußtseins zur Übertragung in andere Menschen ein Äußeres wird, wird auch der einzelne Bewußtseinsakt innerhalb einer Bewußtseinseinheit stets Gestalt, um in andere Akte derselben Einheit aufgenommen zu werden. Dieses Sich-als-Äußeres-zum-Ausdruck-Bringen des Inneren kommt aber nicht als ein zweites Moment zu dem Bewußtseinsinhalt hinzu, sondern es ist - dieses geht aus unserer Bestimmung der Gemeinschaftlichkeit als Wesensmerkmal des objektiven Bewußtseins hervor - mit dem im Innern entstehenden Inhalt des Bewußtseins eins[50], so daß ein objektives Bewußtsein nur dann vorhanden ist, wenn das Innere Äußeres ist und das Äußere das Innere ausdrückt[51]. Zu der

---

50 Cf. Ethik 1816, S. 586, § 47. 593, § 57; Höchstes Gut II, Braun I, S. 486.

51 Cf. Brouillon 1805/06, S. 161. 164; Ethik 1812/13, S. 306, § 183. 308, § 192; Ethik 1816, S. 592 ff., bes. S. 594, § 57. Anschaulich beschreibt Brouillon 1805/06, S. 164 f. das Resultat, wenn eine der beiden Seiten des objektiven Bewußtseins fehlt: "Wenn man etwas für ein Wissen hält, was noch nicht zur Klarheit und Bewußtheit des innern Sprechens gekommen ist (d.h. das noch kein Äußeres geworden ist, Anm. d. Verf.), so ist es entweder noch verwirrt oder, ..., so verliert es doch den objectiven Cha-

Gleichheit und Gemeinschaftlichkeit

Voraussetzung der beschriebenen Gemeinschaftlichkeit des objektiven Bewußtseins aber gehört nicht nur diese Identität von Innerem und Äußerem dieses Bewußtseins, sondern ebenso auch die Identität von dem Ausdruck des Inhaltes einer Bewußtseinseinheit oder eines Bewußtseinsaktes und dem Erkennen dieses Ausdrucks als des Zeichens des Inhaltes durch eine andere Einheit oder durch einen anderen Akt[52]. Denn

  rakter". Und ebd., S. 165: "Giebt es Acte des Sprechens, denen kein Wissen (d.h. inneres, Anm. d. Verf.) vorangegangen ist, so fällt die Sprache in die Sphäre des Mechanismus zurück und die Elemente verlieren so durch Gewöhnung an der Intensivität der Bedeutung".

52 Diesen Gedanken, der "die allgemeine Voraussezung der Verständlichkeit" (Ethik 1814/16, S. 439, § 27) ist, "worauf alle Fortpflanzung und Gemeinschaft des symbolisirenden Prozesses beruht" (ebd.), formuliert die angegebene Textstelle der Ethik so: "Gemeinschaftlich kann der symbolisirende Prozeß sein, inwiefern jeder darstellende Punkt fordert, daß jeder gleichgehaltige Act von allen auf dieselbe Weise vollzogen werde, und wenn alle anerkennen, daß jeder gleichgestaltige Act bei jedem denselben Gehalt habe". Cf. auch ebd., S. 439, § 29; Ethik 1816, S. 586, § 48. 587, § 49. 593, § 57.

erst aufgrund der Gewähr, daß das Zeichen des
Inhaltes einer objektiven Bewußtseinseinheit
auch in einer es aufnehmenden anderen Einheit
dasselbe bestimmte Sein des Gegenstandes hervor-
ruft, das die Einheit ausdrückt, dessen Zeichen
es ist, ist die vollkommene Gemeinschaftlichkeit des gesamten objektiven Bewußtseinsprozesses zu realisieren.

4.2.2 Das objektive Bewußtsein in der Bewegung
des Lebens

Unsere Wesensbestimmung des objektiven Bewußtseins als Ausdruck des bestimmten Seins
der Gegenstände verdeutlicht, daß das objektive Bewußtsein nur in der Beziehung zu dem
Sein außer ihm ist, das ihm allein Inhalt wird.
Dieser dem objektiven Bewußtsein wesentliche
Zusammenhang mit allem irdischen Sein verwirklicht sich in der alles Sein umfassenden, einheitschaffenden Bewegung des Lebens, in dem
ineinandergreifenden und in Wechselwirkung
sich vollziehenden Tätigsein des In-sich-Aufnehmens und des Aus-sich-Heraustretens aller
Seinseinheiten. Indem das objektive Bewußtsein,

das als unmittelbares Symbol der Vernunft auf das zunehmende Werden des Einsseins von Vernunft und Natur gerichtet ist, das noch nicht geeinte Sein erkennend in sich aufnimmt, prägt dieses Bewußtsein zusammen mit dem subjektiven Bewußtsein in dem Gegenüber zu dem sittlichen Gestalten der Natur, das als organisierendes, in die Natur eingehendes und sie sich zuhanden machendes Vernunfthandeln die spontane Seite sittlichen Handelns darstellt, vorwiegend die rezptive Seite der Bewegung des Lebens[53]. In Unterscheidung jedoch zum subjektiven Bewußtsein, das sich, da es die durch Affektionen des äußeren Seins ausgelöste Befindlichkeit des Selbst ausdrückt, als rezeptiv bestimmtes Handeln ausweist, kennzeichnet das Handeln des objektiven Bewußtseins, das das Einssein des Bewußtseins mit dem aufgenommenen Sein wirkt, die spontane Lebensbewegung[54]. Diesem Einzeichnen des objektiven Bewußtseins in die Bewegung des Lebens, das das Bewußtsein als ein tätiges aufzeigt und diese Tätigkeit zugleich formal bestimmt, muß sich nun die in-

---

53 Cf. Abschnitt 2.3.3.2.2.2 dieser Arbeit.
54 Cf. die Abschnitte 3.2.2.2.1 und 4.3.2.1.1 dieser Arbeit.

haltliche Charakterisierung des objektiven Bewußtseins als eines tätigen anschließen.

4.2.2.1 Die innere Seite der Tätigkeit des objektiven Bewußtseins: das Denken

Mit der Wesensbestimmung des objektiven Bewußtseins als Ausdruck des bestimmten Seins der Gegenstände ist auch die Tätigkeit dieses Bewußtseins, nämlich das Begreifen des Seins, sofern es ein gegenständliches, ein dem Bewußtsein gegenüberstehendes Sein ist, ausgesagt. Den Vorgang des Begreifens des gegenständlichen Seins, den das objektive Bewußtsein nur in dem Zusammenwirken seiner beiden Seiten, dem Ineins von stoffbringendem Handeln der organischen Seite und einheitsetzendem Handeln der intellektuellen Seite, vollziehen kann, nennt Schleiermacher Denken[55]. Das Den-

---

[55] Ethik 1816, S. 586, § 48 nennt die aufgezeigte Tätigkeit des objektiven Bewußtseins "Denken" (cf. auch ebd., S. 592 ff., § 57; ebenso Brouillon 1805/06, S. 97; Ethik 1814/16, S. 439 f., § 29. 444 f., §§ 41 f., Höchstes Gut II, Braun I, S. 487). Ausdrücklich hebt Brouillon 1805/06, S. 97 hervor,

ken ist als die Tätigkeit beschrieben, in der
die intellektuelle Seite das durch die organische Seite aufgenommene äußere Sein so durchdringt, daß dieses Sein in dem Geeintwerden
mit dem ihm entsprechenden idealen Sein in seinem Wesen und in seinem Dasein zur Erkenntnis
kommt. Keine anderen Ziele als ausschließlich
dieses Zur-Erkenntnis-Bringen des gegenständlichen Seins sind dem Denken eigen, so daß
dieses Sein allein den Inhalt des Denkens, den

daß das Denken die "Anschauung selbst" ist und folglich beide Begriffe nicht einander entgegengesetzt
sind, so daß in diesem Entwurf, S. 156. 176 der Begriff der Anschauung mit dem des Denkens synonym
gebraucht wird. Auch in der Ethik 1812/13 verwendet
Schleiermacher für unseren Sachverhalt den Begriff
des Denkens (ebd., S. 307, §§ 190 f. 308, § 195).
Allerdings bezeichnet die Textstelle der Ethik
1812/13, die die beiden Seiten der Tätigkeit des
objektiven Bewußtseins aufzeigt, die Seite der Tätigkeit, die in den ethischen Entwürfen sonst "Denken" genannt wird, als "Erfahrung" (ebd., S. 304, §§
169-172). Dabei wird betont, daß die Erfahrung "sich
ebensowol auf die transcendentale Seite des Wissens
als auf die empirische"(ebd., S.304, § 170) bezieht.

Gedanken, bestimmt[56]. Dieses Einssein des ge-

[56] Die "Dialektik" (WW III 4.2) Schleiermachers analysiert eingehend den Begriff des Denkens. Da die Ethik nicht die Analyse, sondern den Aufweis der Sittlichkeit dieses Begriffs zur Aufgabe hat, nehmen die ethischen Entwürfe diesen in der Dialektik explizierten Begriff auf, ohne die dort gegebene Analyse zu wiederholen. Die Beschreibung des Denkens als einer sittlichen Tätigkeit hat ihr Augenmerk besonders auf die von der Vernunft geforderte Gemeinschaftlichkeit dieser Tätigkeit in der Überwindung ihrer durch die Natur bedingten Vereinzelung in den abgeschlossenen Einheiten des objektiven Bewußtseins zu richten. Von daher findet sich in den ethischen Entwürfen, sehen wir von der kurzen Erläuterung Allg. Einltg. 1816, S. 496, § 43; Ethik 1816, S. 535, § 56 ab, keine ausführliche Definition des Begriffs des Denkens. Während Allg. Einltg. 1816, S. 496, § 43 und Ethik 1816, S. 535, § 56 Denken und Vorstellen unterscheiden, bildet in der Ethik 1816, S. 586, § 48 und in der Ethik 1814/16, S. 440, § 29 das Denken den die beiden Arten der Tätigkeit des objektiven Bewußtseins umfassenden Begriff, der sich in das "Denken im engeren Sinn" (so Ethik 1816, S. 586, § 48) oder das "eigentliche Denken" (so Ethik 1814/16, S. 440, § 29) und "Vorstellen" (ebd.) differenziert. In diesem erweiterten Sinn gebrauche ich in diesem Abschnitt der Arbeit den Begriff des Denkens.

genständlichen Seins mit der Vernunft, in dem
die Natur und die Vernunft gleichermaßen erkennbar werden, weist das Denken, das den
Vollzug dieses Einsseins darstellt, zusammen
mit dem Gedanken, der dieses Einssein ausdrückt, als die sittliche Tätigkeit dieser
Seite des Bewußtseinsprozesses aus[57]. Ein Denken, das diesem Gerichtetsein auf das gegenständliche Sein nicht entspricht, gehört dem
Werden des objektiven Bewußtseins nicht an[58].

57 Cf. Ethik 1816, S. 586, § 48. So wird auch hervorgehoben, daß jeder Gedanke ein Symbol der Vernunft
ist (ebd.; Ethik 1814/16, S. 439 f., § 29).

58 Dieses Gerichtetsein des Denkens auf das Begreifen
des gegenständlichen Seins nennt die Dialektik
(Odebrecht), S. 6 das "reine Denken". Es ist das
Denken, das seinen Zweck nicht außerhalb seiner
selbst hat, sondern "um des Denkens selbst willen
gesetzt" (ebd.) ist. Von diesem Denken unterscheiden
sich zwei andere Richtungen des Denkens: das "ge-
schäftliche Denken" (S. 6), das das Denken "um eines
anderen willen" (ebd.) ist, das "dann immer irgend-
ein Tun sein wird, ein Verändern der Beziehungen
des Außer-uns auf uns" (ebd.) und das "künstlerische
Denken" (ebd.), das ein Denken ist, das "nur unterschieden wird an dem größeren oder geringeren Wohl-
gefallen" (ebd.) Es ist "eigentlich nur der momen-

Da das gegenständliche Sein nur in dem Zusammensein der beiden Seiten des objektiven Bewußtseins, die in dialektischer Gebundenheit mit jeweiligem Überwiegen einer der beiden Seiten stets in eins sind, als bestimmtes erkannt wird, ist dieses Sein auch auf verschiedene Weise zu denken[59]. Denn herrscht die organische Seite im Denken vor, die Seite also,

---

tane Akt des Subjektes, durch den es sich auf bestimmte Weise zeitlich erfüllt" (ebd.). Diese beiden Richtungen, die nicht zur Tätigkeit des objektiven Bewußtseins gehören, nennt die Ethik, außer der Andeutung Ethik 1816, S. 593 f., § 57, nicht.

59 Da der Abschnitt 3.2.2.2.2 dieser Arbeit diesen Sachverhalt darlegt, skizziere ich ihn an diesem Ort in aller Kürze und wiederhole die dort angeführten Belege nicht. Die Erörterung des Denkens innerhalb unseres Gedankenzusammenhanges legt das Gewicht auf die Beschreibung der Tätigkeit des objektiven Bewußtseins als einer inneren und äußeren. Von daher steht in dem gesamten Abschnitt dieser Arbeit, der sich mit dem objektiven Bewußtsein als eines tätigen befaßt, nicht die Analyse des Denkens, sondern die Beziehung der inneren und äußeren Seite dieser Tätigkeit im Mittelpunkt. Cf. auch die Anmerkung 56 dieses Abschnitts.

die das Sein in seiner Einzelheit aufnimmt, so wird dieses Sein als ein Einzelnes vorgestellt; es wird auf empirische Weise begriffen[60]. In dem Dominieren der intellektuellen Seite, die die Totalität des Seins als System der Ideen in sich schließt, wird dagegen das aufgenommene Sein auf dieses bezogen und damit nicht von der Seite des Daseins aus, nicht in der Reihe seiner einzelnen Erscheinungen, sondern in seinem Wesen bestimmt. Dieser Denkvorgang - Schleiermacher bezeichnet ihn auch als "Denken im engern Sinn"[61] - erfaßt das gegenständliche Sein, wie es ein allgemeines ist; er stellt die spekulative Weise des Denkens

---

60 Cf. Allg. Einltg. 1816, S. 496, §§ 43 f.; Ethik 1816, S. 535, § 57; Ethik 1812/13, S. 267, § 26. 295 f., §§ 125-127; Bem. 1832 ad Ethik 1812/13, S. 645 f., ad § 125. Für diese Art des Denkens findet sich neben dem Ausdruck "empirisch" auch die Bezeichnung "beachtend" (Ethik 1816, S. 535, § 57) und "Erfahrungsgebiet" (Bem. 1832 ad Ethik 1812/13, S. 645, ad § 125; cf. auch Ethik, WW III 5, S. 235, Vorlesg. ad § 248). Das Resultat dieses Denkens bestimmt Schleiermacher auch als "einzelne Position" (cf. hierzu den Abschnitt 3.2.2.2.2 dieser Arbeit).

61 Ethik 1816, S. 586, § 48.

dar⁶². Diese beiden Arten, die empirische und die spekulative, in denen das objektive Bewußtsein gegenständliches Sein zur Erkenntnis bringt, ergänzen zwei weitere Arten des Denkens, die sich nicht, wie das empirische und das spekulative Denken, auf das Begreifen des gegenständlichen Seins, sondern auf das Erkennen der Bedingungen der Erkenntnis dieses Seins richten⁶³. Da Erkenntnis von Sein nur

---

62 Cf. Allg. Einltg. 1816, S. 496, §§ 43 f.; Ethik 1816, S. 535, § 57; Ethik 1812/13, S. 295 f., §§ 125-127; Bem. 1832 ad Ethik 1812/13, S. 645 f., ad § 125. Der Entwurf von 1816, S. 535, § 57 nennt diese Art des Denkens auch "beschaulich". Das Resultat dieses Denkens bestimmt Schleiermacher auch als die "allgemeine Position" (cf. den Abschnitt 3.2.2.2.2 dieser Arbeit).

63 Die ethischen Entwürfe formulieren diesen Gedanken nicht in dieser Weise. Doch belegen ihn Ethik 1816, S. 537, § 61; Ethik 1812/13, S. 295, §§ 123 f. 296, §§ 126-128. 297, § 132.
Besonders hilfreich erweist sich die Charakterisierung des Inhalts dieser Denkarten in der Dialektik, WW III 4.2, S. 311, Vorlesg. 1822 ad § 346, die von dem Zur-Anschauung-Bringen der Idee des Wissens selbst spricht. Daß ich auch hier von Arten des

Innere Seite: Denken

aufgrund der Beziehung von Bewußtsein und Sein als die beiden einander entsprechenden - gemäß der Entsprechung des Idealen und Realen - Seinsgrößen möglich ist, diese Beziehung aber nur unter der Voraussetzung der absoluten, "untheilbaren Einheit"[64] und der absoluten Mannigfaltigkeit als der "theilbaren Unendlichkeit"[65] zu denken ist, muß ein Denken, das das Erkennen der Erkenntnis, d.h. diese Beziehung von Bewußtsein und Sein zum Inhalt hat, diese Beziehung in zweifacher Weise darstellen. Die eine Weise, Schleiermacher nennt sie das Transzendente im Denken[66], bringt die Bezie-

---

Denkens reden kann, belegt ebd., S. 310, Vorlesg. 1818 ad § 346: "... als die Behandlung dieser Idee selbst, die immer nur auf zwiefache Weise da gewesen ist ...". Cf. auch ebd., S. 309, §§ 344 f.; Bem. 1832 ad Ethik 1812/13, S. 645, ad § 125 koordiniert diese beiden Arten der spekulativen und der empirischen Denkweise.

64 Ethik 1816, S. 626, § 40.
65 Ebd.
66 Cf. zum Transzendenten die aufgeführten Belege in dem Abschnitt 3.2.3 dieser Arbeit.

hung von Bewußtsein und Sein in ihrer Bezogenheit auf die absolute Einheit zum Ausdruck; die andere Weise, sie repräsentiert das Mathematische im Denken[67], stellt dieselbe Beziehung in ihrer Bezogenheit auf die absolute

> Im Unterschied zum subjektiven Bewußtsein, in dem das Transzendente die "religiöse Form" (Bem. 1832 ad Ethik 1812/13, S. 647, ad § 173) hat, bezeichnet Schleiermacher es im objektiven Bewußtsein auch als das Dialektische (cf. Ethik 1812/13, S. 296, § 127) oder als das Metaphysische (cf. Bem. 1832 ad Ethik 1812/13, S. 645, ad § 125. 647, ad § 173). Dabei verhalten sich das Metaphysische und das Religiöse nicht wie die höhere und niedere Potenz des Transzendenten zueinander, sondern sind jeweils das Transzendente ganz und damit einander als zwei verschiedene Formen derselben Sache gleichgeordnet. So ist es möglich, daß,obwohl "in den meisten Menschen das metaphysische Bewußtsein gar nicht erwacht"(Bem. 1832 ad Ethik 1812/13, S. 647, ad § 173) ist, sie dennoch nicht auf einer niederen Potenz stehen, "da sie das Transcendente doch in der religiösen Form haben" (ebd.).

67 Cf. zum Mathematischen die aufgeführten Belege in dem Abschnitt 3.2.3 dieser Arbeit.

Vielheit, die "unendliche Teilbarkeit des Raumes und der Zeit"[68] dar. Weder aber hat das transzendent bestimmte Denken die absolute Einheit selbst zum Gegenstand, noch bildet die absolute Vielheit den Inhalt des Denkens, das ein mathematisches ist, sondern beide, Transzendentes und Mathematisches, sind charakterisiert durch den Aufweis der Bezogenheit der Erkenntnis des Seins auf das jeweils "Schlechthinnige"[69], d.h. auf die absolute Einheit und auf die absolute Mannigfaltigkeit. Ihrem Inhalt gemäß sind die vier Weisen des Denkens einander so zugeordnet, daß das empirische und das spekulative Denken, die beide denselben Inhalt, das gegenständliche Sein auf verschiedene, dialektisch aber aufeinander bezogene Weisen auffassen, das reale Erkennen bilden, während das Transzendente und das Mathematische im Denken als die Darstellung der Bedingung der Erkenntnis selbst einerseits im realen Erkennen stets mitgesetzt sind, andererseits, als eigene Gebiete des Denkens, die realen Gebiete des Erkennens als Grenzgebiete

---

68 Ethik 1816, S. 625, § 4o.

69 Höchstes Gut II, Braun I, S. 489. 492.

umschließen[70]. Diese aufgezeigte Tätigkeit des Denkens vollzieht nicht jeder Mensch als relativ abgeschlossene Einheit des objektiven Bewußtseins auf eine nur ihm eigentümliche Art, sondern, dieses impliziert die Gleichheit des objektiven Bewußtseins, alle Menschen führen diese Tätigkeit in gleicher Weise aus. Erfassen verschiedene Menschen denkend denselben Gegenstand auf dieselbe Art und Weise, so bringen sie auch, da Inhalt und Art des Denkens allen gleich sind, denselben

---

[70] Die aufgezeigten Weisen des Denkens nennt Schleiermacher auch die Gebiete des Wissens (cf. Ethik 1812/13, S. 296, §§ 128. 131; ebd., S. 348, § 150; Bem. 1832 ad Ethik 1812/13, S. 645, ad § 125). Von diesen Weisen und "Formen" (so Dialektik (Odebrecht), S. 461) des Denkens sind die Inhalte des Denkens zu unterscheiden, die in diesen Formen gedacht werden. Der reale Erkenntnisbereich, der das Sein unter der Potenz der Vernunft zum Gegenstand hat, ist das ethische Wissen, während der Bereich, der das Sein unter der Potenz der Natur reflektiert, das physische Wissen ist. Die Idee des Wissens selbst ist dann der Inhalt der transzendenten und der mathematischen Weise des Denkens.

Gedanken hervor[71]. Diese Gleichheit des Denkens aber wird, dem Wesen des objektiven Bewußtseins gemäß, durch die Gemeinschaftlichkeit des Denkens ergänzt. Kein Denkakt, kein Gedanke eines Menschen kann für sich bestehen, sondern beide, Denken und Resultat des Denkens, sind überhaupt nur, sofern der Mensch mit allen anderen Menschen zusammen denkt[72]. Dabei bedeutet dieses Zusammen-Denken nicht eine additive Zusammenstellung des Nebeneinandergedachten, sondern es meint ein Denken, das nur im Miteinander und in der Bezogenheit des Aufeinanderhin aller denkenden Menschen den allen gemeinsamen Gegenstand gemeinschaftlich begreift. Ein solches gemeinschaftliches Denken aber hat zur Voraussetzung, daß das Denken wie der Gedanke eines jeden sich auch jedem anderen Menschen mitteilen[73]. Da das

---

71 Cf. Brouillon 18o5/o6, S. 97; Ethik 1812/13, S. 267, § 25; Ethik 1814/16, S. 440, § 29; Ethik 1816, S. 586, § 48.

72 Cf. Brouillon 1805/06, S. 97. 161; Ethik 1814/16, S. 439 f., §§ 28 f.; Ethik 1816, S. 586, § 48; cf. auch die Formulierung dieses Sachverhaltes in ebd., S. 593 f., § 57: Jeder Gedanke ist "Element des gemeinsamen Bewußtseins".

73 Cf. hierzu Ethik 1814/16, S. 444, § 41: "Das Denken

Denken aber durch den Akt charakterisiert wird, in dem das in das Bewußtsein aufgenommene Sein durch die Tätigkeit der intellektuellen Bewußtseinsseite im Innern des Bewußtseins zur Bestimmtheit gelangt, bildet es die innere, sich dem Außer-Ihm nicht unmittelbar darbietende Tätigkeit des objektiven Bewußtseins[74], so daß das Denken, da es wesentlich ein gemeinschaftliches ist, eine äußere, es mitteilende Seite verlangt. Diese äußere Seite haftet dem Denken so wesentlich an, daß kein Akt des Denkens zur Vollendung kommt, daß kein Gedanke entsteht, wenn nicht mit ihnen zugleich die äußere Seite wird, die Denken und Gedachtes zur Mitteilung bringt[75].

    ist also in jedem nur sittlich, inwiefern er sich als für alle denkend, also in der Mitteilung sezt". Cf. auch Brouillon 1805/06, S. 161; Ethik 1812/13, S. 269, § 43. 304, §§ 168 f.; Ethik 1814/16, S. 439, § 28; Ethik 1816, S. 586, § 48. 593 f., § 57; Höchstes Gut II, Braun I, S. 486.

74 So spricht Ethik 1814/16, S. 439, § 27 von der "inneren und productiven Seite der Thätigkeit"; cf. auch Ethik 1816, S. 585 f., § 47.

75 Cf. die Belege der Anm. 73 dieses Abschnitts; außerdem Brouillon 1805/06, S. 164; Ethik 1812/13,

Innere Seite: Denken

Beide Seiten der Tätigkeit des objektiven Bewußtseins, die innere, das Denken, und die äußere, gehören so sehr als eins zusammen, daß sie auch nicht durch die beiden Richtungen der Bewegung des Lebens, der rezeptiven und der spontanen, von einander unterschieden werden. Zwar stellt die äußere Seite die Bewegung des Aus-sich-Herausgehens dar. Doch hebt sich ihr gegenüber das Denken nicht durch die Bewegung des In-sich-Aufnehmens ab. Denn obwohl die Aufnahme des Seins in das objektive Bewußtsein nicht vom Denken zu trennen ist, bildet doch gerade das Denken den aktiven Akt des Bestimmens dieses Seins[76].

S. 269 f., § 45; Ethik 1814/16, S. 445, § 42.

[76] Diesen Sachverhalt reflektieren die ethischen Entwürfe nicht ausdrücklich. Doch ist er belegt durch die Charakterisierung des Denkens als des Vorgangs des einheitsetzenden Eingehens des Bewußtseins in den aufgenommenen Gegenstand (cf. Brouillon 1805/06, S. 155-160).

Da jedoch die beiden Richtungen der Lebensbewegung stets gebunden sind, weist Ethik, WW III 5, S. 139, § 174, Vorlesg. darauf hin, daß auch der Gedanke eine Zweiheit enthält: "Gedanke in seiner Allgemeinheit, als Formel, wo er auch überwiegend activ ist, und Gedanke auch mehr auf Seite der Einzelheit, der weil

Folglich sind die innere Seite, das Denken, und die äußere Seite als die beiden Seiten der einen spontanen, selbsttätigen Bewegung des objektiven Bewußtseins zu beschreiben, in der das gegenständliche Sein in die allen denkenden Menschen gemeinsame Erkenntnis erhoben wird.

4.2.2.2 Die äußere Seite der Tätigkeit des objektiven Bewußtseins: das Sprechen

In der Beschreibung der Aufgabe der äußeren Seite der objektiven Bewußtseinstätigkeit in dem Prozeß des Bewußtseins, nämlich das Innere dieser Tätigkeit, das Denken, allen denkenden Menschen mitzuteilen[77], ist die nähere Bestimmung dieser Seite enthalten. Da die im Wesen des objektiven Bewußtsein begründete Forderung der Gemeinschaftlichkeit aller Tätigkeiten und Resultate dieses Bewußtseins nur dann Wirklichkeit wird, wenn das Denken und

durch Afficirtsein von einem bestimmten Objekt hervorgerufen überwiegend passiv ist" (ebd.).

[77] Ethik 1812/13, S. 304, § 168 formuliert: das Heraustreten des Products aus dem Bezirk der Persönlichkeit in den Gemeinbesiz aller".

der Gedanke eines jeden Menschen auch das Denken und der Gedanke der anderen Menschen werden, genügt die Manifestation der inneren Seite der Tätigkeit in ihrer äußeren Seite allein nicht, sondern dieses Sichtbarmachen des Inneren in dem Äußeren muß zugleich das Übertragen der im Äußeren sich manifestierenden inneren Tätigkeit von einem Menschen zum anderen Menschen bewirken[78]. Die äußere Seite der Tätigkeit hat das Denken also in der Gestalt darzubieten, in der es von allen anderen Menschen als dasselbe Denken erkannt und von ihnen als dieses Denken zu eigen gemacht werden kann[79].

---

78 Cf. Brouillon 1805/06, S. 161; Ethik 1812/13, S. 269, § 43. 3o4, § 168. 305, § 176; Ethik 1816, S. 593, § 57. 597, § 61.

79 Anschaulich beschreibt dieses Sich-Aneignen des Denkinhalts Brouillon 1805/06, S. 161: "Das allgemeingültige Identische ist das Product der Vernunft an sich. Aber soll es ein solches wirklich werden durch die Thätigkeit des Einzelnen, so muß es die Thätigkeit aller Einzelnen sein, also heraustreten für sie, um in sie überzugehen. Damit es aber auch ihre That werde, muß es auch in ihnen selbst gebildet werden, und also muß jenes Heraustreten nur ein Aufruf zum Nachbilden sein".

Folglich ist der äußeren Seite aufgegeben, der inneren Seite einen Ausdruck zu verleihen, der von allen anderen Denkenden als "Bezeichnung"[80] dieser inneren Tätigkeit wahrgenommen wird[81]. Erst durch diese Darstellung ihres Denkens als Zeichen ist es jeder objektiven Bewußtseinseinheit möglich, sich dem gesamten Prozeß des objektiven Bewußtseins zur Erkenntnis zu geben und dadurch vollständiger Teil dieses einen Prozesses zu werden. Damit charakterisiert sich die äußere Seite der Tätigkeit des objektiven Bewußtseins als die das Denken bezeichnende Tätigkeit[82].

80 Brouillon 1805/06, S. 161; cf. auch Ethik 1816, S.586, § 48; Ethik 1812/13, S. 305, § 176 verwendet den Terminus "Zeichen".

81 Ethik 1812/13, S. 305, § 176 hebt diese zwei Hinsichten der äußeren Seite hervor: "für den Hervorbringenden als Ausdruck..., jedem Anderen... als Zeichen". Cf. auch Ethik 1814/16, S. 439, § 27.

82 Für diese Seite der objektiven Bewußtseinstätigkeit verwendet auch Psychologie, WW III 6, S. 441 den Terminus "bezeichnende Thätigkeit"; ebenso auch Ethik 1816, S. 586, § 48 in der Formulierung "bezeichnend handeln". Der elementarische Teil der Güterlehre der Ethik 1816 erweitert den Gebrauch dieses Ausdrucks allerdings auf die Tätigkeit des Bewußtseins überhaupt.

Äußere Seite: Sprechen

Das Instrument nun, dessen das objektive Bewußtsein zu dieser Bezeichnung bedarf, kann nur die Naturseite des Bewußtseins, die Seite also, die jeden Bewußtseinsakt nach außen wendet, sein. Da diese Naturseite als Leiblichkeit des Menschen definiert ist, vollzieht sich die bezeichnende Tätigkeit vermittels des physischen Organismus des Menschen, in dem jeder Bewußtseinsgehalt Gestalt gewinnt[83]. Soll der Organismus aber die Mannigfaltigkeit und das Nacheinander der Denkakte ausdrücken und bezeichnen, dann erfordert diese Funktion des Organismus, daß er sich als ein "modificabeles Medium"[84] darbietet. Diese Möglichkeit der Modifikation zur Darstellung der Denkakte weist der Organismus in einem Komplex von besonderen Bewegungen auf, die, da diesen Bewegungen im Organismus keine andere Aufgabe zukommt, nur im Hinblick auf die Bezeichnung des Denkens zu verstehen sind[85].

---

83 Cf. Brouillon 1805/06, S. 161 f.; Ethik 1812/13, S. 305, § 178; aber auch Hermeneutik, WW I 7, S. 11 und die Abschnitte 3.2.1. und 3.3 dieser Arbeit.
84 Brouillon 1805/06, S. 97.
85 Cf. Brouillon 1805/06, S. 161 f.; Ethik 1812/13, S. 305 f., §§ 178-180. 309, § 202.

Diese besonderen organischen Bewegungen bilden die menschlichen Laute, und zwar, in der Näherbestimmung, die sich der Form nach unterscheidenden Laute, d.h. das System der sich als Vokale und Konsonanten voneinander abhebenden, "articulirten Töne"[86]. Allen Menschen ist dieses artikulierte Tonsystem mit ihrer Leiblich-

---

[86] Brouillon 1805/06, S. 162; cf. auch Ethik 1812/13, S. 305 f., § 180. 306, § 182; aber auch Psychologie, WW III 6, S. 145.
Die Artikulation "worunter ein bestimmter Complexus bestimmt von einander unterschiedener Bewegungen des Organs der Sprache verstanden wird (Psychologie, WW III 6, S. 142), kennzeichnet der "Gegensaz zwischen Mitlautern und Selbstlautern in Bezug auf die einfachen Sprachelemente" (ebd., S. 141 f.). Von den artikulierten Lauten sind die Laute zu unterscheiden, die durch "eine bestimmte Gemessenheit der Schwingungen als Resultat der organischen Bewegungen" (ebd., S. 142) charakterisiert sind. Diese durch den "Rhytmus" (ebd., S. 514) bestimmten Laute dienen dem objektiven Bewußtsein nicht, wie die durch die Artikulation definierten Laute, zur Bezeichnung. Cf. auch die Unterscheidung der zwei Seiten der Sprache, nämlich die logische und die musikalische Seite: Pädagogik, WW III 9, S. 806.

keit eigen und kann von allen Menschen wahrgenommen werden, so daß es in dem gemeinsamen objektiven Bewußtseinsprozeß als das Organ der Mitteilung dient[87]. Indem sich das objektive Bewußtsein dieses natürlichen Tonsystems bemächtigt, bildet es durch die Kombination und Aneinanderreihung der verschiedenen Töne Toneinheiten, die das in das Bewußtsein aufgenommene Sein benennen. In diesem Vorgang gestaltet die bezeichnende Tätigkeit des objektiven Bewußtseins das artikulierte Tonsystem zur Sprache und bestimmt diese als Ausdruck und Zeichen des Denkens[88]. Doch stellen die zunächst entstehenden Toneinheiten, die Worte, - jede Einheit, jedes Wort für sich genommen - noch nicht die das Denken bezeichnende Sprache dar. Denn diese einzelnen Worte benennen nur das als ein einzelnes wahrgenommene einzelne Sein, nicht aber die dem Denken wesentliche Bestimmtheit des einzelnen

---

[87] Die Bezeichnung durch Gebärden ist immer ein Behelf, auch dann, wenn "die Mittheilung durch die Tonsprache organisch gehemmt ist" (Ethik 1812/13, S. 306, § 181); cf. überhaupt ebd.

[88] Cf. Brouillon 1805/06, S. 161; Ethik 1812/13, S. 269, § 44. 305 f., §§ 179 f.; auch Ethik 1816, S. 586, § 48.

Seins in der Totalität alles Seins. Der bezeichnenden Tätigkeit des objektiven Bewußtseins ist es aufgegeben, diese Worte als die "Elemente der Sprache"[89] zu der das Denken repräsentierenden Sprache zusammenzufügen. Das Sprechen wird erst dann zum Bezeichnen des Denkens, wenn es das jeweilige Sein als Teil der Seinstotalität, d.h. wenn es dieses Sein in der Beziehungsstruktur des gesamten Seins sichtbar werden läßt[90]. Ein solches Sprechen aber kann sich nur in Sätzen äußern. Denn der Satz, der sich als ein Gefüge aus mehreren Worten kennzeichnet, stellt diese Worte nicht additiv nebeneinander, sondern setzt sie so miteinander in Beziehung, daß die in ihm kombinierten Worte das einzelne Sein in dem Zusammenhang der Seinstotalität erhellen. Wie aber das einzelne, isolierte Wort den Gegenstand seiner Benennung nur unbestimmt ausdrückt und erst der Satz den im objektiven Bewußtsein gedachten und bestimmten Gegen-

---

[89] Brouillon 1805/06, S. 163.
[90] Cf. hierzu Bem. 1832 ad Ethik 1812/13, S. 655, ad § 163: "... alles ins Bewußtsein aufgenommene Sein wird in allen seinen Verhältnissen in der Sprache fixirt".

Äußere Seite: Sprechen 419

stand bezeichnet, so erhält auch das Wort erst
in dem Zusammenhang des Satzes, als Teil dieses Satzes, seine bestimmte Bedeutung[91]. In
der bezeichnenden Tätigkeit, in dem Sprechen
des Denkens, entsteht folglich eine Sprache,
die das Bilden von Einheiten, d.h. die Kombination der Worte zu der Einheit des Satzes
und, als Ausdruck des fortschreitenden Gedankens, die Verknüpfung von Sätzen charakterisiert, um in diesen Einheiten als jeweils
"vollständige Acte des Sprechens"[92] die "vollständigen Acte des Erkennens"[93] zu repräsentieren[94].

91 Cf. zu diesem Zusammenhang die Ausführungen zur
    ethischen Ansicht der Sprache in Brouillon 1805/06,
    S. 162-164; zum Verständnis hilfreich ist auch Psychologie, WW III 6, S. 151-154.
92 Brouillon 1805/06, S. 162, dort im Singular.
93 Ebd., dort im Singular.
94 Dieses Bilden von Einheiten ist das Charakteristikum der Sprache, die die Bezeichnung des objektiven
    Bewußtseins ist. Diesen Sachverhalt formuliert Psychologie, WW III 6, S. 153 sehr klar: "... was ist
    denn eigentlich in der Sprache das Denken? Nicht die
    Verwandlung der Bilder in Wörter, sondern die daraus
    gebildete Einheit des Sazes, welche unmittelbar das

Diesem Sprechen als dem vollständigen, von allen Denkenden wahrzunehmenden Bezeichnen des Denkinhaltes geht das "innere Sprechen"[95] voraus, das nur der den Denkinhalt hervorbringende Denkende vernimmt. Durch dieses innere Sprechen teilt der einzelne Denkende den einzelnen Denkvorgang gleichsam sich selbst mit[96].

    Factum des Bewußtseins wiedergiebt und nicht bloß Aufnehmen sondern ein Werk der Selbstthätigkeit ist". Es sei darauf hingewiesen, daß es, entsprechend den drei Richtungen des Denkens (cf. Anm. 58 dieses Abschnittes dieser Arbeit), auch drei Gebrauchsweisen der Sprache gibt. "Die sich ihrer als reines Denken bewußt werdende Sprache" (Bem. 1832 ad Ethik 1812/13, S. 654, ad § 154), d.h. die Sprache als die äußere Seite des objektiven Bewußtseins, "sondert nun die geschäftliche und poetische (sc. Sprache, Anm. des Verf.) von sich aus" (ebd.). Cf. auch ebd., S. 655, ad § 163; Ethik 1814/16, S. 445, § 42; Ethik, WW III 5, S. 297, § 280, Vorlesg.

95   Brouillon 1805/06, S. 97. Cf. Ethik 1812/13, S. 269 f. § 45. 306, § 183; Ethik 1814/16, S. 445, § 42.

96   Cf. Brouillon 1805/06, S. 97: "Wir vernehmen unsere Gedanken selbst nur durch Worte". Cf. auch Ethik 1816, S. 586, § 48.

Die Sprache des inneren Sprechens ist keine andere als die des äußeren Sprechens; beide sind identisch. Doch unterscheidet sich das innere Sprechen insofern von dem äußeren, als es nicht, wie dieses, den fertigen Gedanken repräsentiert, sondern in dem Prozeß des Werdens des einzelnen Gedankens so fest verwoben ist, daß sich "alles Denken"[97] nur "als ein inneres Sprechen"[98] findet und folglich ohne inneres Sprechen überhaupt kein Gedanke wird[99]. Erst wenn der Gedanke in dem inneren Sprechen verfertigt ist, drängt dieses Sprechen nach außen, um als das äußere Sprechen Zeichen des Gedankens für die anderen denkenden Menschen zu werden[100].

97 Brouillon 1805/06, S. 97.
98 Brouillon 1805/06, S. 97.
99 So formuliert Höchstes Gut II, Braun I, S. 486: "Der Gedanke wird erst als Sprechen, wenn auch nur als inneres und ebenso innerlich vernommenes wirklich, vorher ist er noch nicht Bewußtsein". Cf. auch Ethik 1814/16, S. 445, § 42; Ethik 1816, S. 586, § 48; aber auch Hermeneutik, WW I 7, S. 10, § 4, Abs. 1.
100 Anschaulich drückt diesen Sachverhalt Ethik 1812/13, S. 306, § 183 aus: "Das innere Sprechen ist gleichsam die Erlaubniß zum äußeren". Cf. auch Psychologie, WW III 6, S. 162.

Diese enge Verknüpfung des inneren Sprechens mit dem Denken in dem Vorgang der Entstehung des Gedankens läßt die Identität der beiden Tätigkeiten am deutlichsten sichtbar werden, als die sich uns in dem Gedankenzusammenhang der Gemeinschaftlichkeit der Tätigkeit des objektiven Bewußtseins und der daraus folgenden Notwendigkeit des Sprechens als "heraustretende Gemeinschaftlichkeit"[101] des Denkens die Beziehung der inneren und äußeren Seite der objektiven Bewußtseinstätigkeit bestimmte. Diese Identität von Denken und Sprechen bedeutet nicht nur, daß alles Denken gesagt, jeder Gedanke Satz werden muß, sondern ebenso auch, daß alles Sprechen gedacht, jeder Satz der Ausdruck des von dem ihn formulierenden Menschen hervorgebrachten Gedankens sein muß[102]. Jede Seite der Tätigkeit ist nur vollständig in dem Ineinssein mit der anderen Seite. Denn wie das Denken ohne Sprechen in der Verworrenheit

---

[101] Brouillon 1805/06, S. 164.

[102] Cf. Ethik 1816, S. 594, § 57: "... der Gemeinbesiz der Sprache ist nur sittlich, sofern das einzelne Bewußtsein vermittelst desselben erzeugt. Ein bloßes Aneignen der in der Sprache schon niedergelegten Gedanken ist keine Vernunftthätigkeit". Cf. auch Ethik 1814/16, S. 445, § 42.

bleibt, so ist das Sprechen ohne Denken gehaltlos und gehört "als Gebrauch von leeren Formeln"[103] im Unterschied zum sittlich bestimmten Sprechen, das die Mitteilung des Gedachten, des Erkannten ist, der "Sphäre des Mechanismus"[104] an[105]. Wenn das Sprechen aber nur in der Beziehung auf das Denken als die innere Seite der einen Bewußtseinstätigkeit die Darstellung des objektiven Bewußtseinsprozesses ist, dann ist die Sprache, entsprechend dem Denken, erst dann abgeschlossen, wenn der gesamte Bewußtseinsprozeß zu seinem

---

103 Ethik 1812/13, S. 308, § 195.
104 Brouillon 1805/06, S. 165.
105 Cf. zu diesem Gedankenzusammenhang: Brouillon 1805/06, S. 97. 161. 164 f.; Ethik 1812/13, S. 306, § 183. 307, § 190. 307 f., § 191. 308, § 195; Ethik 1814/16, S. 440, § 29. 445, § 42; Ethik 1816, S. 586, § 48. 593 f., § 57.
Da die Identität von Denken und Sprechen "als in der Vernunftthätigkeit selbst nothwendig liegend angesehen" (Ethik 1816, S. 593, § 57) werden muß, beinhaltet sie, daß beide nur in bezug aufeinander Wahrheit haben: "In den Gedanken eines jeden ist also nur Wahrheit, sofern sie in der Sprache ist, und in der Sprache ist sie nur, sofern Wort und Gedanke eines jeden dasselbe sind" (ebd.).

Ziel gekommen ist. Solange es immer noch nicht naturgewordene Vernunft und nicht vernunftgewordene Natur gibt, solange es also noch nichterkanntes Sein gibt, wird auch die Sprache mit dem Wachsen der Erkenntnis[106]. Damit aber ist die Sprache als das Äußerlichwerden des Gedankens kein schon vorgefertigtes Darstellungsmittel, dessen sich das Denken jeweils zu seiner Bezeichnung bedient, sondern die Sprache

---

[106] Cf. Brouillon 1805/06, S. 164 ff.; Ethik 1812/13, S. 308, § 192. 355, § 182; vgl. auch Hermeneutik, WW I 7, S. 27: "Denn wenn in einem Volke eine geistige Entwickelung vorgeht, so entsteht auch eine neue Sprachentwickelung. Wie nun jedes neue geistige Princip sprachbildend wird, so auch der christliche Geist".
Von dem Gedanken her, daß die Sprache, die "mit dem Wissen zugleich ... als eine nothwendige Function des Menschen" (Brouillon 1805/06, S. 164) gegeben ist, nur mit dem Denken abgeschlossen ist, weisen sich die "Fragen über das Entstehen der Sprache" (ebd.) ab. Die Sprache als äußere Seite des objektiven Bewußtseins ist uns, wie das objektive Bewußtsein immer schon als ein Minimum gegeben und bedarf der Entwicklung. Cf. Brouillon 1805/06, S. 161. 164; Ethik 1812/13, S. 307, § 190.

Äußere Seite: Sprechen

wird stets erst mit dem Gedanken zugleich erzeugt[107]. Sprechen und Denken - und dieses bedeutet auch: das Werden von objektiver Erkenntnis und das Werden von Sprache - sind so miteinander identisch, daß Schleiermacher das Ergebnis der objektiven Bewußtseinstätigkeit ebenso als "Idee der Sprachbildung"[108] beschreiben kann.

Obwohl nun die dem objektiven Bewußtseinsprozeß wesentliche Gemeinschaftlichkeit des Handelns und der Resultate in dem Mitteilen der Denkinhalte als Sprechen verwirklicht wird, bedürfen Denken und Sprechen als solche doch gerade um der Gemeinschaftlichkeit des Bewußtseinsprozesses willen noch eines Mittels, das sie, die an den Moment ihres Tätigseins gebunden sind, unabhängig von einer bestimmten Zeit und einem bestimmten Raum werden läßt. Denn ist der Mensch darauf angewiesen, wie aus dem Ineins der beiden Seiten der Tätig-

---

[107] Ethik 1812/13, S. 355, § 182 betont: So "muß also auch die Sprache producirt (nicht bloß gebraucht) werden". Deshalb weist Brouillon 1805/06, S. 165 darauf hin: "Die wahren producirenden Philosophen haben sich nie an eine vorgefundene Terminologie gehalten".

[108] Ethik 1812/13, S. 355, § 180.

keit des objektiven Bewußtseins hervorgeht, die in ihm gewordene Erkenntnis zugleich mit ihrer Entstehung den anderen Menschen mitzuteilen, so kann die Mitteilung von den anderen Menschen gar nicht aufgenommen werden, wenn ihr objektives Bewußtsein selbst mit dem Vorgang des Entstehens einer Erkenntnis befaßt ist[109]. Das sich mitteilen wollende objektive Bewußtsein muß also, soll seine Sittlichkeit gewahrt bleiben, über die Möglichkeit verfügen, "die Acte des erkennenden Prozesses eben so über den Moment der Production zu fixiren"[110], um diese zu dem geeigneten Zeitpunkt in die Gemeinschaft der Denkenden und Sprechenden hineinzugeben. Das Mittel, das dem objektiven Bewußtsein die "Aufbewahrung"[111] der Inhalte ermöglicht, ist das "Gedächtniß"[112]. In diesem "Festhaltenwollen"[113] der Denkakte allein zum Zweck ihres Gemeinschaftlichwerdens in dem gesamten objektiven Bewußtseinsprozeß ist die sittliche Bedeutung des Gedächtnisses

---

109 Cf. Ethik 1812/13, S. 306, § 184.
110 Ethik 1812/13, S. 306, § 184.
111 Ethik 1812/13, S. 303, Anm. 1 ad § 167.
112 Ethik 1812/13, S. 306, § 184.
113 Ethik 1812/13, S. 307, § 185.

gegeben[114]. Dabei dient das Aufbewahren der Bewußtseinsinhalte für die Mitteilung nicht nur dem Sich-Darstellen der objektiven Bewußtseinseinheit nach außen, sondern ebenso bekommt der Denkinhalt für die ihn hervorbringende Bewußtseinseinheit durch das Gedächtnis Dauer[115], so daß erst durch das Gedächtnis die der zunehmenden Erkenntnis der Seinstotalität wesentliche Kombination der eigenen Denkinhalte zustande kommen kann[116]. Doch gewinnt ver-

114 Cf. Ethik 1812/13, S. 307, §§ 185 f.
Schleiermacher betont (ebd.), daß das Gedächtnis nur zum Zweck der Mitteilung da ist, also einzig ein Sittliches ist. "Für sich selbst braucht eigentlich keiner das Gedächtniß. Ihm muß das Resultat jedesmal, wo er dessen bedarf, eben so wiederkommen, wie es ihm das erstemal gekommen ist".

115 Cf. Ethik 1812/13, S. 303, Anm. 1 ad § 167: "Gedächtniß ist nothwendige Bedingung der Mittheilung außer sich und in sich". Sehr klar formuliert diesen Sachverhalt die Psychologie, WW III 6, S. 512: "Daher ist nun das Gedächtniß nichts besonderes für sich, sondern nur das an der Dauer jedes gewordenen Bewußtseins haftende Sein der Vergangenheit in der Gegenwart". Cf. auch ebd., S. 123 f. 132.

116 Cf. Ethik 1812/13, S. 307, § 187; aber auch

mittels des Gedächtnisses nur die einzelne Einheit des objektiven Bewußtseins, nur der einzelne Mensch, die Unabhängigkeit der Mitteilung von dem Moment der Produktion des Inhaltes, so wird erst durch die "Schrift"[117] die Gemeinschaftlichkeit des gesamten Prozesses des objektiven Bewußtseins unabhängig von der bestimmten Zeitspanne, in der der einzelne Mensch ist, und unabhängig von dem bestimmten Raum, in dem eine Erkenntnis ausgesprochen wird[118]. Denn mit Hilfe der Schrift ist es dem Menschen möglich, den in der Sprache bezeichneten Denkinhalt so zu konservieren, daß dieser Inhalt sich sowohl den folgenden Generationen wie auch den zwar gleichzeitig, aber in größerer räumlicher Distanz lebenden Menschen mitteilen kann. So stellt die Schrift in dem objektiven Bewußt-

> Brouillon 1805/06, S. 157. Dieser Gedanke widerspricht nicht der Aussage, daß das Gedächtnis nur in bezug auf die Mitteilung da ist (s. Anm. 114 dieses Abschnittes). Denn die Kombination wird nur, indem sich die Bewußtseinseinehit selbst ihre Denkakte mitteilt.

117 Ethik 1812/13, S. 307, § 189.
118 Diesen Gedanken sehe ich belegt in: Brouillon 1805/06, S. 174; Ethik 1812/13, S. 303, Anm. 1 ad § 167. 307, § 189. 350. § 156.

seinsprozeß das "Communicationsmittel"[119] dar, das eine Verbindung zwischen den zeitlich und räumlich weit voneinander getrennten Einheiten dieses Prozesses herstellt und damit die Verwirklichung der diesem Prozeß wesentlichen Gemeinschaftlichkeit fördert[120].

119 Ethik 1812/13, S. 350, § 156.
120 Die Bedeutung der Schrift als Verbindung der denkenden Personen heben besonders hervor: Ethik 1812/13, S. 350, § 156. 351, § 163. Allerdings kann der lebendige Dialog nicht ausschließlich durch die Schrift ersetzt werden (cf. Ethik 1812/13, S. 303, Anm. 1 ad § 167). Denn das lebendige Sprechen ist der unmittelbare Akt der Mitteilung. Die Schrift, die allein Hilfsmittel der Mitteilung ist, kann die mit dem Sprechen immer gegebenen "persönlichen Einwirkungen" (Hermeneutik, WW I 7, S. 29) niemals vermitteln. Cf. dazu Hermeneutik, WW I 7, S. 25. 29.

4.2.2.3 Das Werden des objektiven Bewußtseins in der sich als Wechselbeziehung von Lehren und Lernen bestimmenden Bewegung des Lebens

Indem sich unsere bisherige Beschreibung der Tätigkeit des objektiven Bewußtseins auf die inhaltliche Bestimmung dieser Tätigkeit, nämlich auf das tätige Bewußtsein als das Zusammensein von Denken und Sprechen konzentriert hat, läßt sie das Moment innerhalb der Tätigkeit des objektiven Bewußtseins außer acht, das sich direkt auf das Gemeinschaftlichwerden der Bewußtseinsinhalte bezieht. Zwar vollzieht sich die Gemeinschaftlichkeit aller Inhalte des objektiven Bewußtseinsprozesses ausschließlich im Denken und im Sprechen; doch da unsere vorangehenden Überlegungen die beiden Seiten der objektiven Bewußtseinstätigkeit nur in bezug auf ihr Hervorgehen aus einer einzelnen Bewußtseinseinheit darlegen, fordert die Darstellung des gesamten objektiven Bewußtseins in der lebendigen Fortschreitung die Thematisierung der Übertragung der Bewußtseinsinhalte aus einer Bewußtseinseinheit in die andere, so daß sich der folgende Gedankenzusammenhang besonders mit dem Akt selbst befassen muß, in dem die dem Denken und Sprechen wesentliche Gemeinschaftlichkeit unmittelbar verwirklicht wird.

Wie das Sich-aufeinander-Hinbewegen und das Zusammenkommen alles getrennten Seins in unserer Wirklichkeit durch die alles Sein umfassende Bewegung des Lebens gewirkt wird und folglich sich in ihr die Entwicklung des irdischen Seins als werdende Einheit realisiert, so kann auch das Übertragen der objektiven Bewußtseinsinhalte zwischen den einzelnen Bewußtseinseinheiten in dem gesamten Bewußtseinsprozeß, das der Überwindung der Vereinzelung der Inhalte in ihrem Gemeinschaftlichwerden dient, nur in der Form der Bewegung des Lebens, in dem In- und Nacheinander von Spontaneität und Rezeptivität, geschehen. Da nun das Übertragen in dem objektiven Bewußtseinsprozeß das Übergehen desselben Gedankens von einer Bewußtseinseinheit in die andere darstellt, müssen die spontane und die rezeptive Bewegung der Bewußtseinseinheiten, deren Aufeinanderbezogensein den Akt des Übertragens formal kennzeichnet, inhaltlich so bestimmt sein, daß die Identität des Bewußtseinsinhaltes, der übertragen wird, nicht nur gewahrt bleibt, sondern daß dieser Inhalt auch ein gemeinschaftlicher wird, indem er in den ihn aufnehmenden Bewußtseinseinheiten zu "ihrer That"[121] wird, die "in ihnen selbst gebildet"[122] wurde[123]. Dem als Sprechen Heraustreten des Gedachten aus der Bewußtseinseinheit, um in der Sprache den Denkinhalt für alle zu bezeichnen, muß folglich eine rezeptive Tätigkeit der diesen Denkinhalt wahrnehmenden Menschen korrespondieren, die die Sprache so aufnimmt, daß sie das, was diese bezeichnet auch als das wahrnimmt und nach-denkt, als das es die bezeichnende Bewußtseinseinheit hervorgebracht hat[124]. Diese dem Sprechen entsprechende Tätigkeit ist das Hören, das allein in dieser Korrespondenz seine Bedeutung hat[125].

121 Brouillon 1805/06, S. 161.
122 Ebd.
123 Cf. Brouillon 1805/06, S. 161. 164; Ethik 1816, S. 597 f., § 61.
124 Meine Charakterisierung dieser Tätigkeit als rezeptiv ist im Gegenüber zu der Bewegung des Sprechaktes, die ein Aus-sich Heraustreten ist, gedacht und widerspricht damit nicht der im Nachdenken zum Ausdruck kommenden Aktivität dieser Tätigkeit. Cf. zur Bestimmung des Wahrnehmens dieser Tätigkeit: Ethik 1814/16, S. 445, § 42; Ethik 1816, S.593, § 57.
125 Den Ausdruck "Hören" nennen Ethik 1814/16, S. 445,

Indem das Hören sich zu dem Sprechen so verhält, daß es den im Reden aus der Bewußtseinseinheit in die Sprache gesetzten Gedanken aus der Sprache in die Bewußtseinseinheit aufnimmt, stellt es den Vorgang des Sprechens in umgekehrter Weise dar und gehört als diese Umkehrung der äußeren Seite der objektiven Bewußtseinstätigkeit an, die nur zusammen mit der inneren Seite dieser Tätigkeit, dem Denken, ist[126]. Jedes Hören, das Tätigkeit des objektiven Bewußtseins ist, setzt in dem wahrnehmenden Menschen zugleich das an dieses Hören geknüpfte Denken in Gang. Das Denken, das in

§ 42; Brouillon 1805/06, S. 164; Ethik 1816, S. 597, § 61, während der diesen Sachverhalt erörternde § 57 in der Ethik 1816, S. 593 von "ein dem Aeußerungsvermögen entsprechendes Vernehmen" spricht.

126 Cf. Ethik 1814/16, S. 445, § 42: "so ist auch das Hören nur sittlich, insofern es das wirkliche Nachconstruiren des gehörten Gedankens ist und das dadurch aufgeregte innere Sprechen in das eigne Denken zurückgeht". Cf. auch Hermeneutik, WW I 7, S. 10, § 4, Abs. 2: "... jeder Akt des Verstehens die Umkehrung eines Aktes des Redens ist, indem in das Bewußtsein kommen muß welches Denken der Rede zum Grunde gelegen".

eins mit dem Sprechen ist, und das Denken, das
mit dem Hören verbunden ist, sind qualitativ
nicht unterschieden; beide Denkverrichtungen
stellen dieselbe Tätigkeit des objektiven Bewußtseins dar. Abgehoben sind beide Vorgänge
des Denkens voneinander nur durch die Bewe-
gungsrichtung des Bewußtseins, die jeweils das
Werden des Gedankens leitet[127]. Während das
Sprechen werdende Denken den Gedanken selbst
von innen nach außen hervorbringt, ist das aus
dem Hören gewordene Denken durch den von außen
nach innen getragenen Gedanken zum "Nachconstruiren des gehörten Gedankens"[128] aufgefor-
dert. Dieses "Nachbilden"[129], durch das der-

---

[127] Diese Unterscheidung des Denkens thematisieren die ethischen Entwürfe nicht ausdrücklich; dennoch ist sie in ihren Aussagen enthalten, cf. so z.B. Ethik 1816, S. 593, § 57, der die Aussagen die "Gedanken als nachgebildet" und die "selbsterzeugten Gedanken" gegenüberstellt. Cf. aber auch die beiden Belege der Anm. 126 dieses Abschnitts der Arbeit.

[128] Ethik 1814/16, S. 445, § 42; cf. auch Brouillon 1805/06, S. 161: "also muß jenes Heraustreten nur ein Aufruf zum Nachbilden sein"; aber auch Ethik 1816, S. 597, § 61 u.a.

[129] Ethik 1816, S. 597, § 61.

selbe Gedanke, den der Sprechende hervorgebracht hat, in dem ihn aufnehmenden Menschen entsteht, kennzeichnet das mit dem Hören verbundene Denken. Indem dieses Denken den vernommenen Gedanken wirklich selbst nachvollziehend sich zu eigen macht, ohne diesen Vorgang durch aus sich selbst erzeugte Gedanken zu stören, ist das Gehörte zum Verstandenen geworden und in diesem Verstehen der Übergang desselben Bewußtseinsinhaltes von einer Bewußtseinseinheit in die andere wirklich vollzogen worden[130].

Da das identische Übertragen der Denkinhalte durch das Aufeinanderbezogensein des Darbietens des "selbsterzeugten" Gedankens[131] und des diesen Gedanken nachdenkenden Aufnehmens bewirkt wird, läßt sich das Verhältnis der an diesem Akt des Übertragens partizipierenden objektiven Bewußtseinstätigkeiten als das Verhältnis des "Lehrens und Lernens"[132] beschreiben. In dieser

---

130 Cf. hierzu die beiden Hauptstellen in den ethischen Entwürfen, die den Akt des Übertragens beschreiben: Ethik 1814/16, S. 445, § 42 und Ethik 1816, S. 593 f., § 57.
131 Ethik 1816, S. 593, § 57.
132 Ethik 1816, S. 593, § 57. Schleiermacher betont: "Lehren und Lernen ist hier natürlich im weitesten

Beziehung des Lehrens und Lernens findet die
aus der allem Denken wesentlichen Gemeinschaftlichkeit hervorgehende Kommunikation der denkenden Menschen im objektiven Bewußtseinsprozeß die nähere Bestimmung. Die Gemeinsamkeit
des Denkens, in der das endliche Sein zur objektiven Erkenntnis kommt, wird folglich nur
erreicht, wenn die Menschen lehrend und ler-
nend in Beziehung treten. Ermöglicht aber wird
diese Kommunikation allein durch das Bezogensein der beiden Tätigkeiten, des Lehrens und
des Lernens, auf die Sprache als Ausdruck und
Zeichen des Gedankens[133]. Ohne diese Beziehung
des Lehrens und Lernens auf die Sprache kann
eine Übertragung der Denkinhalte nicht stattfinden. Denn das Darbieten des selbsterzeugten

    Sinn genommen, und drückt den Act selbst der Ueber-
    tragung eines Gedankens von einem persönlichen Be-
    wußtsein in das andere aus" (ebd.).
    Cf. zu Lehren und Lernen: Ethik 1814/16, S. 444 f.,
    §§ 41-43; Ethik 1816, S. 592 ff., §§ 57 f.; Bem.
    1832 ad Ethik 1814/16, S. 639, ad § 42; Brouillon
    1805/06 und Ethik 1812/13 verwenden diese Ausdrücke
    noch nicht.
133 Cf. Ethik 1816. S. 592 ff., § 57; Ethik 1814/16,
    S. 445, § 42; aber auch Ethik 1812/13, S. 309,§ 199.

Gedankens, das das Lehren kennzeichnet, ist kein anderer Vorgang als die Bezeichnung des Gedachten als Sprache, so daß das Lehren auch als ein "Einzeichnen in die Sprache"[134] beschrieben werden kann. Ebenso aber wird der Gedanke ausschließlich im Hören der Sprache aufgenommen, so daß das Lernen in dem Empfangen der Sprache, die dem Lernenden als Zeichen des Gedachten den Gedanken selbst vermittelt, charakterisiert ist[135]. Wie aber der sich als Lehren und Lernen verwirklichende Akt des Übertragens der objektiven Bewußtseinsinhalte von der Sprache abhängig ist, so wird umgekehrt die Sprache nur in dem lehrenden und lernenden Tätigsein der Menschen[136]. Denn da die Sprache als die äußere Seite des Gedankens sich nur so weit wie das Denken entwickelt, das Denken aber im Lehren und Lernen als in dem Akt voranschreitet, in dem sich das werdende Einssein der in der Wirklichkeit vereinzelten Bewußtseinseinheiten vollzieht, bildet sich die

---

134 Ethik 1816, S. 594, § 57.
135 Cf. Ethik 1814/16, S. 445, § 42; Ethik 1816, S. 593 f., § 57; aber auch Ethik 1812/13, S. 305, § 176. § 179.
136 Diesen Gedanken finde ich in Ethik 1816, S. 592 ff., § 57 und in Ethik 1814/16, S. 445, § 42.

Sprache nur in dem Aufeinanderbezogensein des Lehrens und Lernens aus. Unsere Darstellung der verwirklichten Gemeinschaft der objektiven Bewußtseinseinheiten im Akt der Übertragung läßt deutlich werden, daß das objektive Bewußtsein, die einzelne Bewußtseinseinheit wie die Gesamtheit der Bewußtseinseinheiten, sich nur in dem gegenseitigen Bedingtsein des Verhältnisses des Lehrens und Lernens und der Sprache entwickelt[137]. Denn in der Aufnahme der Sprache und der damit verbundenen Nachbildung der Gedanken wird das Bewußtsein, um dann allerdings wieder selbst die eigenen, in sich erzeugten Gedanken "zum gemeinen Gebrauch in die Sprache"[138] niederzulegen. In dieser sich im objektiven Bewußtseinsprozeß als Wechselbeziehung von Lehren und Lernen[139] konkretisierenden Bewegung des

---

137 Cf. Ethik 1816, S. 592 ff., § 57; Ethik 1814/16, S. 439, § 28. 445, § 42; aber auch Ethik 1812/13, S. 304, § 169.

138 Ethik 1816, S. 593, § 57.

139 Die ethischen Entwürfe bestimmen das Verhältnis von Lehren und Lernen nicht ausdrücklich als Wechselbeziehung; doch ist diese Bestimmung in der Beschreibung dieses Verhältnisses, aufgefaßt in Schleiermachers Gedankenzusammenhang, so selbst-

Lebens gewinnt dieser Prozeß die werdende Einheit, als die er sich vollenden wird, so daß das Übertragen der Denkinhalte als Verwirklichung der nur gemeinsam zu erreichenden objektiven Erkenntnis nicht nur die Bewußtseinseinheiten, die gleichzeitig sind, also das "Coexistirende"[140], sondern ebenso auch die in der Zeit aufeinanderfolgenden Bewußtseinseinheiten umfaßt[141].

Das Werden des objektiven Bewußtseins in dieser dargestellten Form, die Schleiermacher auch als "Form der Tradition"[142] prädiziert,

> verständlich, daß sie keiner besonderen Hervorhebung bedarf; cf. auch Höchstes Gut II, Braun I, S. 488; Ethik 1812/13, S. 309, § 199.

140 Brouillon 1805/06, S. 174.

141 Versteht sich dieser Gedanke in Schleiermachers Ausführungen zum objektiven Bewußtsein von selbst, so sehe ich ihn noch zusätzlich belegt: Ethik 1814/16, S. 439, § 28; Ethik 1812/13, S. 304, § 169; Brouillon 1805/06, S. 174.

142 Ethik 1812/13, S. 305, § 176. Der Terminus "Tradition" dient Schleiermacher in dem Entwurf von 1812/13 als Hauptbegriff zur Charakterisierung des objektiven Bewußtseinsprozesses (so: ebd., S. 304, § 169. 305, § 176. 309, § 199 u.a.). Außer Brouillon 1805/06, S. 174 findet sich m.E.

ruht aber auf der Voraussetzung, daß der ausgesprochene Gedanke auch wirklich identisch mit dem gedachten Gedanken ist und daß der gehörte Gedanke auch als der Gedanke verstanden wird, als der er ursprünglich gedacht ist[143]. Dieses Sich-Durchhalten der Identität des Gedankens in den aufeinander bezogenen Tätigkeiten des Denkens, Sprechens, Hörens und Nachdenkens kann nicht bestimmt werden. Die Identität des Gedankens kann selbst nicht Inhalt des objektiven Bewußtseins werden, sondern sie ist, als zum Wesen der Tätigkeit des objektiven Bewußtseins gehörend[144], in jedem

<blockquote>
der Ausdruck sonst nicht in den ethischen Entwürfen. Ethik 1816, S. 593, § 57 gebraucht den Ausdruck "Ueberlieferung".

143 Cf. bes. Ethik 1816, S. 593, § 57; aber auch Ethik 1814/16, S. 439, § 27. 444 f., §§ 41 f.; Höchstes Gut II, Braun I, S. 491.

144 Daß die Identität des Gedankens im Bewußtseinsprozeß zur objektiven Bewußtseinstätigkeit selbst gehört, betont Ethik 1816, S. 593, § 57: "Es genügt daher auch der Sache nicht, wenn man sie darstellt als Pflicht Wahrheit zu geben, und als Recht Wahrheit zu empfangen ..., sondern die Identität von beiden muß als in der Vernunftthätigkeit selbst nothwendig liegend angesehen werden".
</blockquote>

Menschen als Überzeugung gesetzt[145]. Unter der Bedingung dieser Identität, die jeder Mensch für die objektive Bewußtseinstätigkeit in allen Bewußtseinseinheiten voraussetzt, findet überhaupt nur jedes Lehren und Lernen statt, so daß diese mit dem objektiven Bewußtsein selbst gegebene Überzeugung die Denkenden untereinander in das "Verhältniß des Glaubens"[146] in bezug auf diese "Identität des gedachten"[147] stellt[148], das stets alles gemeinsame Denken und Sprechen unterfängt.

145 So heißt es Ethik 1816, S. 593, § 57: "Dies ist an sich niemals ein Wissen; sondern es kann ein solches zwar werden in einzelnen Fällen, aber nur durch eine Reihe von Handlungen, die selbst auf dieser Voraussezung ruhen, und ohne sie leer wären". Durch diese Überzeugung, deren "sich keiner erwehrt" (ebd.), "besteht auf diesem Gebiet die Einheit der Vernunftthätigkeit und die Aufhebung der persönlichen Schranken mittelst der Gemeinschaft" (ebd.).
146 Ethik 1816, S. 594, § 58.
147 Höchstes Gut II, Braun I, S. 491.
148 Den Ausdruck "Glauben" zur Benennung dieses Verhältnisses verwendet erst Ethik 1816, S. 592 ff.,

4.2.3 Die geistig-sittliche Gemeinschaft in dem Gebiet des objektiven Bewußtseins

Obwohl die Darstellung des In-Gemeinschaft-Tretens der denkenden Menschen aufgrund der im Wesen des objektiven Bewußtseins gegründeten Gemeinschaftlichkeit schon Gegenstand unserer Beschreibung der Tätigkeit des objektiven Bewußtseins gewesen ist, bedarf die sich in dem Gebiet des objektiven Bewußtseins konstituierende Gemeinschaft noch einer eigenen Überlegung. Denn das von dem objektiven Bewußtsein geforderte gemeinschaftliche Denken aller Bewußtseinseinheiten kann sich unter den raumzeitlichen Bedingungen der Wirklichkeit nicht in einer alle denkenden Menschen umfassenden Gemeinschaft realisieren, sondern kommt allein in einer Vielzahl von besonderen

§§ 57 f. 598, § 61; cf. auch Bem. 1832 ad Ethik 1814/16, S. 640, ad § 42 und Höchstes Gut II, Braun I, S. 491. In der Ethik 1814/16 findet sich dieser Ausdruck nur in der Verbalform: ebd., S. 444, § 41. Daß "unter diesem Worte ... nicht irgend etwas Uebernatürliches gedacht werden" (Ethik 1816, S. 598, § 61) kann, belegt unsere Darstellung des Verhältnisses des Glaubens.

Gemeinschaften zur Wirklichkeit, in denen sich
das allgemeine Gemeinschaftsverhältnis des
Lehrens und Lernens vereigentümlicht[149]. Diese
Sonderung des allgemeinen Verhältnisses bestimmt sich uns, wenn wir aus unserem Überle-
genszusammenhang zur sittlichen Gemeinschaft[150]
den Gedanken aufnehmen, daß die Gemeinschaftsverhältnisse, die durch eine identische sittliche Tätigkeit, wie sie die Tätigkeit des objektiven Bewußtseins darstellt, gewirkt werden,
ein Maß begrenzt, durch das "das ursprünglich
Identische auf bestimmte Weise gesondert"[151]
ist. Da das ursprüngliche Getrenntsein des
Identischen für Schleiermacher in der durch
die klimatische Differenz bedingten Verschiedenheit der Menschen, also in der Verschiedenheit der Volkstümlichkeit, gegeben ist[152],

149 Cf. Ethik 1814/16, S. 445, § 43; Ethik 1816,
 S. 594, § 58; aber auch Brouillon 1805/06, S. 100.
 166 und Höchstes Gut II, Braun I, S. 488.
150 Cf. den Abschnitt 4.1.2.2 dieser Arbeit; besonders
 die Ausführungen zum sittlichen Maß. Der folgende
 Gedanke des sittlichen Maßes ist dort entwickelt
 und belegt, so daß er hier keiner Erörterung bedarf.
151 Bem. 1832 ad Ethik 1816, S. 640, ad § 68.
152 Die Belege zu dem Gedanken der auf die klimatische
 Differenz zurückzuführenden Verschiedenheit der

individualisiert sich das allen Menschen gemeinsame Denken und Sprechen als das jeweils den einer bestimmten "Volkseinheit"[153] oder "Nationaleinheit"[154] angehörenden Menschen

> Menschen finden sich in den Ausführungen zum sittlichen Maß, cf. den Abschnitt 4.1.2.2 dieser Arbeit.
> 153 Ethik 1812/13, S. 333, § 77.
> 154 Ethik 1812/13, S. 347, § 146. Die Ethik 1812/13 unterscheidet die beiden Ausdrücke "Volkseinheit" und "Nationaleinheit" nicht. Brouillon 1805/06, das neben Ethik 1812/13 allein noch die Ausführungen zu der Gemeinschaft des Wissens enthält, gebraucht m.E. diese Termini nicht. In der Sache aber stimmen beide Entwürfe überein. Die Volkseinheit, die Ethik 1812/13, S. 333, § 77 als eine Masse durch Connubium verbundener Familien definiert wird, präzisiert die Abhandlung "Über die Begriffe der verschiedenen Staatsformen", WW III 2, S. 260: "... bis wir auch die Masse ein Volk nennen können, nämlich bis Boden und Menschen von einander Besiz genommen haben, bis wenigstens ein zweites Geschlecht Eingeborner da ist, welches durch Anhänglichkeit an den gemeinsamen Boden und an die gleichen Lebensbedingungen auch auf eine natürliche Weise verbunden ist". In dieser Bedeutung des Begriffs "Volk" oder "Nation" verstehe ich auch Brouillon 1805/06, S. 166: "Also fällt die Einheit

gemeinsam eigentümliche Denken und Sprechen. Das allgemeine Gemeinschaftsverhältnis der objektiven Bewußtseinseinheiten findet so ausschließlich in der Vielzahl konkreter "nationaler Gemeinschaften des Wissens" die Verwirklichung[155]. Die Sonderung in die verschiedenen nationalen Wissensgemeinschaften zeigt nun aber keinesfalls ein unsittliches, zu überwindendes Moment in dem objektiven Bewußtseinsprozeß an, sondern diese Individualisierung in dem Gebiet des objektiven Bewußtseins gehört, da die sittliche Einheit als das Zugleich des Allgemeinen und Besonderen definiert ist[156], zur Sittlich-

des Wissens und der Sprache zusammen mit der Einheit des Staats, und alles insgesamt ist in dem rechten historischen Sinne national".

155 Daß dem Staat und der Wissensgemeinschaft dieselbe Natureinheit, nämlich die Volkseinheit, zugrunde liegen muß, verdeutlicht meine Darlegung des sittlichen Maßes (cf. Abschnitt 4.1.2.2 dieser Arbeit). Diese Gemeinsamkeit sagt aber keine Abhängigkeit von Wissensgemeinschaft und Staat in dem Sinne einer Unterordnung einer der beiden aus. Vielmehr bilden beide die zwei Seiten der Nationaleinheit (cf. Ethik 1812/13, S. 347, §§ 146 f.).

156 Cf. Brouillon 1805/06, S. 102.

keit dieses Bewußtseins selbst. Diese Bestimmung der Mannigfaltigkeit der besonderen Gemeinschaften als ein sittliches Charakteristikum weist den Gedanken ab, daß die verschiedenen konkreten Wissensgemeinschaften erst in dem Prozeß des objektiven Bewußtseins entstehen. Wie alles Sittliche uns immer schon gegeben ist, so ist auch die Vielheit der besonderen Gemeinschaften der objektiven Bewußtseinseinheiten ursprünglich gesetzt[157]. Allerdings ist diese Setzung, entsprechend allem sittlichen Gegebenen, als ein Minimum zu denken, das im sittlichen Prozeß der Fortschreitung zum Maximum bedarf[158].

157 So betont Ethik 1814/16, S. 445, § 43: "Die ursprüngliche Verschiedenheit der Sprachen ist also hier die jedesmal schon gegebene Sittlichkeit des Prozesses".

158 Die beiden Aussagen über die nationale Wissensgemeinschaft, nämlich daß die Einheit dieser Gemeinschaft sich mit dem Erwachen des Gegensatzes von Publikum und Gelehrten im Volk zu entwickeln beginnt (cf. Ethik 1812/13, S. 349 f., §§ 154-157) und daß die Organisationsform dieser Einheit sich als Schule, Universität und Akademie darstellt (cf. u.a. Ethik 1812/13, S. 351 f., §§ 165-169), lasse ich außer acht. In meiner Darstellung der

Wenn aber die nationale Sonderung der Gemeinschaften des objektiven Bewußtseins nicht nur eine äußere Begrenzung darstellt, sondern der Sittlichkeit der besonderen Gemeinschaften des Wissens angehört, dann muß auch die jeweilige nationale Eigentümlichkeit die Tätigkeit des objektiven Bewußtseins prägen. Dieses nationale, eigentümliche Moment in der objektiven Bewußtseinstätigkeit ändert die Bestimmung des objektiven Bewußtseins nicht, das gegenständliche Sein in der Totalität des Seins zu begreifen. Das Ausgerichtetsein der objektiven Bewußtseinseinheiten auf die Erkenntnis der Gesamtheit des Seins als des ihnen entgegenstehenden Seins, d.h. das Ausgerichtetsein dieser Einheiten auf das objektive Erfassen der Wirklichkeit, das die Allgemeingültigkeit der Erkenntnis einschließt, bleibt in der Sonderung der Wissensgemeinschaften bestehen. Die nationale Sonderung bezieht sich also nicht auf die objektive Erkenntnis an sich, sondern sie bezeichnet den jeweiligen Ort, von dem aus die Bewußtseinseinheiten das Sein ob-

Grundstruktur der sittlichen Gemeinschaft (cf. Abschnitt 4.1.2.2 dieser Arbeit) sind diese Gedanken angelegt.

jektiv erkennend ergreifen[159]. Folglich kennzeichnet die Verschiedenheit der Standpunkte in dem irdischen Seinszusammenhang, von denen aus das Sein erfaßt wird, die Verschiedenheit der nationalen Gemeinschaften und, entsprechend, gibt der den Einheiten einer besonderen Gemeinschaft gemeinsame Ort, von dem die Beziehung dieser Einheiten auf das objektive Sein ausgeht, dieser Wissensgemeinschaft ihre nationale Eigentümlichkeit. Diese Charakterisierung des nationalen Moments in dem objektiven Bewußtsein als einer eigentümlichen Perspektive des objektiven Seins läßt deutlich werden, daß diese Eigentümlichkeit alles Denken und Sprechen innerhalb der jeweiligen Gemeinschaft bestimmen muß, so daß es ein allgemeingültiges Denksystem, wie es etwa eine allgemeingültige Philosophie erfordern würde, und eine allgemeingültige Sprache, also eine Weltsprache, nicht geben kann[160]. So ist das Denken und Sprechen in dem

---

159 Cf. Brouillon 1805/06, S. 167: "Die Weltvorstellung muß für jeden Punkt, von dem sie ausgeht, eine andere sein. Für die größere Individualität ist aber eben die Nation der Punkt, für die kleinere ist er die Person".

160 Cf. Brouillon 1805/06, S. 100 f. 167; Ethik 1812/13, S. 349, § 152. Daß die Individualisierung den gesam-

gesamten Gebiet des objektiven Bewußtseins nur als nationales Denken und als nationales Sprechen wirklich. Diese nationale Individualisierung des Denkens und Sprechens, die die verschiedenen Perspektiven der besonderen Wissensgemeinschaften in bezug auf das objektive Sein ausdrückt, schließt nun aber ein, daß der objektive Bewußtseinsinhalt einer besonderen nationalen Gemeinschaft hinsichtlich des eigentümlichen Elements dieser Gemeinschaft jeder anderen nationalen Gemeinschaft unverständlich und unzugänglich ist[161]. Dennoch aber dominiert der objektive Charakter in der Erkenntnis dieser Wissensgemeinschaften. Denn insofern das objektive Bewußtsein aller Gemeinschaften in derselben Weise tätig und auf dasselbe Sein bezogen ist, ist das objektive Er-

---

ten Bereich des objektiven Bewußtseins betrifft, hebt besonders Ethik 1812/13, S. 348, § 150 hervor: "Die nationelle Eigenthümlichkeit ist gegeben und geht durch alle vier Gebiete durch, sowohl in der strengeren Form der Wissenschaft, in der sie freilich im mathematischen und transcendentalen Gebiet am wenigsten heraustreten soll, als noch mehr im weiteren Sinne".

161 Cf. Brouillon 1805/06, S. 169. 173.

kennen der nationalen Gemeinschaften diesen auch untereinander, mit der Einschränkung ihrer Eigentümlichkeit, verständlich und mitteilbar[162].

162 Diesen Sachverhalt formuliert Brouillon 1805/06, S. 101: "Allerdings ist aber der innere Gehalt jeder Philosophie derselbe, die Anschauung der Natur und der Vernunft, die objectiv überall dieselbigen sind; er ist aber nicht abzutrennen von der großen nationalen und klimatischen Individualität". Cf. auch ebd., S. 167. 169; Höchstes Gut II, Braun I, S. 491.
Angemerkt sei, daß Schleiermacher in diesen Überlegungszusammenhang der verschiedenen nationalen Wissensgemeinschaften und ihrer Beziehung zum Objektiven die Aufgabe der Kritik ansetzt: "Hierdurch also ist im Erkennen des Erkennen eine Aufgabe gesezt das Individuelle in Objectives aufzulösen, und dies ist das Object der Kritik. Verkehrt ist sie, wenn sie das Individuelle als ein Zufälliges betrachtet und hinweg schaffen will, um das Allgemeine richtig zu halten. Richtig ist sie, wenn sie nur darauf ausgeht jede kleinere Individualität auf eine größere zurückzuführen und jede größere von der Totalität der kleineren abzusehn" (Brouillon 1805/06, S. 169).

Gemeinschaft im objektiven Bewußtsein

Das Streben aber nach dieser Kommunikation zwischen den Gemeinschaften des Wissens wohnt jeder nationalen Gemeinschaft ein[163]. Allein indem die nationalen Gemeinschaften wiederum miteinander in einer einzigen Gemeinschaft des Wissens in Beziehung treten, überwindet jede dieser Gemeinschaften sowohl die durch die Nationaleigentümlichkeit gegebene Isolation wie auch die in der Sonderung begründete Unvollständigkeit ihrer Erkenntnis des gegenständlichen Seins, so daß sich in dieser einen Gemeinschaft die objektive Erkenntnis der Gesamtheit des Seins, d.h. der eine, allen Menschen gemeinsame objektive Bewußtseinsprozeß vollenden wird[164].

---

163 Cf. Brouillon 1805/06, S. 173; Höchstes Gut II, Braun I, S. 488. 492.

164 Cf. Brouillon 1805/06, S. 101. 176; Ethik 1812/13, S. 355 f., §§ 184-186; Höchstes Gut I, Braun I, S. 465; Höchstes Gut II, ebd., S. 491. 483.

4.3   Das subjektive Bewußtsein

4.3.1   Das Wesen des subjektiven Bewußtseins

4.3.1.1 Das subjektive Bewußtsein ist der Ausdruck der individuellen geistig-sittlichen Lebenseinheit

Da jede Naturgestaltung gemäß der Identitätsvoraussetzung ihre ideale Entsprechung in der Vernunft hat, manifestiert sich die Vernunft auch in der besonderen, eigentümlichen Natur eines jeden Menschen[1]. Die Eigentümlichkeit der Natur des einzelnen Menschen besteht in dem in jedem Menschen verschieden gegebenen Verhältnis der natürlichen Lebensfunktionen, die in der Lebenseinheit zu einem Ganzen zusammengeschlossen sind[2]. So liegt in dieser

---

1 Cf. Ethik 1814/16, S. 426, § 8. 440, § 30; Ethik 1816, S. 587, § 50. 589, § 52.

2 Cf. Brouillon 1805/06, S. 156. 180 (hier schon bezogen auf das Einssein von Vernunft und Organisation); Ethik 1812/13, S. 302, § 163 (indirekt); Ethik 1816, S. 587, § 50; Höchstes Gut II, Braun I, S. 478.

sich in jedem Leben anders bestimmenden Lebenseinheit, von der alle Lebensfunktionen ausgehen und in der sie sich wieder zusammenfassen, die Eigenheit eines jeden Menschen beschlossen.
Eint die Vernunft sich nun mit der besonderen Natur, so bedeutet es, daß sie in dieser Lebenseinheit, dem Innersten des einzelnen menschlichen Lebens, manifest wird. Den Ausdruck dieses Einsseins von Vernunft und Lebenseinheit, des Geistig-sittlich-Seins der Lebenseinheit, bildet das subjektive Bewußtsein[3]. Es ist so eine besondere Form der Vernunft, wie sie nur in der Individualität des jeweils einen bestimmten Menschen wirklich werden kann. Da sich im subjektiven Bewußtsein die vernünftige Lebenseinheit ausprägt, bezieht sich dieses Bewußtsein nicht auf die einzelnen Lebensfunktionen, sondern immer auf die Einheit des Lebens[4].
Von unserer Definition her weist sich nun jeder Gedanke ab, der in die Richtung verläuft, daß dem subjektiven Bewußtsein weniger Vernunft zukommt als dem objektiven Bewußtsein. Vielmehr

---

3 Cf. Ethik 1812/13, S. 267, § 29; Höchstes Gut II, Braun I, S. 487 (indirekt).
4 Cf. Ethik 1816, S. 589, § 52.

vermitteln sich in beiden, im subjektiven und objektiven Bewußtsein, Vernunft und Natur gleichermaßen; das subjektive Bewußtsein gewinnt nur in dem Einssein der Vernunft mit der jeweils eigentümlichen Natur des einzelnen Menschen gegenüber dem objektiven Bewußtsein seine Andersartigkeit und Eigenständigkeit.

Richtet sich das subjektive Bewußtsein auf das Durchgeisten der innersten, in jedem anders bestimmten Lebenseinheit, stellt sich in ihm der Vorgang dar, in dem diese Einheit zur wahren Individualität erhoben wird, so haben wir es in diesem Bewußtseinsgebiet mit dem Bereich zu tun, in dem es um das Geistig-sittlich-Werden des Menschen in seinem Innersten, seinem Lebenszentrum geht, in dem der Mensch als unverwechselbar dieser einzelne in seinem Geistig-sittlich-Sein und -Werden in den Blick kommt.

4.3.1.2 Das subjektive Bewußtsein ist unmittelbares Selbstbewußtsein

Da das subjektive Bewußtsein die innerste Lebenseinheit des Menschen, sein Selbst, wie es ein geistig-sittliches ist, bezeichnet, nennt Schleiermacher dieses Bewußtsein das Selbstbewußtsein[5]. Dabei ist dieses Selbstbewußtsein nicht als Erkenntnis des Selbst in dem Sinn aufzufassen, daß der Mensch - im Unterschied zum objektiven Bewußtsein - statt des Außer-sich das eigene Selbst zum Gegenstand der Betrachtung macht[6]. Ein solcher Bewußtseinsvorgang würde ebenfalls dem Gebiet des objektiven Bewußtseins angehören, da das Selbst als Reflexionsgegenstand schon ein Äußeres, ein dem Reflektierenden Gegenüber-Gestelltes ist. Dieses Bewußtsein hat nicht die geistig-sittliche Lebenseinheit selbst, also das Innere des Menschen, wie es ein solches ist, zum Inhalt, sondern in ihm ist dieses Innere nur als ein Durch-die-Betrachtung-Vermitteltes präsent.

In unserem Selbstbewußtsein geht es vielmehr gerade nicht um diese Vergegenständlichung, sondern um das Innere des Menschen,

---

[5] Im Brouillon 1805/06 fehlt dieser Ausdruck noch; erst seit 1812/13 kommt er in allen ethischen Entwürfen vor.

[6] Cf. Ethik 1816, S. 589 f., § 53; Bem. 1832 ad Ethik 1812/13, S. 647, ad § 212-227; cf. auch Dialektik (Odebrecht), S. 287 f.

wie es sich unvermittelt und direkt kundtut[7]. Das subjektive Bewußtsein repräsentiert den unmittelbaren Ausdruck des Selbst, seine Grundbefindlichkeit, das "Sich-selbst-haben"[8] der individuellen Lebenseinheit. Diese Bestimmung des subjektiven Bewußtseins sieht Schleiermacher in dem Begriff des Gefühls, in dem die Unterscheidung zum objektiven Denken deutlich wird, ausgedrückt, so daß er häufig das subjektive Bewußtsein als "Gefühl"[9] bezeichnet. Dieser Begriff ist dem des Selbstbewußtseins gleichgeordnet[10], dem Schleiermacher

---

7 Ethik 1814/16, S. 440, § 30 heißt es: "Der Symbolisierungsprozeß ist ... auch ein eigenthümlicher, weil er unmittelbar das Sein der Vernunft in der Natur ausdrückt". Ebd. spricht Schleiermacher auch von der "unmittelbaren Vernunfterscheinung". Cf. auch Belege der Anmerkung 2 dieses Abschnitts.

8 Dialektik (Odebrecht). S. 288.

9 Brouillon 1805/06 gebraucht hauptsächlich "Gefühl" (cf. S. 97. 156. 176 u.a.), aber auch "Erkennen ... mit dem Charakter der Eigenthümlichkeit" (ebd., S.97 u.a.) oder "subjectives Erkennen" (ebd., S. 177). Der Ausdruck "Gefühl" findet sich in allen ethischen Entwürfen. Cf. auch Dialektik (Odebrecht), S. 287.

10 Cf. Ethik 1812/13, S. 310, § 207; Bem. 1832 ad Ethik 1812/13, S. 647, § 212-227; cf. auch Dialektik (Ode-

allerdings - zur Abhebung vom objektiven Selbstbewußtsein - die Prädikation "unmittelbar"[11] hinzufügt.

4.3.1.3 Verschiedenheit und Unübertragbarkeit des subjektiven Bewußtseins

Als weitere Wesensmerkmale des subjektiven Bewußtseins schließen sich an unsere bisherige Darstellung folgerichtig die Verschiedenheit und die damit auch gegebene Unübertragbarkeit dieses Bewußtseins an.

brecht), S. 287: "Dieses unmittelbare Selbstbewußtsein ... wollen wir durch den Ausdruck "Gefühl" bezeichnen. Wir haben in unserer Sprache keinen anderen Ausdruck hierfür, und es ist nur Mangel an Distinktion, wenn man glaubt, daß dieser Ausdruck noch etwas anderes bedeuten könnte. Es ist dies keine subjektive Passivität; diese heißt vielmehr "Empfindung".

11 Der Ausdruck "unmittelbares Selbstbewußtsein" findet sich in den philosophischen Entwürfen sehr spät, nämlich erst im Höchsten Gut II (1830), Braun I, S. 489 und in Bem. 1832 ad Ethik 1812/13, S. 647,

Denn ist das Selbstbewußtsein der unmittelbare Ausdruck der geistig-sittlichen Lebenseinheit, dann gibt die Eigentümlichkeit dieser Einheit dem Bewußtsein ein wesentliches Gepräge. Indem der Vorgang des Einsseins der Vernunft mit der besonderen Natur jeder einzelnen Lebenseinheit diese Eigentümlichkeit nicht aufhebt, sondern gerade zur wahren Individualität erhebt[12], trägt jedes einzelne Selbstbewußtsein diesen eigentümlichen Charakter[13]. Daß jedem Bewußtsein diese Verschiedenheit zukommen muß, wird um so deutlicher, wenn wir

ad § 212-227. Zunächst (außer Brouillon 1805/06, s. Anm. 6 dieses Abschnittes) verwendet Schleiermacher nur die Bezeichnung "Selbstbewußtsein" mit den Prädikationen "bewegt", "bestimmt" u.a. Das Wort "unmittelbar" wird in diesem ethischen Gebiet zuerst Ethik 1814/16, S. 440, § 30, dann Ethik 1816 in der Zusammenstellung mit Gefühl (ebd., S. 589, § 52) und in Beziehung auf das Selbstbewußtsein (ebd., S. 589, § 53) gebraucht.

12 Cf. Abschnitt 2.3 dieser Arbeit.
13 Cf. u.a. Brouillon 1805/06, S. 97 f.; Ethik 1812/13, S. 267, § 29; Ethik 1814/16, S. 440, § 30; Ethik 1816, S. 589, § 52 f.; Höchstes Gut II, Braun I, S. 489.

bedenken, daß sich im Selbstbewußtsein das Innere des Menschen in seinem Grundbefinden unmittelbar ausprägt. Selbst wenn Lebensvorgänge verschiedener Einheiten in gleichen Bezügen stattfinden, ist, da diese Einheiten nicht nur raumzeitlich, sondern "begriffsmäßig" geschieden sind[14], das subjektive Bewußtsein in jedem Menschen ein anderes, nur ihm eigenes[15].

So erfährt der einzelne Mensch, der in diesem Gebiet ganz an seine Lebenseinheit gewiesen ist, sich hier in besonderem Maß und grundlegend als ein von anderen Menschen unterschiedener, als ein eigenes Lebenszentrum[16]. Dieses Merkmal der Eigentümlichkeit und Verschiedenheit des Selbstbewußtseins impliziert aber gleichzeitig die Unübertragbarkeit des einen Bewußtseins in das andere[17]. Denn der unmittelbare Ausdruck der einen individuellen Lebenseinheit kann nicht auch als derselbe un-

---

14 Cf. Ethik 1816, S. 587 f., § 50. 588, § 51.
15 Cf. Brouillon 1806/06, S. 180.
16 Cf. u.a. Ethik 1814/16, S. 440, § 31. 446, § 45.
17 Cf. Brouillon 1805/06, S. 97 f. 176. 180 u.a.;
   Ethik 1812/13, S. 267, § 29; Ethik 1814/16, S. 446, § 44; Ethik 1816, S. 588 ff., §§ 51-53.

mittelbare Ausdruck einer anderen, individuell bestimmten Lebenseinheit vorkommen. Das individuelle Bewußtsein bleibt ausschließlich an die in ihm sich ausprägende Lebenseinheit gebunden. Damit aber schließt dieses Gebiet die in dem Bereich des objektiven Bewußtseins gegebene Möglichkeit aus, in Ermangelung eines eigenen höher entwickelten Selbstbewußtseins Inhalte eines anderen Selbstbewußtseins "adoptiren"[18] zu können. Jedes individuelle Bewußtsein muß genuin in und aus der eigenen geistig-sittlichen Lebenseinheit entstehen.

4.3.1.4 Das subjektive Bewußtsein konstituiert die einzelne Person

Wird im Selbstbewußtsein das Lebenszentrum des einzelnen Menschen ein geistig-sittliches und hebt sich dieses Lebenszentrum von den Lebenszentren der anderen Menschen als ein in diesem geistig-sittlichen Sein Eigentümliches ab, dann gründet sich in diesem Vorgang die sittliche Eigenständigkeit des Menschen. Allein das unmittelbare Selbstbewußtsein kon-

---

18 Ethik 1814/16, S. 440, § 31.

Wesen des subjektiven Bewußtseins   461

stituiert den einzelnen Menschen als eine einzelne abgeschlossene sittliche Einheit, d.h. als Person[19].

Diese geistig-sittliche Eigenständigkeit des einzelnen aber beinhaltet zugleich die Bedeutung und den Wert jeder einzelnen Person für den sittlichen Gesamtprozeß. So ist niemand in diesem Zusammenhang entbehrlich[20]. Jedem kommt aufgrund seines unmittelbaren Selbstbewußtseins ein nur von ihm zu erfüllender Teil der sittlichen Gesamtaufgabe zu, nämlich die Symbolisierung der Seite der Natur, die nur von ihm in seiner Eigentümlichkeit aufgenommen werden kann[21].

19 Cf. Höchstes Gut II, S. 487; aber auch Brouillon 1805/06, S. 155 f.; Ethik 1814/16, S. 434 f., § 16.
20 So heißt es Ethik 1816, S. 588, § 50: "... nur wiefern diese Verschiedenheit gesezt ist, haben die Einzelwesen ein Recht sich auf dem sittlichen Gebiet als ein für sich Bestehendes zu sezen". (cf. auch ebd., S. 589, § 52). Ebd., S. 598, § 62 sagt sehr anschaulich: "Keiner hat Ursach einen anderen für überflüssig zu halten in Bezug auf die Differentiirung der Vernunft in der Natur, das heißt für eine Verdoppelung irgend eines dritten; jeder ist also jedem notwendige Ergänzung, ...".
21 Cf. Ethik 1816, S. 587, § 50. 589, § 52.

4.3.2 Das subjektive Bewußtsein in dem Wechsel von Rezeptivität und Spontaneität

Fragen wir nun nach Bestimmtheit und Inhalt des subjektiven Bewußtseins, so müssen wir dieses Bewußtsein in der Lebensbewegung, in dem Wechsel von Rezeptivität und Spontaneität, betrachten. Denn wie alles, was auf unserer Erde ist, ist das unmittelbare Selbstbewußtsein, dieses Innerste des Menschen, nur ein solches, indem es in den Lebenszusammenhang alles Seins unserer Erde eingeordnet ist. Damit also gewinnt das Selbstbewußtsein Bestimmtheit und Inhalt nur in seiner sich in der Zeit realisierenden Beziehung zu dem Außer-ihm-Seienden.

Da auch das subjektive Bewußtsein gleich dem objektiven Bewußtsein ein Erkennensvorgang ist, bestimmt die rezeptive Form der Lebensbewegung die Beziehung zu dem Außer-Ihm, d.h. das Außer-Ihm wird ins Bewußtseins aufgenommen. Das Bewußtsein aber bleibt in dem Lebensvorgang völlig in sich selbst. Gemäß dem Gesetz des Lebens, das jede einseitige Bewegungsform ausschließt, ist nun aber die rezeptive Beziehung des Bewußtseins zum Sein ohne eine dazukommende spontane Bewegung,

Rezeptive Seite: Gefühl

d.h. ohne das Sich-nach-außen-Richten des subjektiven Bewußtseins nicht denkbar. Dieses geschieht in dem Äußerlichwerden des Selbstbewußtseins.

4.3.2.1 Die rezeptive Seite: das subjektive Bewußtsein oder das Gefühl

4.3.2.1.1 Die Bestimmtheit des subjektiven Bewußtseins

Ein inhaltlich unveränderliches subjektives Bewußtsein gibt es nicht. Wir finden unser Selbstbewußtsein immer nur als ein veränderlich bestimmtes, d.h. in wechselnden, verschiedenen Zuständen vor[22]. Diese Zustände, die jeweilige Befindlichkeit des Selbstbewußtseins, werden durch Affektionen des Seins, das außerhalb des Bewußtseins ist, hervorgerufen, so daß die Inhalte des Gefühls das Ergebnis der äußeren Einwirkung auf die innere Lebenseinheit in den verschiedenen Momenten

---

22 Cf. Brouillon 1805/06, S. 98. 176; aber auch Ethik 1816, S. 589, § 53; Höchstes Gut II, Braun I, S.489.

sind[23].

In diesen Einwirkungen des Äußeren auf das Innere des Menschen tritt nicht der Gegenstand als einzelner hervor, sondern in ihm wird die geordnete Gesamtheit alles Seins, Welt im eigentlichen Sinn, aufgenommen. So ist das Selbstbewußtsein, das Gefühl, der Ausdruck des direkten In-Beziehung-Tretens des einzelnen Lebenszentrums mit dem Weltganzen, dem Universum[24], das jeder einzelne Mensch in der nur ihm eigenen Weise vereigentümlichend rezipiert und das sich in den wechselnden Gefühlen dem Selbst von seinen verschiedensten Seiten eindrückt.

Erlangt das individuelle Bewußtsein seine inhaltliche Bestimmtheit durch den affizierenden Gegenstand, so geschieht dieses Bestimmtwerden nicht - wie im objektiven Erkenntnisvorgang - durch das Eingehen, das Sich-Versenken des Selbst in den Gegenstand, sondern das äußere Sein geht so in dem Selbstbewußt-

---

23 Cf. u.a. Brouillon 1805/06, S. 98; Ethik 1812/13, S. 310, § 208; Ethik 1814/16, S. 441, § 33.

24 Dieses finden wir belegt Brouillon 1805/06, S. 181. 191, wie in der Aussage Ethik 1812/13, S. 311, § 210: "... jede Person steht wieder in einer vollständigen Verbindung mit dem Universum".

Rezeptive Seite: Gefühl

sein auf[25], daß Sein und Bewußtsein völlig eins werden und der Gegensatz von Subjekt und Objekt keine Anwendung mehr findet[26]. So löst der Mensch im subjektiven Erkennen, in dem unmittelbaren Einssein von individueller Lebenseinheit und Welt, sein Selbst nicht in allge-

---

25 Ethik 1812/13, S. 264, § 10 stellt anschaulich dar, daß sich die Unterscheidung vom subjektiven und objektiven Erkenntnisvorgang in der Beziehung der Lebenseinheit zum Gegenstand kundtut. Von der Lebenseinheit aus gesehen ist diese Beziehung im objektiven Erkennen durch die Spontaneität, im subjektiven durch die Rezeptivität geprägt.

26 Sieht man von der sich auf das transzendente Element im Selbstbewußtsein beziehenden Stelle, Höchstes Gut II, Braun I, S. 489, ab, wird in keinem ethischen Entwurf der Gedanke der Aufhebung des Gegensatzes von Subjekt und Objekt im Selbstbewußtsein direkt ausgesprochen. Dennoch ist er in der Konstruktion dieses Bewußtseins enthalten. Den deutlichsten Beleg bietet m.E. Ethik 1812/13, S. 264, § 10. Schleiermachers Psychologie, WW III 6, S. 93 formuliert diesen Gedanken klar: "weil es (sc. das Selbstbewußtsein, Anm. d. Verf.) der unmittelbare Lebenseindruck ist, wo das Sein und das Bewußtsein davon absolut identisch ist".

meines Weltsein auf. Indem dieses allgemeine Weltsein in ihm ein besonderes, nur ihm eigenes wird[27], erfährt er gerade sein Selbst und wird sich seiner Individualität bewußt[28].

4.3.2.1.2 Die Unterscheidungen der Gefühle

Bestimmt sich der Inhalt des unmittelbaren Selbstbewußtseins in der jeweiligen unmittelbaren Beziehung des Weltseins zur individuellen Lebenseinheit, ist folglich die Vielzahl der Gefühle in der Individualität jedes Menschen begründet[29], so ordnet sich diese Mannigfaltigkeit in verschiedene Gefühlsarten, die aus den Faktoren entstehen, aus denen sich das Gefühl zusammensetzt[30].

---

27 Cf. u.a. Brouillon 1805/06, S. 181; Ethik 1814/16, S. 441, § 33; cf. auch Höchstes Gut II, Braun I, S. 489.
28 Cf. u.a. Brouillon 1805/06, S. 155 f.
29 Cf. Brouillon 1805/06, S. 180.
30 In den verschiedenen Gefühlsarten und ihren individuellen Modifikationen wird die Totalität des Gefühls wirklich. So kommt jedem einzelnen Gefühl

4.3.2.1.2.1 Die Elemente und Momente des Gefühls

Wie das Wesen des Bewußtseins überhaupt in der Vermittlung von Vernunft und Natur besteht, beide Größen im Bewußtsein also gegenwärtig sind, so konstituieren diese auch das subjektive Bewußtsein, d.h. auch im Gefühl sind vernünftiger und natürlicher Faktor, Vernunftgehalt und die die Affektionen aufnehmende Organisation des Menschen, die leibliche Seite, zu unterscheiden[31].

Ebenso wie für das Bewußtsein im allgemei-

---

eine wichtige Bedeutung für die Vollendung des ethischen Gesamtprozesses zu (cf. Ethik 1812/13, S. 318, § 251). Die innere Ordnung der Totalität des Gefühls wird in Schleiermachers ethischen Entwürfen nicht ausführlich dargestellt, sondern nur in kurzen Anmerkungen angedeutet, so z.B. Brouillon 1805/06, S. 180. Ethik 1812/13, S. 318, § 249 spricht von ethischen und physischen Gefühlen, Ethik 1814/16, S. 441, § 33 vom religiösen und sittlichen Gefühl, Höchstes Gut II, Braun I, S. 489 vom sittlichen und frommen Bewußtsein.

31 Stellvertretend für alle Belege: Ethik 1812/13, S. 267, § 29.

nen gilt auch das in unseren Ausführungen dort Dargelegte hier, nämlich daß beide Faktoren in der Wirklichkeit nie getrennt, sondern immer in wechselnder Dominanz gebunden sind. Im unmittelbaren Selbstbewußtsein finden sich so zwei Momente: das Moment, in dem der Vernunftgehalt über die organische Seite dominiert - Schleiermacher nennt es das ethische Moment - und das Moment, in dem die organische Seite überwiegt, das physische Moment[32]. Beide Momente des Gefühls sind aber nur wirkliche Bewußtseinsakte, indem sie vom transzendenten

---

32 Diese Struktur ist im Gesamtzusammenhang der philosophischen Ethik begründet. Der Text Brouillon 1805/06, S. 190 f., der diese Struktur in bezug auf die Kirche beschreibt, kann als direkter Beleg dienen, da seine Aussage auf das Gefühl zu übertragen ist.
Die Momente werden in den ethischen Entwürfen verschieden benannt: Ethik 1812/13, S. 312, Anm. 2.3. 295, § 125 sprechen von ethischen und physischen Momenten, während Schleiermacher 1832 diese allgemeine und einzelne Position nennt, cf. Bem. 1832 ad Ethik 1812/13, S. 647, ad § 173; ebd., S. 648, ad § 212-227; auch Schweizers Anmerkung in Ethik, WW III 5, S. 222, Anm.

Rezeptive Seite: Gefühl 469

und mathematischen Element bedingt sind. Denn der Vernunftgehalt ist in beiden Momenten nur ein solcher, wenn er aus der absoluten Einheit hervorgeht, wie die das Äußere vermittelnde Organisation, das Sinnliche, nur eine solche ist in der Beziehung auf die absolute Mannigfaltigkeit[33].

Das transzendente Moment nun, das alle realen Gefühlsmomente begleitet, äußert sich im subjektiven Bewußtsein als das Innewerden des Selbst als ein Für-sich-Gesetztes, von anderen Selbsten gesondertes, sich aber in dieser Entgegensetzung von einem anderen gehalten wissendes, d.h. als ein sich und das Außer-Ihm unter der absoluten Einheit begreifendes, in der alles Sein gegründet und gehalten ist. Es ist das Gefühl der Abhängigkeit unseres Seins von dem Absoluten, das in jedem Augenblick des subjektiven Bewußtseins gegenwärtig ist[34].

33 Brouillon 1805/06 findet sich die Hervorhebung des transzendenten und mathematischen Elements im Bewußtseinsgebiet noch nicht. Cf. aber Ethik 1812/13, S. 295, §§ 123 f.; Ethik, WW III 5, S. 244, Vorlesg.; aber auch ebd., S. 319 f., § 288 (z).

34 Cf. Bem. 1832 ad Ethik 1812/13, S. 648, ad § 212-227. Es ist die einzige Stelle, an der Schleiermacher das transzendente Element im Gefühlsgebiet als "absolu-

Das mathematische Element prägt sich in diesem Bewußtsein als das Gewahrwerden der Veränderlichkeit der Grundbefindlichkeit der Lebenseinheit aus, d.h. als das Wahrnehmen der durch den unterschiedlichen Grad des unmittelbaren Einsseins von Vernunft und Natur geschiedenen Lebensmomente[35] und ihrer Verbundenheit in der Einheit des Lebens. Dieses Element im individuellen Bewußtsein bezeichnet Schleiermacher als das Veränderlichkeitsbewußtsein[36].

    tes Abhängigkeitsbewußtsein" bezeichnet. Ebd., S. 657, ad § 196 des konstruktiven Teils der Ethik 1812/13 gebraucht diesen Ausdruck in der verbalen Form. Den im Abhängigkeitsbewußtsein gegebenen Sachverhalt enthalten alle ethischen Entwürfe, auch Brouillon 1805/06, S. 100 u.a.; Höchstes Gut II, Braun I, S. 489 spricht von dem "absolut Schlechthinnigen".

35 Bem. 1832 ad Ethik 1812/13, S. 647, ad § 212-227 beschreibt diesen unterschiedlichen Grad als "viel oder wenig Leben und als Steigen und Fallen, gleichsam unter der Form einer Scala".

36 Nur Bem. 1832 ad Ethik 1812/13, S. 647 f., ad § 212-227 findet sich dieser Ausdruck "Veränderlichkeitsbewußtseins". Ethik 1812/13 findet sich der Sachverhalt in den Ausführungen über das mathematische Element (ebd., S. 295, § 123). Brouillon 1805/06 erwähnt von diesem Zusammenhang nichts.

Rezeptive Seite: Gefühl

So begleiten Abhängigkeits- und Veränderlichkeitsbewußtsein jedes Gefühlsmoment, da es erst aus ihnen seine Erfüllung, bestimmte Intellektualität und bestimmte Wirklichkeit, gewinnt. Sie selbst aber erfüllen das Bewußtsein nicht, sondern sind ausschließlich als die die wirklichen, die ethischen und physischen Momente bedingenden Elemente gegenwärtig[37].

4.3.2.1.2.2 Die Arten der Gefühle

Obwohl jeder Akt des unmittelbaren Selbstbewußtseins alle vier Gefühlsmomente enthält[38],

---

[37] Cf. Ethik WW III 5, S. 244, Vorlesg. 277, Vorlesg.; Bem. 1832 ad Ethik 1812/13, S. 648, ad § 212-227. Die Elemente und Momente, die sich im gesamten Bewußtseinsgebiet finden (cf. die vier Wissensgebiete, Ethik 1812/13, S. 295 f., §§ 125 ff.; Bem. 1832 ad Ethik 1812/13, S. 645, ad § 125), sind Brouillon 1805/06 noch nicht zu dieser Ordnung ausgebildet.

[38] Auch die die realen Momente bedingenden Elemente bezeichnet Schleiermacher als Momente, so daß die vier Gefühlsmomente mit den vier Wissensgebieten identisch sind. Cf. Ethik 1812/13, S. 312, Anm. 2.3;

differenziert sich die Mannigfaltigkeit der
Gefühle in verschiedene Arten, die in dem unterschiedlichen Verhältnis der Momente im jeweiligen Gefühlsakt gegründet sind[39].

In den Gefühlen, in denen das natürliche
Element, d.h. das Affiziertsein der organischen Seite der Lebenseinheit vorherrscht, in
diesen physischen Gefühlen bleiben alle Affektionen ausschließlich auf die einzelne Lebenseinheit, auf die einzelne Persönlichkeit bezogen[40].

    Ethik, WW III 5, S. 319 f., § 288 (z).
39 Cf. auch Ethik 1812/13, S. 360, § 203.
40 Cf. u.a. Brouillon 1805/06, S. 151. 176.
    In den ethischen Entwürfen konkretisiert Schleiermacher diese Gefühle zwar, wie auch in seiner Psychologie, als Lust- und Unlustgefühle (Brouillon 1805/06, S. 177; Ethik 1812/13, S. 312, Anm. 2.3 u.a.). Doch wird eine weitere Beschreibung dieser Gefühle als lebenshemmend oder lebensfördernd - wie in der Psychologie - nicht gegeben. Psychologie, WW III 6, S. 186 heißt es: "Das subjective Bewußtsein trägt, ..., wesentlich den Gegensaz des angenehmen und unangenehmen in sich, indem eine jede Empfindung, auf die Einheit des Lebens bezogen, entweder als eine Förderung oder Hemmung gesezt wird".

Das Selbst des Menschen kommt in dieser Grundbefindlichkeit, die sich durch die Aufnahme des Außer-Ihm in die organische Lebenseinheit bestimmt, nur als ein in seiner Einzelheit befangenes und beschränktes zum Ausdruck. Dominiert der Vernunftgehalt im unmittelbaren Selbstbewußtsein, dann werden die organischen Affektionen in die einzelne Lebenseinheit, wie sie ein für sich gesetzter Teil der Gesamtheit alles Seins ist, aufgenommen[41]. Denn in dem in diesem Bewußtsein vorherrschenden unmittelbaren Einssein von Vernunft und Natur ist die Beziehung auf die Vernunft an sich, d.h. auf die Gesamtheit des Seins und damit auf die absolute Einheit, gegeben, so daß in diesen Gefühlen der einzelne Mensch sich selbst überschreitet, indem er sich als in den allgemeinen Seinszusammenhang eingeordnet erfährt und sich darin gerade als eigene geistig-sittliche Lebenseinheit findet. Bleibt der Mensch aber in diesen ethischen Gefühlen nicht bei seiner bloßen Persönlichkeit stehen, sondern bezieht sie "auf das Uebrige als Ganzes, als Welt im eigentlichen Sinne"[42], so ist diese Gefühlsart der physischen nicht

---

41 Cf. u.a. Brouillon 1805/06, S. 151. 176 f.
42 Brouillon 1805/06, S. 177.

koordiniert, sondern bildet im sittlichen Entwicklungsprozeß die höhere Stufe. Das Ziel dieses Bewußtseinsgebietes ist es, die physischen, sinnlichen Gefühle einer Lebenseinheit den sittlichen unterzuordnen und schließlich in die geistige Lebensstufe emporzuheben.

Die Sittlichkeit des Gefühls ist so in der - gemäß dem Wesen des individuellen Bewußtseins - unmittelbaren Beziehung auf die absolute Einheit gegeben. Das Hervortreten dieser Beziehung im Gefühlsbereich nennt Schleiermacher das Religiöse[43]. Jedes sittliche Gefühl muß religiös sein, da es nur als ein solches von der Vernunft bestimmt ist[44].

---

43 Cf. u.a. ebd., S. 177; Ethik 1812/13, S. 314 f., § 228.

44 Insofern kann Brouillon 1805/06, S. 99 f. sagen: "Die eigentliche Sphäre des Gefühls im sittlichen Sein ist nun die Religion. Denn des sittlichen Lebens kann man sich nicht bewußt werden, wenn man sich nicht des beseelenden Princips auch als Vernunft d.h. in seiner Identität mit dem Absoluten bewußt ist". Cf. auch ebd., S. 101; Ethik 1812/13, S. 315, § 230.
Soll jedes physische Gefühl sittlich werden, dann bedeutet es auch, daß es religiös wird, d.h. daß

Diesen beiden Gefühlsarten, der physischen wie
der ethischen, fügt Schleiermacher noch eine
dritte, die religiösen Gefühle im engeren Sinn
umfassende Art hinzu[45]. Von den sittlich-reli-

Lust und Unlust in die Religion aufgenommen werden.
Cf. Brouillon, S. 178; Ethik 1812/13, S. 318,
§ 249 f. Ohne die Aussage weiter zu explizieren,
nennt Schleiermacher das Religiöse im physischen
Gebiet Geist, im ethischen Herz. Cf. Ethik 1812/13,
S. 315, § 229. 318, § 249.

45 Brouillon 1805/06 unterscheidet zwei Entwicklungsstufen im Gefühl: die physische und die religiös-
sittliche (Diesen Sachverhalt entnehme ich den Ausführungen der Seiten 151 und 176-178 dieses Ent-
wurfs). Ethik 1812/13, S. 315, § 229. 318, § 249
unterscheidet die religiös-sittlichen und die im
engeren Sinn religiösen Gefühle. Dieses Religiöse
hat im objektiven Bewußtseinsgebiet seine Entsprechung in dem Hervortreten des Dialektischen. Denn
das Transzendente ist im Bewußtsein in zwei Formen
gegenwärtig, im objektiven als das Dialektische,
im subjektiven als das Religiöse. So kann in den
Menschen, in denen das dialektische Bewußtsein
nicht erwacht ist, das transzendente Element dennoch vorhanden sein, nämlich in der religiösen Form.
Ethik, WW III 5, S. 327, § 291, Vorlesg. heißt es:

giösen Gefühlen unterscheiden sich diese Gefühle dadurch, daß in ihnen das Bewußtsein der Beziehung auf das Absolute und das Bewußtsein der damit gegebenen Beziehung auf die Welt als ein Ganzes klar auseinandertreten[46]. Tritt aber hier das absolute Abhängigkeitsgefühl aufs deutlichste hervor, so nimmt diese Stufe des Gefühls unter den Gefühlsarten die höchste Stellung ein[47], da in ihr das unmittelbare

"Eine Ergänzung bietet die individuelle Seite, wo jeder im religiösen Bewußtsein das transcendente hat, denn dadurch wird allein das Bewußtsein der Identität". Cf. auch Bem. 1832 ad Ethik 1812/13, S. 647, ad § 173.
Auch Ethik 1814/16, S. 441, § 33 und Höchstes Gut II, Braun I, S. 489 trennen die sittlichen und religiösen Gefühle.

46 Dieser Gedanke ist in den ethischen Entwürfen nicht direkt belegt. Er erschließt sich mir aus dem Zusammenhang der ethischen Konzeption; cf. so Ethik 1814/16, S. 441, § 33.

47 Cf. Ethik 1812/13, S. 273, § 69.
In dem Religionsbereich sind zwei verschiedene Charaktere zu unterscheiden, deren Basis in den physischen und ethischen Gefühlsarten liegt: die Naturreligion und die Geistes- oder Vernunftreligion.

Einssein von Vernunft und Natur den intensivsten Ausdruck findet.

4.3.2.1.3 Die beiden sich aufgrund der Lebensbewegung unterscheidenden Seiten im Gefühl: das Gefühl und die Kombination

Ist der Gefühlsakt nun aber als die durch die Aufnahme des Äußeren in die Lebenseinheit

Cf. Ethik 1812/13, S. 360, § 203; ebd., Zusatz von 1816, Anm. 2; ebd., S. 364, § 227. Beide Religionsarten enthalten die vier Gefühlsmomente, aber in verschiedener Abhängigkeit. Dieses veranschaulicht besonders der Text Ethik, WW III 5, S. 319 f., § 288 (z), der die Formeln beider Arten aufstellt. Tritt in der Naturreligion das transzendente Element in die Abhängigkeit vom Mathematischen, bestimmt das Einzelne das Allgemeine, so herrscht in der Vernunftreligion das umgekehrte Verhältnis. Schleiermachers Ausführungen deuten aber darauf, daß auch innerhalb der Religion noch eine dritte Art zu setzen ist, die im religiösen Gefühl ihre Basis hat: die Universalreligion; cf. ebd.; Ethik 1812/13, S. 360, Anm. 2.

bestimmte Grundbefindlichkeit des Menschen der Ausdruck des Innersten, ganz In-sich-Seienden des Menschen, so ist dieses Innere als ein am Leben partizipierendes nicht ausschließlich durch die rezeptive Bewegung geprägt, sondern, gerade insofern es lebt, muß sich an das Empfangen die Gegenwirkung, das spontane Element, anschließen. So sind in dem Gefühlsakt selbst, gleich welcher Bestimmtheit und Art, die beiden Seiten, die rezeptive und spontane, zu unterscheiden[48]. Beide Seiten treten aber in der

---

[48] Am deutlichsten legt Ethik 1812/13, S. 310, § 208 diesen Sachverhalt dar. Er wird bestätigt in den Texten ebd., S. 311, Anm. 1 u. 2; ebd., S. 313, § 218; Bem. 1832 ad Ethik 1812/13, S. 646, ad § 158, wie in der Aussage Ethik 1812/13, S. 322, § 9 (den Frauen kommt mehr Rezeptivität, also Gefühl, den Männern mehr Spontaneität, also Phantasie, zu). Auch Ethik WW III 5, S. 139, Vorlesg. spricht von einer sich durch Spontaneität und Rezeptivität unterscheidenden Zweiheit im Gefühl. Brouillon 1805/06 nennt diesen Gedanken nicht ausdrücklich; doch zeigen die Textstellen S. 99 u. S. 182 ("Gefühl ... als die Fantasie in ihrer individuellen Receptivität"), daß er implizit schon vorhanden ist. Auch Höchstes Gut II, Braun I, S. 488 teilt das Selbstbewußtsein in mehr passive und mehr aktive Zustände.

Wirklichkeit nicht auseinander, sondern gehören untrennbar zusammen, wie das Leben selbst ja nur in dem Zusammensein beider Bewegungen seine Einheit hat.

Die rezeptive Seite im Gefühlsakt ist nun diejenige, in der sich die Lebenseinheit von den äußeren Einwirkungen bestimmen läßt und in diesem Von-außen-Getroffensein ganz in sich verharrt[49]. Dieser höchste Grad der Rezeptivität formt das Gefühl im engsten Sinn[50]. An dieses bestimmte Getroffensein des Lebenszentrums knüpft sich das selbsttätige Element, das diese mannigfaltigen Gefühlsmomente zur Einheit zusammenschließt und diese wiederum mit neuen Einheiten verbindet und zu einem

---

[49] Cf. Ethik 1812/13, S. 310, § 208. Dieses sind die mehr passiven Zustände (Höchstes Gut II, Braun I, S. 488), in denen das "von einem andern her" (Ethik, WW III 5, S. 139, Vorlesg.) zum Ausdruck kommt. Es ist der Zustand des "getroffenen und erschütterten Gemüths" ("Über den Umfang des Begriffs der Kunst in Bezug auf die Theorie derselben", 2. Abhandlg., WW III 3, S. 200).

[50] Diese Formulierung findet sich bei Schleiermacher nicht. Ich will damit die rezeptive Seite im Gefühl von dem beide Seiten umfassenden Gefühl unterscheiden.

Ganzen verknüpft[51]. Die spontane Seite im Gefühl stellt sich so als ein Kombinationsvermögen dar, das Schleiermacher auch Phantasie nennt[52], da in diesem Kombinieren die Lebens-

---

[51] Cf. Ethik 1812/13, S. 310, § 208. Sehr anschaulich beschreibt Brouillon 1805/06, S. 156 f. diese Verknüpfung.

[52] Brouillon 1805/06, S. 156 heißt es: "Dies (sc. kombinatorische, Anm. d.Verf.) Vermögen im Individuo ist Fantasie". In diesem Entwurf bezeichnet der Phantasiebegriff das vernünftige Verknüpfen der Gefühle (cf. S. 156. 180). Die Zuordnung der Phantasie zur Vernunft findet sich schon in den "Grundlinien einer Kritik der bisherigen Sittenlehre" (WW III 1), wo Schleiermacher das geistige Vermögen des Menschen in die beiden Ansichten, Vernunft und Phantasie "als freies Verknüpfungs- und Hervorbringungsvermögen" (ebd., S. 269) unterteilt. In der Ethik 1812/13 wird der Phantasiebegriff auf das "synthetische Vermögen, und zwar auf allen Stufen" (S. 313, § 220), der persönlichen Sinnlichkeit wie der Vernunft angewandt. Das gibt aber nicht die Berechtigung, der Phantasie weniger Bedeutung für den sittlichen Prozeß zuzusprechen, sie gleichsam in das Reich der Träume zu verweisen, ihr nur zu gestatten, "aus dem umherziehenden Rauch Bilder zu dichten" ("Grundlinien ...", WW III 1, S. 269), son-

Rezeptive Seite: Gefühl

einheit aus den mannigfaltigen Gefühlsakten
- von Akt zu Akt und Einheit zu Einheit vorangehend - einen nur ihr eigenen Zusammenhang
bildet und damit die Individualität dieser
Lebenseinheit zu dem in dieser Kombination bestimmenden Element wird[53]. Denn indem dieses
kombinatorische, synthetische Fortschreiten[54]

> dern auch in diesem Entwurf ist die Phantasie auf der höchsten Stufe eine das sittliche Leben gestaltende Kraft (cf. u.a. Ethik 1812/13, S. 314, § 221: eine Kraft, durch die sich der "eigenthümliche Charakter der inneren Person" entwickelt).
>
> 53 Das Eigentümliche wie Selbsttätige dieser Kombination kommt m.E. auch in der diesem Begriff hinzugefügten Prädikation "frei" zum Ausdruck, cf. Brouillon 1805/06, S. 99. 180.
>
> 54 Cf. Ethik 1812/13, S. 300, § 154. 302, § 163. § 165. Unter Synthesis versteht Schleiermacher nicht das mathematisch-synthetische Verfahren, das er ein mechanisches nennt, da "das unendlich Theilbare keine Sonderung darbietet" (Ethik 1812/13, S. 302, § 164). In der Ethik geht es um die wahre Synthese, in der man "von einer Einheit zu einer anderen außer ihr liegenden"vorangeht (ebd., § 163). Daß sich in dieser unendlich viele Möglichkeiten der Verknüpfung beinhaltenden Fortschreitung die Eigentümlichkeit der Lebenseinheit ausdrückt, leuchtet ein.

aus dem Innersten der Lebenseinheit, dem unmittelbaren Selbstbewußtsein, hervorgeht, bestimmt sich sein Inhalt, das "Was und Wie"[55] der Kombination, durch dieses Innere, d.h. die Verbindung geschieht in einer durch die jeweilige Eigentümlichkeit gegebenen Folge. Jedes unmittelbare Selbstbewußtsein enthält so ein nur ihm eigenes Gesetz[56], nach dem es im individuellen Erkennen voranschreitet und durch das sich das Äußere als das auf die jeweilige Lebenseinheit bezogene Universum vereigentümlicht[57].

Gefühl und Kombination oder Phantasie sind die beiden nicht zu trennenden Vorgänge[58], in denen jeder Akt des subjektiven Bewußtseins sich vollzieht[59]. In allen Bereichen des gei-

---

55 Brouillon 1805/06, S. 157.
56 Cf. Ethik 1812/13, S. 312, §§ 215 f.
57 Cf. Brouillon 1805/06, S. 181; aber auch "Über den Umfang des Begriffs der Kunst in Bezug auf die Theorie derselben", 2. Abhandlg., WW III 3, S. 209 f.
58 Cf. u.a. Brouillon 1805/06, S. 99; Ethik 1812/13, S. 311, Anm. 2
59 In diesen beiden Vorgängen äußern sich die beiden Seiten des Selbstbewußtseins, die Schleiermacher in einer kurzen Anmerkung nennt (ebd., S. 311, Anm. 2.1): "das sich selbst gleiche" Selbstbewußt-

stig-sittlichen Lebens, in denen die synthetische Kombination wirkt, die immer Phantasie ist und sich allein im unmittelbaren Selbstbewußtsein gründet, gehört auch das Gefühl im engeren Sinn dazu, wie in allen Momenten, in denen das geistig-sittliche Selbst vom Außer-Ihm getroffen ist, auch die aus dem Inneren hervorgehende Kombination, die einheitschaffende Kraft der Phantasie entsteht.

4.3.2.2 Die spontane Seite: Die Darstellung des subjektiven Bewußtseins

Findet im subjektiven Bewußtsein das Innere des Menschen, wie es ein In-sich-Bleibendes ist, seinen Ausdruck, stellt das Bewußtsein einen im geistig-sittlichen Selbst auf dieses Selbst bezogenen immanenten Vorgang dar, so würde ein ausschließliches Verharren in diesem In-sich-Gekehrtsein und ein völliges Isoliert-

> sein im kombinatorischen Vermögen, in dem in der Verknüpfung stets das in der Lebenseinheit liegende eigentümliche Gesetz wirksam ist; "das durch den Gegenstand bestimmte" Selbstbewußtsein im Gefühl, in dem die Lebenseinheit vom Äußeren bestimmt wird.

sein von anderen Selbsten dem subjektiven Bewußtsein die Sittlichkeit absprechen müssen. Denn da in diesem Vorgang die eine Vernunft in eine Vielzahl subjektiver Bewußtseinseinheiten zerteilt würde, wäre die Grundbedingung aller Sittlichkeit, daß nämlich die Vernunft eine ist und stets mit sich selbst identisch bleibt und damit auch das geistig-sittliche Leben eines ist, aufgehoben[60]. Soll das unmittelbare Selbstbewußtsein geistig-sittlich sein, muß es seine Abgeschlossenheit auf die Einheit der Vernunft hin transzendieren, d.h. das Innere des Menschen muß sich öffnen; es muß ein Äußeres werden[61]. Dieses Äußerlichwerden des subjektiven Bewußtseins hebt aber nicht seine Unübertragbarkeit auf, sondern will den an sich unübertragbaren Gefühlsakt in seiner Eigentümlichkeit ansichtig und mitteilbar werden lassen[62]. Dieses Sich-nach-

---

60 Cf. Brouillon 1805/06, S. 98. 180; Ethik 1812/13, S. 270, § 49; Ethik 1814/16, S. 446 f., § 45; Ethik 1816, S. 596 f., § 61.

61 Cf. Brouillon 1805/06, S. 98; Ethik 1814/16, S. 446 f., § 45; Ethik 1816, S. 596 f., § 61; Höchstes Gut II, Braun I, S. 488.

62 Cf. Brouillon 1805/06, S. 98. 181; Ethik 1814/16, S. 446 f., § 45; Ethik 1816, S. 597, § 61.

außen-Kehren des subjektiven Bewußtseins geschieht durch die spontane Lebensbewegung, in der das Gefühl nach außen drängt[63]. Dabei kann sich die Veräußerlichung des Gefühls nur in der Leiblichkeit manifestieren[64]; denn sie umschließt das Bewußtsein, sie bildet seine äußere Seite, die ihm die Affektionen von außen und umgekehrt das Innere nach außen vermittelt. Indem das subjektive Bewußtsein so durch seine Spontaneität in der Leiblichkeit des Menschen zur Darstellung kommt, kann es nur in den Funktionen des Leibes seinen Ausdruck finden, die das Unmittelbare wie Eigentümliche des Gefühls zur Anschauung bringen können. Dieses geschieht vorwiegend in dem Ton wie in der Gebärde[65].

63 Cf. u.a. Brouillon 1805/06, S. 98. 182.

64 Cf. Brouillon 1805/06, S. 98. 181; Höchstes Gut II, Braun I, S. 487. 490; indirekter Beleg: Ethik 1812/13, S. 311, § 212.

65 Dieses Äußerlichwerden des Gefühls kann nicht in der Sprache geschehen, da gerade durch die Sprache die Bewußtseinsinhalte von einem Bewußtsein in das andere übertragen werden sollen (cf. Brouillon 1805/06, S. 98; Ethik 1812/13, S. 314, § 225). Im Gefühl geht es dagegen ausschließlich um Darstellung. Der natürliche Ausdruck des erregten Innern in der bewegten Leiblichkeit sind aber Ton und Ge-

In ihnen stellt sich das bewegte Innere des Menschen in direkter Weise dar.

Wie sich im Gefühl zwei Seiten unterscheiden, das Gefühl im engeren Sinn und das die einzelnen Akte zur Einheit verbindende kombinatorische Vermögen, so hat dieses kombinatorische Element auch in der Darstellung seine Entsprechung[66]. Denn durch das innere kombinatorische Prinzip werden die einzelnen Gebärden und Töne, die Darstellung der einzelnen Gefühle, in eine Reihe gesetzt, so daß ein geordneter Zusammenhang entsteht, der das im Selbst vereigentümlichte Universum als ein Äußerlichgewordenes ausdrückt. Eine solche Darstellung der Gefühlsakte nennen wir ein Kunstwerk[67].

 bärde (für alle Belege: Ethik 1812/13, S. 311, § 212 f.), Brouillon 1805/06, S. 98 fügt noch Antlitz und Auge hinzu. Dabei ist Ton nicht als Wort, sondern als Gesang (cf. Ethik 1812/13, S. 311, § 213), Gebärde aber im weitesten Sinn als "alle das innere Erregtsein unmittelbar darstellende Bewegung" (Ethik 1814/16, S. 448, § 46) zu verstehen.

66 Cf. u.a. Ethik 1812/13, S. 311, Anm. 1 u. 2.2 .
67 Cf. u.a. Brouillon 1805/06, S, 98. 182; Ethik 1812/13, S. 311, Anm. 2.2 . 313, § 219. 314 f., § 228. Das "System solcher Darstellungen der Indi-

Wird aber im Kunstwerk der Zusammenhang von Gefühl und Ton wie Gebärde nicht mehr von der natürlichen Folge des Reizes wie Gegenreizes bestimmt, gestaltet sich gerade der Ablauf der in Ton und Gebärde dargestellten Gefühlsakte zum Kunstwerk, der aufgrund seiner Durchgeistung diese "momentane Identität des Gefühls und der Darstellung"[68] aufhebt und die in der zeitlichen Erstreckung auseinanderliegenden - und deshalb der Sammlung und Verwahrung bedürfenden[69] - Gefühle zu einer eine bestimmte Beziehung der Welt auf die individuelle Lebenseinheit wiedergebenden Darstellung verbindet, so bringt jedes geistig-sittliche Leben Kunstwerke hervor[70]. Denn sittliche Gefühlsakte

> vidualität ist die Kunst" (Brouillon 1805/06, S. 182; cf. auch Ethik 1812/13, S. 314, § 225).
> 68 Ethik 1812/13, S. 316, § 238; cf. auch "Über den Umfang des Begriffs der Kunst in Bezug auf die Theorie derselben", 1. Abh., WW III 3, S. 192.
> 69 Cf. u.a. Ethik 1812/13, S. 315, § 233. 316, §§ 238 f.
> 70 Daß es Darstellungen gibt, die sich durch die Vollendung der Darstellungsmittel auszeichnen (cf. Ethik 1812/13, S. 315, § 233) und daß einigen Menschen durch die in ihnen nicht heraustretenden Talente Grenzen in der Darstellung ihres Innern gesetzt sind (Ethik 1812/13, S. 318, § 248), wider-

finden ihren Ausdruck nicht in den unter der Herrschaft der Natur stehenden Äußerungen, sondern stellen sich in geistig-sittlicher Weise, d.h. als Kunstwerk dar. Dabei gibt es keine sittlichen Gefühle, die nur ein innerer Akt bleiben, sondern jedes Gefühl will Kunst werden. Gefühl und Kunst gehören wie Rezeptivität und Spontaneität zusammen[71], so daß kein Kunstwerk ohne die Beziehung zum subjektiven Bewußtsein entsteht. Vielmehr gründet sich jedes Kunstwerk im unmittelbaren Selbstbewußtsein des Menschen, der dieses Werk hervorgebracht hat.

    legt den Gedanken nicht, daß sich in jedem geistigsittlichen Leben Kunst findet (cf. u.a. Ethik 1812/13, S. 313, Anm. 2.1 . 317, § 246; Bem. 1832 ad Ethik 1812/13, S. 648 f., ad § 228; aber auch "Über den Umfang des Begriffs der Kunst ...", 2. Abh., WW III 3, S. 201. 210). Denn diese kann sich in ihm entweder in einer weniger vollendeten Form darstellen, oder die Lebenseinheit erhält im Aneignen fremder Kunstwerke Anteil an diesem Gebiet (Ethik 1812/13, S. 317 f., § 247).

71 Cf. Brouillon 1805/06, S. 99. 182. 189; Ethik 1812/13, S. 270, § 51. 316, § 237. 316, Anm. 1. 317, §§ 241 f.

4.3.3 Die geistig-sittliche Gemeinschaft im Gebiet des subjektiven Bewußtseins

Wahrt das subjektive Bewußtsein in seinem Äußerlichwerden die Einheit mit der Vernunft, indem es in diesem Vorgang die persönliche Beschränkung überschreitet, so muß sich dieses Nach-außen-Treten des Innern auf die gesamte Menschheit beziehen, da sich nur in ihr das Sein der einen Vernunft realisiert[72]. Die geistig-sittliche Darstellung geschieht nicht um ihrer selbst willen - ihr kommt kein Selbstzweck zu -, sondern sie ermöglicht die Beziehung des einzelnen subjektiven Bewußtseins auf die Menschheit[73]. Denn erst durch das Äußerlichwerden des unmittelbaren Selbstbewußtseins ist in diesem sittlichen Gebiet die Möglichkeit des Zusammenhanges der einzelnen abgeschlossenen Lebenseinheiten gegeben, in dem durch das gegenseitige Aufeinandergerichtetsein der Einzelwesen die eine Menschheit Wirklichkeit werden kann.

---

[72] Cf. zur ausführlichen Darstellung dieses Gedankens den Abschnitt 2.3 dieser Arbeit.
[73] Cf. Ethik 1812/13, S. 311, § 211; Ethik 1814/16, S. 447, § 46; Ethik 1816, S. 597 f., § 61.

Wohnt jedem unmittelbaren Selbstbewußtsein aufgrund seiner Vernunfthaftigkeit das Streben nach den anderen Einzelwesen ein[74], so verliert das subjektive Bewußtsein aber nicht darin seinen Charakter der Unübertragbarkeit und Eigentümlichkeit. Vielmehr prägt dieser Charakter die sittliche Gemeinschaft in diesem Gebiet. Denn die Beziehung der Einzelwesen kann nicht in dem gemeinsamen Verstehen der von einem zum anderen Bewußtsein übertragenen Inhalte liegen, sondern im äußerlichen Darstellen kann das bewegte Innere nur angedeutet, nicht aber als ein Nachzubildendes dargelegt werden[75]. Die Darstellung bleibt immer etwas Geheimnisvolles[76], dem objektiven Bewußtsein Unzugängli-

---

74 Ethik 1816, S. 597, § 61 beschreibt dieses besonders klar: "... jeder kann sich seiner eigenthümlichen Erregtheit nur hingeben, sofern er zugleich andere auch in eigenthümlicher Erregtheit außer sich und neben sich voraussezt, also will, sucht und nach ihnen verlangt."

75 Zusammenfassend für alle Belege: Ethik 1816, S. 597 f., § 61.

76 Der Ausdruck "Geheimnis" kennzeichnet sehr gut das von dem anderen Menschen Nicht-nach-Vollziehbare, sondern Erspürbare des Gefühls. Schleiermacher verwendet ihn nur Ethik 1814/16, S. 440, § 32 und Ethik

ches. Sie kann nur von der Lebenseinheit wahrgenommen werden, die ihr Gefühl in ähnlicher Weise äußerlich werden ließ, so daß sie aufgrund dieser Analogie auf eine ähnliche Erregung im andern schließen kann[77]. So bestimmt sich dieses Verhältnis der Lebenseinheiten in dem Gebiet ihres unmittelbaren Selbstbewußtseins zueinander im gegenseitigen Andeuten des eigenen Innern und Ahnden der vom andern angedeuteten Eigentümlichkeit[78] als Offenba-

1816, S. 598, § 61.

[77] Der Gedanke, das Gefühl des anderen nur aufgrund des Analogieverfahrens wahrnehmen zu können, findet sich in allen ethischen Entwürfen (für alle Belege: Ethik 1816, S. 597 f., § 61). In ihm kommt das allen Besonderheiten zugrunde liegende Allgemeine in den Blick (cf. Brouillon 1805/06, S. 183). Dieses formuliert Ethik 1812/13, S. 317, § 244 konkreter: "Dies Verfahren muß auf einer Identität beruhen, welche hier keine andere sein kann als die der Formation des menschlichen Organismus, so daß auch hier das individuelle auf dem Fundament des Universellen ruht".

[78] Das Ausdruckspaar "Andeuten - Ahnden" findet sich erst ab Ethik 1814/16. Brouillon 1805/06, S. 98 spricht noch von Erkennen und Darstellen, Ethik 1812/13, S. 317, § 243 vom Mitteilen und Wiedererkennen des Gefühls.

rung[79], nicht aber als Verständigung der Einzelwesen untereinander in der Getrenntheit ihres Gefühls. In dieser Wechselwirkung zwischen dem einzelnen die abgeschlossene, eigentümliche, innere Lebenseinheit zum Ausdruck bringenden unmittelbaren Selbstbewußtsein und dem sich in der Offenbarung vollziehenden Zusammensein dieser Lebenseinheiten hat die sittliche Gemeinschaft dieses Gebietes ihr Wesen[80].

79 In den Entwürfen von 1812/13 und 1814/16 bezeichnet Schleiermacher dieses Verhältnis als Geselligkeit. In der Ethik 1816 tritt dann an diese Stelle der Begriff der Offenbarung, um dieses Verhältnis von dem ebenfalls als gesellig benannten Verhältnis in dem Gebiet des eigentümlichen Bildens abzuheben. Daß unter dem Offenbarungsbegriff nicht "irgendetwas Uebernatürliches gedacht werden" kann, "sondern nur das allgemein Menschliche" (Ethik 1816, S. 598, § 61) ergibt sich aus dem Zusammenhang.

80 Ethik 1814/16, S. 447, § 45 beschreibt sehr schön: "Niemand kann mit seiner sittlichen Natur zugleich sich dieser Abgeschlossenheit bewußt sein und in isolirtem Zustande bleiben, sondern wird nothendig die Geselligkeit suchen. Und eben so, nur da ist die wirkliche Geselligkeit, wo diese Abgeschlossenheit ist; denn ohne sie tritt die Gemeinschaftlich-

Jedes geistig-sittliche unmittelbare Selbstbewußtsein ist in seiner Eigentümlichkeit und Einmaligkeit Teil dieser Gemeinschaft, für die es sich als ein Äußeres manifestiert und durch die es affiziert wird, so daß die von dem anderen dargestellten Gefühle in ihm neue, nur ihm eigene Gefühle bewirken. Indem aber die einzelne Einheit des subjektiven Bewußtseins und die Gemeinschaft dieser Einheiten im wechselseitigen Geben und Empfangen aufeinander angewiesen sind, entwickelt sich nur in diesem Miteinander das einzelne unmittelbare Selbstbewußtsein wie der gesamte sittliche Prozeß, der in diesem Gebiet seine Vollendung nur in der Totalität aller subjektiven Bewußtseinseinheiten hat.

keit des Daseins ein, welche nicht mehr die Geselligkeit ist". Den Gedanken, daß diese große Zusammengehörigkeit jedes Menschen mit allen anderen Menschen sich in diesem Gebiet in kleine Einheiten sittlicher Gemeinschaft sondert, expliziere ich nicht, da er meiner Bewußtseinsanalyse nichts Neues hinzufügt. Darauf daß Schleiermacher diese sittlichen Einheiten als Kirche bestimmt, sei hier nur verwiesen; cf. Brouillon 1805/06, S. 102; Ethik 1812/13, S. 273, § 69 u.a.

4.4 Die Grenze des Bewußtseins

Mit dem Aufzeigen des Werdens des Bewußtseins, das allein als objektives und als subjektives Bewußtsein ist, und der Darstellung der Konkretion dieses Bewußtseinsprozesses in der Korrelation von Person und Gemeinschaft haben wir das sittliche Geschehen, das die Geschichte der Menschheit und, untrennbar mit dieser verbunden, das Werden der Welt ist, in seinem Zentrum beschrieben[1]. Dabei charakterisierte sich uns die Mitte des Verlaufs der Geschichte der Menschheit und des Werdens der Welt als die extensiv und intensiv zunehmende Erkenntnis des irdischen Seins[2], die in der

---

[1] Dieser Satz verweist auf den Anfang meiner Darstellung des Bewußtseins in der philosophischen Ethik Schleiermachers; cf. Abschnitt 2 dieser Arbeit.

[2] Wie die Aussagen über das Bewußtsein als solches immer die beiden in dem Bewußtsein begriffenen Ausprägungen betreffen, so ist auch der Begriff der Erkenntnis in diesem Zusammenhang umfassend zu verstehen und bezieht sich auf die Tätigkeit des objektiven und subjektiven Bewußtseins.

Form der wechselseitigen Beziehung von Person und Gemeinschaft in dem In- und Nacheinander des rezeptiven und spontanen sittlichen Tätigseins fortschreitend zur Wirklichkeit kommt. Von der Überlegung ausgehend, daß zum einen das irdische Sein zwar eine relativ in sich abgeschlossene, nicht aber eine völlig für sich bestehende, isolierte Seinseinheit darstellt, sondern nur in dem Zusammenhang der über das irdische Sein hinausgehenden Totalität des Seins zu denken ist[3] und daß zum anderen alles wirkliche Sein allein unter der Voraussetzung des höchsten Seins, des "inneren Grundes und Quells"[4] des endlichen Seins, zu verstehen ist[5], stellt sich die Frage, inwieweit das irdische Sein, in extensiver und intensiver Richtung, im sittlichen Prozeß überhaupt zur Erkenntnis gelangen kann. Denn da jedes Sein vollkommen nur erkannt wird, wenn es "völlig durchdrungen"[6], d.h. wenn

---

3 Cf. Ethik 1814/16, S. 431, § 6; Ethik 1816, S. 573, § 27. 605, § 71; aber auch Brouillon 1805/06, S. 149.
4 Ethik 1816, S. 528, § 33.
5 Cf. die Analyse der Struktur des Seins: Abschnitt 3.1 dieser Arbeit.
6 Ethik 1816, S. 575, § 31.

auch das jedes Sein in der unmittelbaren Beziehung auf seinen "Grund und Quell"[7] konstituierende Innerste[8] erkannt ist und wenn das Zusammensein dieses Seins "mit allem ins Bewußtsein gekommen"[9], d.h. wenn die Totalität des Seins eine bewußte geworden ist, ist die Erkenntnis des irdischen Seinszusammenhanges

---

[7] Ethik 1816, S. 528, § 33.

[8] Diese Bestimmung des Innersten findet sich in dieser Weise in den ethischen Entwürfen Schleiermachers nicht. Sie erstellt sich mir aus den Gedanken:
  a) daß "im wirklichen Dasein das höchste Sein auch nicht als Ding oder Thätigkeit, sondern als lezter Grund und Quell aller Dinge und Thätigkeiten gesetzt ist" (Allg. Einltg. 1816, S. 492, § 29),
  b) daß das schlechthin Innere des Menschen das "Streben nach Gott" (Ethik 1814/16, S. 433, § 12) ist,
  c) daß diese Lebenseinheit "der identische Grund alles Eigenthümlichen in allen auf einander folgenden Gefühlsmomenten" (Ethik 1816, S. 590, § 53) ist und
  d) daß diese innerste Einheit "nur vorausgesetzt, und alles andere darauf bezogen werden" (Ethik 1816, S. 576, § 33) kann.

[9] Ethik 1816, S. 575, § 31.

im Bewußtseinsprozeß nach außen, in bezug auf die Extension des Seins, und nach innen, in bezug auf die Intension des Seins, begrenzt.

Die Grenze des Seins, das Bewußtsein wird, nach außen bezeichnet sich uns von dem Gedanken her, daß alles Sein, das Inhalt des Bewußtseins wird, auch "ursprünglich"[10] vermittels der organischen Berührungen in das "wirkliche Bewußtsein"[11] aufgenommen sein muß. Das Sein wird also nur soweit ein Bewußtes, als die Organe des Bewußtseins zur Aufnahme dieses Seins gebildet sind[12]. Wieweit die Ausbildung der aufzunehmenden Organe fortschreitet, ist nicht festzulegen[13]. Doch sieht Schleiermacher das Bewußtsein und seine Organe an den irdischen Seinszusammenhang gebunden, so daß "das außerhalb des Erdkörpers gegebene Sein an

---

10 Ethik 1816, S. 624, § 38.
11 Ethik 1816, S. 624, § 38.
12 Cf. hierzu Abschnitt 3.2.2.1.2, aber auch Abschnitt 3.3 dieser Arbeit.
13 Cf. Ethik 1816, S. 624, § 38: "Je mehr Organe gebildet werden ..., desto mehr Berührungen werden vermittelt, und so ist keine Grenze der extensiven Fortschreitung schlechthin zu bestimmen".

sich"[14] nicht Inhalt des Bewußtseins wird[15]. Da aber der Erdkörper nur im Zusammensein mit anderen Weltkörpern gegeben ist, treten diese Weltkörper, obwohl sie "in sich"[16] nicht ein Bewußtes werden, dennoch in ihrer Beziehung zu dem Erdkörper in das Bewußtsein[17]. So ist in der Erkenntnis der Beziehung des außerirdischen zu dem irdischen Sein die Grenze des Bewußtseins nach außen markiert[18].

Um die Begrenzung der Erkenntnis des Bewußtsein gewordenen Seins in intensiver Richtung, um also die Grenze des Bewußtseins nach innen zu bestimmen, nehmen wir die Definition des Bewußtseins als des unmittelbaren Symbols der Vernunft auf[19]. Denn in dieser Definition

---

14 Ethik, WW III 5, S. 115, § 155, Vorlesg.
15 Cf. Bem. 1832 ad Ethik 1814/16, S. 639, ad § 12; Ethik, WW III 5, S. 115, § 155, Vorlesg.
16 Bem. 1832 ad Ethik 1814/16, S. 639, ad § 12.
17 Cf. Belege der Anm. 15 dieses Abschnittes; aber auch Ethik 1816, S. 573, § 27. § 28.
18 Ethik 1816, S. 575, § 32, Anm. 1 betont, daß diese Grenze nicht genau zu bestimmen ist, sondern "zufällig" ist. Cf. auch die Belege der Anm. 15 dieses Abschnittes.
19 Cf. Abschnitt 3.2.1 dieser Arbeit.

ist ausgesagt, daß nur das Sein Bewußtsein ist, das auch Symbol ist, und daß das Sein, das die Vernunft nicht zur Erkenntnis bringt, weil es sich zu ihr nicht "als ihr Aeußeres verhält"[20], auch nicht Bewußtsein ist. Dieses Sein aber, das kein Symbol ist oder werden kann, ist das "schlechthin Innere des Menschen"[21], die "innerste Einheit des Lebens als solche"[22], die Schleiermacher auch als das "Streben nach Gott"[23] charakterisiert. Diese innerste Einheit jedes Lebens ist als das diesem Leben Zugrundeliegende das, woraus jedes Leben lebt und worauf es sich stets bezieht. So wird das Innerste des Menschen, aber auch die innerste Einheit alles anderen Seins[24], nicht Inhalt des Bewußtseins, sondern es ist die Voraussetzung und der Bezugspunkt des Seins, das Bewußtsein ist[25]. Wiewohl die innerste Einheit nun in der Weise identisch ist, daß beide, Vernunft und Natur, nicht voneinander verschie-

---

20 Ethik 1814/16, S. 433, § 12.
21 Ethik 1816, S. 576, § 33.
22 Ethik 1816, S. 576, § 33.
23 Ethik 1814/16, S. 433, § 12.
24 Cf. Ethik 1816, S. 576, § 32.
25 Cf. Ethik 1816, S. 576, § 33.

den sind, so daß "in dem einen das andere"[26] nicht zu erkennen ist[27], wiewohl also dieses Innerste selbst nie Bewußtsein ist[28], sucht und bringt es aber Symbole hervor[29]. Das aber, was die innerste Einheit als ein Äußeres darstellt, sind zunächst, gehen wir von dem Innersten des Seins aus, die "einzelnen Functionen des Lebens"[30]. Da in ihnen das Tätigsein

26 Ethik 1816, S. 563, § 4.
27 Im Unterschied zu dem ethischen Entwurf 1814/16, S. 433, § 12, der "die Vernunft als das Innere des Menschen" nennt, hebt Ethik 1816, S. 576, § 33 hervor, daß das Innere nicht "die abstrahirte bloße Vernunft", sondern das "Ineinander von Vernunft und Natur" ist.
28 Cf. Ethik 1814/16, S. 433, § 12; Ethik 1816, S. 576, § 33.
29 Cf. Belege der Anm. 28 dieses Abschnittes.
30 Ethik 1816, S. 576, § 33. Diese einzelnen Lebensfunktionen sind zunächst Organe, Werkzeuge des Innersten. Da aber das "Werkzeug in seiner Thätigkeit ... das Dasein dessen (sc. verkündet), der es braucht" (Ethik 1814/16, S. 433, § 13), sind diese Funktionen Symbole, "weil und inwiefern (sc. sie) nicht das Innerste des Lebens selbst (sc. sind), sondern dessen Organ" (Ethik 1816, S. 576, § 33). Von daher beschreibt Schleiermacher das Bewußtsein

des Innersten erkennbar ist und sie so als
"Theil dieser innern Einheit"[31] zum "Symbol
des Ganzen"[32] werden, kennzeichnen diese Funktionen an sich die Grenze des Bewußtseins nach innen[33].

Indem wir in der Frage nach der Grenze des Bewußtseins die Frage, der wir in der Beschreibung des Bewußtseinsprozesses in seinem Verlauf nachgegangen sind, die Frage nach dem Anfang und nach dem Ende dieses Prozesses[34], als Frage nach der Begrenzung der Erkenntnis des irdischen Seins wieder aufgenommen haben, will die

---

als "wesentlich begrenzt nach innen durch die bildende" (ebd.) Tätigkeit (cf. auch Ethik 1814/16, S. 433, § 13; Ethik 1812/13, S. 265, § 14). Auch wenn das Gefühl und der Gedanke das Streben nach Gott ausdrücken, so sind sie nicht diese innerste Einheit selbst, sondern nur Organ und Symbol dieser Einheit; cf. Ethik 1814/16, S. 433, § 13.

31 Ethik 1816, S. 576, § 33.

32 Ethik 1814/16, S. 433, § 12.

33 Cf. Ethik 1812/13, S. 265, § 14; Ethik 1814/16, S. 433, §§ 12 f.; Ethik 1816, S. 575, § 32, Anm. 1. 576, § 33; Bem. 1832 ad Ethik 1814/16, S. 639, ad § 12; Ethik, WW III 5, S. 115, § 155, Vorlesg.

34 Cf. Abschnitt 4.1.1 dieser Arbeit.

Antwort, am Schluß unserer Darstellung des sittlichen Geschehens, die in der Determination des Bewußtseinsgehaltes gesetzte Grenze der von dem Menschen, der Mitte des sittlichen Geschehens, ausgehenden Fortschreitung der Menschheit und der Welt aufweisen.

5 SCHLUßBETRACHTUNG: DIE OFFENHEIT DER PHILOSOPHISCHEN BEWUßTSEINSSTRUKTUR FÜR DAS CHRISTLICH BESTIMMTE FROMME SELBSTBEWUßTSEIN

Beziehen wir uns nun, nachdem wir unsere philosophisch-ethische Darstellung des Zentrums des Sittlichen, das das Bewußtsein ist, beendet haben, auf den Gedankenzusammenhang unserer Einleitung zurück, aus dem sich die Aufgabe dieser systematischen Rekonstruktion ergab, nämlich, um innerhalb des Schleiermacherschen Denkens Einsicht in die menschliche Lebens- und Weltgestalt zu gewinnen, die in der philosophischen Ethik konstruierten Prinzipien der Geschichte vor dem besonderen Hintergrund des christlichen Lebens in der Weise zu begreifen, daß wir den philosophischen Lebenszusammenhang von dem für das christliche Leben zentralen Begriff des christlich bestimmten Selbstbewußtseins in dem Gesamtzusammenhang des umfassenden philosophischen Bewußtseinsbegriffs entwickeln, so entsteht uns abschließend die Forderung, aus unserer Darstellung der philosophischen Bewußtseinsstruktur die Linien hervorzuheben, die die Beziehung dieser Struktur zu dem christlich bestimmten frommen Selbstbewußtsein deutlich werden lassen.

Das philosophisch-ethisch reflektierte Bewußtsein ist weder in den einzelnen Akten noch in dem gesamten Prozeß als ein in sich geschlossener, unabhängig für sich bestehender und aus sich selbst heraus zu begreifender und zu deutender Vorgang charakterisiert. Der allgemeine geistig-sittliche Bewußtseinsverlauf, in dem sich die allgemeine Geschichte der Menschheit zentriert darstellt, ist weder in sich selbst gegründet, noch vollzieht er sich in sich selbst. Da in dem Bereich des Bewußtseins der Grund und das Ziel des Bewußtseins nicht liegen, weist jeder Akt des Bewußtseins über die Grenzen des Bewußtseins hinaus auf das, worin er sich gründet und auf das, woraufhin er sich entwickelt. Dieses Moment des Über-sich-Hinausweisens gehört wesentlich zu dem Begriff des Bewußtseins. Allein das ständige Gerichtetsein auf den Grund und das Ziel des Bewußtseins ermöglicht überhaupt erst reales Bewußtsein.

Der Bewußtseinsprozeß vollendet sich, wie alles wirkliche Sein, in der Welt, d.h. in der

Größe, die "die vollständige Einheit des endlichen Seins als Ineinander von Natur und Vernunft in einem alles in sich schließenden Organismus"[1] ist. Indem die Welt als das völlige Ineinanderaufgehen und das vollkommene Sich-Durchdringen alles in der Wirklichkeit entgegengesetzten Seins, als das beharrliche Im-Gleichgewicht-Sein der Glieder aller Gegensätze der Wirklichkeit und damit auch als die Aufhebung der Unterscheidung von leidendem und handelndem Tätigsein beschrieben wird, ist sie kein Bewußtsein, ist sie kein Glied -auch nicht das letzte- in dem Geschichtsprozeß der Menschheit, sondern eben als vollständige Einheit des endlichen Seins der Terminus ad quem aller Fortschreitung des Seins, der Punkt, in dem der geistig-sittliche Bewußtseinsprozeß, in dem die Geschichte der Menschheit vollendet zu denken ist, ohne daß er Bewußtsein und Geschichte ist - ein Punkt, der nicht in der Struktur unserer Wirklichkeit liegt. So ist die Welt nicht Inhalt des Bewußtseinsprozesses und deshalb auch niemals Gegenstand philosophisch-ethischer Reflexion. Sie ist allein als der Punkt des Woraufhin des sich entwickelnden Bewußtseins zu setzen.

1 Ethik 1816, S. 534, § 54.

Obwohl das Ziel des Bewußtseins, denken wir auch den Prozeß unendlich, nicht innerhalb dieses Bereiches liegt, so ist doch, da der Bewußtseinsprozeß die werdende Verwirklichung des unmittelbaren Einsseins der Vernunft mit der Totalität der Natur darstellt, das Ziel des Bewußtseins, die Welt, in jedem Akt der fortschreitenden Bewußtseinsreihe mitgesetzt. Mit zunehmendem Bewußtsein wächst die Realisierung der Welt. Der Bewußtseinsprozeß definiert sich als ein wirkliches Immer-mehr-Werden von Welt, als ein tatsächliches Sich-der-Vollendung-Nähern, ohne jemals in diese Vollendung in der spezifischen Struktur einzugehen. Mit dieser Charakterisierung des Bewußtseinsprozesses als das Werden von Welt ist zugleich das Bestimmtsein des Bewußtseins von dem Ziel, der Welt, her ausgesagt. Die Welt als das vollkommene Durchdrungensein alles endlichen, entgegengesetzten Seins kann in der Wirklichkeit nur durch das Durcheinander-Bedingtsein alles wirklichen Seins werden. Folglich ist weder ein irdisches Sein in sich völlig abgeschlossen, noch entwickelt es sich als isoliertes Sein. Jedes Sein bedarf notwendig alles anderen Seins, wie alles andere Sein wiederum auch notwendig seiner bedarf.

Wie aber alles Sein in einen einzigen Zusammenhang gestellt ist, so wird auch das Bewußtsein, das Zentrum des geistig-sittlichen Geschehens, nur in Beziehung zu allen Seinsgrößen, nur in dem Verflochtensein in den gesamten irdischen Seinszusammenhang. Dieses Aufeinander-Angewiesensein alles Seins läßt für den Prozeß des Bewußtseins, für die geistig-sittliche Entwicklung der Menschheit, die Begriffe des Aufeinanderzustrebens des Entgegengesetzten und Getrennten, des gegenseitigen Anerkennens und der Verantwortung füreinander leitend werden. So charakterisieren diese Begriffe sowohl die gegenseitige Beziehung zwischen der einzelnen sittlichen Person, gleich welchen Umfangs, und der ihr jeweils korrespondierenden sittlichen Gemeinschaft als auch die Korrelation zwischen inhaltlich verschieden bestimmten Gemeinschaften als auch den Umgang des Menschen mit der äußeren Natur in den ihm untergeordneten Lebensstufen. Der philosophisch-ethische Bewußtseinsprozeß läßt die Geschichte der Menschheit, die stets auf Vollendung gerichtet ist, als den Vorgang sichtbar werden, in dem zum einen alle sittlich Handelnden in ihrer eigentümlichen Andersartigkeit notwendig für einander offen sind, zum anderen aber das Verhältnis des Höheren zum Niederen nicht durch eine despotische Herrschaftsstruktur, sondern durch die Bewegung des Emporhebens des Niederen zum Höheren gekennzeichnet ist.

Ein solches wachsendes Einssein des Entgegengesetzten, ein solches Miteinander- und Aufeinanderwirken des beziehungsweise Getrennten zur Vollendung alles Seins in dem Werden der Welt ist aber nur unter der Voraussetzung des höchsten Seins, der absoluten Einheit, aus der alle Gegensätze hervorgehen, die aber selbst nicht durch Gegensätze bestimmt ist, möglich. Weder die Welt als Vollendung alles wirklichen Seins noch der Prozeß dieser Vollendung sind aus und durch sich selbst zu begreifen. Ohne die Voraussetzung einer absoluten Einheit würde der irdische Seinszusammenhang in ein isoliertes Nebeneinander atomistischer Seinsgrößen zerfallen und der Zufall den gesamten Lebensvollzug bestimmen. Bewußtsein und Gestalt als Ausdruck und Darstellung der werdenden Einheit von Vernunft und Natur kämen in einer solchen gänzlichen Trennung und Beziehungslosigkeit der Seinsgrößen nicht zustande. Die nur in dem tatsächlichen Zusammenstimmen des Ineinander und des Aufeinanderbezogenseins von Rezeptivität und Spontaneität alles lebendigen Seins werdende Einheit verlangt eine Beziehung des Sich-Entsprechens zwischen allen Seinsgrößen, die allein aus dem Gegründetsein des irdischen wirklichen Seins in einem höchsten Sein zu verstehen ist. Der Vorgang aber, der dieses Von-dem-höchsten-Sein-her-Sein, das In-das Sein-Treten des Bewußtseins darstellt, entzieht sich uns vollkommen. Der absolute Anfang des Lebens und Seins bleibt für uns in ein nicht zu erhellendes Dunkel gehüllt. Zusammen mit allem irdischen Sein findet das Bewußtsein sich in seinem qualitativen Sein immer schon vor. Ist aber das Bewußtsein allein durch das höchste Sein als der "Grund und Quell"[2] alles Seins bedingt, so ist die ständige Beziehung des geistig-sittlichen Prozesses, der die Geschichte der Menschheit bildet, auf dieses höchste Sein, die absolute Einheit als das Sein-und-Leben-Bedingende, diesem Prozeß wesentlich und notwendig. Im Gegensatz aber zu der Beziehung des fortschreitenden Bewußtseins zur Welt bedeutet die Zunahme des Bewußtseins nicht zugleich auch eine Annäherung des geistig-sittlichen Prozesses

2 Ethik 1816, S. 528, § 33.

an das höchste Sein. Weder durch wachsende
Extensität noch durch gesteigerte Intensität
nähert sich der geistig-sittliche Prozeß dem
höchsten Sein. Vielmehr steht jeder Akt des
Bewußtseinsprozesses zu dem den gesamten Prozeß bedingenden und tragenden Grund in der
gleichen Beziehung. Auch weist keine der verschiedenen Seinsgrößen eine größere oder geringere Affinität, ein engeres oder weiteres
Verhältnis zu dem die Wirklichkeit unterfangenden Grund auf. Weder der Vernunft noch der
Natur kommen eine größere Verwandtschaft zum
höchsten Sein zu. Vernunft und Natur sind
beide gleich ursprünglich, von daher auch
nicht auseinander ableitbar, in der absoluten
Einheit gegründet. So deuten auch nicht unsere
Vernunft als solche oder die Natur als solche
auf das allem Sein vorausgehende und zugrundeliegende höchste Sein hin, sondern das Aufeinanderzustreben von Vernunft und Natur, das
Einsseinwollen des Entgegengesetzten und das
Einswerdenkönnen, der notwendige Zusammenhang
des Bewußtseins mit allem irdischen Sein in
einem alles irdische Sein und Leben umfassenden Organismus weisen über das Bewußtsein hinaus auf die Voraussetzung des höchsten Seins,
unter der das geistig-sittliche Fortschreiten

der Verlauf der Geschichte der Menschheit nur zu denken ist und auf die der Bewußtseinsprozeß, will er weiter Bestand haben, sich fortwährend beziehen muß.

Das Gegenwärtigsein dieser ständigen Beziehung auf das höchste Sein in jedem Bewußtseinsakt, durch das Bewußtsein überhaupt nur möglich ist, zeigt die philosophisch-ethische Bewußtseinsstruktur als das dem Bewußtsein wesentliche Element des Transzendenten auf. Mit diesem transzendenten Element ist in jedem Bewußtseinsakt eben dieses Bewußtsein gesetzt, daß das Bewußtsein in seinem Wesen nicht durch sich selbst oder ein anderes endliches Sein bedingt ist, sondern dieses Wesen sich, zusammen mit allem endlichen Sein, in dem höchsten Sein als das jegliches Sein und Leben bedingende gründet und damit ausschließlich von diesem höchsten Sein her ist. Indem es aber wesentlich zu dem Bewußtsein gehört, dieses Bezogensein auf die absolute Einheit als auf den Grund alles wirklichen Seins auszudrücken, trägt der gesamte Bewußtseinsprozeß religiösen Charakter. Denn die religiöse Struktur kennzeichnet gerade dieses Sich-seines-Woher-als-von-dem-Grund-der-Möglichkeit-alles-Seins-Bewußtsein. Dieses Woher, das in dem philosophisch-ethischen Bewußtseinsprozeß das höchste Sein genannt wird, ist mit dem Ausdruck Gott identisch, die religiöse Bezeichnung des Absoluten. Das Absolute, auf das sich der allgemeine geistig-sittliche Prozeß bezieht, und das Absolute in dem Bereich des Religiösen sind eins. Sie sind allein in der Terminologie, nicht aber in der Bedeutung unterschieden.[3]

Das Bewußtsein von dem Woher als von dem höchsten Sein oder von Gott wird dem Bewußtsein nicht in der Beziehungsstruktur von Subjekt und Objekt, also als Wissen in dem objektiven Bewußtsein zuteil, sondern dieser Beziehung wird es nur unmittelbar, jenseits der an die Entgegensetzung von Subjekt und Objekt gebundenen Reflexion, d.h. in dem subjektiven oder unmittelbaren Selbstbewußtsein, inne. In dieser Unmittelbarkeit finden die die Wirklichkeit bestimmenden Gegensätze keine Anwendung mehr, da in ihr die Einheit, auf die alles sich einander bedingende wirkliche Sein zustrebt und die es werdend verwirklicht, tatsächlich als "aufhebende Verknüpfung der relativen Gegensätze"[4] vollzogen wird. Denn in

---

[3] Cf.Dialektik, WW III 4. 2, Beilage E, S. 528 Vorl.
[4] Dialektik, WW III 4. 2, Beilage C, S. 429.

dem unmittelbaren Selbstbewußtsein wird das Bewußtsein sich selbst als Einheit gewahr und erfährt sich darin zugleich mit allem anderen bedingten Sein in dem gemeinsamen Bedingtsein durch den transzendenten Grund, in dem Gefühl schlechthinniger Abhängigkeit von Gott, dem Grund alles Seins und Lebens, als mit allem wirklichen Sein identisch. Das höchste Sein drückt sich also für das Bewußtsein unmittelbar in dem schlechthinnigen Abhängigkeitsgefühl von diesem absoluten Sein aus, das dem Bewußtsein nur in dem Innewerden des Einsseins des gesamten Zusammenhanges der in der Wechselbeziehung von Rezeptivität und Spontaneität in einander verflochtenen endlichen Seinseinheiten, der Identität des ganzen irdischen Lebensgefüges wird. Wiederum aber ist dieses Gegenwärtigsein des identischen Zusammenseins alles Seins in dem unmittelbaren Selbstbewußtsein nur durch das absolute Abhängigkeitsgefühl von der absoluten Einheit möglich, in der alles eins ist, so daß sich die Repräsentation des höchsten Seins als schlechthinniges Abhängigkeitsgefühl und das Gewahrwerden des Einsseins alles Seins, der Welt, in dem unmittelbaren Selbstbewußtsein gegenseitig bedingen. Indem sich nun das Bewußtsein der Beziehung auf das höchste Sein, durch die der gesamte Bewußtseinsprozeß religiösen Charakter trägt, in dem Gefühl schlechthinniger Abhängigkeit als das Innewerden des In-seinem-Wesen-und-Dasein-von-Gott-Gesetztseins unmittelbar bewußt wird, hat es in dem unmittelbaren Selbstbewußtsein das eigentlich religiöse Element, die unmittelbare Abspiegelung des höchsten Seins in der in diesem Selbstbewußtsein real vollzogenen relativen Einheit des entgegengesetzten Seins. Dieses religiöse Element bildet aber das tragende Element des gesamten Bewußtseinsprozesses. Denn da in diesem Selbstbewußtsein jeder Bewußtseinseinheit das Gottesbewußtsein, das Bewußtsein der Identität alles Seins und mit diesem das Sich-selbst-Haben als die unverwechselbare und unwiederholbare individuelle Lebenseinheit nur mit- und aneinander werden, ist der Bewußtseinseinheit in dem religiösen Selbstbewußtsein als das Zentrum seines Lebens sowohl Ständigkeit und Kontinuität als auch die Gewißheit gegeben, in dem In-Beziehung-Treten zu allem irdischen Sein werdendes Einssein der endlichen Gegensätze, also Welt, zu realisieren, so daß das Bewußtsein von der Mitte des Seins her denkend und handelnd sich an die Verwirklichung von Welt gewiesen sieht. Diese dem Bewußtsein in dem Gefühl schlechthinniger Abhängigkeit zuteil werdende Gewißheit ist als Bestimmtheit des unmittelbaren Selbstbewußtseins weder selbst Denken und Handeln noch denkend und handelnd zu gewinnen. Vielmehr bildet das unmittelbare Selbstbewußtsein, in dem die Gewißheit wird, als das außerhalb des Gegensatzes von Subjekt und Objekt, als das außerhalb der Beziehung zwischen dem Wissenden und dem Gewußten, zwischen dem Handelnden und dem Gehandelten liegende Bewußtsein die Basis für jede Tätigkeit des gesamten Bewußtseins. Damit aber wird deutlich, daß der Bewußtseinsprozeß dieses religiöse Element als eines ihm wesentlichen Teils notwendig bedarf.

Der Bewußtseinsprozeß, den der Übergang von dem Minimum des unmittelbaren Einsseins von Vernunft und Natur zu dem Maximum dieses Einsseins als das Sich-auf-Welt-Hinbewegen und die fortwährende Beziehung auf das höchste Sein charakterisieren, bestimmte unsere Analyse auch als das Zugleich von hervorbringender Kraft und hervorgebrachter Erscheinung. Da aber in dem Weltprozeß keine relativen Entgegensetzungen im Gleichgewicht sind, Kraft und Erscheinung also nicht ineinander aufgehen, sondern das Zugleich von Kraft und Erscheinung nur mit dem jeweiligen Übergewicht der einen oder der anderen Größe wirklich ist, läßt sich der eine Bewußtseinsprozeß, in dem sich die Geschichte der Menschheit zentriert, nur in beiden Weisen auffassen. Dabei stehen diese beiden Weisen nicht in dem Verhältnis des beziehungslosen Nebeneinander, sondern, weil sie sich in der Vollendung des Weltprozesses einander vollkommen durchdringen, bedingen sie sich in der Wirklichkeit gegenseitig. Indem nun die philosophisch-ethische Betrachtung des Bewußtseinsprozesses diesen Prozeß als Erscheinungen produzierendes Kraftsein , d.h. das werdende unmittelbare Einssein von Vernunft und Natur als ein Mannigfaltiges in dem hervorbringenden Handeln der Vernunft in der Natur aufweist, konstruiert sie spekulativ von dieser Vernunfttätigkeit her den gesamten Bewußtseinsprozeß und gewinnt in dieser Konstruktion des das Besondere hervorbringenden Allgemeinen die durchgängigen Strukturen dieses Prozesses. In diesem philosophisch-ethisch entwickelten allgemeinen Bewußtseinsprozeß, in dieser zentralen Struktur des menschlichen Geschichtsverlaufs ist die Totalität der geschichtlichen Erscheinungen, die Totalität der einzelnen geistig-sittlichen

Lebenspunkte und Lebenszusammenhänge der Möglichkeit nach enthalten, so daß in der Wirklichkeit kein besonderes geschichtliches Sein zur Erscheinung kommt, das sich nicht in dieses spekulativ gedacht Gefüge einordnet.

Doch obwohl das Besondere unter das Allgemeine zu subsumieren ist, läßt sich die einzelne Erscheinung, das besondere Sein selbst nicht aus dem allgemeinen Bewußtseinsprozeß erheben. Spekulatives und Empirisches, das "Zugleich von Kraft und Erscheinung als Kraft"[5] und dieses Zugleich als Erscheinung sind in unserer Wirklichkeit beziehungsweise auseinander; der Reflexion des werdenden unmittelbaren Einsseins von Vernunft und Natur als wachsendes Kraftsein der Vernunft in der Natur steht die Anschauung dieses Einsseins als Vereinzelung der Vernunft in der Natur gegenüber. Weil eben Kraft und Erscheinung in der Wirklichkeit nicht ineinander aufgehen, ist der tatsächliche, besondere Bewußtseinsprozeß aus dem allgemeinen Bewußtseinsprozeß nicht zu konstruieren. Das Besondere als Erscheinung entsteht ursprünglich in der Wirklichkeit; das Faktum ist aus der Struktur nicht abzuleiten. Wenn aber die Erscheinung aus der

5 Ethik 1816, S. 533, § 52.

sie hervorbringenden Kraft nicht auf spekulativem Weg, d.h. allein in dem Akt des Denkens, bestimmt werden kann, so kann die philosophisch-ethische Reflexion des Bewußtseinsprozesses diesen Prozeß in keiner Weise als das das Besondere hervorbringende Allgemeine ohne "die Kunde des Besonderen"[6] selbst erkennen, so daß die Anschauung des Besonderen selbst dem philosophisch-ethischen Denken immer gegeben sein muß. So weist der allgemeine Bewußtseinsprozeß, der die zentrale Struktur der Geschichte der Menschheit aufzeigt, stets auf den besonderen, faktisch-geschichtlichen Bewußtseinsprozeß, den er notwendig als seine Realisierung fordert. Diese Offenheit des allgemeinen Bewußtseinsprozesses für den geschichtlichen Prozeß hat aber auch in der umgekehrten Richtung Gültigkeit, nämlich als die Offenheit des Besonderen für das Allgemeine. Beide Prozesse, der allgemeine und der besondere, die doch nur, da sie sich auf den einen Gegenstand, das Bewußtsein richten, die beiden Perspektiven des einen Bewußtseinsprozesses sind, wachsen gleichsam, in gegenseitiger Bedingtheit, in dem Werden der Welt aufeinander zu. Indem beide Perspektiven in gegenseitiger Angewiesen-

---

6 Allg. Einltg. 1816, S. 499, § 59.

heit stehen, indem das Besondere, das Faktisch-Geschichtliche, um es nicht in scheinbarer Verworrenheit und Zufälligkeit zu belassen, "als aus der Kraft und Gattung geworden"[7], also als Zusammenhang aufzuweisen ist und indem das Allgemeine, die Struktur der Geschichte, um diese nicht über die Wirklichkeit hinauszukonstruieren und nur als "inhaltsleere Formeln"[8] hinzustellen, in der Erscheinung, in dem Realen nachzuweisen ist, läßt sich keine Perspektive des Bewußtseinsprozesses in weiterer Fortschreitung als die andere aufzeigen.

Da diese Beziehung zwischen der philosophisch-ethischen und der besonderen-geschichtlichen Reflexion des Bewußtseins aussagt, daß zu jedem Element des philosophischen Bewußtseinsprozesses, zu jeder durch die unterschiedliche Weise des Handelns der Vernunft in der Natur verschieden bestimmten Bewußtseinseinheit die konkret-geschichtliche Seite gehört, sind alle in unserer Darlegung des philosophischen Bewußtseins aufgewiesenen Zusammenhänge zugleich auch geschichtliche Wirklichkeit. Jedem Strukturelement des Bewußtseins korreliert ein faktisch-geschichtliches Bewußtsein. In Bezug auf das eigentlich reli-

7 Ebd. S. 505, § 91.
8 Ethik 1816, S. 548, § 106.

giöse Element des Bewußtseins, in bezug auf
das religiöse Selbstbewußtsein, bedeutet dieser Gedanke, daß dieses Selbstbewußtsein mit
dem besonderen-geschichtlichen religiösen
Selbstbewußtsein in gegenseitiger Bedingtheit
steht. Konkret-geschichtliches religiöses Bewußtsein aber gibt es nur, wie alles Geschichtliche, in einer Fülle einzelner Erscheinungen, in einer Vielzahl verschieden
bestimmten religiösen Bewußtseins. Dabei beruht jedes individuell bestimmte religiöse
Bewußtsein auf einem besonderen, nur ihm eigenen, ursprünglichen "Grundfaktum"[9].
Mit dieser Urtatsache, die jeweils als der
besondere Anfangspunkt eines geschichtlichen
religiösen Bewußtseins dieses Bewußtsein konstituiert, hat jedes bestimmte religiöse Bewußtsein einen unableitbaren, ursprünglich im
Leben gegebenen Bezugspunkt, durch den es seinen spezifischen, von anderen unterschiedenen
Inhalt und damit seine eigentümliche Prägung
gewinnt[10]. Wie nun in dem allgemeinen Bewußtseinsprozeß deutlich wird, daß jede sittliche
Bestimmung der relativ für sich abgeschlos-

---

9 Der christliche Glaube (Redeker), Band I, S. 73,
§ 10 Zusatz.
10 Cf. ebd., S. 64 ff., § 10.

senen Bewußtseinseinheit, die als Person da
ist, die jeweilige sittliche Gemeinschaft
schon als Korrelat impliziert, daß also die
Wechselbeziehung zwischen Person und Gemeinschaft dem Bewußtseinsprozeß die Form gibt,
in der er fortschreitet, so sind auch auf der
Seite des besonderen Prozesses die in verschiedenen geschichtlichen Anfangspunkten gegründeten Bestimmtheiten des geschichtlichen
religiösen Selbstbewußtseins immer zugleich
mit einer diesen entsprechenden Vielzahl konkreter religiöser Gemeinschaften verknüpft.
Von diesem Gedankenzusammenhang weisen sich
sowohl die Vorstellung einer allgemeinen Religion als auch das Verstehen von Religion
als einer jeweils auf den einzelnen Menschen
beschränkten Privatsache ab. Vielmehr ist das
allgemeine religiöse unmittelbare Selbstbewußtsein, dessen Arten und Entwicklungsstufen
die philosophische Ethik strukturell darlegt,
durch die Gesamtheit der nach Inhalt und Entwicklungsstand verschiedenen geschichtlichen
Religionen bedingt, die nur in den durch die
jeweilige "Formation des religiösen Selbstbewußtseins"[11] individuell bestimmten Gestalten
von Kirche lebendig sind. So gehört jeder

---

11 Christliche Sitte, WW I 12, S. 26.

geistig-sittliche Mensch, als in der Bewußtseinsstruktur angelegt, einer, seiner eigentümlichen, besonderen Bestimmtheit des Gottesbewußtseins gemäßen, individuellen Religion und Kirche an, die es ausschließlich als geschichtliche Größen gibt.

Indem nun die Bedingtheit des allgemeinen Bewußtseinsprozesses durch den geschichtlichen Bewußtseinsprozeß auch seine Bedingtheit durch den besonderen Prozeß des geschichtlich religiösen Selbstbewußtseins, der sich in der Gesamtheit der einzelnen Religionen und ihrer religiösen Gemeinschaften darstellt, einschließt, nehmen sowohl die vorfindlichen geschichtlichen Religionen als auch die religiöse geschichtliche Existenz, das besondere religiöse Selbstbewußtsein des philosophisch-ethisch Denkenden Einfluß auf die zu entwickelnde Struktur des Bewußtseins. Denn wenn zum einen, wie wir sahen, das religiöse Selbstbewußtsein, als das Gefühl der schlechthinnigen Abhängigkeit von dem Grund alles Seins und Lebens das tragende Element des Bewußtseinsprozesses, die Basis jeder sittlichen Tätigkeit bildet und zum anderen die Inhalte des Bewußtseinsprozesses allein als geschichtliche werden, dann widerspricht das in dem existen-

tiellen Widerfahrnis dieser Bezogenheit auf
Gott eigentümlich bestimmte schlechthinnige
Abhängigkeitsgefühl der Struktur des allgemeinen Bewußtseins nicht, sondern stellt gerade als die unmittelbare Gottes- und, untrennbar damit verbunden, Wirklichkeitserfahrung den Hintergrund dar, auf dem jeweils
Grund, Ziel und Werden des Bewußtseins strukturell erfaßt werden. Diese Aussage ordnet die
Philosophie der religiösen Erfahrung nicht
unter - der selbständige Ausgangspunkt philosophischer Reflexion bleibt gewahrt; allerdings aber hebt sie hervor, daß der existentielle unmittelbare Lebensvollzug stets in
das Denken der Qualität der Wirklichkeit und
damit in die Konstruktion dieser Wirklichkeit
eingeht.

Für Schleiermachers Denkzusammenhang bedeutet diese Überlegung, daß die von Schleiermacher reflektierte philosphische Bewußtseinsstruktur auf dem Boden seiner eigenen christlichen Gotteserfahrung erwachsen ist. Diesen
christlichen Hintergrund der philosophischen
Bewußtseinsstruktur erkennen wir besonders in
der Kennzeichnung des Bewußtseinsprozesses
und, dieses ist identisch, der Geschichte der
Menschheit als ein Wachsen des Positiven, das

Schleiermacher auch mit den aus der jeweiligen Perspektive der verschiedenen sittlichen Tätigkeiten die Welt prädizierenden, "weniger strengen Ausdrücken"[12] des "goldenen Zeitalters"[13], des "ewigen Friedens"[14], der "Vollständigkeit und Unveränderlichkeit des Wissens"[15] und des "Himmelreiches"[16] benennen kann, und in der Charakterisierung der sich von dem Ziel der Geschichte, der Welt als Durchdringung aller Seinsgrößen, her bestimmenden Verhältnisse zwischen Vernunft und Natur, zwischen Mensch und äußerer Natur, zwischen dem Einzelnen und der Gemeinschaft, zwischen den gleichartigen und unterschiedenen menschlichen Gemeinschaftsformen wie zwischen allen Rassen und zwischen allen Völkern als Beziehungen die, wie wir sahen, keine Verabsolutierung noch despotische Herrschaftsstellung einzelner Größen zulassen, sondern gerade von dem Aufeinanderzustreben des Getrennten, von dem Emporheben des Niederen zum Höheren und von der in der sittlichen Aufgabe

---

12 Höchstes Gut II, Braun I, S. 493.
13 Höchstes Gut I, Braun I, S. 465.
14 Ebd.
15 Ebd.
16 Ebd.

beschlossenen Verantwortung für die Vollendung des nur in dem Für- und Miteinander werdenden irdischen Gesamtorganismus getragen sind. Denn eine solche positive Konstruktion des Bewußtseinsprozesses und der Geschichte der Menschheit wie die Art und Weise, als die die Verhältnisse zwischen den entgegengesetzten Seinsgrößen in dem Weltprozeß gedacht sind, läßt sich nur in der Beziehung auf das christlich bestimmte fromme Selbstbewußtsein entwerfen, das die Gemeinschaft des Menschen mit Gott bedingt durch die durch Jesus von Nazareth vollbrachte Erlösung und, mit dieser unmittelbar verbunden, das Bewußtsein der sich in diesem Akt der Erlösung mitteilenden göttlichen Liebe kennzeichnet[17]. Für dieses christlich bestimmte religiöse Selbstbewußtsein, das in der "symbolischen und historischen Beziehung"[18] auf die absolute Einheit der göttlichen und menschlichen Natur in Jesus Christus diese Einheit als eine relative in sich aufnimmt, hat in dieser Lebensgemeinschaft mit Christus, trotz der dem einzelnen Lebens-

---

17 Cf. Christliche Sitte, WW I 12, S. 35; Der christliche Glaube (Redeker), Band I, S. 74, § 11; ebd., Band II, S. 446 ff., § 166.

18 Christliche Sitte, WW I 12, Beilage A, S.15, § 44.

vollzug angehörenden Widerständigkeit, das
Reich Gottes, in dem der Friede Gottes alle
menschliche Vernunft übersteigt, schon begonnen,
so daß dieser christlichen Existenz
die Wirklichkeit als Zusammengehörigkeit alles
irdischen Seins aufgrund der allen gemeinsamen
schlechthinnigen Abhängigkeit von Gott
für die sie regierende göttliche Liebe und
Weisheit transparent ist.

Diese Offenheit der philosophischen Bewußtseinsstruktur
für das christlich bestimmte
fromme Selbstbewußtsein läßt nun deutlich
werden, daß für Schleiermacher die Konzeption
der beiden Ethiken, der philosophischen und
der theologischen, nicht zufällig, sondern
als in seinem Denkzusammenhang angelegt, notwendig
ist. Denn wie Allgemein-Philosophisches
und Besonderes-Geschichtliches, Struktur und
Gehalt einander bedingen und bedürfen, so stehen
in Schleiermachers Denken die allgemeine
philosophische Ethik als das "speculative
Wissen um die Gesamtwirksamkeit der Vernunft
auf die Natur"[19], also als die Konstruktion
des aus der reinen Idee der Vernunft heraus
entwickelten Systems von allgemeingültigen,
auf den gesamten irdischen Bereich bezogenen

---

19 Bem. 1832 ad Allg. Einltg. 1816, S. 633, ad § 61.

Lebensregeln und die besondere theologische Ethik als die wissenschaftliche "Darstellung der durch die Gemeinschaft mit Christo, dem Erlöser, bedingten Gemeinschaft mit Gott, sofern dieselbe das Motiv aller Handlungen der Christen ist"[20] in der gegenseitigen Bedingtheit und in dem Sich-Aufeinanderzubewegen. Diese Beziehung aber zwischen der allgemeinen Bewußtseinsstruktur und dem christlich bestimmten frommen Selbstbewußtsein, die uns den christlichen Hintergrund der philosophischen Konstruktion Schleiermachers suchen ließ, läßt nun ebenso dem philosophischen Denken Bedeutung für die theologische Reflexion des christlich bestimmten frommen Selbstbewußtseins zukommen. Indem das christliche Selbstbewußtsein als religiöses unmittelbares Selbstbewußtsein der Struktur des allgemeinen Bewußtseins angehört und als wesentlicher Teil dieses Bewußtseins mit allen Bewußtseinsfunktionen verbunden ist, finden die Inhalte des christlich bestimmten frommen Selbstbewußtseins, wie die Inhalte jedes anderen besonders bestimmten Bewußtseins, ihren Ausdruck auch als Gedanke und Sprache, so daß die theologische Wissenschaft als Reflexion des Gehaltes

---

20 Christliche Sitte, WW I 12, S. 32.

des christlich bestimmten frommen Selbstbewußtseins, die die theologische Ethik als eine ihrer Disziplinen einschließt, an den ihr von der Philosophie dargebotenen Denkzusammenhang gewiesen ist. So ist die Theologie gehalten, ihr Inhalte nicht unverständlich, verworren, sondern für jeden Denkenden in Klarheit, ohne daß damit für ihn auch das Postulat der Theologie, die "innere Grundtatsache der christlichen Frömmigkeit"[21] Wahrheit gewinnen muß, also mit großer Bestimmtheit der Begriffe und ihrer Verknüpfungen[22] wie in "systematischer Anordnung"[23], die "durch zusammenfassende Beiordnung und erschöpfende Unterordnung jeden Satz mit allen andern in ein völlig bestimmtes Verhältnis"[24] setzt, zur Darstellung zu bringen. Zugleich aber öffnet diese allgemeine Bewußtseinsstruktur, die, wie unsere Arbeit darlegte, das gesamte menschliche Leben, die Geschichte der Menschheit umfaßt, der Theologie das weite Beziehungsfeld des menschlichen Ge-

---

21 Der christliche Glaube (Redeker), Band I, S. 158, § 28,2.
22 Cf. ebd., S. 114, § 17,2.
23 Ebd., S. 155, § 28.
24 Ebd., S. 158, § 28,2.

samtlebens, in das das christlich bestimmte
Selbstbewußtsein und die christliche Kirche
als die sittliche Lebensgestalt dieses Bewußtseins einzuzeichnen sind. Das theologische
Denken hat so weder das christliche Leben von
dem allgemeinen menschlichen Lebenszusammenhang zu isolieren noch die Struktur der menschlichen Gesellschaft zu negieren, sondern gerade das chrsitliche Leben an seinem geschichtlichen Ort in seinen Bezügen zu allen menschlichen Lebens- und Gemeinschaftsformen zu begreifen und damit auch die Relevanz der christlichen Frömmigkeit innerhalb der menschlichen
Gesellschaft, d.h. innerhalb der konkreten
sittlichen Gemeinschaften aufzuweisen.

LITERATURVERZEICHNIS

mit Angabe der Zitierungsweise

Schleiermacher, Friedrich, Sämmtliche Werke, Berlin
1835-1884. In drei Abteilungen:
Erste Abteilung: Zur Theologie, Band I-XIII (Band IX
und X nicht erschienen).
Zweite Abteilung: Predigten, Band I-X.
Dritte Abteilung: Zur Philosophie, Band I-IX.

Aus den Sämmtlichen Werken besonders benutzte Bände
und Abhandlungen:

Aus Abteilung I:

Hermeneutik und Kritik mit besonderer Beziehung auf das
Neue Testament, ed. Dr. Friedrich Lücke, Band VII,
Berlin 1838. (zitiert: Hermeneutik, WW I 7).
Die christliche Sitte nach den Grundsätzen der evange-
lischen Kirche im Zusammenhange dargestellt, ed.
L. Jonas, Band XII, Berlin 1884 (zitiert: Christliche
Sitte, WW I 12).
Die praktische Theologie nach den Grundsätzen der evan-

gelischen Kirche im Zusammenhange dargestellt, ed.
Jacob Frerichs, Band XIII, Berlin 1850 (zitiert:
Praktische Theologie, WW I 13).

Aus Abteilung III:

Philosophische und vermischte Schriften, Band I, Berlin 1846, daraus:
Grundlinien einer Kritik der bisherigen Sittenlehre. 1803. 1834, WW III 1, S. 1-344.
Monologen. Eine Neujahrsgabe 1800. 1810. 1821. 1829, WW III 1, S. 345-420.
Gelegentliche Gedanken über Universitäten in deutschem Sinn, WW III 1, S. 535-644.

Band II, Berlin 1818, darin: Abhandlungen gelesen in der Königlichen Akademie der Wissenschaften (I-XIII), daraus die Abhandlungen:
IV. Über die Begriffe der verschiedenen Staatsformen. 1814, WW III 2, S. 246-286.
VIII. Über die wissenschaftliche Behandlung des Tugendbegriffes. 1819, WW III 2, S. 350-378.

Reden und Abhandlungen der Königlichen Akademie der Wissenschaften, ed. L. Jonas, Band III, Berlin 1835, darin:
I. Reden bei besonderen Veranlassungen gelesen, davon die Rede: 1. Am 10. Mai 1810 (Beim Eintritt in die Akademie), WW III 3, S. 3-8.
II. Zur Aesthetik, davon die Abhandlungen: Über

den Umfang des Begriffs der Kunst in Bezug auf die
Theorie derselben,
1. Abhandlung, WW III 3, S. 181-198.
2. Abhandlung. WW III 3, S. 199-218.
Geschichte der Philosophie, ed. H. Ritter, Band IV,
1. Teil, Berlin 1839, daraus:
Geschichte der alten Philosophie, WW III 4.1,
S. 11-141.
Dialektik, ed. L. Jonas, Band IV, 2.Teil, Berlin 1839.
(zitiert: Dialektik, WW III 4.2).
Entwurf eines Systems der Sittenlehre, ed. Alex. Schweizer, Band V, Berlin 1835. (zitiert: Ethik, WW III 5).
Psychologie, ed. L. George, Band VI, Berlin 1862.
(zitiert: Psychologie, WW III 6).
Vorlesungen über die Aesthetik, ed. Dr. Carl Lammatzsch,
Band VII, Berlin 1842. (zitiert: Ästhetik, WW III 7).
Die Lehre vom Staat, ed. Chr. A. Brandis, Band VIII,
Berlin 1845.(zitiert: Staatslehre, WW III 8).
Erziehungslehre, ed. C. Platz, Band IX, Berlin 1849.
(zitiert: Pädagogik, WW III 9).

Schleiermacher, Friedrich Ernst Daniel, Werke, Auswahl
in vier Bänden, ed. und eingeleitet von Otto Braun
u. Johannes Bauer, Aalen 1967 (Neudruck der 2. Auflage, Leipzig 1927-28).

534 Literaturverzeichnis

Aus dieser Auswahl wurde besonders benutzt:

Aus Band I (zitiert: Braun I): Folgende Akademieabhandlungen:

Versuch über die wissenschaftliche Behandlung des Pflichtbegriffes, S. 378-395.

Über den Unterschied zwischen Naturgesetz und Sittengesetz, S. 396-416.

Über den Begriff des höchsten Gutes. 1. Abhandlung. (zitiert: Höchstes Gut I), S. 445-467.

Über den Begriff des höchsten Gutes. 2. Abhandlung. (zitiert: Höchstes Gut II), S. 468-494.

Aus Band II (zitiert: Braun II):

Versuch einer Theorie des geselligen Betragens, S. 1-31.

Tugendlehre 1804/05, S. 33-74.

(Bei folgenden sehr häufig zitierten ethischen Entwürfen wurde aus Abkürzungsgründen auf den Hinweis B r a u n II v e r z i c h t e t:)

Brouillon zur Ethik 1805/06 (zitiert: Brouillon 1805/06), S. 79-239.

Ethik 1812/13 (Einleitung und Güterlehre) (zitiert: Ethik 1812/13), S. 245-371.

Ethik 1812/13 (Tugendlehre) (zitiert: Tugendlehre 1812/13), S. 375-405.

Ethik 1814/16 (Güterlehre I) (zitiert: Ethik 1814/16),

S. 423-455.

Ethik 1816 (Allgemeine Einleitung) (zitiert: Allg. Einltg. 1816), S. 487-511.

Ethik 1816 (Einleitung und Güterlehre I) (zitiert: Ethik 1816), S. 517-626.

Bemerkungen zur Ethik (1832) nach Schweizer, S. 629-672 (zitiert: Bem. 1832 ad Allg. Einltg. 1816, Bem. 1832 ad Ethik 1814/16, Bem. 1832 ad Ethik 1816, Bem. 1832 ad Ethik 1812/13, Bem. 1832 ad Tugendlehre 1812/13, Bem. 1832 ad Pflichtenlehre 1812/13).

Schleiermacher, Friedrich, Der christliche Glaube nach den Grundsätzen der evangelischen Kirche im Zusammenhange dargestellt, 7. Auflage, ed. Martin Redeker, Band I und II, Berlin 1960. (zitiert: Der christliche Glaube (Redeker)).

Schleiermacher, Kurze Darstellung des theologischen Studiums zum Behuf einleitender Vorlesungen. Kritische Ausgabe, ed. Heinrich Scholz, Darmstadt 1973.

Schleiermacher, Friedrich, Dialektik. Im Auftrage der Preußischen Akademie der Wissenschaften auf Grund bisher unveröffentlichten Materials ed. Rudolf Odebrecht, Darmstadt 1976 (Unveränderter reprografischer Nachdruck der Ausgabe Leipzig 1942).
(zitiert: Dialektik (Odebrecht)).

Schleiermacher als Mensch. Sein Wirken. Familien- und Freundesbriefe 1804 bis 1834, ed. Heinrich Meisner, Gotha 1923, daraus besonders: Brief an F. H. Jacobi vom 30. März 1818, S. 272-276.

Schleiermacher, Friedrich, Über die Religion. Reden an die Gebildeten unter ihren Verächtern. Mit einem Nachwort ed. Carl Heinz Ratschow, Stuttgart 1969 (Seitenangaben nach Erstausgabe von 1799).

REGISTER

Unter den Begriffen "Vernunft" und "Natur" sind die Stellen nicht aufgeführt, die in verschiedener Weise das Aufeinanderbezogensein beider Größen formulieren. Ihr häufiges Vorkommen schließt eine dem Leser hilfreiche Aufnahme in das Register aus.

Abbild, s. Bild
Allgemeines/Besonderes
  5 f., 53, 59, 81 A,
  107, 128 A, 131 f.A,
  161 A, 180-184, 216 A,
  226 A, 286, 287 A,
  295 A, 301, 308, 445,
  477 A, 516-519, 526
Aneignen 94 A, 100
Angeerbtes 97
Anschauung 81 A, 172-176,
  182 f., 191, 256 A,
  399 A
Arbeitsteilung 74 A, 353 A
Art, s. Gattung und Art
Aufgabe, sittliche (auch:
  menschliche) 23,
  25 f., 46, 75, 82, 96,
  106, 209 A, 289, 296,
  524

Begriff, angeborener
  159 A, 379 f., 386 A
Besonderes, s. Allgemeines/Besonderes

Bewußtsein 109 f., 147-151,
  186-191, 201 f., 229-
  231, 234-236, 238-240,
  242 A, 254-256, 260,
  262 A, 264, 281, 284,
  369 f., 467 f., 497-501,
  503-507, 511 f., 519 f.,
  527
- abhängiges 264 f.
- absolute Einheit (auch:
  B. und höchstes Sein)
  192, 193 A, 194 A, 196,
  476, 508-515
- absolute Vielheit 192-
  194, 196
- Äußeres 208-210, 337,
  393-395
- Akt 242-246, 251 A,
  260 A, 274, 289, 376-
  378, 380-384, 386-390,
  392-394, 415, 468
- Anfang 229-234, 236,
  238 f., 243 f.
- Arten 173, 175

- Bestimmtheit 170 A, 176, 372
- Einheit 284-288, 291, 296, 299, 301, 315, 320, 325, 329, 331, 335, 383, 385, 387-390, 392-396, 400 A, 408, 414, 427-433, 437-439, 441 f., 445-447, 458-460, 484, 493, 514, 519, 521
- freies 264 f.
- Gattungsb. 291-293
- Gebiete 194 A
- Geist (auch B. und geistiges Leben) 108 A, 109 A, 111 f.
- Gemeinschaft 354-357
- Gesetze 149 A, 380 A, 383 f., 386 f.
- Gestalt 110, 112, 197, 200-205, 207 A, 209 f., 252 A , 508
- Gottesb. 514, 522
- Grenze 498 f., 501, 504
- identisches (auch: gleiches, B. der Einheit) 174 A, 286, 291-296, 326, 337 f., 345 f., 354-357, 360, 362, 365, 367, 409 A, 476 A
- individuelles (auch: eigentümliches, B. der Besonderheit; s. auch Selbstb.) 174 A, 286-288, 293-296, 300, 327, 337, 339, 341, 345 f., 354, 356 f., 359, 362, 364 f., 367, 474
- In-Gang-setzen (s. auch Reiz) 168, 248 A, 253
- Inhalt (auch B.s-gehalt) 166, 169, 171-173, 175-183, 189 f., 193, 196, 205 A, 207 f., 211, 249-251, 255, 257, 260, 267-268, 270 f., 274, 276, 278, 376, 381-383, 385-387, 389, 390-396, 415, 427, 430 f., 435, 437, 440, 449, 462, 466, 497 f., 502, 527
- Inneres 153 A, 208-210, 254, 258, 337, 383 f., 393-395, 410
- intellektuelle Seite (auch Vernunftseite) 155 f., 160-162, 167 f., 172, 175-180, 188, 254, 376 f., 381 f., 386 f., 398 f., 403, 410
- Natur 147-155, 159 A, 163-167, 174 A, 191, 206 f., 238 A, 247 f., 321, 372, 376, 380-383, 385, 387 f.
- objektives (auch: gegenständliches) 172 f., 256 f., 268, 286 A, 370 f., 375-378, 381 f., 385-387, 389-392, 394-398, 400-402, 404, 408-412, 414-420, 422, 424, 426-428, 430 f., 433 f., 436-443, 445-451, 453-455, 460, 462,

475 A, 490, 494 A, 512
- Organ 165, 497
- organische Seite (auch: Naturseite) 156, 163-169, 172, 175 f., 178-181, 185 A, 188, 205, 207 f., 250, 252, 254, 268-270, 272 A, 376, 382 f., 385, 387, 393, 398, 402, 415, 468
- Organismus 164 A
- Person 295-299, 301 f., 307, 313 f., 320, 326-331, 356
- Position, allgemeine 180-185, 194 f., 404 A, 468 A
- Position, einzelne 182-185
- Prozeß (auch: B.sentwicklung) 135 A, 173 A, 174 A, 186 A, 189, 190 A, 194 A, 211 f., 236, 238 f., 242-248, 252 A, 254, 260 A, 264-267, 271, 272 A, 275 A, 277-282, 285-290, 300 f., 307, 364, 370, 376, 388 f., 391, 396, 401, 412, 414, 417, 423-426, 428-431, 436, 438, 439 A, 440 A, 445, 451, 494 f., 497, 501, 504-507, 509-512, 514-523, 525
- Prozeß, extensiver (auch: B.serweiterung) 245, 267 f., 270-272, 274 A, 276, 278-281, 390, 494 f., 497 A
- Prozeß, intensiver (auch:B.sintensität) 245, 276-280, 390, 494 f., 498
- Sein 22 A, 92 A, 101 A, 164 A, 166 f., 170-174, 176-181, 183-188, 241, 249-251, 253, 265-269, 272-275, 279, 370, 373-375, 404-406, 417 f., 462-465, 495-499, 508 f., 513 f.
- Selbstb. 82 A, 172-174, 268 A, 286 A, 455-466, 478 A, 482 A, 503 f., 520-522, 525-529
- Selbstb., unmittelbares 294 A, 457 f., 460-462, 466, 468, 471, 473, 482-484, 488-493, 512-515, 527
- Selbsttätigkeit, s. Willkür
- Struktur 112, 149 f., 154-156, 169, 172 A, 189 A, 237-239, 504, 511, 522 f., 526-528
- subjektives 173, 256 A, 263 A, 268, 370 f., 374 A, 397, 406 A, 452-454, 456 f., 459, 462 f., 465, 467, 469, 472, 475 A, 482-485, 488-490, 493 f.
- unmittelbares Symbol der Vernunft 108 A, 147-149, 155, 163, 198 A, 207, 240 A, 285, 325, 372, 397, 498
- Veränderlichkeitsb. 470 f.
- Vernunft 109 A, 149-160,

162-164, 166, 174 A,
185 A, 191, 198, 202
f., 206 A, 207 f.,
234 A, 254, 296, 320-
322, 377 f., 380 f.,
385 f.
- Vollendung 235 A, 238
f., 243 f., 276, 279
- Vollkommenes 186 f.,
189 f., 235 A, 238
- Vorgang 164, 189, 208
- Zeit 152, 154 f., 258 A,
462
- Zentrum des Sittlichen
19, 108 A, 109-111,
211, 227-229, 237 A
- Ziel 236-239, 244 f.,
504, 506, 523
Bild (auch:bildlich, Abbild) 119-122, 127,
129, 210, 214, 227,
230 A
Bilden, s. Organisieren

Denken 118 A, 158, 163,
337 A, 374 A, 398-415,
417-425, 430 f., 433-
442, 444 f., 448 f.,
456, 515, 518, 523
- materialistisches 116 A
- philosophisches 9, 16,
19
- spiritualistisches 116 A
- theologisches 7, 9, 15-
17, 19
Dialektisch 117-120, 135 A,
152, 170, 175, 177,
179, 183, 185 A, 197 f.,
210, 219 A, 232, 233 A,
262, 279, 323, 345,
371, 378, 380 A, 386,
402, 406 f., 475 A

Ehe 91, 201 A
Eigentum 59 A, 336 A
Eigentümlichkeit, s. Individualität
Einheit, sittliche 214-225,
227, 287 A, 295 A, 298,
301, 307-311, 313-315,
317 A, 319, 356, 445,
461, 493 A
Empfindung 102, 268, 271-
274, 278 f., 374 A,
457 A, 472 A
Empirisch 399 A, 403-405,
407, 517
Entsprechen (auch:Entsprechung) 114 f., 118, 125
f., 201 A, 204, 210,
378, 385 f., 405, 452
Erde 21, 31, 35-37, 39,
49 A, 68, 83, 85, 100,
151 A
Erfahrung 399 A, 403 A,
523
Erkenntnis 22 A, 102 f.,
105, 143 f., 190, 205,
273, 375-378, 388 f.,
399, 404, 407 f., 412,
424-428, 436, 439, 447-
451, 455, 494-496, 498-
501
Erkennen, s. Symbolisieren
Erscheinung, s. Kraft
Erzeugung 89 A
Erziehung 369 A
Ethik (auch: Sittenlehre)
13-17, 21 A, 22 A, 29 A,
77 A, 132 A, 226 A, 521,
526-528
- ethische Form 91
- ethische Frage 1, 3
- ethische Reflexion 47 A,

51, 518 f., 523
- ethisches Wissen 84 A, 408 A

Familie 62, 216 A, 304-308, 310, 312, 314-317, 349, 351, 444 A
Form 129, 147, 151 A
Frau 89 A, 91, 304 A, 478 A
Freiheit und Notwendigkeit 225-227 A
Freundschaft 310 A

Gast, s. Wirt
Gattung und Art 33, 35, 45 A, 48-50, 215 f., 283, 287 f.
Gattung, menschliche 50 f., 55 A, 57, 63, 287, 291, 294 A, 312 f.
Gebärde, Ton 485 f.
Gebiet, sittliches 47
Gedächtnis 426-428
Gedanke 148 A, 162 A, 184 A, 337 A, 400 f., 408-411, 413, 419-424, 431, 433-438, 440, 443, 501 A, 527
Gefühl 146 f., 172-176, 182 f., 191, 209 A, 256 A, 263 A, 311 A, 337 A, 371 A, 456 f., 463 f., 466-468, 472-480, 483, 485-488, 490-493, 501 A
- Abhängigkeitsg. 469, 471, 476, 513-515, 522 f., 526
- Arten 472 f., 475 f., 478
- Moment oder Element 467-469, 471 f., 476 f. A, 479, 496 A

Gehör, s. Rede und Gehör
Geist 4, 15, 42, 44, 108 A, 205 A, 292 A, 294 A, 384 A, 475 A
- christlicher 424 A
- Geistiges, s. Sein, geistiges
Gelehrte und Publikum 89 A, 366, 446 A
Gemeinschaft 14, 18, 38, 62 A, 63 A, 75-79, 89 A, 90 f., 220 A, 296 A, 304 f., 311 A, 334-366, 368 f., 395 A, 441-451, 490, 492-495, 507, 521 f., 524 f., 529
Geschichte 5, 14-17, 26, 28, 107, 494, 503-505, 507, 509, 511, 516, 518 f., 523-525, 528
- G.skunde 132 A, 226 f. A
Geschlecht 89 A, 91, 304 f., 308 A, 316 A
Geselligkeit 63 A, 89 A, 201 A, 309 f., 312, 341 A, 351, 366, 369, 492 A
Gesellschaft 340 A
Gesetze des Bewußtseins, s. Bewußtsein
Gestalten, s. Organisieren
Gestalt (auch: Gestaltung) 42, 44 A, 75, 95, 105, 110, 112, 128 A, 129, 148 A, 199-210, 237, 252 A, 270, 312 f., 321, 337, 341, 345, 350, 352, 360, 393 f., 397, 413, 415, 508
Gewissen 190

Glaube 339 A, 441 f.
Gott (auch: Gottheit) 4,
 18, 118 A, 119 A, 496 A,
 499, 501 A, 512-514,
 523, 525-527
Gymnastik 27 A, 96 A

Hören 99 A, 432-435, 437,
 440
Horde 297 A

Idee 14 f., 159 A, 161,
 168, 182 A, 205 A,
 273 A, 278 A, 317 A,
 379, 381, 388, 403-405,
 408 A, 526
Identitätsvoraussetzung
 197, 219 A, 372, 452
Individualität (auch: Eigentümlichkeit) 55 f. A
- Lebenseinheit 32, 59 f.,
 66, 295 A, 454, 458,
 481
- d. Menschen 52, 54, 63,
 78, 288, 290 f., 293-
 296, 312 A, 390 f.,
 453, 466
- Person 62 A, 64, 295 A,
 300, 304 A, 305 f. A,
 307, 311 A, 315, 326-
 328, 345 f., 348, 350
 f., 447-450, 461
Irrtum 188-190, 275 A

Kirche 4, 11-15, 63 A,
 76 A, 89 A, 309-312,
 351, 355 A, 359 A, 366,
 369, 468 A, 493 A, 521
 f. 529
Klerus und Laien 89 A,
 364 A, 366
Kombination 480-483, 486

Kraft 42, 52 A, 129 A,
 142
- K. u. Erscheinung 32-35,
 48 A, 50, 57-60, 63 f.,
 130-136, 141, 162 A,
 210 A, 212-218, 223-226,
 301-303, 310, 314 f.,
 317, 515-519
Kultur 26-28, 96 A
Kunst (auch: Kunstwerk)
 486-488
Leben
- L.sbewegung 36-38, 40,
 67, 87-92, 94, 100 f.,
 112, 213 A, 220, 223,
 228, 248-250, 253 f.,
 258, 290, 322 f., 328,
 332, 361, 396 f., 411,
 431, 438 f., 462, 477-
 479, 485
- christliches 6 f., 9,
 17-19, 503, 529
- Einheit 40, 52 f., 59,
 61 f., 64, 66 f., 72,
 76 f. A, 295, 452-456,
 458-460, 463, 465 f.,
 470, 472-474, 477, 479,
 481-483, 487-492, 496 A,
 499-501, 514
- Form 48 A, 86, 92, 335
- Funktion 37 f., 46 f.,
 52, 228 A, 452 f., 500
- geistig-sittliches 23-25,
 28, 30 f., 40 f., 44-47,
 51, 53 f., 58, 61 A,
 63 f., 66-69, 71 A, 73
 f., 76 A, 78 A, 83-89,
 93, 95, 106 f., 109-111,
 135 A, 159 A, 227, 229,
 233, 239, 272 f. A, 322,
 474 A, 481 A, 483 f.,

488 A
- irdisches 21, 35, 85, 107 f., 200, 202, 232, 234, 246, 510
- menschliches 3-9, 17 f., 21 A, 23 f., 29, 41-107, 261 A, 289, 453, 503, 528 f.
- natürliches (auch: physisches) 22-24, 31-41, 42, 44 A, 46, 50, 55, 68 f., 96, 107, 232 f.
- Organismus 48, 62 f., 67
- Prozeß (auch: Evolutionsprozeß und Lebensentwicklung) 34-36, 38, 41-43, 47, 54, 281
- seliges 30 A, 84 A
- tierisches (auch: animalisches) 80 A, 82 A, 93, 259
- Stufe 32 A, 35, 38, 42, 49 f., 67, 89 A, 335 A, 474, 507

Leib (auch:Leiblichkeit) 113 A, 205, 207-210, 415 f., 467, 485
Lehren und Lernen 339 A, 435-438, 441, 443
Liebe 75 A, 525 f.

Mann 89 A, 91, 304 A, 478 A
Maß, sittliches 62 A, 345, 347, 349 f., 362, 443-445 A
Materialismus 73 A
Mathematisches (auch: Mathematisch) 135 A, 192-196, 219 A, 406-408, 449 A, 469 f., 477 A
Menschheit 26-28, 57 f., 61, 63, 69, 71-74, 83, 106 f., 292-294, 296, 301, 303-307, 310-316, 321, 329, 489, 494, 502, 504 f., 507, 511, 516, 518, 523, 525, 528

Natur 80 f., 95 A, 102 f., 123 f., 126, 143-145, 166 f., 198-200, 232 f., 286 f., 306, 324, 336 A, 343, 408 A, 499
- N. u. Bewußtsein, s. Bewußtsein
- Eigentümlichkeit 55 A, 57
- Einheit 34, 55 A, 283 f., 245 A
- Erkennen (s. auch: Symbolisieren) 81 f. A, 102-105, 191, 202, 378, 401, 499 f.
- N.ganzes (auch:N.ganzheiten) 32, 34, 283, 288, 296, 298, 304, 307, 309, 347, 349
- Gestaltung (auch Bilden der N.; geistige Seite der N.) 24, 27 f., 81 f. A, 87, 95-97, 103, 110, 129, 198-206, 209, 336, 397
- Höchstes Sein 510
- menschliche 26 f., 43, 49, 93 A, 96 f., 106, 145, 163 f., 205, 207 A, 287, 298, 385 f. A, 388, 452, 525
- reale Seite der Ver-

nunft 142, 147, 162
- N.sein der Vernunft, s. Vernunft
- Symbol der Vernunft 103 f., 144, 155, 206 A, 246 A
- d. Vernunft entsprechende Größe 45, 70, 142, 160, 188, 198, 280 A, 379 f.
- Vernunftsein 70, 103, 107, 139-141, 236

Notwendigkeit, s. Freiheit und Notwendigkeit

Objekt, s. Subjekt und Objekt

Obrigkeit und Untertanen 89 A, 91, 363 A, 366 f.

Offenbarung 341 A, 492

Organ 93 A, 94 A, 95, 97, 99, 206 A, 207 A

Organismus 35-37, 39, 59 A, 61 A, 64 f., 67, 106, 136 f., 141, 173 A, 179, 210 A, 213 A, 215 f., 219 f., 223-225, 227, 234, 269, 303 f., 308 A, 310-312, 314-319, 321, 340, 352 A, 415, 491 A, 505, 510, 525

Organisieren (auch: Bilden, Darstellen, Gestalten) 22, 27 A, 82 A, 86 f., 89 A, 95-97, 99 f., 105, 109, 148 A, 201 A, 203 A, 206 A, 252 A, 308 f., 336, 339 A, 341 A, 343 A, 347 A, 351, 353 A, 397

Person (auch: Persönlichkeit) 27 A, 54 A, 63 A, 72, 75-78 A, 216 A, 273 A, 288 A, 295-304, 306 f., 310-323, 325-346, 351-357, 361 f., 364-366, 368, 412 A, 429 A, 448 A, 461, 464 A, 472 f., 481 A, 495, 507, 521

Phantasie 478 A, 480-482

Philosophie 1-10, 17, 19, 448, 450 A, 528

Physik 22 A

Prozeß
- organisierender 97, 100
- physischer 42 f., 127, 200
- sittlicher (auch: sittliche Entwicklung) 26, 28, 30, 43, 45 f., 58, 73 f., 78, 83 f., 88, 90 f., 95, 98, 106, 110 f., 127, 148 A, 159 A, 185 f., 200, 208 A, 211 f., 229 A, 231 A, 237 A, 276 f. A, 299 f., 313, 329, 332, 344, 347, 350, 358, 360, 446, 461, 467 A, 474, 480 A, 493, 495, 507, 509, 512
- symbolisierender (auch: erkennender) 104 f., 147 A, 158 A, 280 A, 378 f., 389, 395 A, 426, 456 A

Publikum, s. Gelehrte und Publikum

Rasse 306 A, 316 A, 348, 524

Recht (auch:Rechtsverhält-

nis) 339 A, 343 A, 353 A
Rede und Gehör 339 A, 433
Reiz 86, 104 f., 251, 253 f., 256 f., 258 A, 260-263, 266, 281, 289 f., 487
Religion 364 A, 474-477 A, 521 f.
Religiöses (auch: Religiöse Formen des Transzendenten) 406 A, 474, 475 f. A, 511 f.
Religionsphilosophie 14
Rezeptivität und Spontaneität 86-94, 105, 125 A, 145 A, 223, 248, 261 f., 264, 325, 332, 361, 365 A, 397, 411, 431, 462, 465 A, 478-480, 485, 488, 508 f., 513

Schrift 428 f.
Schule 62 A, 310 A, 365 A, 446 A
Seele 113 A
Sehen und Hören 99 A
Sein (auch: Seinsmodus, Seinsstruktur) 41, 43 f., 108, 112-127, 142 f., 150 A, 152, 157 f. A, 170 f., 176-179, 197, 219 A, 225-229, 237, 262 A, 282, 359, 404 f.
- S. u. Bewußtsein, s. Bewußtsein
- dingliches (auch: Dingliches, stoffliches S., Stoffliches) 41, 44, 113-129, 152, 157, 160 f., 197-200, 202, 204 f., 248 f., 253 A, 378
- geistiges (auch: Geistiges) 41, 44, 55 A, 80 A, 113-128, 152, 157, 197-200, 202, 204 f., 249, 378
- (geistig-)sittliches 79 A, 87, 126-128, 131-133, 136-142, 162 A, 183 f., 212, 214 f., 218 f., 221 f., 224-229, 322 f., **354**, 460, 474 A
- Grund 117 f., 193, 509, 513, 522
- höchstes (auch: absolutes) 116-122, 127, 129, 191, 210, 214, 219, 227 f., 230, 495 f., 508-515
- Leben 41, 44, 67, 87 f., 121 A, 228 A, 248 f., 322 f., 431
- physisches 127, 140
Selbstbewußtsein, s. unter Bewußtsein
Sinn 80 A, 94 A, 145-147, 163 f., 382 f., 385, 387
Sittlichkeit (auch: Sittliches) 19, 24-30, 57, 72 f., 76-78, 80, 87, 90, 106-108, 110-112, 208 f. A, 211, 221, 259, 287 A, 293 f. A, 298, 319, 322, 328-333, 344, 347, 354, 358, 400 A, 426, 445-447, 474, 484, 503
- sittl. Anfangspunkt 84

- sittl. Ausgangspunkt 55 f. A
- sittl. Begriff 77 A, 320
- sittl.Endpunkt 84
- sittl. Gebiet 25 f., 299 A, 308 A, 310 A, 334, 369 A
- sittl. Leben, s. Leben
- sittl. Prozeß, s. Prozeß
- sittl. Sein, s. Sein

Spekulativ 403-405, 407, 517 f.,526
Sprechen (auch: Sprache) 337 A, 394 f. A, 416 A, 417-425, 428-438, 440, 442, 444-446, 448 f., 485 A, 527
Spontaneität 94, 485; s. auch Rezeptivität und Spontaneität
Staat 63 A, 76 A, 89 A, 91, 216 A, 297 A, 309-312, 314 f., 317 A, 351, 353 A, 355 A, 357 A, 359 A, 363 A, 365-369, 445 A
Subjekt und Objekt 101, 170 f., 175 f., 268 f. A, 373-375, 465, 512, 515
Symbol (s. auch:Natur als S. und Bewußtsein als S.) 401 A, 499-501
Symbolisieren (auch:Erkennen) 22, 82 A, 86, 89 A, 101-105, 109 f., 142-152, 154, 165 A, 170 A, 186 A, 188, 194 A, 201 f., 206 A, 252 A, 272 f. A, 275 A, 308 f., 311 A, 336 f., 341 A, 347 A, 351, 371 f., 377 f., 389-391, 395, 397, 407, 414 f., 417, 419, 448, 450, 456 A, 461, 465, 482, 499 f.

Talent 99
Theologie 1-19, 528
Ton, s. Gebärde und Ton
Tradition 439
Transzendentes (auch: Transzendental) 192-195, 399 A, 405-408, 449 A, 465 A, 468 f., 475-477 A, 511, 513
Trieb 77, 82 A, 94 A, 99, 145 f. A, 220 A, 258 A, 264 A, 311 A

Übung (auch: Übungsprozeß) 98, 100
Universum 464, 482, 486
Unsittlich 28 A, 97
Untertan, s. Obrigkeit und Untertan
Ursache 224 A

Verkehr 59 A, 336 A, 343 A
Vernunft 27 f., 43 f., 59 f., 68-71, 73 A, 75 A, 77 f., 84 A, 92 A, 95 f., 123 f., 126, 138 f., 143-145, 149 f. A, 154 A, 156-159, 163 A, 200, 202, 221, 229-231, 247 f., 258 f. A, 284 f., 319 f., 323-325, 333 f., 343, 377-381, 452 f., 474 A, 484, 499 f.
- dingliche Seite 198

- Eigentümlichkeit 55 A, 57, 291
- Einheit 81 f., 274, 276
- höchstes Sein 510
- ideale Seite der Natur 142
- Menschsein (auch V. und menschliches Leben) 4, 21, 43, 60, 83, 97, 107, 287, 291, 296, 320 A, 452 f., 489
- Natursein 69 f., 103, 107, 139-141, 236 f., 247
- Organismus 137, 227
- reale Seite 291, 327

Verstand 93 A, 146-148
Volk 63, 305-307, 309, 350 A, 424 A, 444-446, 524
Volkstümlichkeit 348-350, 443
Wahrheit 188-190, 275 A
Wahrnehmung 38, 89 A, 102, 147 A, 269, 271-274, 278 f., 289, 371 A
Welt 1-3, 5, 24, 29, 56 A, 81 A, 99, 107, 109, 122, 237, 372, 375, 448 A, 464-466, 473, 476, 487, 494, 502-506, 508 f., 513 f., 516, 518, 524
Weltweisheit 127 A, 131 A
Wille 93 A, 99, 146 A
Willkür 105, 257 A, 258-264
Wirkungszusammenhang 87, 106, 220 A, 222 A, 224, 323-326, 353 f., 362
Wirt (und Gäste) 89 A, 366
Wissen 4, 10 f., 16, 62 f. A, 89 A, 115 A, 120 A, 131 A, 133 A, 172 A, 180 A, 183 A, 192, 196 A, 208 A, 351, 355 A, 359 A, 375 A, 392 A, 394 f. A, 399 A, 404 A, 408 A, 424 A, 441 A, 444-451, 471 A, 512, 526
- höchstes 120 A

Wissenschaft 10-12, 16, 126 f. A, 185 A, 190 A, 309 f., 312, 366, 369, 449 A
- positive 10 f.

Zeit, s. unter Bewußtsein

THEOLOGISCHE BIBLIOTHEK TÖPELMANN
Herausgegeben von Kurt Aland, Carl H. Ratschow, Eduard Schlink

PETER HENKE

Gewißheit vor dem Nichts
Eine Antithese zu den theologischen Entwürfen
Wolfhart Pannenbergs und Jürgen Moltmanns

Oktav. XIV, 176 Seiten. Mit Abbildungen. 1977. Ganzleinen DM 64,–
ISBN 3 11 007254 8 (Band 34)

RAINER FLASCHE

Die Religionswissenschaft Joachim Wachs

Oktav. XII, 321 Seiten. 1977. Ganzleinen DM 88,– ISBN 3 11 007238 6
(Band 35)

HERBERT NEIE

The Doctrine of the Atonement in the Theology of Wolfhart Pannenberg

Octavo. X, 237 pages. 1978. Cloth DM 72,– ISBN 3 11 007506 7
(Volume 36)

JOHN P. CLAYTON

The Concept of Correlation
Paul Tillich and the Possibility of
a mediating Theology

Octavo. XII, 329 pages. 1980. Cloth DM 84,– ISBN 3 11 007914 3
(Volume 37)

Preisänderungen vorbehalten

Walter de Gruyter  Berlin · New York

THEOLOGISCHE BIBLIOTHEK TÖPELMANN

Herausgegeben von Kurt Aland, Carl H. Ratschow, Eduard Schlink

PETER STEINACKER

Die Kennzeichen der Kirche

Eine Studie zu ihrer Einigkeit, Heiligkeit,
Katholizität und Apostolizität

Oktav. XII, 370 Seiten. 1981. Ganzleinen DM 98,−
ISBN 3 11 008493 7 (Band 38)

Vom Amt des Laien in Kirche und Theologie

Festschrift für Gerhard Krause zum 70. Geburtstag

Herausgegeben von Henning Schröer und Gerhard Müller

Oktav. XII, 431 Seiten mit Frontispiz. 1982. Ganzleinen DM 158,−
ISBN 3 11 008590 9 (Band 39)

JOACHIM RINGLEBEN

Aneignung

Die spekulative Theologie Søren Kierkegaards

Oktav. X, 509 Seiten. 1983. Ganzleinen DM 128,−
ISBN 3 11 008878 9 (Band 40)

MICHAEL PALMER

Paul Tillich's Philosophy of Art

Octavo. XXII, 217 pages. 1983. Cloth DM 84,−
ISBN 3 11 009681 1 (Volume 41)

Preisänderungen vorbehalten

Walter de Gruyter  Berlin · New York